LUCA BUSCEMA

DIRITTO DELLO SPORT

Profili giuspubblicistici

G. Giappichelli Editore

VIA PO, 21 - TEL. 011-81.53.111 - FAX 011-81.25.100
http://www.giappichelli.it

ISBN/EAN 978-88-921-2174-4

Stampa: Rotolito S.p.A. - Pioltello (MI)

INDICE

Capitolo III

LE FUNZIONI GIUSPUBBLICISTICHE DEL SISTEMA SPORTIVO NAZIONALE E LA SPENDITA DI POTESTÀ AMMINISTRATIVE: PROFILI SOSTANZIALI E DI GIURISDIZIONE

pag.

CAPITOLO IV

SPORT, INCLUSIONE SOCIALE E TUTELA DELL'ORDINE PUBBLICO

SEZIONE I

IL RUOLO DELLO SPORT NELLA PROMOZIONE DI POLITICHE DI INCLUSIONE SOCIALE E DI LOTTA ALLA DISCRIMINAZIONE RAZZIALE

SEZIONE II

VIOLENZA NEGLI STADI, DISORDINE SOCIALE E MISURE (ATIPICHE) DI PREVENZIONE

PREFAZIONE

Lo sport, attività umana strettamente interconnessa con il benessere psicofisico dell'individuo, contribuisce, in modo determinante, ad irrobustire e stabilizzare il processo di formazione, crescita e maturazione di una personalità armonica ed equilibrata, aperta al confronto ed al dialogo ed ispirata ai valori della lealtà, correttezza, probità e fair play in seno ad una società (sempre più) multiculturale.

Essenziale risulta essere il ruolo rivestito dalla pratica sportiva nel consolidamento delle relazioni umane e nell'educazione alla condivisione dei valori propri di una comunità socialmente progredita.

Lo sport è espressione di libertà ed autodeterminazione del singolo e, al contempo, potente fattore di aggregazione, capace di rafforzare i sentimenti di solidarietà e di comunione di principi etico/morali sui quali si innesta un modello ideale di società civile.

La pratica sportiva, concepita, innanzitutto, in riferimento ad attività ludiche e/o amatoriali, è contraddistinta, pertanto, da uno spiccato tratto caratteristico di "socialità", assurgendo a fenomeno umano che richiede, per il suo compiuto svolgimento, la promozione e valorizzazione di formazioni sociali entro le quali sviluppare la personalità di ciascuno.

A livello agonistico, presuppone e, allo stesso tempo, richiede un sistema organizzativo ancor più complesso e composito che, come noto, travalica gli angusti confini nazionali e si radica, in chiave internazionale, nel quadro di un assetto strutturale articolato e di ampio respiro.

I sistemi sportivi nazionali, propri di ciascun Paese, si innestano, quindi, all'interno di un modello organizzativo che tende a sfuggire ad una stringente regolamentazione di matrice statuale ed a rintracciare, in sé, per vero, in via autoreferenziale, l'unica fonte di disciplina.

Per tale via, si vorrebbero ascrivere all'ordinamento sportivo (internazionale) i tratti caratteristi propri di un vero e proprio (autonomo, indipendente e sovrano) ordinamento giuridico, connotato dagli elementi costitutivi della plurisoggettività, dell'organizzazione e della normazione.

Per quanto il principio di autonomia dell'ordimento sportivo ben si coniughi con i valori del pluralismo istituzionale e sociale (radicati, *in primis*, in seno alla Costituzione repubblicana), il fenomeno sportivo, però, non può risultare indifferente innanzi agli occhi dell'ordinamento giuridico sovranazionale, europeo e/o statale.

Va ricercato, in questa direzione, il giusto equilibrio in vista della salvaguardia di rilevantissimi interessi umani al cospetto dei quali consentire il consolidamento dell'autonomia dell'ordinamento sportivo senza, per ciò solo, intaccare e/o pregiudicare i diritti e le libertà (anche fondamentali) dell'individuo.

La disciplina del fenomeno sportivo è rimessa, quindi, a molteplici fonti, alcune delle quali (eterodirette) di origine internazionale, europea e/o statale, altre riconducibili ad un ormai ampiamente sviluppato modello di (auto)regolamentazione rinvenibile all'interno del sistema sportivo (inter)nazionale.

Ciò, ovviamente, secondo una trama di relazioni dinamiche ed in continuo divenire, alla luce, peraltro, dell'evoluzione dei costumi e della sempre più evidente attitudine del fenomeno sportivo ad abbracciare numerosi ambiti di interessi umani giuridicamente rilevanti.

Ne consegue un sistema di regolamentazione multilivello in cui confluiscono numerose branche del diritto, inteso nella sua tradizionale accezione, scientifica e di studio.

I settori scientifico/disciplinari coinvolti sono molteplici, rilevando lo sport in seno al diritto pubblico (internazionale, europeo, costituzionale, amministrativo, penale) e al diritto privato (civile, commerciale, del lavoro), interessando profili sia di natura sostanziale, sia di carattere processuale.

La vastità dei temi da affrontare richiederebbe, quindi, un approccio multidisciplinare, frutto della condivisione di molteplici competenze.

Obiettivo del presente volume risulta essere, diversamente, quello di offrire un contributo incentrato solamente su alcune tematiche di diritto pubblico, sorretto da finalità (anche) didattiche, nel tentativo di sviluppare l'approfondimento scientifico degli argomenti di interesse trattati mediante un'elaborazione teorica accompagnata dalla descrizione di vicende concrete, sì insorte in seno all'ordinamento sportivo, ma capaci di involgere pure posizioni di diritto soggettivo e/o di interesse legittimo e, per tale ragione, rilevanti, altresì, per l'ordinamento giuridico statale.

Un prezioso ausilio viene quindi rinvenuto nella corposa giurisprudenza, formatasi nel tempo, citata nel testo, affiancata dall'elaborazione di (non sempre concordi) posizioni interpretative maturate in dottrina ed evidenziate mediante il richiamo ad una consistente bibliografia.

Capitolo I

ORDINAMENTO SPORTIVO E SISTEMI REGOLATORI MULTILIVELLO

1. *Sport, salute e società: note introduttive*

L'attività sportiva, espressione sì di fisicità, ma, al contempo, fenomenologia direttamente riconducibile al benessere psicofisico ed alla qualità della vita dell'individuo, implica il coinvolgimento di molteplici interessi umani legati sia alla promozione della personalità di ciascuno, sia al bisogno di condivisione insito nello svolgimento della pratica sportiva a livello ludico, amatoriale ed agonistico.

Invero, "*nello sport si ritrovano tutti gli aspetti del reale: l'estetica (poiché lo sport si osserva), la tecnica (poiché lo sport si apprende), il commercio (poiché lo sport si vende bene e fa vendere altrettanto bene), la politica (lo sport è l'esaltazione del luogo, della città, e nello stesso tempo è anche il superamento delle frontiere), la medicina (lo sport implica l'esercizio del corpo), il diritto (senza l'universalità delle regole la competizione non è più possibile), la religione (lo sport vi trova le sue origine ma si presenta anche – almeno si dice – come una religione dei tempi moderni)*" (Jeu, 1976, 75).

Lo sport è un "*efficace veicolo di importanti valori come la solidarietà, la tolleranza, il rispetto dell'altro, la correttezza, il senso di appartenenza ad un gruppo, la disponibilità e la motivazione a compiere sforzi personali; è dotato di una notevole capacità di raggiungere, interessare e riunire tutti, indipendentemente dall'età, dal genere, dall'origine sociale, dalle convinzioni personali; contribuisce allo sviluppo, alla realizzazione e alla salute fisica e psichica della persona, ma anche a promuovere l'integrazione sociale di soggetti vulnerabili come donne, immigrati, disabili e persone provenienti da contesti svantaggiati; contribuisce a tenere i giovani lontano dal crimine e dalla devianza; è, in ambito statale, europeo e internazionale, un fenomeno sociale d'importanza crescente che contribuisce in modo significativo agli obiettivi di inclusione sociale, di solidarietà, di dialogo interculturale, di pace e prosperità, oltre che un rilevante fattore di crescita economica*" (Mazzei, 2014, 11 ss.).

I valori umani insiti all'interno dell'attività sportiva, in vista della promozione, in chiave multiculturale, degli ideali di solidarietà, tolleranza e condivisione, costituiscono fonte di ispirazione per consolidare lo spirito di gruppo, la lealtà e la correttezza ed esercitano un'influenza positiva nel processo di maturazione culturale, sociale e di sviluppo della personalità di ciascuno, concorrendo, in tal modo, a rafforzare anche la cittadinanza attiva (Bastianon, 2016, 261 s.).

Spicca la funzione altamente educativa dello sport, sia esso praticato a livello ludico, amatoriale o agonistico, nei confronti dell'atleta (specie se ancora in tenera età) al rispetto delle regole di vita e di convivenza civile, nonché nella prospettiva dell'affermazione del convincimento secondo cui il conseguimento di determinati obiettivi (quali possono essere la vittoria di una gara o il miglioramento di un record personale) sia possibile solo attraverso l'applicazione, il sacrificio e l'allenamento, la costanza e la dedizione, "*senza callide o pericolose scorciatoie*" (Corte di Cassazione, sez. V, 20/01/2005, n. 19473), "*divenendo così lo sport anche formidabile palestra di vita, preparando i giovani ad affrontare, con lo spirito giusto, la grande competizione della vita, interiorizzando valori come sacrificio, applicazione, rispetto delle regole e del prossimo*" (Marzano, 2007, 3988).

In tal contesto, "*è fondamentale che coloro che allenano e preparano il minore non si limitino a insegnare la tecnica astratta di una disciplina, ma indirizzino il minore a una pratica sportiva corretta e leale, trasmettendogli una concezione dello sport improntata a principi quali la correttezza e il rispetto delle regole e degli avversari. Educare allo sport e con lo sport, dunque*" (Parisi, 2016, 11).

Di estrema importanza si dimostrano, quindi, le finalità pedagogiche e formative perseguite dallo sport, "*soprattutto nei giovani, veicolando valori fondamentali quali l'amicizia, la solidarietà, il rispetto degli altri e la tolleranza, ovvero ancora* – la – *natura volontaristica e gratuita che caratterizza l'attività di tutti coloro che si adoperano per promuovere lo sport a livello locale offrendo a chiunque la possibilità di praticare attività sportive a livello dilettantistico*" (Bastianon, 2009, 395).

Orbene, in seno al concetto di sport, è noto, è possibile ricondurre "*qualsiasi forma di attività fisica che, mediante una partecipazione organizzata o meno, abbia come obiettivo il miglioramento delle condizioni fisiche e psichiche, lo sviluppo delle relazioni sociali e il conseguimento di risultati nel corso di competizioni a tutti i livelli*" (Carta Europea dello Sport approvata nel 1992 a Rodi nel corso della Settima Conferenza dei Ministri Europei dello Sport).

In esso può certamente essere ascritto "*ogni tipo di attività a contenuto prevalentemente fisico, da realizzare di norma secondo determinate regole, traducentesi in un gioco ovvero in un esercizio, a carattere competitivo oppure isolato, occasionale oppure organizzato*" (Albeggiani, 1990, 539).

Ancora, è stato sostenuto che lo sport sia un "*comportamento umano caratterizzato dall'esercizio fisico e collegato all'idea del conseguimento del miglior risultato*" (Fracchia, 1999, 467), ovvero inteso alla stregua di "*attività ludica finalizzata al miglioramento del risultato dell'esercizio sportivo*" (Frascaroli, 1990, 514).

La pratica sportiva, certamente, assurge a strumento per la realizzazione del diritto alla salute e al benessere psico-fisico delle persone, del miglioramento degli stili di vita, della formazione (psicofisica) della personalità di ciascuno (Carmina, 2015, 332 ss.).

Ciò, anche laddove, quasi paradossalmente, possa assistersi, in considerazione dei tratti caratteristici propri di alcuni sport, ad un contraddittorio rapporto tra l'attività sportiva – ordinariamente idonea a consentire la promozione ed il miglioramento delle condizioni psicofisiche dell'individuo – e la potenziale esposizione al pericolo di produzione di pregiudizi all'integrità ed alla salute della persona perché "*sul piano squisitamente astratto non può concepirsi che l'esercizio dello sport, o quanto meno delle principali attività sportive, sia disgiunto dall'assunzione diretta di un margine più o meno ampio di rischi*" (Liotta, 1999, 1140; Id., 2005, 12).

Si pensi, ad esempio, agli sport "a contatto istituzionalizzato" o a "violenza necessaria" (pugilato, lotta libera, judo, ecc.), che ammettono forme di violenza fisica nei confronti dell'avversario (Parisi, 2010, 5 ss.; Macrì, 2001, 135 s.; Albeggiani, 1990, 547 s.; Barborini, 1987, 1252 s.; Di Stefano, 1963, 315 s.; Borruso, 1958, 265 s.), ovvero a violenza eventuale, che, "*pur non essendo caratterizzati dall'uso legittimo della violenza, prevedono inevitabilmente il contatto fisico tra gli atleti*" (Maietta, 2016, 208).

Senza contare che "*lo sport, specie se esercitato a livello agonistico, non giova alla salute intesa quale assenza di malattia potendo tutt'al più comportare uno stato di benessere psicofisico derivante, come rilevato, dalla realizzazione esistenziale che il soggetto trae dalla sua pratica; ché anzi l'esercizio della maggior parte delle attività sportive svolte a livello agonistico non soltanto crea un rischio di danni per l'incolumità fisica o psichica ma addirittura dà luogo ad un vero e proprio 'fisiologico' deterioramento fisico*" (Agrifoglio, 2018, 770 ss.).

In un siffatto contesto, si osserva, apprezzata la pratica sportiva non solo alla stregua di attività espressione di libertà ed autodeterminazione del singolo, ma anche in termini di fonte di relazioni umane ed ambito di interessi rilevanti per l'ordinamento giuridico, si persegue l'obiettivo di individuarne i presupposti di liceità (Frau, 2014, 1340 ss.; Id, 2011, 1310 ss.; Id, 2011, 1146 ss.; Bendoni, 2011, 4327 ss.; Marra, 2010, 938 ss.; Bacco, 2007, 2001 ss.; Marzano, 2007, 3990 ss.; Facci, 2005, 1041 ss.; Di Pietropaolo, 2001, 508 s.; Macrì, 2001, 133 ss.; Sica, 2000, 737 ss.; Russo, 2000, 321 s.; Bellagamba, 2000, 995 s.; Vidiri, 1992, 327 s.; Scialoja, 1988, 410 ss.; Dinacci, 1984, 1210 s.; De Francesco, 1983, 607 ss.) nel quadro della ricerca di un giusto contemperamento tra la tutela di (alcuni) diritti (inviolabili) dell'individuo, afferenti alla sua integrità psicofisica ed al conseguente divieto di disporre del proprio corpo in violazione dei valori di dignità della persona (Cherubini, 1978, 86 ss.), e dei principi fondamentali "*del c.d. ordinamento sportivo, valori questi ultimi che si esprimono, tra l'altro, in quelle regole c.d. tecniche volte a disciplinare le singole attività sportive*", peraltro ciclicamente evolutesi, "*così come allo stesso tempo sono mutati nel tempo i valori morali, i parametri ai quali ancorare il giudizio di conformità di determinate azioni umane alle norme codicistiche, costituzionali e sovranazionali*" (Agrifoglio, 2018, 762 ss.).

Del resto, "*che il dovere di non potere disporre del proprio corpo, della propria salute e della propria vita sia assiologicamente prevalente sul diritto di potere determinare la propria vita e di potere disporre del proprio corpo al fine di raggiungere soddisfazioni esistenziali e/o economiche, è affermazione che, pur essendo pregna di valori etici, va oggi comunque armonizzata con una visione laica e liberale dell'esistenza umana*" (Agrifoglio, 2018, 764 s.).

Così, l'effettiva tutela dell'integrità psicofisica dell'individuo viene rimessa alla formulazione di regole di condotta ispirate a cautela e prudenza – pur essendo, ovviamente, ineliminabile, in senso assoluto, il rischio di pregiudizio insito nell'esercizio dell'attività – volte a contenere il grado di violenza od irruenza incompatibile con le caratteristiche dello sport praticato, ovvero col contesto ambientale nel quale l'attività sportiva si svolge in concreto, o con la qualità delle persone che vi partecipano (Frau, 2011, 2260 ss.; Id, 2011, 1308 ss.; Id, 2011, 1146 ss.; Marzano, 2007, 3992 ss.; Frattarolo, 2005, 387 s.; Bertini, 2002, 33; De Marzo, 1992, 8 ss.; Albeggiani, 1990, 538 s.; Busnelli, Ponzanelli,1984, 283 ss.; Bonasi Benucci,1955, 422 s.).

Si potrebbe ritenere che l'ordinamento si preoccupi "*di limitare il rischio connesso allo svolgimento della pratica sportiva, individuando in maniera il più possibile puntuale delle norme cautelari, contenute all'interno dei singoli regolamenti sportivi esistenti per ognuna delle discipline sportive riconosciute ed autorizzate dallo Stato*" (Marra, 2010, 938 s.), ancorché le norme costitutive la disciplina sportiva siano concepite, *in primis*, non in vista dell'obiettivo di impedire la produzione di eventi lesivi, "*quanto soprattutto di assicurare il conseguimento del risultato sportivo, nel rispetto dei principi ispiratori del gioco*" (Ronco, 2003, 2084 s.), vivificate, in realtà, da un punto di vista assiologico ed ideale, dai principi di probità e lealtà che contraddistinguono il "vero sportivo" e che ne guidano l'azione anche laddove sia sceso in campo con un incisivo agonismo, pur sempre rispettoso dell'avversario.

In ogni caso, lo sport costituisce espressione di libertà dell'individuo e strumento di autodeterminazione e realizzazione della personalità di ciascuno; invero, ancorché dalla pratica sportiva possano essere ritratti diretti effetti benèfici in favore del singolo, è facilmente comprensibile che il miglioramento della qualità della vita e del vigore psicofisico che ne deriva comporti, altresì, il soddisfacimento di interessi generali, correlati ad un incremento del benessere della popolazione e ad un conseguente risparmio, *in primis*, delle spese sanitarie.

Uno stile di vita sano, non sedentario, costituisce, quindi, obiettivo non solo di ogni individuo, ma si innesta entro misurate politiche di promozione della salute collettiva.

"*Ben si giustifica, perciò, che lo Stato non solo permetta, ma anzi favorisca la pratica sportiva, attesa la sua utilità sociale, in quanto migliora le condizioni fisiche della popolazione e sviluppa lo spirito agonistico*" (Marzano, 2007, 3989).

Così, ad esempio, la legge 23 marzo 1981, n. 91 (seppur concernente il tema dei rapporti tra società e sportivi professionisti), all'art. 1, postula, in via programmatica, che "*l'esercizio dell'attività sportiva, sia essa svolta in forma individuale o collettiva, sia in forma professionistica o dilettantistica, è libero*".

Vieppiù, "*la legge 27 dicembre 2017, n. 205 (art. 1, comma 369, lett. e) ha espressamente codificato l'esistenza di un vero e proprio diritto allo sport, seppure limitato ai soli minori (e non esteso a tutti gli individui), sancendo l'obbligo per lo Stato di garantire il diritto all'esercizio della pratica sportiva quale insopprimibile forma di svolgimento della personalità del minore*" (Lubrano, 2020, 248).

Va da sé, però, che, in seno ad un ordinamento democratico, ispirato ai valori di fondo di un sistema di governo liberale, nessuna costrizione possa essere ritenuta ammissibile anche laddove, in tesi, si perseguano finalità astrattamente ed idealmente condivisibili, così come diversamente da quanto accaduto in (un non troppo lontano) passato, allorquando l'intento di "*indirizzare lo sport al fine particolare del miglioramento fisico e morale della popolazione*" (cfr. art. 2, l. 16/02/1942, n. 426), concepito entro un assetto politico/costituzionale di stampo totalitario, si è tradotto (e, tutt'oggi, consisterebbe) non nell'esercizio di libertà, funzionali alla promozione della personalità dell'individuo, bensì nell'ingerenza "paternalistica" del pubblico potere nella vita di ciascun cittadino (*rectius*: suddito) (Vanzetti, 2013, 137 ss.).

Ciò in quanto "*un governo fondato sul principio della benevolenza verso il popolo, al modo di un governo di un padre verso i figli, cioè un governo paternalistico, in cui i sudditi, come figli minorenni che non possono distinguere ciò che è loro utile o dannoso, sono costretti a comportarsi solo passivamente, ad aspettare che il Capo dello Stato giudichi in qual modo loro devono essere felici, è il peggior dispotismo che si possa immaginare*" (Sasso, 1961, 74).

Apprezzare lo sport alla stregua di strumento di indirizzo ed orientamento (anche culturale) della popolazione, pertanto, può assumere una diversa consistenza ed un differente significato a seconda del particolare contesto socio/politico entro il quale il fenomeno sportivo assurge ad oggetto di rilevanza per l'ordinamento giuridico statale ed in seno alla comunità internazionale.

Così, allo stato attuale, in ossequio ai "*Fundamental Principles of Olympism*" contemplati dalla Carta Olimpica (Vari, 2016, 220), il diritto di praticare attività fisica e sport si eleva al rango di "*diritto umano riconosciuto a livello internazionale*" (Bastianon, 2009, 396 s.), "*diritto dei popoli quando diventa il passe-partout per rivendicare altri diritti, quali il diritto alla pace, allo sviluppo, i diritti degli uomini di colore nel Sud Africa dell'apartheid, i diritti dei disabili, i diritti del fanciullo, i diritti delle donne*" (Tognon, Stelitano, 2011, 207), anche in quanto, come visto, strettamente interconnesso con la salute dell'individuo, specie in un contesto sociale e valoriale in cui si esplorano nuovi orizzonti di potenziamento fisico, per un verso attraverso l'impiego di sostanze o presidi atti a potenziare la prestazione fisica e, per altro verso, attraverso tecniche di selezione genetica dei futuri campioni (Salardi, 2019).

Per vero, si dimostra comunque non revocabile in dubbio ritenere che lo sport investa libertà fondamentali proprie di ciascun ordinamento ispirato ai valori del costituzionalismo moderno; di conseguenza, pur permanendo, di certo, ineludibili specificità in seno ai vari modelli di organizzazione politico/costituzionale, innegabile sembra l'opportunità di correlare la pratica sportiva ad alcuni diritti inviolabili dell'individuo (declinati, ad esempio, all'interno della Costituzione italiana, agli artt. 2 e 18 – sviluppo della personalità dell'individuo, sia come singolo, sia nelle formazioni sociali cui ritiene di aderire ed entro le quali esercitare l'ulteriore diritto di associazione; all'art. 32 – conseguimento di sempre maggiori condizioni di benessere psicofisico; all'art. 3 – principio di uguaglianza da intendere riferito con riguardo sia al divieto di discriminazioni, sia in termini di superamento delle condizioni personali e sociali che possano precludere o limitare il libero svolgimento della pratica sportiva) (De Fusco, 2019, 5 ss.; Bonomi, 2005, 363 ss.; D'Onofrio, 2019, 10 s.; Benvenuto, 2017, 1 ss.).

Peraltro, nell'ambito di una società in cui si dimostra fin troppo agevole assistere ad uno smarrimento dei valori e degli ideali strettamente connaturati al rispetto ed alla promozione della persona e della dignità umana (esplicitata, quanto meno in senso minimo, alla stregua di principio supremo dell'ordinamento – Sacco, 2007, 2280 ss. – presupposto di tutti i diritti fondamentali – Tigano, 2010, 1749 – diritto ad avere diritti – Resta, 2008, 1673 – incondizionato rispetto della più intima essenza dell'individuo, corrispondente alla qualità di uomo in quanto tale – Sacco, 2007, 2280 – al di là di ogni forma di abiezione, avvilimento e degradazione fisica e morale), lo sport ben può assumere il compito di influenzare, alla luce dei connotati etici e morali ad esso connaturati, i comportamenti individuali e collettivi, i modelli di vita ed i valori sociali, educativi e culturali su cui incentrare politiche di condivisione, tolleranza, integrazione sociale, lealtà e solidarietà, fattori di inserimento e partecipazione democratica alla vita della comunità di appartenenza (Bastianon, 2009, 395 ss.).

Ciò, specie se declinati con riguardo alle fasce più deboli della popolazione, ovvero nei confronti delle persone affette da disabilità, bisognose di maggiori attenzioni perché esposte al rischio di marginalizzazione civile, sociale e culturale a causa di patologie, fisiche o mentali, che le rendono, ancor oggi, "diverse" agli occhi della comunità (Buonocore, Mastromattei, Tosarello, 2011; Vadalà, 2009, 133 ss.; Arrigoni, 2008; Bal Filoramo, 2007; Ghirlanda, 2003).

Del resto, è proprio in seno alle formazioni sociali che si radica, nel suo dinamico divenire, la personalità dell'individuo e la promozione della dignità della persona, apprezzata in chiave relazionale e contraddistinta da imprescindibili legami interumani (dai quali ed) entro cui matura l'identità (valoriale, ideale, culturale) di ciascuno (Cendon, 2011, 2412 ss.).

Ed è proprio nell'ambito del pluralismo sociale, attributo tipico ed ineliminabile di un ordinamento democratico, che si rintracciano le fondamenta delle libertà individuali poiché esse assumono piena consistenza ed effettività nei gruppi e nelle formazioni sociali che sorgono spontaneamente e che rinvengono in un complesso di interessi umani comuni il collante che avvolge e rinsalda i rapporti e le relazioni tra i membri di una data collettività.

In tal contesto, si osserva, "*la libertà individuale non è «vuota», ma si esercita e si svolge nelle relazioni personali e sociali, cosicché i gruppi sociali che si formano in via spontanea non sono altro che aspetti e profili della libertà unitariamente intesa*" (Cariola, 2010, 2257).

In seno ad una siffatta (ovviamente, parziale) ricostruzione dell'effettività delle libertà fondamentali, si innesta, a pieno titolo, il fenomeno sportivo che "*prende le mosse dall'attività individuale, che in alcuni sport si esaurisce in se stessa ed, invece, in altri si sviluppa in forme aggregative dalle più spontanee ed occasionali a quelle più strutturate ed istituzionalizzate, sino ad arrivare alla regolazione di campionati, l'ammissione ovvero l'esclusione dai quali assume oggi carattere pubblicistico*" (Cariola, 2010, 2258 s.).

Così, in definitiva, se "*lo sport viene inteso come un'attività prodromica e necessaria (e, per certi versi, strumentale), alla realizzazione di diritti fondamentali costituzionalmente riconosciuti (quali, ad esempio, il diritto alla salute, la libertà di associazione, il diritto a svolgere la propria personalità all'interno delle formazioni sociali, il diritto a non essere discriminati) che – pur essendo dotati di una propria autonomia concettuale – costituiscono, al contempo, elementi ontologicamente connessi al fenomeno sportivo, è ragionevole ritenere che si possa parlare di un diritto allo sport e che quest'ultimo si atteggi, seppur indirettamente, a diritto fondamentale costituzionalmente tutelato*" (Pensabene Lionti, 2012, 415 ss.).

2. *La vocazione universale dello sport*

Il complesso insieme di fattori che contribuisce a connotare lo sport alla stregua di attività umana incidente in seno a molteplici ambiti della vita sociale, economica, istituzionale ed ordinamentale (Del Giudice, 2008, 2643), è noto, rende problematico poterne categorizzare, anche storicamente, in termini univoci, i tratti caratteristici essenziali (Pensabene Lionti, 2012, 415 ss.; Sanino, 2006, 1 s.; Marani Toro, 1971, 42 ss.), pena il pericolo di enfatizzare oltremodo i connotati di autoreferenzialità, ovvero di ingenerare, anche sotto la lente del diritto, incertezze dogmatiche ed applicative non facilmente risolvibili ricorrendo ai tradizionali canoni ermeneutici (Piazza, 2013, 5123 ss.).

In tal contesto, si dimostra davvero arduo poter rintracciare, ovvero costruire, una nozione dello sport "omnicomprensiva" e suscettiva di poter essere ben adattata alla eterogeneità delle variegate esperienze storiche (Mandell, 1989; Palumbo, 1965, 214 ss.; Gualazzini, 1965, 339 ss.; Albanesi,1940 – 1949, 5 ss.) e tradizioni giuridiche proprie dei diversi sistemi giuridici – istituzionali ed ordinamentali – statali, regionali, sovranazionali o internazionali (Lubrano, 2020, 250 ss.; Mazzei, 2017, 11 ss.; Frosini, 2017, 11 ss.; Piazza, 2013, 5123; Manzella, 2008, 418 s.).

Spicca, però, in tema, l'orientamento maturato nella direzione di affermare la necessità di una normazione omogenea, qualificando l'organizzazione sportiva alla stregua di sistema autonomo, transnazionale e trasversale (Mazzei, 2017, 6 ss.), "*ricordando che il legal pluralism del mondo globalizzato, en-*

tro il quale si inserisce l'organizzazione sportiva mondiale, è lo scenario all'interno del quale … si è iniziato a parlare di una lex sportiva, in analogia con la lex mercatoria" (Serra, 2020, 348; Serra, 2020, 1 ss.; Mazzei, 2017, 12 ss.), modello di regolamentazione basato, però, su di una volontaria accettazione ed adesione da parte dei soggetti operanti all'interno del sistema sportivo (Mazzei, 2017, 8 ss.) e, par tale natura, intrinsecamente destinato a dover misurarsi con il (relativo) riconoscimento da parte di ciascun ordinamento giuridico statale entro il quale sarebbe chiamato ad operare.

Difatti, "*a livello teorico si può individuare una possibile via che porti alla piena realizzazione della lex sportiva come lex unitaria proprio nella configurazione reticolare delle organizzazioni sportive che impone l'adozione di una visione relazionale e collaborativa sia tra i vari organi del sistema sportivo sia tra questo e gli ordinamenti nazionali, sia a livello legislativo che giudiziario. Ma, scendendo sul concreto, si delineano le difficoltà di una tale collaborazione, in quanto si tratta anche di un problema di rapporti di forza che coinvolge aspetti giuridici, politici e sociali*" (Serra, 2020, 356).

Lo sport, del resto, assurge ad oggetto di rilevanza non solo in riferimento ai singoli ordinamenti giuridici statali, ciascuno dei quali caratterizzato da ben definiti profili di specificità e peculiarità, anche costituzionali (Lubrano, 2020, 241 ss.), bensì (innanzitutto) in ambito europeo (*rectius*: eurounitario) (Bastianon, 2009, 392 ss.) e, più in generale, secondo una dimensione globale o di "diritto sconfinato" (Manfredi, 2012, 310 ss.; Id, 2011, 695 ss.; Casini, 2010; Ferrarese, 2006); in questa direzione, la "vocazione universale" del fenomeno sportivo conduce, in realtà, a postularne i tratti caratteristici della aterritorialità e della superstatualità (Massera, 2007, 185 ss.).

Invero, la dimensione sovranazionale del fenomeno sportivo, testimoniata, innanzitutto, dall'esistenza di organizzazioni internazionali e regionali a base associativa poste al vertice di un articolato e composito assetto organizzativo composto anche dai diversi sistemi sportivi nazionali, postula un insieme di regole di disciplina dei rapporti tra le istituzioni ed i soggetti operanti in seno all'ordinamento sportivo (internazionale) costituito non da un diritto di un ordinamento giuridico a sé, bensì da un complesso di norme "*interstato o superstato*" (Giannini, 2006, 444).

Nel tempo, è stato possibile assistere ad una diversa denominazione delle regole costitutive il "diritto internazionale sportivo o dello sport", l'"International Sports Law", ovvero il "Global Sports Law" (Casini, 2010, 7 s.), pur se, indipendentemente da qualsivoglia sforzo definitorio, spicchi il comune riconoscimento dell'apprezzamento, all'interno della Comunità internazionale, del fenomeno sportivo, concepito alla stregua di strumento di promozione di valori (anche di matrice culturale) appartenenti ad un patrimonio assiologico condiviso in seno alla "Società delle Nazioni".

In tal contesto, sembra potersi affermare che l'ordinamento sportivo si inquadri entro la categoria dogmatica dei "sistemi regolatori globali" (Cassese, 2005, 331 ss.).

In essi si rinvengono relazioni giuridico-organizzative (relativamente) tipiche, delle quali l'ordinamento sportivo mima, in buona misura, le caratteristiche in tali termini rilevanti: "*l'assenza di esclusività tra regimi internazionali, per l'ordinamento sportivo risultante dalla continua interazione e dialettica tra Federazioni sportive internazionali e Comitato olimpico internazionale; l'alto grado di autoregolazione, che nell'ordinamento sportivo si trasferisce fin nel momento dell'esecuzione giustiziale del diritto attraverso il c.d. vincolo di giustizia; il ruolo importante delle decisioni assunte sulla base di negoziati e di criteri scientifici, che nell'ordinamento sportivo presentano connotati più strettamente tecnici; la tendenza all'appannamento della distinzione tra diritto pubblico e diritto privato, che nell'ordinamento sportivo può portare alla convivenza e all'interferenza in più punti delle due discipline all'interno dello stesso momento organizzatorio*" (Massera, 2007, 185 ss.).

In un siffatto quadro ricostruttivo, rileva «*il ruolo del diritto come arbitro del rapporto tra gli interessi e i valori in campo* – che – *proietta le sue manifestazioni tipiche in una prospettiva che è insieme multilivello e multidisciplinare, così dando vita…ad una sorta di nuovo e speciale "cubo magico", con queste caratteristiche strutturali e funzionali: che le sei facce del poliedro sono costituite, rispettivamente, quanto ad ambito ordinamentale, dal diritto sportivo, dal diritto nazionale, dal diritto comunitario, dal diritto internazionale, ma poi anche, quanto ad ambito disciplinare, dal diritto pubblico e dal diritto privato*» (Massera, 2007, 177 s.).

In questa direzione, vanno certamente accolti con favore i molteplici atti normativi e documenti finalizzati a tributare rilievo internazionale alla pratica sportiva.

Se, da un lato, nel tempo, è stato possibile assistere all'adozione di numerose convenzioni internazionali, ove "*il richiamo al diritto allo sport è indiretto e sottinteso*" (De Fusco, 2019, 11), sotto altro profilo, è maturata, *in primis*, la consapevolezza dell'opportunità di apprezzare il fenomeno sportivo alla stregua di strumento di promozione del benessere psicofisico dell'individuo sin dalla più tenera età.

Così, ad esempio, in seno all'art. 31 della Convenzione internazionale sui diritti del fanciullo (approvata dall'Assemblea Generale delle Nazioni Unite il 20 novembre 1989, ratificata dall'Italia con legge del 27 maggio 1991, n. 176, depositata presso le Nazioni Unite il 5 settembre 1991), viene riconosciuto "il diritto al gioco" entro il quale ricondurre anche, secondo quanto previsto dagli artt. 24 e 29, un'attività fisica regolare, atteso che, indubbiamente, la pratica sportiva migliori lo stato di salute del bambino, agevoli l'apprendimento e possa contribuire ad un corretto sviluppo psicofisico, sociale e culturale, che dovrebbe accompagnare il bambino fino all'adolescenza (De Fusco, 2019, 12).

Nello sport si sintetizzano, poi, i valori di solidarietà, fratellanza ed amicizia tra i popoli.

Spicca, in tal senso, in prima battuta, la c.d. "Carta Internazionale per l'educazione fisica, l'attività fisica e lo sport", adottata dall'UNESCO nel 1978, ove lo sport assurge alla stregua di «*"diritto fondamentale per tutti" e come elemento utile per il conseguimento di benefici individuali e collettivi, tra i quali miglioramento della salute, lo sviluppo socioeconomico, la pace e la stessa dignità dell'uomo*» (Lubrano, 2020, 252; De Fusco, 2019, 11 s.; Vari, 2016, 220).

Ad essa è seguita, poi, la Convenzione internazionale contro l'Apartheid nello sport del 1985, approvata con Risoluzione dell'Assemblea Generale dell'ONU 40/64 del 10/12/1985, documento connotato da un'evidente carica simbolica, indirizzato verso "*l'uso strumentale dello sport per promuovere i diritti umani e il diritto alla pace*" (Tognon, Stelitano, 2011, 213).

Seguendo questa scia, l'Assemblea Generale delle Nazioni Unite, in seguito, «*con Risoluzione 67/296, in data 23 agosto 2013, ha deciso di proclamare il 6 aprile (data dell'inaugurazione della Prima Olimpiade di Atene nel 1896) come "giornata internazionale dello sport per lo sviluppo e la pace"*» (Lubrano, 2020, 252).

Essenziale si dimostra, infine, il "*Report from the United Nations Inter-Agency Task Force on Sport for Development and Peace – Sport for development and peace towards achieving the millennium development goals*" del 2003, documento all'interno del quale si analizza il potenziale contributo che lo sport può offrire al raggiungimento degli "Obiettivi di sviluppo del millennio (OSM) delle Nazioni Unite".

Tra questi, come già rilevato, rientra certamente la promozione della salute dell'individuo; lo sport, in detta direzione, costituisce strumento indispensabile per incentivare l'affermazione di stili di vita salubri e, in ambito internazionale, incisive si dimostrano le iniziative intraprese in tal senso.

L'Organizzazione Mondiale della Sanità, ad esempio, ha emanato, nel tempo, «*una serie di "raccomandazioni" rivolte a tutti gli Stati, sottolineando la necessità di porre in essere politiche nazionali intersettoriali per poter sostenere e implementare i programmi e le iniziative di promozione dell'attività fisica, a tutti i livelli di età*» (Lubrano, 2020, 253).

Iniziative entro le quali, a tacer d'altro, onde imprimere un significativo passo rivolto nella direzione di salvaguardare la salute e l'integrità psicofisica degli atleti, in uno con l'opportunità di combattere pratiche mediche finalizzate all'alterazione dei risultati sportivi, al fine di favorire il consolidamento, anche in siffatti ambiti, dei valori della lealtà, correttezza e probità di derivazione olimpica, si rinviene, in ambito UNESCO, la Convenzione internazionale contro il doping nello sport del 2005.

Anche in chiave europea, poi, il fenomeno sportivo ha progressivamente assunto un rilievo sempre maggiore.

In merito, si può certamente distinguere l'impegno profuso da parte delle Istituzioni componenti l'Unione Europea rispetto alla (fondamentale) incidenza che il diritto comunitario prima – ed eurounitario oggi – abbia prodotto e continui ad esercitare su aspetti fondamentali dell'organizzazione dei sistemi sportivi nazionali e su singoli istituti di disciplina originariamente riservati all'ordinamento sportivo, in ossequio, come si vedrà successivamente, al (non sempre correttamente interpretato) principio di autonomia.

Sul punto, ad esempio, in passato, decisiva si è dimostrata l'applicazione del diritto comunitario nel conformare la disciplina di libera circolazione degli atleti all'interno del territorio dell'Unione (basti pensare, ovviamente, alla nota "sentenza Bosman" – Corte Giust. Com. Eur., 15 dicembre 1995, causa C-415/93 – Lubrano, Musumarra, 2017, 189 ss.; Bastianon, 2015; Id., 1996, 3 ss.; Clarich, 1996, 393 ss.; Manzella, 1996, 409 ss.; Tizzano, De Vita, 1996, 416 ss.; Romani, Moretti, 1996, 436 ss.; Anastasi,1996, 458 ss.; Bastianon, 1996, 508 ss.; Coccia, 1996, 650 ss.; De Silvestri, 1996, 800 ss.; Orlandi, 1996, 619 ss.; Telchini, 1996, 323 ss.; Vidiri, 1996, 13 ss. – ed ai successivi riflessi che ne sono derivati – Lubrano, Musumarra, 2017, 266 ss.; Ciarrocchi, 2002, 371 ss.; Bastianon, 2001, 459 ss.; Corapi, 2001, 7 ss.; Coccia, Nizzo, 1998, 335 ss.; Bastianon, 1997, 864 ss.; Id, 1996, 662 ss.) ancorché, ancor oggi, permangano perplessità circa la compatibilità di alcune previsioni contemplate in seno ai regolamenti di ciascuna federazione sportiva, in special modo con riferimento alla disciplina riferibile agli atleti (extra)comunitari, sia con riguardo al tema dei tesseramenti, sia in ordine all'indicazione di un numero massimo di sportivi che possono essere contemporaneamente schierati in campo (Lubrano, Musumarra, 2017, 271 ss.).

Ancora, foriera di potenziali stravolgimenti di disciplina, rileva, come sarà possibile meglio evidenziare in seguito, la recente rimessione alla Corte di Giustizia della questione interpretativa concernente la compatibilità con il diritto eurounitario della disciplina nazionale posta a regolamentazione della natura giuridica delle federazioni sportive, quantomeno sotto il profilo della soggezione, o meno, alle regole proprie dell'evidenza pubblica, appunto di chiara matrice comunitaria (Bastianon, 2019, 147 ss.).

In chiave strettamente assiologica, inoltre, non può sottacersi la ricercata volontà espressa dalle Istituzioni europee nella direzione dell'affermazione dello sport alla stregua di materia oggetto di competenza (anche) eurounitaria, nel pieno convincimento della omogeneità dei valori del mondo dello sport con i principi di fondo di fratellanza, lealtà e condivisione propri dell'Unione.

Difatti, "*l'ideale olimpico dello sviluppo dello sport per promuovere la pace e la comprensione fra le nazioni e le culture e l'istruzione dei giovani è nato in Europa ed è stato promosso dal Comitato olimpico internazionale e dai comitati olimpici europei*" (Libro Bianco sullo Sport, 2007).

È indubbio, in tal senso, che lo sport promuova lo spirito di gruppo, la solidarietà, la tolleranza e la correttezza, contribuendo, così, allo sviluppo e alla realizzazione personale di ciascuno ed incentivando la partecipazione ed il coinvolgimento attivo dei cittadini dell'UE al processo di costruzione di una società multiculturale.

Ancorché originariamente priva di competenze dirette, la Comunità Europea – prima – e l'Unione Europea – successivamente – da lungo tempo hanno assunto in favorevole considerazione le funzioni sociali, educative e culturali dello sport, che ne costituiscono la specificità, al fine di rispettare e di promuovere l'etica e la solidarietà necessarie a preservarne il ruolo sociale in ambito eurounitario.

Si annoverano, in merito, l'adozione, nel 1991, da parte della Commissione Europea, della Comunicazione su "La comunità europea e lo sport", l'approvazione da parte della VII Conferenza dei Ministri europei dello Sport a Rodi nel 1992 della Carta europea dello Sport e del Codice europeo di etica sportiva del Consiglio d'Europa, il Manifesto Europeo sui Giovani e lo Sport elaborato nell'ambito del Consiglio d'Europa il 17-18 maggio 1995, la Dichiarazione allegata al Trattato di Amsterdam del 1997 – la cd. Relazione di Helsinki sullo sport – la Dichiarazione del Consiglio europeo sulle caratteristiche specifiche dello sport e la sua funzione sociale in Europa del dicembre 2000 e la Dichiarazione dell'Anno Europeo dell'educazione attraverso lo sport del 2004, «*nella quale si riconosce che lo sport svolge un ruolo importante nel perseguimento degli obiettivi di "promozione dell'istruzione e della formazione durante l'intero arco della vita", di "promozione della mobilità all'interno dell'Unione europea", di "realizzazione di una società della conoscenza" e di "lotta contro l'emarginazione sociale e la discriminazione"*» (De Fusco, 2019, 13).

Il primo significativo e strutturato passo compiuto nella direzione di radicare "nuove competenze" della UE "*con un mutamento di indirizzo delle politiche dell'Unione dagli anni Novanta in poi, quando l'attenzione si è spostata dalla dimensione economica a quella sociale dello sport*" (De Fusco, 2019, 13), però, è certamente rappresentato dal c.d. "Libro Bianco sullo sport", documento adottato dalla Commissione europea l'11.7.2007, che si concentra sul ruolo sociale dello sport, sulla sua dimensione economica e la sua organizzazione in Europa, in uno con l'implementazione delle politiche di contrasto al doping e alla corruzione, unitamente ad un piano di proposte concrete, relative alle ulteriori iniziative da intraprendere, intitolato a Pierre de Coubertin.

Indi, il ruolo strategico dello sport in seno all'Unione Europea si è finalmente tradotto nella formalizzazione di specifiche competenze nell'attuazione delle politiche comuni in materia mediante l'art. 6, lett. e), del Trattato sul funzionamento dell'Unione Europea (TFUE) il quale ha stabilito che l'UE ha competenza a svolgere azioni intese a sostenere, coordinare o completare l'azione degli Stati membri nel settore dello sport; vieppiù, l'art. 165 del TFUE ha altresì previsto che l'azione dell'UE è volta "*a sviluppare la dimensione europea dello sport, promuovendo l'imparzialità e l'apertura nelle competizioni sportive e la cooperazione tra gli organismi responsabili dello sport e proteggendo l'integrità fisica e morale degli sportivi, in particolare di più giovani tra di essi*" (Lubrano, 2020, 251; De Fusco, 2019, 14; Vari, 2016, 222).

In seguito all'entrata in vigore del Trattato di Lisbona, poi, gli intendimenti dell'Unione, indirizzati nel senso di valorizzare la potenzialità dello sport nel contribuire agli obiettivi della Strategia "Europa 2020", riconoscendo come esso migliori l'occupabilità e promuova l'inclusione sociale, si sono tradotti nell'adozione, nel corso del 2011, della Comunicazione "Sviluppare la dimensione europea dello sport".

In seno a siffatto documento, spicca, innanzitutto, la volontà politica di tributare al "Libro Bianco sullo sport" del 2007 un valore strategico, "*base appropriata per le attività a livello di UE nel campo dello sport in una serie di ambiti, ad esempio, la promozione del volontariato nello sport, la tutela dei minori e la protezione ambientale*", mediante il quale è stato possibile avviare un "*un dialogo strutturato con le parti interessate del settore dello sport*" e promuovere "*l'integrazione delle attività relative allo sport nei fondi, nei programmi e nelle iniziative UE pertinenti*".

Segue, solo un anno più tardi, la Risoluzione del Parlamento europeo del 2 febbraio 2012 sulla dimensione europea dello sport, atto complesso ed articolato all'interno del quale è possibile assistere ad un apprezzamento globale del fenomeno sportivo, considerato alla luce dei molteplici interessi umani ad esso correlati, «*indicando n. 40 punti specifici con riferimento al tema del solo "ruolo sociale dello sport", sottolineando, tra l'altro, "i vantaggi dello sport sotto il profilo sociale, culturale, economico e per la salute pubblica" (punto n. 1), i benefici dello stesso per la salute e per la riduzione della spesa sanitaria (punto n. 7), l'importanza della effettiva accessibilità alle strutture sportive (punto n. 9) e, infine, l'importanza dello sport come "strumento per promuovere la pace, la crescita economica, il dialogo interculturale, la sa-*

lute pubblica, l'integrazione e l'emancipazione delle donne" (punto n. 19)» (Lubrano, 2020, 251).

Vengono, poi, tracciate le linee guida descrittive delle iniziative che l'Unione Europea è chiamata ad intraprendere nella direzione del supporto e sostegno alle azioni degli Stati membri e ad integrarle, ove opportuno, per affrontare sfide quali la violenza e l'intolleranza legate agli eventi sportivi, la lotta al doping, la promozione di politiche di inclusione sociale, l'implementazione delle occasioni di diffusione delle pratiche sportive in ambito scolastico e, più in generale, con riguardo ai settori giovanili.

Emerge, vieppiù, l'opportunità di riconoscere "la specificità dello sport", ovvero il valore dell'autonomia dell'ordinamento sportivo, pur permanendo l'imprescindibile necessità di vigilare in merito alla conformità delle regole sportive rispetto alle prescrizioni dettate dalla legislazione dell'UE (diritti fondamentali, libera circolazione, divieto di discriminazione, concorrenza, ecc.).

Così, in vista del perseguimento degli obiettivi di:

a) promozione di un approccio collaborativo tra Stati membri e Commissione per apportare, nel lungo periodo, un valore aggiunto nello sport al livello europeo;

b) allineamento delle strutture informali esistenti alle priorità definite nel piano di lavoro;

c) approccio UE coordinato alle sfide internazionali;

d) promozione della specificità e del contributo dello sport in altri ambiti di intervento UE;

e) orientamento verso politiche sportive basate su dati concreti,

le politiche dell'Unione Europea in tema di sport si sono concentrate, sino ad oggi, nella predisposizione di tre piani di "lavoro dell'Unione Europea per lo sport" (2011-2014; 2014-2017; 2017-2020), incentrati sulle seguenti questioni chiave:

a) il ruolo sociale dello sport (tra cui: lotta al doping; istruzione, formazione e qualifiche; prevenzione e lotta contro la violenza e l'intollleranza; benefici alla salute; inclusione sociale);

b) la dimensione economica dello sport (definizione di politiche; finanziamento sostenibile; applicazione delle norme UE in materia di aiuti di Stato; sviluppo regionale e occupabilità);

c) l'organizzazione dello sport (buona governance; specificità dello sport; libera circolazione e nazionalità degli sportivi; norme in materia di trasferimenti ed attività degli agenti sportivi; dialogo sociale europeo nel settore dello sport; integrità delle competizioni sportive; tutela dei minori; sistema di concessioni di licenze per le società; diritti di trasmissione e di proprietà intellettuale).

3. *L'ordinamento sportivo ed i suoi elementi costitutivi: plurisoggettività, organizzazione e normazione*

L'ordinamento costituzionale italiano riconosce, promuove e valorizza il pluralismo istituzionale, sociale e culturale, funzionale e servente al soddisfacimento, *inter alia*, del principio personalista che anima la costituzione repubblicana, nel quadro di un modello concettuale, orientato all'apertura dell'ordinamento dello Stato ad altri ordinamenti (Manfredi, 2012, 299; Id, 2011, 695 s.; Crisafulli, Paladin, 1990, 115; Tosato, 1989, 225 ss., Rossi, 1989, 190 ss.; Paladin, 1988, 566 s.; Pastori, 1980, 93 s.), "*che contempla la possibilità di integrazione della propria trama normativa in ambiti soggettivi contrassegnati da una stabilità organizzativa e dall'adesione degli appartenenti alla comunità ad un corpus omogeneo di regole vincolanti*" (Serio, 2009, 773 s.).

In tal contesto, "*il modello generale del rapporto tra persona, gruppi e Stato si impernia dunque su un tendenziale astensionismo del legislatore nel regolare la vita interna delle formazioni sociali, cui corrisponde una sostanziale autonomia delle stesse; e, al contempo, sulla negazione di una vera e propria autodichia (o autocrinia) dei gruppi sociali, perché il sindacato sulla applicazione delle norme dei medesimi pertiene alla giurisdizione statale*" (Manfredi, 2011, 691).

In un siffatto quadro assiologico, l'ordinamento sportivo, per taluni profili ritenuto essere assistito dal carattere dell'originarietà (Guarino, 1996, 347 ss.; Frascaroli, 1990, 514 ss.; Piacentini, 1983, 1426 ss.), assurge a modello autonomo (*contra* Di Nella, 1998, 5 ss.) contraddistinto, *in parte qua*, dai tradizionali connotati, tipici di un ordinamento giuridico, della plurisoggettività, dell'organizzazione e della normazione propria (Giannini, 1946, 85; Modugno, 1993, 327 ss.).

Così, pur non essendo, di certo, come si vedrà, un ordinamento sovrano (Sanino, 1993, 352; Quaranta, 1979, 29 ss.) v'è chi propende per una sua qualificazione alla stregua di ordinamento "*superiorem non recognoscens*" (Di Nella, 1999, 27).

Al contempo, come già accennato, in seno all'ordinamento sportivo sarebbe possibile rinvenire i tre elementi tipici, oltre che necessari, per considerare siffatta complessa comunità organizzata alla stregua di vero e proprio ordinamento giuridico, "*superstatale, ma diverso dall'ordinamento internazionale*" (Giannini, 1949, 17): "*la plurisoggettività, risultante dagli atleti e praticanti le varie discipline sportive (nonché dai c.d. ausiliari sportivi); l'organizzazione, risultante dalle Federazioni costituite per ogni disciplina sportiva, cui sono affiliati gli atleti e le associazioni e società, cioè gli enti sportivi che raggruppano gli atleti stessi e ne organizzano le attività; la normazione, risultante dalle regole poste dalle Federazioni per i rapporti intersoggettivi all'inter-*

no della disciplina e da quelle, a carattere più marcatamente tecnico, per lo svolgimento delle competizioni. E sono altresì presenti, negli ordinamenti sportivi, quei nessi strutturali tra i tre elementi, senza i quali, da una parte, non vi potrebbe essere un vero ordinamento giuridico, e dall'altra parte, questo assume caratteristiche concrete, vale a dire una normazione sulla plurisoggettività, una normazione sulla normazione, una normazione sull'organizzazione, ed ancora una organizzazione della plurisoggettività, una organizzazione della normazione ed una organizzazione dell'organizzazione" (Massera, 2007, 184 ss.).

Ciò, com'è facile intendere, nell'ambito della teorica generale che rintraccia gli elementi necessari alla individuazione di un ordinamento giuridico nella normazione, nella società, come unità ulteriore e distinta dagli individui, che sono comunque compresi in essa, legata in modo indissolubile all'ordinamento giuridico e, infine, nell'ordine sociale che comprende ogni elemento normativo extragiuridico.

Di conseguenza, "*l'ordinamento prima di essere norma, intesa come regola di uno o di una serie di rapporti sociali è organizzazione, struttura, posizione della società stessa nel suo spazio territoriale e nel suo incessante divenire, e regola, quindi, ogni tipo di rapporto sociale astrattamente e potenzialmente immaginabile nella società stessa*" (D'Onofrio, 2019, 4).

In un siffatto contesto, si osserva, "*il fenomeno giuridico non si esaurisce nel fenomeno normativo … al contrario, non solo le norme traggono la loro giuridicità dal fatto di essere espressione (e sino a quando sono espressione) della struttura associativa del gruppo (o corpo) sociale ma anche … il fatto stesso dell'organizzazione imprime ad un gruppo (corpo) sociale il carattere della giuridicità*" (Martines, 1998, 19).

Pertanto, "*il diritto, prima di essere norma, prima di concernere un semplice rapporto o una serie di rapporti sociali, è organizzazione, struttura, posizione della stessa società in cui si svolge e che esso costituisce come unità, come ente per sé stante … Se così è, il concetto che ci sembra necessario e sufficiente per rendere in termini esatti quello di diritto, come ordinamento giuridico considerato complessivamente, è il concetto di istituzione. Ogni ordinamento giuridico è un'istituzione, e viceversa ogni istituzione è un ordinamento giuridico*" (Romano, 1951, 25 ss.).

"*Divenuto istituzione e quindi diritto, lo sport si integra nell'ordinamento e partecipa in certo modo alla soggezione a quegli obblighi e limitazioni che le norme pongono a tutela di ogni altro diritto e di ogni altro interesse o posizione rilevante*" (Parisi, 2016, 3).

Così, attesa la formazione di tipo spontaneo dell'ordinamento sportivo e la sua rilevanza internazionale, connotata da una struttura piramidale in cui i vari soggetti nazionali confluiscono nel Comitato Olimpico Internazionale, "*organo che gode dello status di osservatore presso le Nazioni Unite*" (Spadaro, 2020, 239. Sul punto, v. Risoluzione A/RES/64/3, approvata dall'Assemblea Generale il 20 ottobre 2009), esso "*sebbene originario non è tuttavia sovrano e, quindi, viene ad essere necessariamente sottoposto ai vincoli derivanti dalla soggezione all'ordinamento statale, con il quale le relazioni si sono storicamente connotate per l'attribuzione di margini di autonomia finalizzati a salvaguardare il proprium dello sport*" (Del Giudice, 2008, 2645 ss.).

Apprezzati, con maggiore impegno esplicativo, gli elementi costitutivi dell'ordinamento (giuridico) sportivo, si osserva, il carattere della plurisoggettività andrebbe ricercato con riguardo ai profili che contribuiscono a connotare del requisito della socialità l'ordinamento sportivo, identificandosi negli atleti, negli enti – privati – sportivi, negli enti – pubblici – sportivi, nelle unioni dei primi e dei secondi, sia a livello statale che internazionale (Vellano, 2017, 243 ss.; D'Onofrio, 2019, 5); quest'ultimo profilo, poi, compartecipa alla costruzione dell'assetto organizzativo, espressione del complesso delle relazioni entificate tra i soggetti nazionali ed internazionali, necessarie per lo svolgimento delle attività agonistiche (D'Onofrio, 2019, 5). Infine, la normazione postula l'attitudine e la capacità di una "comunità sociale" di introdurre un insieme di regole vincolanti, di natura prevalentemente tecnica, tese a disciplinare i rapporti, le competenze, le attività riconducibili, in genere, alla pratica sportiva (Cardarelli, 2006, 3710 s.; D'Onofrio, 2019, 6).

In sintesi, "*l'Ordinamento Sportivo (Nazionale) è, in sostanza, costituito dall'insieme dei soggetti che sono tesserati (atleti e tecnici) o affiliati (Associazioni e Società sportive) (plurisoggettività) alle Istituzioni Sportive organizzate (Federazioni Sportive Nazionali e Discipline Sportive Associate) all'interno dell'Istituzione di vertice, ovvero il Comitato Olimpico Nazionale Italiano, configurato dalla normativa statale come Ente Pubblico dell'Ordinamento Statale: a loro volta, poi, le Istituzioni Sportive Nazionali sono affiliate alle Istituzioni dell'Ordinamento Sportivo Internazionale (Federazioni Sportive Internazionali e Comitato Internazionale Olimpico) (organizzazione). L'Ordinamento Sportivo pone in essere, altresì, una serie di normative proprie (ai vari livelli, di Comitato Olimpico Nazionale Italiano e di singole Federazioni Sportive Nazionali e Discipline Sportive Associate) (normazione)*" (Lubrano, 2019, 4 s.).

Trattasi, in particolare, di atti normativi espressione di autonomia (privata), di autodeterminazione organizzativa contrattuale, in relazione ai quali opera frequentemente il richiamo al c.d. contratto normativo (Facci, 2013, 238), norme tecniche *ab origine* tipicamente proprie dell'ordinamento sportivo ed in esso assistite dai caratteri dell'effettività, della precettività e della vincolatività, specialistiche ed insieme strumentali, destinate ad incidere sull'essenza del fenomeno sportivo, «*strettamente inerenti al "gioco", circa la tenuta di comportamenti e più in genere i modi e i limiti di utilizzo lecito del proprio corpo da parte della persona in relazione ad un determinato bene, oggetto e strumento insieme, a sua volta, della singola attività, che, secondo criteri differenziati per disciplina sportiva in relazione al tipo di prestazione e alla natura individuale o collettiva delle prestazioni stesse, consentono, nel rispetto della parità competitiva assicurata dal controllo di un soggetto terzo (l'"arbitro") e della possibilità di comparazione dei risultati, il perseguimento dell'effetto utile che è anche l'obiettivo finale dell'impegno agonistico: cioè il risultato vincente per l'atleta (o la squadra) secondo parametri numerici riferiti all'evento singolo (la "gara"), ovvero la collocazione al primo posto in graduatoria (la "classifica finale") nella reiterazione organizzata e programmata degli eventi in relazione a parametri temporali e/o territoriali e/o di altra natura (il "campionato", la "coppa", ove il premio identifica il tipo di torneo)*» (Massera, 2007, 189 ss.).

In ciò, in realtà, si radica la "giuridicità" dell'ordinamento sportivo.

Del resto, "*non può non rilevarsi che il più caratteristico e qualificante momento espressivo dell'autonomia regolamentare di una formazione sociale che aspiri ad avvalersi della propria prerogativa di organizzarsi come un'istituzione è rappresentato dalla individuazione, in ragione dei fini suoi propri, dei valori e dei disvalori rispettivamente da tutelare e da reprimere e dalla strumentale identificazione dei mezzi per promuovere gli uni e condannare gli altri. Tale libertà ordinamentale si risolve sia nella costituzione, in positivo ed in negativo, del telaio delle condotte meritevoli di riconoscimento che nel quomodo, ossia nei mezzi attraverso i quali, premialmente o punitivamente, inverare tale scelta pregiudiziale*" (Serio, 2009, 775).

Ciò, in conseguenza del definitivo superamento del principio della necessaria statualità del diritto (Conte, 1965, 52 ss.), atteso che "*esistono diversi ordinamenti giuridici, ossia diversi insiemi unificati di rapporti giuridici e norme giuridiche; tutti gli ordinamenti giuridici sono fatti della medesima sostanza perché tutti derivanti dalla spontanea volontà creatrice e coscienza giuridica degli uomini; lo stato non è l'ente che crea il diritto, ma è l'ente che partecipa con un ruolo predominante al momento applicativo del diritto. Esistono* – pertanto – *diversi ordinamenti giuridici, ciascuno con i propri principi generali e le proprie norme, e la loro giuridicità non deriva dallo stato, prescinde dallo stato e dalla gerarchia delle fonti statali*" (Mazzei, 2017, 5).

In tal contesto, si ritiene che il rapporto fra l'ordinamento giuridico statale e l'ordinamento (giuridico) sportivo sia di riconoscimento: "*riconoscimento, da parte dell'ordinamento giuridico statale, dell'ordinamento giuridico sportivo già autonomamente esistente e perciò originario; non già creazione, perché ... l'ordinamento giuridico sportivo, che è costituito e agisce nel territorio nazionale italiano, è collegato all'ordinamento giuridico internazionale, donde attinge la sua fonte*" (Corte di Cassazione, 11/02/1978, n. 625 – In dottrina v. Marzano, 2007, 3989; Bertini, 2002, 9).

Le relazioni intercorrenti tra ordinamento statale ed ordinamento sportivo, basate, secondo alcuni, "*su contingenti rapporti di forza*" (Liotta, 2016, 243; Id., 2016, 12; Id., 2011, 1659), risultano essere inquadrate, pertanto, come si è già avuto modo di rilevare in precedenza, entro la teorica della pluralità degli ordinamenti giuridici (Landini, 2006, 415 ss.; Napolitano, 2006, 5678 ss.; Guarino, 1996, 349 ss.; Perez, 1988, 509 ss.; Cassese, 1979, 118 s.; Quaranta, 1979, 30 ss.; Marani Toro, 1969, 15 ss.; Giannini, 1949, 12 ss.; Cesarini Sforza, 1933, 1283 ss.), solo uno dei quali realmente originario, indipendente e sovrano ("*un'organizzazione superiore che unisca, contemperi ed armonizzi le organizzazioni minori in cui la prima va specificandosi*" – Romano, 1969, 24) al cui interno si innestano ulteriori molteplici ordinamenti settoriali, sì (più o meno) autonomi, ma comunque dal primo derivati (D'Onofrio, 2019, 13 ss.; Grossi, 2012, 3 ss.; Romano Tassone, 2009, 73; Massera, 2008, 121; Rossi, 2006, 78 ss.; Cassese, 2002, 74 ss.; Quaranta, 1979, 32) nel quadro di un modello di integrazione perseguito per il tramite della riconduzione delle istituzioni e degli ordinamenti – diversi da quelli statuali – "*all'unità dello Stato*" (Corsale, 1983, 1016), rispetto al quale gli altri ordinamenti possono essere: "*a) originari o derivati, a seconda che trovino il titolo della loro validità in sé stessi ovvero nell'ordinamento statale; b) leciti o illeciti, a seconda se siano ammessi dall'ordinameNto statale, ovvero siano da questo considerati come fatti antigiuridici e tendenzialmente destinati ad essere soppressi*" (Martines, 1998, 40 s.).

Ciò, in base all'orientamento secondo il quale l'esistenza di un ordinamento dipenderebbe dal «riconoscimento» di esso da parte di altri (Paolantonio, 2007, 1156 s.; Modugno, 1985, 36 ss.), pur se, in verità, come già visto, si tenda a conferire all'ordinamento sportivo il carattere dell'originarietà, "*in quanto risultante dalla spontanea aggregazione di soggetti accomunati da specifica identità di interessi e di bisogni di base e dall'affidamento in valori condivisi e poggiante su una sua legge fondamentale (la Carta Olimpica del 1894): aggregazione che ha saputo fornire esiti di organizzazione adeguata al soddisfacimento degli stessi interessi e bisogni e garantire uniformità mondiale di formulazione ed effettività reale di applicazione alle regole poste dall'organizzazione per conformare i "profili propri" dell'attività e in quanto tali percepite come obbligatorie, anche mediante un apposito sistema sanzionatorio volto innanzitutto a presidiare i meccanismi e le vicende inerenti all'inclusione/esclusione dall'ordinamento*" (Massera, 2007, 186 ss.).

Dette coordinate ermeneutiche vanno apprezzate, in verità, nel quadro di un tradizionale, ancorché risalente, insegnamento in base al quale "*l'importanza della concezione pluralistica risiede soprattutto nel suo significato di canone euristico, che consente di meglio intendere nella loro specifica natura una serie svariata di fenomeni dell'esperienza sociale, accomunati, pur nella loro diversità, dall'essere, tutti egualmente, fenomeni ordinamentali (e perciò giuridici)*" (Crisafulli, 1970, 39 ss.).

Siffatta conclusione, pur risultando ormai pressoché pacifica, si misura, però, con l'idea secondo la quale il concetto di ordinamento giuridico derivato rappresenti "*una contraddizione in termini*" (Ferrara, 2007, 13), posto che la "*costruzione autenticamente pluralistica del giuridico* – dovrebbe implicare – *il necessario riferimento alla vita di comunità autenticamente originarie, nel senso di non-derivate*" (Grossi, 2012, 8), potendo, tuttavia, essere accolto il convincimento secondo il quale un ordinamento "*subordini, senza esservi costretto, e per sua spontanea determinazione, qualche punto del proprio contenuto o della propria efficacia ad un ordinamento, dal quale è affatto indipendente, ma che così per esso è rilevante*" (Romano, 1945, 121).

Ed è proprio in seno ad un siffatto contesto esegetico che si innesta il consistente dibattito maturato nel corso dei decenni, oscillante, essenzialmente, tra le tesi della totale irrilevanza del fenomeno sportivo al cospetto dell'ordinamento giuridico statale (Furno, 1952, 656), della riconduzione delle fattispecie riguardanti il mondo dello sport entro la cornice assiologica ed applicativa propria (ed esclusiva) del diritto privato (Cesarini Sforza, 1963, 30 ss.), della sua rilevanza (gius)pubblicistica, fino a postularne una valenza eminentemente sociale, apprezzando l'ordinamento sportivo alla stregua di mero "gruppo sociale organizzato" (Ferrara, 2007, 20).

Del resto, "*in una prospettiva volta a valutare l'ordinamento sportivo nell'ambito della teoria della pluralità degli ordinamenti giuridici si è osservato come la distinzione tra diritto pubblico e diritto privato abbia un senso solo entro l'ordinamento statale nel presupposto che non vi sia altro ordinamento giuridico che quello statale. Molti rapporti sfuggono però alle definizioni della legge statale e anzi talvolta addirittura le contrastano, sicché in questi casi è il diritto dei privati che affiora, concretizzandosi appunto in una serie di ordinamenti, la cui giuridicità non deriva dalla loro posizione entro la gerarchia del diritto statale, essendo il diritto dei privati una formazione giuridica non sottoposta ma parallela al diritto statale*" (Vidiri, 2011, 1760).

Per vero, in origine, "*durante il periodo in cui nel pensiero giuridico europeo imperava un rigoroso statualismo e positivismo giuridico-legislativo, che riferiva esclusivamente e necessariamente allo stato il potere di produrre diritto e negava l'esistenza di ordinamenti giuridici diversi da quello statale e da quello internazionale, si è ritenuto che le regole poste dagli organismi sportivi non fossero di per sé configurabili come vere e proprie norme giuridiche a meno che non fossero fatte proprie da un ordinamento giuridico statale e si è esclusa la possibilità dell'esistenza di un diritto dello sport se non come specifico settore del diritto statale. Da allora, successive evoluzioni del pensiero giuridico hanno condotto ad una visione meno restrittiva del diritto, considerato ormai diffu-*

samente un fenomeno non necessariamente statale, preesistito allo stato e che può prescindere dallo stato" (Mazzei, 2017, 3).

Invero, il sistema dell'organizzazione sportiva, in quanto tale e nelle sue diverse articolazioni, organizzative e funzionali, risulta essere il frutto di un assetto normativo composito che, in riferimento alla sua matrice e derivazione internazionale, mira a coniugare esperienze giuridiche differenziate riconducibili a modelli sia di *common law* che di *civil law*.

In tal contesto, "*l'organizzazione dello sport si presenta, dunque, con una struttura gerarchica, a carattere multistrato, reticolare, caratterizzata dalla coesistenza di molteplici relazioni interistituzionali, sia orizzontali che verticali. Per il suo ottimale funzionamento richiede, quindi, che si possa realizzare una sintesi tra monismo e pluralismo e tra verticalità e orizzontalità, nel tentativo di coordinare molteplici regimi regolatori, standardizzare normative nazionali molto varie, grazie a un lavoro di giurisdizione che è anche, e soprattutto, creazione di standard, attraverso una comparazione tra i vari ordinamenti giuridici nazionali e con riferimento ai principi condivisi soprattutto di stampo europeo (legal certainty, contra proferentem rule, fairness, equality, proportionality)*" (Serra, 2020, 347).

La giuridicità dell'ordinamento sportivo risiede, pertanto, "*nella sua stessa oggettiva esistenza e nel suo stesso regolare funzionamento, nella stessa esistenza di una struttura organizzativa sportiva, di regole e relative sanzioni condivise e accettate dai soggetti destinatari, di un effettivo potere normativo e sanzionatorio degli organi di tali struttura…I suoi principi e le sue regole sono dotati di una giuridicità propria, di una validità e di un'efficacia obbligatoria che non derivano dallo stato, precedono qualunque intervento normativo dello stato in ambito sportivo e prescindono dalla rilevanza che lo stato attribuisce al fenomeno e alle attività sportive*" (Mazzei, 2017, 7).

Ciò, seppur sia stato osservato che l'ordinamento sportivo, "*il cui rapporto con i pubblici poteri è da sempre basato su contingenti rapporti di forza*" (Liotta, 2016, 243), sia "*connotato dal carattere dell'autonomia ma non dell'autosufficienza, dunque necessariamente in rapporto di collegamento con il corrispondente ordinamento giuridico esprimente interessi collettivi (o con i corrispondenti ordinamenti giuridici esprimenti interessi collettivi)*" (Sanino, 2016, 8).

Esso assurge ad "*ordinamento di settore, con interessi, cioè, di tipo particolare, ed i cui fini sono ritenuti meritevoli di tutela da parte dell'ordinamento statuale, che, conseguentemente, ne riconosce il carattere giuridico e la titolarità di un autonomo potere di gestione*" (Colucci, 2004, 162).

L'ordinamento sportivo, peraltro, è sì "*particolare, per la natura stessa dell'interesse perseguito e della sua primigenia componente plurisoggettiva, che del resto è costitutiva, anche concettualmente, dell'elemento caratterizzante l'ordinamento stesso* – ed al contempo – *autonomo quanto ad impianto e svolgimento normativo nella tensione verso le sue finalità fondamentali, ma necessariamente interferente e potenzialmente confliggente con gli ordinamenti generali per la pluralità delle situazioni, peraltro sempre più numerose, in cui il singolo soggetto dell'ordinamento sportivo si trova ad essere punto di riferimento anche di norme degli ordinamenti generali, quando questi si determinano a non assumere o ad abbandonare posizioni di indifferenza verso le vicende inerenti alla dinamica dei fenomeni sportivi*" (Massera, 2007, 186 ss.).

Di conseguenza, trattandosi di "*ordinamento non indipendente*" (Greco, 2018, 5), non v'è ragione alcuna per affermare che l'ordinamento sportivo non debba essere "*integrato nell'ordinamento statale al pari degli altri ordinamenti infrastatuali*" (Manfredi, 2011, 696), pur se, ovviamente, "*l'attività sportiva, che non si riduca al mero esercizio fisico di tipo individualistico, o in ogni caso praticato per finalità meramente ricreative o di benessere fisico, è un'attività governata da regole, spesso e comunque originariamente poste su base convenzionale e su tale base comunque accettate dai suoi praticanti, che contemporaneamente si assoggettano agli arbitraggi di un soggetto terzo e imparziale per la risoluzione dei conflitti nell'applicazione delle regole stesse in occasione della singola competizione*" (Massera, 2007, 175 s.).

Pur a fronte della propria specificità, l'ordinamento sportivo, però, sconta l'esigenza di riconoscere la primazia dell'ordinamento giuridico statale entro il quale, come ovvio, "*qualsiasi processo di rafforzamento delle autonomie, anche il più esteso, non può (...) mai importare l'abbandono...del nucleo di regole e principi fondamentali, che per il loro carattere unificante non sopportano limitazioni di alcun genere, e la cui rinunzia si traduce in una negazione delle funzioni e dei poteri sovrani dello Stato*" (Vidiri, 1994, 513).

Ciò vale in via ordinaria e, a maggior ragione, laddove intervengano situazioni impreviste e/o imprevedibili che giustifichino la soggezione dell'ordinamento sportivo alle regole imposte, in via autoritativa, nell'esercizio di potestà sovrane, dall'ordinamento giuridico dello Stato in vista della salvaguardia di fondamentali interessi pubblici generalissimi, ancorché, secondo alcuni, in nome di presunte "pretese di sovranità", possa emergere il pericolo di attentare, per tale via irragionevolmente, all'autonomia dell'ordinamento sportivo (Agrifoglio, 2019, 465 ss.).

La disciplina della sospensione e, in seguito, della ripresa dello svolgimento delle competizioni sportive in conseguenza dell'emergenza sanitaria inveratasi nel corso della prima metà del 2020 a seguito della diffusione del virus Sars-Cov2 è, in questo senso, esemplificativa (Di Legge, 2020, 1 ss.; Fera, Stewart, De Silva Vitolo, 2020, 1 ss.; Gambino, Sandulli, Morgese, 2020, 1 ss.; Lubrano, 2020, 1 ss.; Id., 2020, 255 ss.; Serra, 2020, 1 ss.; Sandulli,

2020, 1 ss.); a fronte di interessi pubblici superiori, l'autonomia delle "formazioni sociali derivate" non può che recedere, ferma restando, ovviamente, l'opportunità di soddisfare integralmente i primi arrecando il minor pregiudizio possibile al principio di autodeterminazione delle seconde, preso atto del fatto che "*il consolidarsi del pluralismo nel nostro Stato ed anche l'ampliamento della sfera di intervento dell'ordinamento comunitario abbiano ormai determinato un complessivo quadro normativo in cui, in assenza di specifiche riserve costituzionali, sia molto difficile ipotizzare la configurabilità di tipi di organizzazione che per i loro caratteri sfuggano alla potestà ordinamentale di intervento e regolazione*" (Capotosti, 2009, 703).

"*In tal senso, è evidente che le norme costituzionali, intese quali direttrici fondamentali dell'organizzazione statale, e le leggi dello Stato, intese come regole istituzionali e organizzative dell'ordinamento giuridico statale, costituiscono comunque un limite invalicabile sia nei confronti delle norme interne di organizzazione dell'ordinamento giuridico sportivo, sia rispetto all'attività stessa degli organi che esplicano l'attività dell'ente. Appunto per questo all'ordinamento statale è dato, in taluni casi, conoscere degli effetti degli atti da questo provenienti*" (Fidanzia, Sangiulo, 2015, 80).

Così, è stato osservato, "*attualmente il diritto nazionale dello sport è sinonimo di diritto statuale dello sport*" (De Silvestri, 1992, 283 ss.).

Se è vero, però, che, data la sua natura derivata, l'ordinamento sportivo "*non potrà mai contenere norme contrastanti con quelle dell'ordinamento statale, l'attuazione delle quali è assunta da quest'ultimo come assolutamente irrinunciabile (ad esempio norme penali, di ordine pubblico) se vorranno aspirare alla coesistenza nel suo ambito*" (Modugno, 1985, 58), "*altrettanto vero è che lo stesso ordinamento generale può consentire la prevalenza degli ordinamenti particolari, nel caso di norme in conflitto con disposizioni normative generali*" (Sferrazza, 2008, 2168 ss.).

Così, va perseguito l'obiettivo di salvaguardare, nei limiti del possibile, la specificità dell'ordinamento sportivo entro una cornice normativa che sappia perseguire: "*a) una maggiore ed effettiva tutela della persona; b) una efficace tutela delle finalità e degli scopi propri del fenomeno sportivo, nel quadro della valenza pubblicistica dell'attività sportiva, ossia delle funzioni sociali a esso assegnate dall'ordinamento italo-europeo; c) l'esercizio remunerativo delle attività economiche sportive quale fattore di finanziamento dello sport e incentivo all'imprenditorialità in questo settore*" (Di Nella, 2016, 11).

Invero, con riguardo a ciascun ordinamento statale, la disciplina impressa in riferimento al sistema organizzativo nazionale dello sport appare fortemente ed inevitabilmente condizionata dal particolare assetto politico-costituzionale entro il quale matura la relativa regolamentazione.

In seno ad un ordinamento totalitario, ove il pluralismo istituzionale e sociale viene avvertito alla stregua di (potenziale) pericolo di attentato allo *status quo*, la pervasione del pubblico potere in ogni ambito di interessi umani ritenuto rilevante per l'ordinamento implica una deriva di stampo marcatamente pubblicistica, riducendo ai minimi termini ogni possibilità di consentire il libero esplicarsi dell'autonomia privata.

Ciò, peraltro, in vista del perseguimento, diretto ed immediato, degli obiettivi e dei fini di propaganda e costante rievocazione dei valori immanenti entro il modello ideologico proprio dei sistemi totalitari di governo.

In questa direzione, esemplificativa è stata, in passato, la l. 16 febbraio 1942, n. 426 che, nell'istituire il Comitato olimpico nazionale italiano (C.O.N.I.), lo poneva «alle dipendenze del Partito Nazionale Fascista», devolvendone i "*compiti ... [del]l'organizzazione ed il potenziamento dello sport nazionale e l'indirizzo di esso verso il perfezionamento atletico, con particolare riguardo al miglioramento fisico e morale della razza*" (Cariola, 2010, 2259 s.), in linea con l'intendimento di utilizzare le manifestazioni sportive, o para sportive, per affermare la potenza dello Stato totalitario ed il rinato spirito bellico degli italiani (Sandulli, 2018, 1; Landoni, 2015, 204 s.; Canella, Giuntini, 2009) sulla falsariga del modello ideologico tedesco inveratosi nel corso dell'ottocento (Bonini, 2006, 1 ss.).

Diversamente – pur se, in origine, al momento dell'entrata in vigore della Carta del 1948, il fenomeno sportivo non fosse oggetto di esplicito rilievo per il nuovo ordine costituzionale dell'ordinamento repubblicano, memore, appunto, dell'esperienza maturata durante il regime fascista – attualmente, lo sport risulta essere certamente ricompreso entro la latitudine assiologica ed applicativa di previsioni costituzionali protese nella direzione del riconoscimento e della garanzia, oltre che della promozione, dei diritti (fondamentali) dell'individuo, apprezzati non solamente *uti singuli*, ma, ovviamente, anche nell'ambito delle formazioni sociali ove si esprime, svolge e matura la personalità di ciascuno (Corte Costituzionale, 11/02/2011, n. 49).

Ciò rileva in vista dell'obiettivo di tracciare le coordinate assiologiche ed applicative dell'interferenza di disciplina tra il diritto, di origine statale, dello sport e le norme interne, espressione di autonomia e, per certi versi, di autodeterminazione dell'ordinamento (sociale) sportivo, in ossequio, peraltro, ai criteri di riparto delle competenze (legislative ed amministrative) tra lo Stato e le Regioni, contesto entro il quale si declina, sotto altra prospettiva, il tema delle (molteplici e variegate forme di) autonomie (territoriali) all'interno di uno Stato unitario e dei suoi riflessi circa, ai fini che in questa sede maggiormente interessano, la reale consistenza del principio di autonomia dell'ordinamento sportivo in seno all'ordinamento giuridico statale.

4. *L'ordinamento sportivo all'interno della Repubblica delle autonomie*

In seno al vigente modello politico-costituzionale divisato in seguito alla l. cost. n. 3/01, all'interno dell'art. 117, comma 3, cost. è stata introdotta, quale assetto di interessi giuridicamente rilevanti, oggetto di potestà legislativa ripartita o concorrente, la materia dell'ordinamento sportivo (Sterpa, 2017, 258 ss.; Guastaferro, 2015, 313 ss.; Blando, 2009, 29 ss.), superando, per tale via, secondo alcuni, la convinzione che il fenomeno sportivo costituisse, in precedenza, un ambito di disciplina privo di diretta rilevanza costituzionale, attesa, come già rilevato, la mancanza di qualsiasi cenno allo sport nella Carta del 1948 (De Fusco, 2019, 4; Carmina, 2014, 1; Parisi, 2010, 1; Del Giudice, 2008, 2646; Cardarelli, 2006, 3707).

Materia da intendere, secondo un dato orientamento, "*come attività sportiva dell'individuo e quindi si viene a collocare nell'ambito dei diritti di libertà e di quelli sociali*" (Frosini, 2017, 3).

Alla luce di una siffatta ricostruzione, la previsione contemplata in seno all'art. 117, comma 3, cost., se, da un lato, si pone nella direzione di valorizzare il ruolo rivestito dagli enti pubblici territoriali anche in riferimento al complesso dei valori ed interessi riferibili alla fenomenologia sportiva – apprezzata sia dal punto di vista istituzionale, ordinamentale e/o organizzativo, sia con riguardo ai profili più strettamente correlati alla promozione della personalità dell'individuo – dall'altro lato, potenzialmente introduce un fattore di paradossale delimitazione (*rectius*: restrizione) dei margini di autonomia riconosciuti in favore dell'ordinamento sportivo.

"*Da un lato vi sarebbe un ordinamento sportivo (come tale, proprio nella sua dimensione ordinamentale, diverso ed autonomo da quello statale, sebbene da esso riconosciuto); dall'altro questo grado di autonomia sarebbe comunque insufficiente a garantire a detto ordinamento una sua articolazione organizzativa interna, in quanto non vi inciderebbe solamente la propria capacità di normazione, ma anche quella concorrente regionale; la legislazione statale quindi, per un verso si occuperebbe di riconoscere l'autonomia dell'ordinamento sportivo, attraverso l'entificazione dell'organo di vertice (il Coni), dall'altro si dovrebbe dedicare alla definizione dei principi fondamentali della materia lasciando alla singole regioni il potere di definire procedure e modalità organizzative differenziate per una compiuta disciplina di dettaglio*" (Cardarelli, 2006, 3708).

Invero, "*da una parte l'art. 117 Cost. sembra voler accentrare tutta la regolamentazione dello sport nelle mani pubbliche, limitandosi a definire il riparto di competenze tra Stato e Regioni. D'altra parte, però, la lettura complessiva del Titolo V, soprattutto del 4° comma dell'art. 118, coordinata con gli artt. 2, 18 e 41, potrebbe far pensare che si possa – e forse anche che si debba – recupe-*

rare l'autonomia sportiva nel quadro dei principi costituzionali, proprio per le caratteristiche peculiari dello sport che vede al suo interno una molteplicità di aspetti, ciascuno dei quali richiede di essere analizzato e regolamentato in virtù delle sue caratteristiche specifiche, non potendo essere inserito in una normativa di carattere generale, ma pretendendo quanto meno una regolamentazione flessibile" (Serra, 2017, 5 s.).

Peraltro, mobili ed indefiniti appaiono essere i criteri di riparto tra normazione statale e potestà legislativa di dettaglio regionale, specie se riferiti ad ambiti di disciplina rispetto ai quali confluiscono, trasversalmente, interessi riconducibili a molteplici materie (Pirozzi, 2015, 347 ss.; Blando, 2009, 29 ss.; Coccia, De Silvestri, Forlenza, Fumagalli, Musumarra, Selli, 2004, 22 ss. – in tema di professioni sportive v. Corte Costituzionale, 22/07/2011, n. 230; Corte Costituzionale, 19/12/2008, n. 428; Corte Costituzionale, 18/07/1991, n. 360), come, ad esempio, la promozione e salvaguardia del diritto alla salute, declinato alla stregua di benessere psicofisico individuale e collettivo (Carmina, 2015, 332 ss.; Pensabene Lionti, 2012, 417 s.).

Ferma restando l'opportunità (*rectius*: la necessità) di ascrivere all'autonomia dell'ordinamento sportivo la competenza a dettare regole tecniche concernenti la pratica sportiva e, più in generale, l'assetto organizzativo di una comunità sociale rispetto alla quale l'ordinamento giuridico statale ben possa assumere una posizione di (relativa) indifferenza (Serra, 2020, 342 s.), vale, anche in siffatta materia, l'ordinario criterio di riparto statuito in caso di potestà legislativa ripartita o concorrente; lo Stato deve limitarsi alla determinazione dei principi fondamentali, spettando invece alle Regioni la regolamentazione di dettaglio, salvo una diversa allocazione, a livello nazionale, delle funzioni amministrative e, con esse, di quella legislativa (Corte Costituzionale, 25/09/2003, n. 303), per assicurarne l'esercizio unitario, in applicazione dei principi di sussidiarietà, differenziazione ed adeguatezza in ossequio alla disciplina contenuta nell'art. 118, primo comma, della Costituzione (Corte Costituzionale, 29/12/2004, n. 424).

Senza, peraltro, trascurare la possibilità di modellare nuovi e più ampi margini di autonomia regionale, nel quadro del modello ideale del c.d. "regionalismo differenziato" *ex* art. 116, comma 3, cost.; in merito, si osserva, "*dal momento che l'ordinamento sportivo ha a che fare, innanzitutto, con molteplici aspetti tra cui primeggiano anche i diritti fondamentali e sociali, da rispettare sia per la Costituzione italiana che per l'Unione europea, quand'anche nelle intese l'ordinamento sportivo non fosse contemplato, la sua funzione sociale, educativa, culturale, sanitaria, ecc., i suoi profili riguardanti tutto l'associazionismo non profit, la sua riconosciuta importanza nel sistema produttivo portano a considerare che non vi siano settori privi di ricaduta su di esso*" (Serra, 2020, 342).

In tal contesto, peraltro, si tende a tracciare i confini tra potestà legislativa statale e regionale mediante il richiamo alla distinzione tra pratica sportiva agonistica e (*lato sensu*) amatoriale.

Di conseguenza, "*spetterebbero allo Stato le funzioni normative afferenti alla materia sportiva intesa come attività agonistica a programma illimitato, e conseguentemente (o previamente) ad esso le funzioni amministrative (attribuibili quindi ad enti pubblici nazionali); spetterebbero agli enti locali le funzioni amministrative afferenti alla pratica sportiva non agonistica ed alla promozione delle attività connesse, e, in questa prospettiva, alle regioni le competenze legislative concorrenti in ordine ad interventi normativi diretti alla incentivazione, alla promozione, al finanziamento delle iniziative nel settore, anche in raccordo ad altre potestà ad esse attribuite*" (Cardarelli, 2006, 3718. Sul punto, v. anche Gola, 2006, 48 ss.; Marchetti, 2003, 951 ss.).

Ciò (probabilmente) alla luce dell'art. 56 del d.P.R. 24 luglio 1977, n. 616 (Attuazione della delega di cui all'art. 1 della legge 22 luglio 1975, n. 382), che, nello stabilire il trasferimento alle Regioni a statuto ordinario delle competenze in materia di turismo ed industria alberghiera, aveva incluso, tra queste, "*la promozione di attività sportive e ricreative e la realizzazione dei relativi impianti ed attrezzature, di intesa, per le attività e gli impianti di interesse dei giovani in età scolare, con gli organi scolastici*" (Corte Costituzionale, 15/07/2003, n. 241; Corte Costituzionale, 17/12/1987, n. 517).

Orientamento peraltro confermato sulla base di un risalente insegnamento della Consulta, maturato ben prima della riforma del Titolo V della Costituzione del 1948 (Sandulli, 2018, 3 ss.), a tenore del quale "*la vera e unica linea di divisione fra le predette competenze è quella fra l'organizzazione delle attività sportive agonistiche, che sono riservate al C.O.N.I., e quella delle attività sportive di base o non agonistiche, che invece spettano alle regioni*" (Corte Costituzionale, 17/12/1987, n. 517).

Con la conseguenza, peraltro, di ritenere costituzionalmente illegittime disposizioni legislative statali che prevedano forme di finanziamento diretto, da parte dello Stato appunto, a favore degli enti di promozione sportiva e per il potenziamento dei programmi relativi allo sport sociale, invero ritenuti settori di sicura competenza regionale (Corte Costituzionale, 29/12/2004, n. 424 – Per un commento v. Bin., 2005, 1 ss.), ovvero disposizioni legislative statali che, parimenti, introducano un "Fondo per lo sviluppo e la capillare diffusione della pratica sportiva", finalizzato alla realizzazione di nuovi impianti o alla ristrutturazione di quelli già esistenti, altresì statuendo che i criteri per l'erogazione delle risorse in questione vengano definiti attraverso un successivo decreto ministeriale, avente dichiarata natura non regolamentare.

In siffatte ipotesi, tali misure possono divenire strumenti indiretti, ma pervasivi, di ingerenza dello Stato nell'esercizio delle funzioni delle Regioni e degli enti locali, nonché di sovrapposizione di politiche e di indirizzi governati centralmente a quelli legittimamente decisi dalle Regioni negli ambiti materiali di propria competenza. Ciò, in particolare, quando la finalizzazione è, come nei casi evidenziati, specifica e puntuale (Corte Costituzionale, 31/10/2013, n. 254).

In verità, nel tempo, è stato possibile assistere ad un significativo e massiccio intervento legislativo concernente le politiche ascrivibili a numerose regioni che hanno inaugurato un processo di normazione strutturato nella direzione di regolamentare, pur nei limiti tracciati in seno alla Costituzione, molteplici ambiti di interessi umani riconducibili all'ordinamento sportivo, apprezzato, però, non più alla luce di un ristretto punto di vista, limitato all'attività sportiva amatoriale, bensì alla stregua di materia, "*senza alcun dubbio 'trasversale*" (Serra, 2020, 337), entro la quale si innesta il (sovente) tortuoso percorso di tutela, promozione e valorizzazione della dignità umana.

Certamente ampio, in prima battuta, si dimostra il concetto di attività sportiva accolto in seno alla legislazione regionale.

Essa consiste in qualunque attività fisica e motoria, esercitata in forma individuale o collettiva, in particolare finalizzata al miglioramento delle condizioni psicofisiche e alla leale competitività (Legge regionale Marche 02/04/2012 n. 5 – art. 1), ovvero in:

a) qualsiasi forma d'attività fisica, esercitata in forma organizzata o individuale, praticata con l'obiettivo del miglioramento della condizione psicofisica, per lo sviluppo delle relazioni sociali, per favorire la leale competitività e per perseguire obiettivi di salute attraverso un miglioramento degli stili di vita sin dall'età infantile, distinta in:

1) attività agonistica, quale forma di attività sportiva praticata sistematicamente e continuativamente, a qualsiasi livello, per il perseguimento di un risultato sportivo attraverso il confronto con soggetti della stessa tipologia, in forma regolamentata dalle federazioni sportive, dalle discipline sportive associate e dagli enti di promozione sportiva, ovvero da organizzazioni o soggetti terzi;

2) attività non agonistica, quale forma di attività sportiva, individuale e collettiva, non occasionale e non regolamentata, praticata da soggetti tesserati e non ad organismi sportivi;

b) attività motoria: qualsiasi forma di attività fisica svolta singolarmente o in gruppo per fini di educazione alla salute, di benessere, ricreativi e di gioco, anche praticata occasionalmente e in forma non continuativa (Legge regionale Umbria 23/09/2009 n. 19 – art. 2; Legge regionale Sicilia 29/12/2014 n. 29 – art. 2; Legge regionale Friuli-Venezia Giulia 03/04/2003 n. 8 – art. 1 bis);

c) attività fisica adattata: ogni attività fisica o sportiva che può essere praticata da individui limitati nelle loro capacità fisiche e mentali o da alterazioni delle grandi funzioni. L'attività fisica adattata si rivolge sia a soggetti con bisogni educativi speciali e sociali che a persone affette da patologie croniche non trasmissibili in condizioni cliniche stabili. Comprende le attività fisiche e/o sportive proposte attraverso differenti modalità organizzative e strategie didattiche, finalizzate alla prevenzione, al ri-adattamento, ri-funzionalizzazione, alla post-riabilitazione, rieducazione ed educazione delle persone con bisogni speciali e diversamente abili e/o anziane (Legge regionale Puglia 04/12/2006 n. 33 – art. 1 *bis*).

Così, le regioni tributano allo sport

a) valore e funzione sociale direttamente dipendenti dalla sua reale capacità di aggregare gli individui;
b) carattere basilare nella formazione psicofisica dell'individuo, nei confronti del quale è in grado di svolgere un'azione educativa, terapeutica e culturale;
c) capacità di rappresentare la collettività stessa a livello regionale, nazionale ed internazionale;
d) capacità di rafforzare i sentimenti di amicizia, solidarietà e fratellanza;
e) capacità di migliorare la qualità della vita di tutti i cittadini;
f) capacità di migliorare e potenziare la qualità dell'attività che si attua attraverso le strutture sportive regionali e le strutture di servizio connesse;
g) capacità di realizzare le progettualità delle istituzioni scolastiche in materia sportiva;
h) capacità di contribuire ai processi educativi ed aggregativi nella scuola (Legge regionale Abruzzo 12/01/2018 n. 2 – art. 1).

Matura, in ambito regionale, la codificazione di principi etici della pratica sportiva coincidenti con:

a) il rispetto dei praticanti e dei loro ritmi di sviluppo e maturazione;
b) il rispetto degli altri, dello spirito di squadra e del senso di solidarietà, nonché il rifiuto di ogni forma di discriminazione nell'esercizio dell'attività motoria e sportiva;
c) la lealtà e l'onestà, il rispetto delle regole e del giudice o arbitro sportivo;
d) il rifiuto dell'utilizzo di mezzi illeciti o scorretti (Legge regionale Veneto 11/05/2015 n. 8 – art. 3).

In sostanza, viene riconosciuto il valore sociale della pratica sportiva in ogni sua forma espressiva come strumento per la realizzazione del diritto alla salute e al benessere psico-fisico delle persone, il miglioramento degli stili di vita, lo sviluppo delle relazioni e dell'inclusione sociale, la formazione dell'individuo fin dalla giovane età, la promozione delle pari opportunità e del rapporto armonico e rispettoso con l'ambiente, nonché per la valorizzazione sociale ed economica dei territori (Legge regionale Emilia-Romagna 31/05/2017 n. 8 – art. 1).

Per tale via, si persegue la diffusione della cultura della pratica dello sport, delle attività fisico-motorie e del tempo libero, al fine di rendere l'attività sportiva accessibile a tutti, nel rispetto delle aspirazioni e delle capacità di ciascuno, pur nella diversità delle pratiche agonistiche o amatoriali (Legge regionale Calabria 22/11/2010 n. 28 – art. 1).

Alla cultura ed alla pratica dello sport e delle attività motorie viene conferito, pertanto, un ruolo preminente per la formazione educativa dei praticanti, per la costruzione di un sentimento d'integrazione e di appartenenza alla comunità, per lo sviluppo di relazioni sociali fondate sulla solidarietà, il rispetto reciproco e le regole di convivenza civile (Legge regionale Campania 25/11/2013 n. 18 – art. 1).

Ne consegue il sostegno alla pratica delle attività motorie a carattere sportivo, educativo, ricreativo e agonistico, come strumento di integrazione sociale e di prevenzione e di contrasto ai fenomeni di emarginazione, di dispersione scolastica e di devianza giovanile, nonché di recupero e di reinserimento sociale dei minori e degli adulti sottoposti a misure penali (Legge regionale Campania 25/11/2013 n. 18 – art. 2; Legge regionale Puglia 04/12/2006 n. 33 – art. 16).

Ciò, anche in un'ottica interculturale, favorendo l'integrazione sociale dei nuclei familiari, che vivono in condizioni di disagio economico e/o culturale, mediante l'erogazione di c.d. "buoni sport", finalizzati alla copertura totale o parziale delle spese effettivamente sostenute dalle stesse per consentire ai figli minori, agli anziani ed alle persone disabili di praticare l'attività sportiva (Legge regionale Lazio 20/06/2002 n. 15 – art. 38; Legge regionale Lombardia 01/10/2014 n. 26 – art. 5), ovvero pure attraverso l'attuazione di strategie di intervento di maggiore consistenza, inquadrate in seno a più ampie politiche educative, formative, di genere, culturali, turistiche e ambientali (Legge regionale Emilia-Romagna 31/05/2017 n. 8 – art. 1).

Per tale via, lo sport assurge anche a strumento fondamentale per la formazione e la salute della persona, l'inclusione e la cooperazione tra le comunità, la fruizione dell'ambiente urbano e naturale nella cornice della sostenibilità (Legge regionale Liguria 07/10/2009 n. 40 – art. 1).

La competenza regionale si staglia, in sostanza, nell'adozione di ogni utile iniziativa finalizzata a favorire e sostenere il complesso delle attività realizzate nel proprio territorio da enti a base associativa istituzionalmente deputati a promuovere la diffusione della pratica sportiva.

Gli obiettivi di fondo si sintetizzano, in sostanza:

1) nello sviluppo e divulgazione della pratica sportiva, con particolare attenzione dedicata in merito all'incentivazione, alla diffusione ed al sostegno della pratica sportiva di atleti diversamente abili;

2) nella formazione e aggiornamento di dirigenti, tecnici, istruttori, operatori e ausiliari sportivi;

3) nell'attuazione e ricerca applicata alla pratica sportiva;

4) nella produzione e divulgazione di documentazione e strumenti di informazione che consentano di ampliare la platea dei soggetti coinvolti fattivamente nella pratica sportiva (Legge regionale Abruzzo 12/01/2018 n. 2 – art. 22).

Ciò, al fine di:

a) sensibilizzare la popolazione alle tematiche relative al diritto universale allo sport, al corretto svolgimento delle attività motorie e sportive, alla correlazione tra sport, prevenzione e benessere psico-fisico e sociale della persona nonché all'esercizio dello sport in sicurezza;

b) incrementare la cultura, la qualificazione e la professionalità degli operatori, con una particolare attenzione alla formazione per l'approccio alla disabilità (Legge regionale Emilia-Romagna 31/05/2017 n. 8 – art. 7), in uno con provvidenze finalizzate a consentire l'avviamento allo sport di persone con disabilità fisica, intellettiva, sensoriale (Legge provinciale Trento 21/04/2016 n. 4 – artt. 26 ss.; Legge regionale Veneto 11/05/2015 n. 8 – art. 16; Legge regionale Friuli-Venezia Giulia 03/04/2003 n. 8 – art. 18 bis; Legge regionale Lazio 20/06/2002 n. 15 – art. 40; Legge regionale Puglia 04/12/2006 n. 33 – art. 2) al fine di sostenere gli oneri economici:

1) di trasporto degli atleti disabili per la partecipazione alle attività sportive;

2) inerenti le manifestazioni sportive aperte anche ai disabili;

3) per istruttori, tecnici e medici specifici per atleti disabili;

4) per corsi specifici a favore di istruttori di atleti disabili (Legge regionale Marche 02/04/2012 n. 5 – art. 13).

Peraltro, in vista del perseguimento delle finalità di salvaguardare e promuovere

a) la salute e i corretti stili di vita della persona;

b) la formazione della persona e delle sue relazioni sociali;

c) la leale competitività;

d) l'inclusione sociale;

e) la prevenzione ed il superamento delle condizioni di disagio;

f) l'integrazione e la cooperazione tra le comunità;

g) la fruizione dell'ambiente urbano e naturale con criteri di sostenibilità;

h) la promozione del territorio;

i) lo sviluppo dell'associazionismo e del volontariato;
l) la valorizzazione degli impianti sportivi (Legge regionale Toscana 27/02/2015 n. 21 – art. 2),

la regione, nella qualità di ente pubblico territoriale deputato alla salvaguardia e valorizzazione del coacervo di interessi radicati entro i propri confini:

a) sostiene l'attività degli enti locali e delle organizzazioni che operano in ambito sportivo senza fini di lucro, supportandone l'aggregazione organizzativa;
b) favorisce lo sviluppo, la piena accessibilità e la fruibilità da parte di atleti, praticanti e pubblico con disabilità degli spazi e degli impianti sportivi, nonché la loro articolata diffusione su tutto il territorio regionale, privilegiando le forme più adeguate di gestione degli stessi e persegue il contenimento del consumo del suolo in un quadro di valorizzazione e tutela del patrimonio naturalistico e ambientale;
c) promuove attività e iniziative volte al sostegno dell'associazionismo sportivo, favorendo l'equa partecipazione allo sport anche da parte delle persone con disabilità e contrastando gli stereotipi di genere e l'abbandono sportivo, in particolare da parte dei minori e delle persone in condizione di svantaggio sociale ed economico;
d) promuove le raccomandazioni della Carta europea dei diritti delle donne nello sport, le pari opportunità nella pratica sportiva ed ogni azione diretta a prevenire qualsiasi forma di discriminazione nell'organizzazione e gestione della pratica sportiva;
e) favorisce l'integrazione delle politiche sportive con quelle sociali, turistiche, culturali, economiche, ambientali e del benessere;
f) promuove la realizzazione di grandi eventi sportivi, nonché di eventi di rilievo regionale o locale, idonei a creare occasioni di sviluppo per il territorio con importanti ricadute culturali, turistiche ed economiche anche avvalendosi delle proprie società in house;
g) promuove, in raccordo con gli enti locali, anche attraverso borse di studio, la valorizzazione di atleti emergenti e delle eccellenze sportive della regione;
h) promuove la diffusione delle attività sportive nelle scuole, sostenendo la cultura dell'attività motoria e ricreativa in accordo con le istituzioni scolastiche e gli enti locali, anche incentivando il rapporto con le associazioni e le società sportive dilettantistiche del territorio (Legge regionale Emilia-Romagna 31/05/2017 n. 8 – art. 1).

Ciò, in particolare, perché viene riconosciuta l'importanza dell'associazionismo sportivo per la realizzazione delle finalità proprie delle regioni in materia di valorizzazione ed incentivazione della pratica sportiva, individuando principalmente nell'associazionismo e nel sistema educativo d'istruzione e formazione le sedi privilegiate per promuovere l'accesso allo sport, i valori e i principi educativi dell'attività sportiva e lo sviluppo dell'attività motoria (Legge provinciale Trento 21/04/2016 n. 4 – art. 1).

Di conseguenza, vengono sostenuti la promozione ed il consolidamento della "cultura dello sport" attraverso il concorso al finanziamento dell'associazionismo sportivo per:

a) l'organizzazione di manifestazioni sportive;

b) la realizzazione di campagne di promozione a favore dello sport giovanile, dello sport per la parità di genere, dello sport per la coesione sociale e dello sport per le persone disabili;

c) l'attuazione di studi, ricerche, sperimentazioni e indagini in materia sportiva;

d) l'organizzazione di convegni e corsi di formazione per dirigenti, tecnici e personale medico sportivo;

e) le iniziative riguardanti l'attività giovanile e per la promozione dello sport professionistico;

f) le iniziative riguardanti la pratica sportiva di persone con disabilità;

g) i progetti per la crescita atletica dei talenti sportivi;

h) l'attività sportiva a carattere dilettantistico realizzata in ambito interregionale, nazionale e internazionale, con particolare riguardo alle società che favoriscono la crescita dello sport all'interno del territorio regionale o provinciale di riferimento;

i) l'istituzione di nuove associazioni sportive (Legge provinciale Trento 21/04/2016 n. 4 – art. 15; Legge regionale Campania 25/11/2013 n. 18 – art. 13).

Coerentemente, vengono devolute alle regioni le funzioni di:

a) promozione dell'avviamento alla pratica sportiva, anche contrastandone l'abbandono precoce, in particolare dei bambini, dei giovani e dei soggetti più svantaggiati, in collaborazione con gli enti locali, il Comitato olimpico nazionale italiano (CONI) e il Comitato italiano paraolimpico (CIP), le federazioni riconosciute, le discipline sportive associate, gli enti di promozione sportiva e le istituzioni scolastiche;

b) promozione, in collaborazione con gli enti locali, della cultura dello sport, anche come elemento d'inclusione sociale, e dell'accessibilità, anche gratuita, alle strutture sportive ed ai loro servizi, con particolare attenzione alle persone in condizione di fragilità;

c) promozione e tutela della salute dei praticanti l'attività sportiva, anche attraverso la prevenzione e il contrasto all'abuso di sostanze dirette a modificare in modo innaturale la prestazione sportiva;

d) diffusione della cultura della legalità nello sport e del suo valore educativo, adottando misure necessarie per contrastare ogni forma di violenza, discriminazione e sfruttamento e ogni connessione con fenomeni che inducano al gioco d'azzardo patologico;

e) sostegno d'interventi diretti a diffondere l'attività motoria e sportiva come mezzo efficace di prevenzione, mantenimento e recupero della salute fisica e psichica attraverso l'integrazione fra istituzioni locali, sistema sanitario regionale, associazioni di volontariato e di promozione sociale per il perseguimento di stili di vita salutari;

f) programmazione regionale del fabbisogno degli impianti e degli spazi destinati all'attività sportiva al fine di favorire la loro effettiva fruizione da parte delle persone, la perequazione della dotazione di impianti sportivi nel territorio regionale, il miglioramento e la qualificazione delle strutture e delle attrezzature esistenti;

g) promozione, in collaborazione con i comuni, dell'accessibilità e fruibilità delle strutture sportive e dei loro servizi da parte delle persone con disabilità, in conformità alle disposizioni sull'abbattimento delle barriere architettoniche;

h) incentivazione, nel rispetto della normativa europea in materia di aiuti di stato, dell'accesso al credito per gli impianti e gli spazi sportivi da parte dei soggetti operanti nel settore dello sport, anche attraverso la costituzione di consorzi fidi o di fondi di garanzia oppure tramite l'accesso ad appositi fondi già in essere a favore dei soggetti che realizzano investimenti negli ambiti in esame;

i) sostegno alla formazione e qualificazione degli operatori;

j) promozione, in accordo con le istituzioni competenti, d'iniziative e convenzioni finalizzate all'utilizzo degli impianti sportivi scolastici pubblici e delle relative attrezzature in orario extrascolastico;

k) organizzazione e coordinamento di attività di monitoraggio, studi e ricerche, costituzione di banche dati e reti informative nel settore dello sport anche con il coinvolgimento dell'Università (Legge regionale Emilia-Romagna 31/05/2017 n. 8 – art. 2);

l) salvaguardia dell'identità culturale delle tradizioni popolari, riconoscendo e valorizzando le discipline sportive di tradizione regionale (Legge regionale Liguria 07/10/2009 n. 40 – art. 2; Legge regionale Umbria 23/09/2009 n. 19 – art. 1; Legge regionale Veneto 11/05/2015 n. 8 – art. 18), nonché incentivando la primaria funzione dei musei dello sport, delle associazioni e degli enti storici sportivi, quali strumenti di promozione e di avvicinamento alla cultura sportiva (Legge regionale Campania 25/11/2013 n. 18 – art. 4);

m) all'uopo, sviluppo e diffusione di centri museali e strutture di documentazione per la conoscenza della storia e della cultura dell'attività fisica;

n) promozione dell'attività fisica quale strumento di integrazione interculturale e multietnica fra le comunità;

o) diffusione di opportunità legate all'attività fisica e allo sviluppo di specifiche competenze tecniche per i soggetti sottoposti a restrizione della libertà personale;

p) valorizzazione del talento agonistico;

q) realizzazione di indagini statistiche per la conoscenza e l'analisi del fenomeno sportivo (Legge regionale Toscana 27/02/2015 n. 21 – art. 1);

r) partecipazione ad iniziative di promozione dello sport in ambito europeo (Legge provinciale Trento 21/04/2016 n. 4 – artt. 36 e 37).

Centrale, in quest'ottica, si dimostra il tema del c.d. "sport di cittadinanza" (Legge regionale Molise 29/12/2016 n. 23 – art. 2; Legge provinciale Trento 21/04/2016 n. 4 – artt. 20 s.; Legge regionale Umbria 23/09/2009 n. 19 – art. 3; Legge regionale Veneto 11/05/2015 n. 8 – art. 5), inteso alla stregua di qualsiasi forma di attività motoria con finalità ludico/ricreative svolta dalle persone di tutte le età, senza discriminazioni o esclusioni, che ha come obiettivo, oltre al miglioramento degli stili di vita e delle condizioni fisiche e psichiche, lo sviluppo della vita di relazione per favorire l'integrazione sociale degli individui (Legge regionale Marche 02/04/2012 n. 5 – art. 10), ovvero in termini di strumento per il riconoscimento del valore sociale, educativo e formativo della pratica sportiva, favorendone l'integrazione con le politiche socio-sanitarie, ambientali, urbanistiche e giovanili (Legge regionale Liguria 07/10/2009 n. 40 – art. 3).

Così, la regione diviene deputata a promuovere:

a) accordi di programma interistituzionali che coinvolgano tutti gli attori regionali e locali su queste tematiche di scenario, valorizzando il ruolo dell'associazionismo sportivo;

b) la valorizzazione di esperienze di educazione alla cittadinanza attiva dell'associazionismo sportivo diffuso;

c) l'attivazione di tavoli di confronto per una lettura organizzata del bisogno sportivo nel territorio e degli aspetti ad esso connessi;

d) la predisposizione di campagne che utilizzino il carattere trasversale dell'attività sportiva ed il suo valore sociale e che coinvolgano altri settori dell'amministrazione regionale per affermare nuovi stili di vita attiva per i cittadini;

e) la realizzazione di progetti volti a:

1. garantire il diritto al gioco e al movimento a cittadini di tutte le età, di diversa abilità e categorie sociali;

2. favorire stili di vita attivi, utili a prevenire patologie fisiche e psicologiche, individuali e di rilevanza sociale e a mantenere un adeguato stato di salute;

3. educare ad una corretta alimentazione i soggetti in età prescolare e scolare al fine della prevenzione del rischio dell'obesità e come valore educativo permanente;

4. favorire l'attività sportiva dell'adolescente, sia come opportunità di crescita individuale, sia per lo sviluppo della collettività e per contrastarne il prematuro abbandono;

5. favorire l'integrazione sociale anche in una prospettiva interculturale multietnica;

6. educare alla condivisione delle scelte in un contesto comunitario ed ai principi di partecipazione, corresponsabilità, non violenza e sostenibilità;

7. includere tutti i cittadini nella pratica motoria e sportiva senza discriminazioni ovvero esclusioni in ragione della capacità tecnico-sportiva, in particolare con riguardo agli anziani e alle persone che manifestano condizioni di disagio e sofferenza, favorendo la cultura della condivisione e della solidarietà;

8. favorire ed organizzare una attività motoria sportiva sostenibile, rispettosa delle persone, della società e dell'ambiente;

9. avviare attività di animazione sportiva come elemento di vivibilità e animazione degli spazi urbani, anche individuando tipologie innovative di impiantistica, più flessibili e meglio inserite nell'ambiente urbano (Legge regionale Liguria 07/10/2009 n. 40 – art. 3).

Il complesso delle iniziative da intraprendere è spesso affidato a linee guida periodiche (Legge provinciale Trento 21/04/2016 n. 4 – art. 4) ovvero a politiche di programmazione pluriennale, strumenti di pianificazione che consentono di poter maturare una visione strategica e di medio/lungo termine degli interventi da attuare nell'arco temporale di riferimento (Legge regionale Emilia-Romagna 31/05/2017 n. 8 – art. 3; Legge regionale Molise 29/12/2016 n. 23 – art. 6; Legge regionale Toscana 27/02/2015 n. 21 – art. 4; Legge regionale Liguria 07/10/2009 n. 40 – art. 7; Legge regionale Umbria 23/09/2009 n. 19 – artt. 7 ss.; Legge regionale Veneto 11/05/2015 n. 8 – art. 6; Legge regionale Campania 25/11/2013 n. 18 – artt. 7 s.; Legge regionale Marche 02/04/2012 n. 5 – art. 6; Legge regionale Sicilia 16/05/1978 n. 8 – art. 2 ss.; Legge regionale Calabria 22/11/2010 n. 28 – art. 5; Legge regionale Lazio 20/06/2002 n. 15 – art. 7; Legge regionale Lombardia 01/10/2014 n. 26 – art. 3; Legge regionale Puglia 04/12/2006 n. 33 – art. 2 bis), non certo estemporanei ma inseriti all'interno di una ponderata visione d'insieme, onde poter formulare indirizzi per:

a) la realizzazione di sinergie fra le politiche per la promozione delle attività motorie e sportive, in particolare con quelle di promozione e tutela della salute, benessere, integrazione sociale, anche a favore delle persone con disabilità, sviluppo economico e attrattività turistica, armonioso sviluppo urbano, culturale e ambientale del territorio;

b) la programmazione degli interventi regionali a favore dell'impiantistica sportiva e degli spazi destinati alla pratica motoria e sportiva, nonché per l'incentivazione dell'accesso al credito (Legge regionale Emilia-Romagna 31/05/2017 n. 8 – art. 3), in uno con

c) il censimento delle associazioni sportive operanti nella Regione, con riguardo alla loro consistenza organizzativa e numerica, alla disponibilità di operatori e tecnici, alle attività ed iniziative svolte;

d) la ricognizione e la classificazione degli impianti sportivi, secondo le classi tipologiche individuate dal CONI e l'aggiornamento biennale del censimento esistente ivi compresa la sezione relativa agli spazi destinati allo sport di cittadinanza;

e) l'individuazione, per ogni tipologia di impianto, del rapporto fra impianti esistenti e popolazione nelle diverse realtà territoriali;

f) la determinazione dei criteri tipologici volti a privilegiare l'impiantistica di base, i complessi polisportivi o polifunzionali e gli impianti con bassi costi di gestione, con particolare riguardo a quelli in cui vengono adottate soluzioni per garantire il risparmio energetico, anche mediante l'utilizzo di energie alternative, nel rispetto delle norme a tutela dell'esigenza di superamento delle barriere architettoniche, nonché per il mantenimento e l'adeguamento tecnologico degli impianti sportivi;

g) la fissazione dei criteri per la localizzazione degli impianti tali da soddisfare le esigenze di riequilibrio tipologico, tenendo conto, in particolare, delle necessità delle zone montane e depresse e delle aree naturali protette, con particolare favore nei confronti dei comuni con minore popolazione, anche sulla base di specifici programmi da essi predisposti;

h) la definizione dei criteri per favorire le forme di gestione meno onerose finanziariamente e più vantaggiose per l'utenza;

i) la indicazione delle priorità di intervento nei vari settori di attività e nei diversi territori anche in riferimento alle caratteristiche dei praticanti delle varie attività sportive e motorie e alla promozione dello sport per tutti (Legge regionale Liguria 07/10/2009 n. 40 – art. 7).

In tal contesto, le molteplici iniziative volte all'adeguamento, al miglioramento ed alla ristrutturazione di impianti sportivi esistenti, nonché la realizzazione di nuovi impianti sportivi, sono indirizzate nel senso di favorire l'innovazione tecnologica per il massimo risparmio energetico e il minimo impatto ambientale della struttura oltreché la sostenibilità della gestione della stessa (Legge regionale Liguria 07/10/2009 n. 40 – art. 2; Legge regionale Veneto 11/05/2015 n. 8 – art. 11; Legge regionale Marche 02/04/2012 n. 5 – art. 14; Legge regionale Sicilia 16/05/1978 n. 8 – art. 9; Legge regionale Calabria 22/11/2010 n. 28 – art. 13; Legge regionale Lazio 20/06/2002 n. 15 – art. 29); ciò, ovviamente, anche con riguardo agli impianti ed ai siti per la pratica di sport naturalistici, quali, ad esempio, arrampicata in sito naturale, mountain bike, orienteering, sci di fondo, canottaggio, vela, pesca sportiva e sport naturalistici in genere (Legge regionale Abruzzo 12/01/2018 n. 2 - artt. 27 ss.).

In un siffatto contesto, gli enti locali sono chiamati a selezionare i soggetti cui affidare gli impianti sportivi, non gestiti direttamente, con procedure a evidenza pubblica o a confronto concorrenziale (Legge regionale Veneto 11/05/2015 n. 8 – art. 26; Legge provinciale Trento 21/04/2016 n. 4 – art. 30; Legge regionale Marche 02/04/2012 n. 5 – art. 19; Legge regionale Puglia 04/12/2006 n. 33 – art. 19), nel rispetto dei principi vigenti in materia quali proporzionalità, non discriminazione, imparzialità, trasparenza e adeguata pubblicità (Legge regionale Liguria 07/10/2009 n. 40 – art. 20 ss.; Legge regionale Toscana 27/02/2015 n. 21 – art. 14; Legge regionale Campania 25/11/2013 n. 18 – art. 20), sulla base di accertamenti condotti in vista della verifica della:

a) compatibilità fra le attività sportive praticabili e quelle esercitate negli impianti, favorendone l'uso da parte dei praticanti che svolgono ordinariamente attività sportiva nel territorio di riferimento;

b) valorizzazione delle potenzialità degli impianti, attraverso la definizione di un rapporto equilibrato, ove compatibile con le caratteristiche degli impianti stessi, fra il normale uso sportivo, la loro utilizzazione da parte del pubblico, l'eventuale organizzazione di attività volte a promuovere l'esercizio della pratica sportiva e lo svolgimento di attività ricreative e sociali;

c) valutazione dei requisiti di qualificazione e affidabilità economica richiesti per la gestione degli impianti, nonché delle competenze e capacità maturate in eventuali precedenti esperienze di gestione;

d) valutazione dell'offerta sulla base del miglior rapporto tra qualità e prezzo, da individuare secondo criteri predeterminati, purché sia assicurato l'equilibrio economico della gestione degli impianti (Legge regionale Emilia-Romagna 31/05/2017 n. 8 – art. 13);

e) affidamento in gestione commisurato all'entità degli interventi di innovazione e miglioramento dell'impianto che il soggetto affidatario si impegna ad effettuare;

f) selezione da effettuarsi in base alla presentazione di progetti che consentano la valutazione dei profili economici e tecnici della gestione;

g) scelta dell'affidatario che tenga conto dell'esperienza nel settore, delle tariffe praticate e dei prezzi d'accesso, dell'affidabilità economica, dell'assenza di posizioni debitorie nei confronti dell'ente affidatario, della qualificazione professionale degli istruttori e allenatori utilizzati, della compatibilità dell'attività sportiva esercitata con quella praticabile nell'impianto e dell'eventuale organizzazione di attività a favore dei giovani, dei diversamente abili e degli anziani;

h) valutazione della convenienza economica dell'offerta, da effettuarsi in base alla previa indicazione da parte dell'ente locale del canone minimo che si intende percepire e dell'eventuale massimo contributo economico che si intende concedere a sostegno della gestione;

i) garanzia dell'apertura dell'impianto a tutti i cittadini;

l) scelta dell'affidatario che favorisca il carattere interdisciplinare delle attività sportive praticate e praticabili nell'impianto, in relazione alle caratteristiche dello stesso, nonché la gestione integrata con altri soggetti;

m) garanzia della compatibilità delle eventuali attività ricreative e sociali di interesse pubblico, praticabili straordinariamente negli impianti, con il normale uso degli impianti sportivi (Legge regionale Toscana 27/02/2015 n. 21 – art. 15).

Ciò, anche al fine di assicurare che l'affidamento della gestione degli impianti sportivi sia improntato alla massima fruibilità da parte dei cittadini, valorizzando, in particolare, le pratiche motorie di base in riferimento alle quali devono essere garantite, dai soggetti gestori, tariffe tali da rendere gli impianti stessi accessibili a tutti, indipendentemente dalla propria capacità economica (Legge regionale Liguria 07/10/2009 n. 40 – art. 2).

Ordinariamente, infine, i rapporti tra l'ente pubblico territoriale ed il soggetto gestore dell'impianto sono disciplinati da apposita convenzione che stabilisce i criteri d'uso dell'impianto, le condizioni giuridiche ed economiche della gestione e le modalità ed i criteri per il monitoraggio dei costi e dei benefici (Legge regionale Liguria 07/10/2009 n. 40 – art. 20; Legge regionale Toscana 27/02/2015 n. 21 – art. 16; Legge provinciale Trento 21/04/2016 n. 4 – art. 30; Legge regionale Campania 25/11/2013 n. 18 – art. 21; Legge regionale Marche 02/04/2012 n. 5 – art. 19; Legge regionale Puglia 04/12/2006 n. 33 – art. 19).

Ovviamente – anche se non solo in quest'ottica, come si è già avuto modo di accennare – un ruolo di rilievo va riservato anche agli enti pubblici territoriali diversi dalle regioni, in ossequio ai tradizionali principi di sussidiarietà, differenziazione ed adeguatezza, i quali possono compartecipare alle politiche regionali di promozione della pratica sportiva direttamente, mediante l'esercizio delle funzioni amministrative loro devolute, ovvero, in sede di programmazione, anche per il tramite del Consiglio delle autonomie locali.

Ciò, in vista del soddisfacimento delle esigenze di proporzionata ed adeguata dotazione di impianti sportivi, di aree urbane e di spazi naturali da destinare alle attività motorie e sportive, assicurandone la valorizzazione uniformemente all'interno dell'intero territorio regionale (Legge regionale Emilia-Romagna 31/05/2017 n. 8 – art. 4).

In particolare, gli enti locali, con special riferimento ai comuni, in forma singola o associata, sono chiamati ad assolvere, in materia, specifiche funzioni, ovviamente nel rispetto degli indirizzi contenuti nella programmazione regionale di settore (Legge regionale Umbria 23/09/2009 n. 19 – art. 6; Legge regionale Campania 25/11/2013 n. 18 – art. 5; Legge regionale Marche 02/04/2012 n. 5 – art. 3; Legge regionale Calabria 22/11/2010 n. 28 – art. 8; Legge regionale Lazio 20/06/2002 n. 15 – art. 5; Legge regionale Puglia 04/12/2006 n. 33 – art. 3 bis).

Nel dettaglio:

a) promuovono, in ambito comunale, l'organizzazione di attività sportive, del tempo libero e dell'attività motoria per la terza età;

b) provvedono alla gestione di impianti e di attrezzature d'interesse e/o di proprietà comunale;

c) favoriscono il collegamento con le altre istituzioni pubbliche e con i soggetti privati operanti nel proprio territorio;

d) curano e favoriscono lo sviluppo delle attività motorie d'intesa con le istituzioni scolastiche e le associazioni sportive presenti sul territorio comunale;

e) favoriscono l'utilizzo degli impianti sportivi scolastici, da parte di associazioni e società sportive, in orario extrascolastico (Legge regionale Molise 29/12/2016 n. 23 – art. 4).

In una prospettiva di più ampio respiro, poi, coniugando i principi di sussidiarietà verticale ed orizzontale, ordinariamente, rientrano nel novero dei soggetti beneficiari di politiche di incentivazione e sviluppo, nonché dei correlati contributi finanziari:

a) Enti di Promozione Sportiva riconosciuti dal Comitato Olimpico Nazionale Italiano o dal Comitato Italiano Paralimpico e le loro diramazioni regionali;

b) Società e Associazioni sportive dilettantistiche, locali, provinciali e regionali, operanti nella regione, affiliate a Federazioni Sportive Nazionali o ad Enti di Promozione Sportiva, riconosciuti dal Comitato Olimpico Nazionale Italiano o dal Comitato Italiano Paralimpico, che partecipano alle rispettive attività federali agonistiche o amatoriali;

c) Società e Associazioni sportive radicate all'interno del territorio regionale, dilettantistiche o professionistiche, affiliate a FSN del Comitato Olimpico Nazionale Italiano o del Comitato Italiano Paralimpico, impegnate nei rispettivi campionati delle massime serie, qualunque sia la dicitura che definisca la massima serie (A, A1, master o altra definizione);

d) Ufficio Scolastico Regionale per tutte le iniziative volte all'organizzazione ed al potenziamento dello Sport scolastico;

e) Società e Associazioni sportive di cui alle sopra riportate lettere b) e c) che realizzino manifestazioni sportive o convegni, ovvero titolari di risultati di particolare rilievo conseguiti nelle varie discipline sportive, direttamente o tramite loro atleti tesserati;

f) Comitato Regionale del Comitato Olimpico Nazionale Italiano e Comitato Regionale del Comitato Italiano Paralimpico, per tutte le iniziative tese all'organizzazione ed al potenziamento dello sport a livello regionale e provinciale, per la promozione della massima diffusione sportiva, per l'organizzazione di seminari e convegni e per l'aggiornamento e la formazione degli operatori (Legge regionale Abruzzo 12/01/2018 n. 2 – art. 3; Legge regionale Calabria 22/11/2010 n. 28 – art. 15);

g) enti locali ed altri soggetti pubblici;

h) soggetti privati organizzatori di eventi sportivi rilevanti per il territorio regionale;

i) associazioni di promozione sociale che abbiano, fra le attività statutarie, la promozione della pratica motoria e sportiva (Legge regionale Emilia-Romagna 31/05/2017 n. 8 – art. 5).

Ovviamente, in ragione della scarsità delle risorse economiche a disposizione, le regioni strutturano le modalità di erogazione dei contributi secondo criteri di riparto che assumono in considerazione profili di interesse ritenuti preminenti sulla base di un apprezzamento discrezionale normalmente riservato a ciascun legislatore regionale.

Così, ad esempio, ferma restando la possibilità di ricondurre una quota delle risorse disponibili in capo a tutti gli enti di promozione delle molteplici e variegate attività sportive secondo una ripartizione equanime, ben possono essere, altresì, stimati ulteriori parametri sui quali quantificare l'entità delle somme da assegnare.

Tra questi, si annoverano:

a) numero delle Società e Associazioni sportive affiliate e operanti in Regione;

b) numero e livello delle manifestazioni sportive svolte in Regione;

c) numero e livello dei convegni sportivi realizzati in Regione;

d) numero di corsi per la formazione di operatori sportivi organizzati in Regione;

e) qualità dei programmi;

f) specifica attività in favore di minorenni;

g) attività pluridisciplinare;

h) numero di operatori sportivi (in possesso di titoli culturali e professionali qualificanti come, ad esempio, diploma rilasciato dall'I.S.E.F. o diploma di laurea in scienze motorie o equipollente, ovvero attestato di istruttore, educatore, allenatore, preparatore – o qualsivoglia dicitura similare utilizzata dalla federazione o ente di appartenenza – rilasciato dalle Federazioni Sportive Nazionali riconosciute dal Comitato Olimpico Nazionale Italiano o dal Comitato Italiano Paralimpico o dagli Enti di Promozione Sportiva riconosciuti dal Comitato Olimpico Nazionale Italiano o dal Comitato Italiano Paralimpico) che collaborano stabilmente con l'associazione sportiva, che siano regolarmente inquadrati con contratti di collaborazione sportiva o che abbiano ricevuto durante l'anno sportivo in corso almeno un compenso sportivo;

i) Società ed Associazioni sportive che abbiano militato nelle massime serie consecutivamente almeno negli ultimi due campionati di riferimento, conservando comunque nella stagione avente inizio nell'anno in corso il diritto alla permanenza nei massimi livelli suddetti;

l) numero di atleti tesserati diversamente abili (Legge regionale Abruzzo 12/01/2018 n. 2 – artt. 6 e 7).

Va da sé che l'erogazione di contributi, anche in favore di enti pubblici territoriali, imponga ai beneficiari di imprimere una specifica destinazione d'uso alla pratica sportiva delle attrezzature per tale via acquisite, secondo un modello di disciplina formalizzato in seno ad apposite convenzioni, per un lasso di tempo ritenuto sufficiente ed adeguato in proporzione all'entità delle somme assegnate (Legge regionale Abruzzo 12/01/2018 n. 2 – art. 32; Legge regionale Liguria 07/10/2009 n. 40 – art. 18; Legge regionale Campania 25/11/2013 n. 18 – art. 19).

Destinatari di contributi finanziari possono risultare, inoltre, i singoli atleti, in alcuni casi di età inferiore ai diciotto anni (Legge regionale Umbria 23/09/2009 n. 19 – art. 20; Legge regionale Marche 02/04/2012 n. 5 – art. 23), ovvero ai venticinque (Legge regionale Campania 25/11/2013 n. 18 – art. 17), tesserati presso società o associazioni sportive aventi sede legale all'interno del territorio regionale, che si siano meritoriamente distinti in competizioni sportive di rilievo internazionale, nazionale o interregionale avendo conseguito vittoriosi risultati sportivi (Legge regionale Abruzzo 12/01/2018 n. 2 – art. 17; Legge regionale Molise 29/12/2016 n. 23 – art. 10; Legge provinciale Trento 21/04/2016 n. 4 – art. 11; Legge regionale Friuli-Venezia Giulia 03/04/2003 n. 8 – art. 16; Legge regionale Lazio 20/06/2002 n. 15 – art. 39; Legge regionale Lombardia 01/10/2014 n. 26 – art. 6).

All'uopo, la regione può costituire un "gruppo dei giovani atleti regionali di accertato talento sportivo", beneficiario di specifici contributi ad esso dedicati, composto da atleti capaci e meritevoli che dimostrino particolari attitudini sportive degne di essere valorizzate e sostenute, affinché raggiungano alti livelli di prestazioni sportive (Legge provinciale Trento 21/04/2016 n. 4 – art. 2).

Le medesime provvidenze possono essere attribuite anche in favore delle società di appartenenza dei giovani, talentuosi sportivi – allo scopo di essere impiegate per la valorizzazione tecnica dell'atleta – che si impegnano ad apporre sugli indumenti sportivi degli atleti ammessi a contributo il logo della Regione e ad esibirlo in tutte le manifestazioni ufficiali (Legge regionale Liguria 07/10/2009 n. 40 – art. 25 s.; Legge regionale Campania 25/11/2013 n. 18 – art. 18).

Fermo restando che, a prescindere dall'erogazione di finanziamenti, sotto il profilo ideale, l'eccellenza sportiva viene riconosciuta in ambito regionale anche mediante la valorizzazione del merito di atleti, tecnici, dirigenti sportivi o soggetti pubblici e privati che si siano particolarmente distinti, rispettivamente, nello svolgimento e nella promozione e diffusione dell'attività motoria e sportiva, conferendo loro specifici riconoscimenti (Legge regionale Veneto 11/05/2015 n. 8 – art. 19; Legge regionale Calabria 22/11/2010 n. 28 – art. 16).

Ai fini dell'incentivazione della pratica sportiva mediante la concessione di contributi a favore delle iniziative promosse in campo sociale, giovanile e scolastico, poi, possono essere assunti in considerazione i seguenti elementi preferenziali:

a) l'istituzione e gestione di centri di preparazione sportiva e di formazione fisico – sportiva;

b) il volume di attività svolta e documentata, nonché l'iniziativa promozionale di base;

c) l'applicazione di un criterio di contenimento dei prezzi dei biglietti di ingresso agli spettacoli sportivi;

d) l'utilizzazione di tecnici, istruttori ed animatori (Legge regionale Sicilia 16/05/1978 n. 8 – art. 14).

Invero, gli interventi finalizzati a promuovere la diffusione della pratica sportiva in seno agli istituti scolastici – nel quadro, da ultimo, delle previsioni contemplate in seno all'art. 2 l. n. 86/2019 riguardante l'istituzione di centri sportivi scolastici – sono volti a supportare, ad esempio, lo svolgimento di campionati studenteschi (Legge regionale Abruzzo 12/01/2018 n. 2 – art. 10; Legge regionale Molise 29/12/2016 n. 23 – art. 1), ovvero la diffusione delle attività sportive in orario extrascolastico, valorizzando il patrimonio scolastico pubblico e favorendo forme di collaborazione fra le scuole e le associazioni sportive (Legge regionale Liguria 07/10/2009 n. 40 – art. 2), ovvero promuovendo protocolli d'intesa per incentivare nella scuola primaria la pratica dell'attività fisica mediante l'impiego di laureati in scienze motorie, o titolari di titoli equipollenti, a supporto dell'insegnante di classe (Legge regionale Toscana 27/02/2015 n. 21 – art. 7).

Ciò, perché è pacifico riconoscere nella scuola, oltre che nell'associazionismo sportivo e nelle società sportive dilettantistiche, la sede privilegiata per promuovere i valori e i principi educativi della pratica motoria e sportiva come occasione di socialità, confronto e miglioramento personale e come strumento d'integrazione sociale, oltre che di promozione e tutela della salute, anche attraverso la diffusione delle attività sportive in orario e periodo extrascolastico, valorizzando il patrimonio pubblico e scolastico e favorendo l'educazione e l'avvicinamento degli individui in età scolare a un'attività motoria nell'ambito della più ampia offerta sportiva (Legge regionale Veneto 11/05/2015 n. 8 – art. 15) e collaborazione tra scuola, società sportive dilettantistiche ed associazionismo sportivo (Legge regionale Emilia-Romagna 31/05/2017 n. 8 – art. 8; Legge provinciale Trento 21/04/2016 n. 4 – art. 22).

Così, la Regione sostiene i progetti tesi a potenziare e ampliare la pratica motoria e sportiva nella scuola mediante intesa con l'Ufficio scolastico regionale, valorizzando la progettualità delle autonomie scolastiche del territorio e favorendo un'adeguata fruizione delle strutture sportive da parte delle scuole (Legge regionale Marche 02/04/2012 n. 5 – art. 23) e promuove:

a) un efficace coordinamento dell'attività sportivo-scolastica sul territorio, anche mediante apposite convenzioni e l'utilizzo di servizi e strutture sportive da parte dell'utenza scolastica;

b) la realizzazione di manifestazioni sportive ed iniziative ad esse collegate, anche a carattere nazionale (Legge regionale Liguria 07/10/2009 n. 40 – art. 30);

c) la promozione di iniziative per l'avviamento alla pratica sportiva in collaborazione con il CONI, l'Università, le federazioni sportive, le discipline sportive associate, gli enti di promozione sportiva, gli enti locali, le istituzioni scolastiche e religiose e le associazioni sportive dilettantistiche riconosciute dal CONI (Legge regionale Molise 29/12/2016 n. 23 – art. 3).

Al contempo, in questa direzione, la Regione può favorire la stipula di apposite convenzioni fra gli enti locali, le Istituzioni scolastiche e le Università per consentire la fruizione degli impianti sportivi di loro proprietà o, comunque, in uso alle scuole ed alle Università stesse, da parte della comunità locale e delle associazioni sportive (Legge regionale Liguria 07/10/2009 n. 40 – art. 30; Legge regionale Marche 02/04/2012 n. 5 – art. 8; Legge regionale Sicilia 29/12/2014 n. 29 – art. 6; Legge regionale Lazio 20/06/2002 n. 15 – art. 36; Legge regionale Puglia 04/12/2006 n. 33 – art. 15) compatibilmente con le esigenze dell'attività didattica e delle attività sportive della scuola e dell'università, comprese quelle extracurriculari (Legge regionale Toscana 27/02/2015 n. 21 – art. 17).

Per converso, nelle convenzioni possono essere altresì disciplinate contestualmente le modalità di utilizzo, da parte degli studenti universitari, degli impianti sportivi di proprietà degli enti locali, anche per le attività formative, in uno con il reperimento degli spazi occorrenti allo svolgimento dell'educazione fisica e sportiva degli studenti, in particolare consentendo l'utilizzazione degli impianti sportivi e delle attrezzature in loro disponibilità ed agevolando l'utilizzazione di strutture private (Legge regionale Liguria 07/10/2009 n. 40 – art. 30).

In tal contesto, la programmazione dell'attività sportiva in ambito universitario può consistere:

a) nella promozione e nell'incremento dell'attività sportiva e dell'attività motoria per il maggior numero di studenti universitari, allo scopo di incentivarne la partecipazione alle attività promosse dall'università nel quadro di formazione globale dello studente;

b) nell'organizzazione di attività sportive, di corsi di iniziazione e di perfezionamento nelle varie discipline, di attività agonistiche a carattere universitario e nell'ambito delle federazioni sportive;

c) nella partecipazione ad attività agonistiche in campo locale, regionale, nazionale e internazionale, sia nell'ambito universitario che in quello federale, previo accertamento delle attitudini e della specifica preparazione dei singoli (Legge provinciale Trento 21/04/2016 n. 4 – art. 29).

Del medesimo tenore, poi, appaiono essere le intese suscettive di poter essere raggiunte con le competenti Autorità militari e Forze dell'Ordine per favorire la pratica delle attività motorie, ricreative e sportive fra il personale interessato e, al fine di promuovere un processo di integrazione funzionale, anche mediante la stipula di apposite convenzioni per l'utilizzo delle strutture, degli spazi e impianti sportivi pubblici, civili e militari (Legge regionale Liguria 07/10/2009 n. 40 – art. 31; Legge regionale Toscana 27/02/2015 n. 21 – art. 9; Legge regionale Puglia 04/12/2006 n. 33 – art. 17).

Infine, le Regioni ben possono stipulare apposite convenzioni con istituti religiosi e oratori parrocchiali, enti morali, istituti penitenziari, strutture sanitarie e con tutte le agenzie pubbliche e private che sostengono la pratica motorio-sportiva come strumento di integrazione sociale, di prevenzione e contrasto ai fenomeni di emarginazione e di dipendenza, di reinserimento sociale di minori e adulti (Legge regionale Molise 29/12/2016 n. 23 – art. 15).

Confacenti con lo sviluppo economico, sociale e culturale del territorio regionale appaiono essere, sotto altra prospettiva, le iniziative di valorizzazione delle tradizioni territoriali (Legge provinciale Trento 21/04/2016 n. 4 – art. 13), anche mediante l'introduzione di segni distintivi funzionali a contribuire allo sviluppo sostenibile del territorio e delle pratiche sportive rispettivamente dell'outdoor estivo e del prodotto neve invernale (Legge provinciale Trento 21/04/2016 n. 4 – art. 7; Legge regionale Umbria 23/09/2009 n. 19 – art. 21) in occasione della promozione di:

a) manifestazioni sportive internazionali, di massimo prestigio svolte sotto l'egida del Comitato internazionale olimpico, del Comitato Olimpico Nazionale Italiano, del Comitato Italiano Paralimpico o delle Federazioni Sportive Nazionali;

b) manifestazioni sportive agonistiche, di livello internazionale, nazionale, interregionale o regionale, svolte sotto l'egida del Comitato Olimpico Nazionale Italiano, del Comitato Italiano Paralimpico o delle Federazioni Sportive Nazionali;

c) manifestazioni sportive internazionali o nazionali di carattere amatoriale o promozionale, svolte sotto l'egida degli Enti di Promozione Sportiva del Comitato Olimpico Nazionale Italiano o del Comitato Italiano Paralimpico, o delle Federazioni Sportive Nazionali;

d) convegni, di livello almeno regionale, miranti all'approfondimento delle problematiche derivanti dallo svolgimento dell'attività motoria e sportiva, anche della terza età o legate alle nuove tecniche di preparazione atletica, alle nuove scoperte della medicina dello sport nonché alla prevenzione e alla lotta contro l'uso delle sostanze che alterano le naturali prestazioni fisiche degli atleti nelle attività sportive (Legge regionale Abruzzo 12/01/2018 n. 2 – art. 11; Legge regionale Liguria 07/10/2009 n. 40 – art. 5; Legge regionale Veneto 11/05/2015 n. 8 – art. 12).

Sotto il profilo organizzativo, poi, sovente, le Regioni si dotato di un apposito organo collegiale, variamente denominato:

a) Consulta regionale per lo sport (Legge regionale Abruzzo 12/01/2018 n. 2 – art. 34; Legge regionale Veneto 11/05/2015 n. 8 – art. 8);

b) Conferenza sullo sport (Legge regionale Emilia-Romagna 31/05/2017 n. 8 – art. 9);

c) Comitato regionale per lo sport (Legge regionale Liguria 07/10/2009 n. 40 – art. 8);

d) Comitato tecnico regionale dello sport (Legge regionale Molise 29/12/2016 n. 23 – art. 5);

e) Tavolo dello sport (Legge provinciale Trento 21/04/2016 n. 4 – art. 9);

f) Comitato regionale tecnico-scientifico dello sport (Legge regionale Umbria 23/09/2009 n. 19 – art. 11);

g) Comitato tecnico regionale per lo sport e delle attività motorie (Legge regionale Campania 25/11/2013 n. 18 – art. 10);

h) Comitato regionale dello sport e del tempo libero (Legge regionale Marche 02/04/2012 n. 5 – art. 4);

i) Comitato regionale per la programmazione sportiva (Legge regionale Sicilia 16/05/1978 n. 8 – art. 5);

j) Commissione regionale per lo sport (Legge regionale Calabria 22/11/2010 n. 28 – art. 9);

k) Comitato consultivo sportivo (Legge regionale Lombardia 01/10/2014 n. 26 – art. 8);

l) Consulta regionale dello sport (Legge regionale Puglia 04/12/2006 n. 33 – art. 6).

In esso, ordinariamente, è possibile annoverare la partecipazione di molteplici rappresentanti di enti pubblici e enti a base associativa di natura privata (Legge regionale Abruzzo 12/01/2018 n. 2 – art. 35; Legge regionale Emilia-Romagna 31/05/2017 n. 8 – art. 9; Legge regionale Liguria 07/10/2009 n. 40 – art. 8; Legge regionale Molise 29/12/2016 n. 23 – art. 5; Legge provinciale Trento 21/04/2016 n. 4 – art. 9; Legge regionale Umbria 23/09/2009 n. 19 – art. 11; Legge regionale Veneto 11/05/2015 n. 8 – art. 8; Legge regionale Campania 25/11/2013 n. 18 – art. 10; Legge regionale Marche 02/04/2012 n. 5 – art. 4; Legge regionale Sicilia 16/05/1978 n. 8 – art. 5; Legge regionale Calabria 22/11/2010 n. 28 – art. 9; Legge regionale Lombardia 01/10/2014 n. 26 – art. 8; Legge regionale Puglia 04/12/2006 n. 33 – art. 6).

L'organo collegiale in discussione appare essere preposto all'assolvimento di funzioni di supporto e consulenza della Giunta regionale in materia di sport (Legge regionale Abruzzo 12/01/2018 n. 2 – art. 34; Legge provinciale Trento 21/04/2016 n. 4 – art. 9; Legge regionale Umbria 23/09/2009 n. 19 – art. 11; Legge regionale Veneto 11/05/2015 n. 8 – art. 8; Legge regionale Campania 25/11/2013 n. 18 – art. 10; Legge regionale Marche 02/04/2012 n. 5 – art. 4; Legge regionale Sicilia 16/05/1978 n. 8 – art. 5; Legge regionale Calabria 22/11/2010 n. 28 – art. 9; Legge regionale Lombardia 01/10/2014 n. 26 – art. 8; Legge regionale Puglia 04/12/2006 n. 33 – art. 6), con particolare riferimento a quelle di programmazione, tutela delle persone, monitoraggio e ricerca (Legge regionale Emilia-Romagna 31/05/2017 n. 8 – art. 9; Legge provinciale Trento 21/04/2016 n. 4 – art. 4).

In ogni caso, vengono anche predisposte procedure di sintesi e raccordo tra la giunta ed il consiglio regionale (Legge regionale Toscana 27/02/2015 n. 21 – art. 18; Legge regionale Umbria 23/09/2009 n. 19 – art. 28 bis; Legge regionale Lombardia 01/10/2014 n. 26 – art. 16) onde poter promuovere forme di valutazione partecipata, coinvolgendo, over ritenuto opportuno, i soggetti e gli operatori del settore attuatori e destinatari degli interventi programmati (Legge regionale Emilia-Romagna 31/05/2017 n. 8 – art. 14; Legge regionale Friuli-Venezia Giulia 03/04/2003 n. 8 – art. 2), anche per il tramite di periodiche pubbliche conferenze sullo stato delle iniziative avallate e supportate dalla Regione in campo sportivo e sulle relative prospettive (Legge regionale Liguria 07/10/2009 n. 40 – art. 9; Legge provinciale Trento 21/04/2016 n. 4 – art. 8; Legge regionale Umbria 23/09/2009 n. 19 – art. 12; Legge regionale Marche 02/04/2012 n. 5 – art. 5) in base ai rilievi effettuati da parte di organismi deputati alla raccolta e all'aggiornamento dei dati relativi allo sport regionale, al fine di monitorare impianti, attrezzature, attività, società e associazioni sportive (Legge regionale Molise 29/12/2016 n. 23 – art. 7; Legge regionale Toscana 27/02/2015 n. 21 – artt. 5 e 6; Legge regionale Umbria 23/09/2009 n. 19 – art. 13; Legge regionale Veneto 11/05/2015 n. 8 – art. 9; Legge regionale Campania 25/11/2013 n. 18 – art. 9; Legge regionale Calabria 22/11/2010 n. 28 – art. 10; Legge regionale Puglia 04/12/2006 n. 33 – art. 4).

Infine, le regioni, considerata la valenza sociale e sanitaria dell'attività fisica per la prevenzione della malattia (Legge regionale Toscana 27/02/2015 n. 21 – art. 10) e ritenuto che l'esercizio fisico strutturato e adattato sia strumento di prevenzione e terapia in persone affette da patologie croniche non trasmissibili, in condizioni cliniche stabili, o a rischio di patologie per le quali è clinicamente dimostrato il beneficio prodotto dalla pratica dell'esercizio fisico medesimo (Legge regionale Umbria 23/09/2009 n. 19 – art. 15), promuovono l'educazione sanitaria motoria e sportiva quale strumento di idoneo sviluppo psico-fisico, di miglioramento dello stato di salute, di prevenzione di situazioni patologiche, di correzione di anomalie fisiche, di riabilitazione funzionale e assicurano l'igiene e la tutela sanitaria delle attività sportive (Legge regionale Veneto 03/08/1982 n. 25 – art. 1) anche per il tramite dell'istituzione di un albo regionale, tenuto in formato elettronico, delle strutture e degli specialisti in medicina dello sport accreditate o abilitati al rilascio delle certificazioni di idoneità fisica all'attività sportiva agonistica, nonché dell'introduzione della carta elettronica sanitaria dell'atleta e del passaporto biologico (Legge regionale Campania 25/11/2013 n. 18 – artt. 24 ss.).

In questa direzione, gli enti pubblici territoriali sovrintendono alla salvaguardia della salute ed incolumità degli atleti e dei praticanti attività sportive, anche solo a livello amatoriale, mediante iniziative finalizzate a contribuire a un corretto sviluppo, mantenimento, recupero psico-fisico e miglioramento dell'efficienza fisica, prevedendo, ad esempio, nei limiti della propria competenza:

a) il contrasto ai comportamenti antisportivi, compresi quelli razzisti e di bullismo, sui campi di gara e in ogni contesto, agli illeciti sportivi e al doping, mediante azioni di prevenzione e sensibilizzazione (Legge regionale Veneto 11/05/2015 n. 8 – art. 14; Legge regionale Campania 25/11/2013 n. 18 – art. 27), nonché l'organizzazione di seminari e la produzione di specifiche pubblicazioni informative, d'intesa con il CONI, con le federazioni sportive, con le discipline sportive associate e con gli enti di promozione sportiva (Legge provinciale Trento 21/04/2016 n. 4 – art. 18);

b) l'applicazione di sanzioni in caso di accertata responsabilità conseguente alla distribuzione e/o uso, ovvero all'aver indotto o favorito l'assunzione di sostanze dopanti (ad esempio, esclusione dalla partecipazione a procedure ad evidenza pubblica relative all'affidamento della gestione di impianti sportivi – Legge regionale Marche 02/04/2012 n. 5 – art. 19; Legge regionale Friuli-Venezia Giulia 03/04/2003 n. 8 – art. 23; divieto di conseguire provvidenze finanziarie, ovvero revoca dei contributi concessi – Legge regionale Emilia-Romagna 31/05/2017 n. 8 – art. 15; Legge regionale Liguria 07/10/2009 n. 40 – art. 33; Legge provinciale Trento 21/04/2016 n. 4 – art. 18; Legge regionale Campania 25/11/2013 n. 18 – art. 27; Legge regionale Calabria 22/11/2010 n. 28 – art. 18; Legge regionale Puglia 04/12/2006 n. 33 – art. 12);

c) specifiche discipline in merito ai requisiti di professionalità da possedere ai fini dello svolgimento della funzione di istruttore qualificato (diploma rilasciato dall'Istituto superiore di educazione fisica -ISEF-, laurea in scienze motorie, specifici requisiti previsti per le singole attività motorie e sportive dalle relative federazioni sportive o dalle discipline sportive associate o dagli enti di promozione sportiva riconosciuti dal CONI e dal CIP) (Legge regionale Emilia-Romagna 31/05/2017 n. 8 – art. 11; Legge regionale Liguria 07/10/2009 n. 40 – art. 34 ss.; Decreto del Presidente della Giunta regionale Toscana 05/07/2016 n. 42/R – art. 16; Legge regionale Umbria 23/09/2009 n. 19 – art. 15; Legge regionale Campania 25/11/2013 n. 18 – art. 22; Legge regionale Sicilia 29/12/2014 n. 29 – artt. 1 ss.; Legge regionale Calabria 22/11/2010 n. 28 – art. 18; Legge regionale Lombardia 01/10/2014 n. 26 – art. 9; Legge regionale Puglia 04/12/2006 n. 33 – art. 10);

d) una stringente regolamentazione concernente i requisiti tecnici, igienico-sanitari e di sicurezza degli impianti per l'esercizio di particolari attività sportive (Legge regionale Liguria 07/10/2009 n. 40 – art. 44 ss.; Legge regionale Toscana 27/02/2015 n. 21 – art. 12; Legge regionale Marche 02/04/2012 n. 5 – art. 16; Legge regionale Lazio 20/06/2002 n. 15 – art. 34), ovvero delle palestre ove si svolgono attività ginniche, di muscolazione, di formazione fisica e di attività motorie per la terza età, le quali, anche se disciplinate da norme nazionali approvate dalle Federazioni sportive riconosciute dal CONI, sono esercitate a scopo non agonistico e con finalità d'impresa (Legge regionale Liguria 07/10/2009 n. 40 – art. 32; Legge regionale

Toscana 27/02/2015 n. 21 – art. 12; Decreto del Presidente della Giunta regionale Toscana 05/07/2016 n. 42/R; Legge regionale Umbria 23/09/2009 n. 19 – artt. 16 s.; Legge regionale Veneto 11/05/2015 n. 8 – artt. 21 ss.).

Trattasi, in definitiva, di iniziative sussumibili, nel loro complesso, entro un modello ideale di promozione della "cultura della sicurezza nello svolgimento delle attività sportive e delle attività motorie" (Legge provinciale Trento 21/04/2016 n. 4 – art. 6).

Capitolo II

Il principio di autonomia dell'ordinamento sportivo e le sue declinazioni all'interno dell'ordinamento giuridico statale

Sommario: 1. La rilevanza dello sport in seno all'ordinamento giuridico statale. – 2. Le (incerte e controverse) relazioni tra l'ordinamento sportivo e l'ordinamento giuridico statale alla luce del d.l. n. 220/03, convertito in l. n. 280/03. – 3. Diritto di difesa, vincolo di c.d. "giustizia associativa" e pregiudiziale sportiva. – 4. Riserva di giustizia associativa e "regole del gioco": le questioni tecniche. – 5. Ordinamento sportivo, sistema sanzionatorio e pregiudiziale sportiva: le questioni disciplinari. – 6. Rapporti associativi (endo)federali, organizzazione delle competizioni sportive e loro rilevanza al cospetto dell'ordinamento giuridico statale: le questioni amministrative.

1. *La rilevanza dello sport in seno all'ordinamento giuridico statale*

In ragione delle caratteristiche specifiche proprie del fenomeno (*rectius*: dell'ordinamento) sportivo, apprezzato alla stregua di comunità sociale organizzata, plurimi si sono dimostrati, nel tempo, i tentativi di sottrarre alla regolamentazione non solo statale, ma anche di matrice europea (Di Nella, 1998, 37 ss.), le molteplici fattispecie rilevanti, *prima facie*, in seno all'assetto organizzativo ed ordinamentale sportivo, in riferimento alla disciplina dei rapporti tra le Istituzioni e alle relazioni tra i diversi soggetti che, a vario titolo (n.q. di dirigenti, atleti, allenatori, arbitri, etc.), operano all'interno del mondo dello sport, all'organizzazione delle competizioni sportive (Fermeglia, 2018, 116 ss.) e, in special modo, dei "grandi eventi" ad esse correlati (Cavallo Perin, Gagliardi, 2012, 189 ss.).

Significative iniziative, poi, sono state assunte al fine di salvaguardare, entro la latitudine dell'autoreferenzialità dell'ordinamento sportivo, le prerogative proprie delle federazioni sportive circa le attribuzioni loro riservate, in riferimento, ad esempio, all'utilizzo del potere regolatorio e normativo con l'effetto di ostacolare l'emergere di nuove manifestazioni sportive (o marginalizzare quelle già esistenti) che si pongono in concorrenza con le manifestazioni sportive organizzate e gestite direttamente dalle federazioni o da queste autorizzate (Bastianon, 2016, 64 ss.).

Così, ad esempio, è stato rilevato che "*la peculiarità della manifestazione sportiva, dei suoi attori, delle rispettive organizzazioni, a partire da quelle dilettantistiche e fino alle istituzioni internazionali, sarebbe caratterizzata da una dimensione (prevalentemente) non economica o non commerciale che avrebbe come conseguenza quella di escludere che la logica delle norme di concorrenza e la finalità del diritto antitrust siano estensibili, come tali, al mondo dello sport*". (Granieri, 2018, 29. Sul punto v. anche Pastena, 2015, 577 ss.; Bastianon, 2012, 485 ss.; Barozzi Reggiani, 2011, 159 ss.).

Derive autonomistiche, per contro, sono state apprezzate anche in seno all'ordinamento sportivo.

"*Così è di fatto avvenuto, a seguito di veri e propri diktat della federazione sportiva internazionale competente, in numerose vicende del mondo del calcio, assurte agli onori della cronaca, tra le quali si segnala quella svoltasi nei primi mesi dell'anno 2016, che ha avuto come protagonista lo Stato greco, il quale, dopo avere emanato un provvedimento di cancellazione della Coppa di Grecia, è stato costretto ad annullarlo, giacché la FIFA aveva comunicato che, in caso contrario, avrebbe comminato agli enti sportivi greci la squalifica dalle competizioni internazionali*" (Liotta, 2016, 244).

Per vero, però, "*dal punto di vista contenutistico il fenomeno sportivo, improntato ai principi di lealtà, di solidarietà e di sussidiarietà, ha una forte valenza sociale, economica e giuridica*" (De Lise, 2016, 6) e, come tale, è chiamato a confrontarsi con molteplici modelli di disciplina, espressione, sì, *in primis*, di autonomia regolatoria ed organizzativa, ma, come si è già avuto modo di precisare in precedenza, anche frutto dell'affermazione della primazia di ordinamenti giuridici statali e/o sovranazionali.

Peraltro, seppur conforme a realtà sia affermare che, storicamente, lo sport appartenga alla dimensione non solo fisica, ma anche spirituale dell'uomo (Manfredi, 2012, 302 s.; Zauli, 1962, 229 ss.), corroborandone le virtù etiche, morali e civiche, essendo chiamato il "vero sportivo" a rispettare, perché avvertiti come connaturati alla più intima essenza della pratica sportiva, i doveri (*rectius*: i valori) di lealtà, correttezza e probità (Grossi, 2012, 10 ss.), al contempo v'è chi tristemente sottolinea il progressivo smarrimento di siffatti ideali, scalzati dal "*sempre crescente rilievo economico che tale fenomeno è venuto ad assumere negli ultimi decenni*" (Manfredi, 2007, 277).

Ciò ha indotto a ritenere che la ricostruzione concettuale protesa nella direzione di relegare "*la vicenda sportiva nell'alveo delle mere circostanze di fatto, inesistenti nel mondo giuridico fintantoché non sia violata anche una norma di relazione, non soltanto non pare poter soddisfare appieno l'esigenza di tutela manifestata dai soggetti dell'ordinamento sportivo (siano essi atleti, società, procuratori, dirigenti, ecc.), ma non si dimostra affatto rispondente alla effettiva emersione dello sport quale importante fenomeno sociale, ove si intersecano sempre più spesso interessi, diritti ed aspettative anche di soggetti che di tale ordinamento non fanno parte (gli spettatori, gli scommettitori, i risparmiatori titolari di azioni delle società sportive quotate in borsa, gli imprenditori commerciali che sponsorizzano eventi sportivi o atleti, solo per fare un rapido cenno alle ipotesi più evidenti)*" (Del Giudice, 2008, 2649 s.).

Così, ad esempio, il diritto di poter ritrarre dalla pratica sportiva effetti positivi sul generale stato di benessere psicofisico mediante non il diretto esercizio dell'attività, bensì dalla passione sviluppata nei confronti della "squadra del cuore", può assurgere anche a posizione giuridica soggettiva meritevole di tutela, perfino risarcibile qualora, in conseguenza di accadimenti propri del mondo sportivo (ad esempio, il mancato ripescaggio della squadra in una serie superiore del campionato) il tifoso possa subire un peggioramento della qualità del proprio "tempo libero" (Garuti, 2007, 313 ss.).

Per vero, secondo una prospettiva tesa a valorizzarne la settorialità (D'Onofrio, 2019, 13), "*l'autonomia dell'ordinamento sportivo non è un risultato di contenimento dell'ordinamento statale, ma è il modo normale, ordinario di autogoverno di una comunità* – atteso che – *l'eccezione sarebbe che lo Stato si ingerisse nel governo dello sport*" (Manzella, 1993, 3 ss.).

Vanno quindi ricercati i confini entro i quali ricondurre i limiti di "rilevanza esterna" del fenomeno sportivo onde tracciare una corretta linea di demarcazione tra l'ordinamento sportivo e l'ordinamento giuridico dello Stato.

In questa prospettiva, ormai da lungo tempo preso atto della stretta correlazione intercorrente tra le vicende sportive e l'ordinamento giuridico dello Stato, l'accertamento della sussistenza di stringenti collegamenti tra il mondo dello sport e l'ordinamento statale, positivizzati ed acclarati allorquando i due ordinamenti entrino reciprocamente in contatto per intervento del legislatore statale, postula l'esigenza di conformarne la disciplina assumendo in debita considerazione il valore dell'autonomia del sistema organizzativo sportivo – e delle previsioni costituzionali in cui essa trova radice – in uno con la salvaguardia – giammai pretermissione – dei diritti fondamentali della persona giustiziabili innanzi agli organi giurisdizionali dello Stato, in ossequio, *inter alia*, al principio di pienezza ed effettività della tutela giurisdizionale presidiato dagli artt. 24,103 e 113 Cost.

Ciò, sulla scorta del rilievo secondo il quale "*l'equilibrio instabile che talora si determina nei rapporti tra gli ordinamenti si alimenta anche della dimensione costituzionale degli interessi in gioco*" (Granieri, 2006, 72).

Del resto, "*è chiaro che un intervento dello Stato a tutela del singolo può esigere o comportare una limitazione della libertà dell'organizzazione sociale o una interferenza nella sua vita interna; d'altra parte un'assenza di intervento potrebbe consentire una violazione dei diritti costituzionalmente garantiti delle persone*" (Onida, 1997, 103).

Così, "*ogni persona, anche nella sua veste di soggetto dell'ordinamento interno della formazione sociale,* – può – *far valere davanti ad un giudice i suoi diritti, compresi quelli che gli derivano dall'ordinamento della formazione sociale stessa* – atteso – *il rapporto di integrazione che sussiste fra l'ordinamento giuridico statale e gli ordinamenti autonomi delle formazioni sociali operanti secundum o praeter legem nell'ambito dello Stato italiano*" (Pizzorusso, 1988, 213).

La disciplina legislativa dei meccanismi di collegamento, anche diretto, fra l'ordinamento sportivo e l'ordinamento statale deve misurarsi, cioè, con l'imprescindibile esigenza del necessario rispetto dei principi e dei diritti costituzionali, dovendo essere circoscritta, però, entro i limiti di un giudizio di valore frutto del bilanciamento tra l'autonomia del sistema sportivo, apprezzato nel suo complesso, ed il rispetto delle altre garanzie costituzionali che possono venire in rilievo.

Di conseguenza, "*la tutela dell'autonomia dell'ordinamento sportivo, se non può evidentemente comportare un sacrificio completo della garanzia della protezione giurisdizionale dei diritti e degli interessi legittimi, può tuttavia giustificare scelte legislative che, senza escludere tale protezione, la conformino in modo da evitare intromissioni con essa non armoniche*" (Corte Costituzionale, 25/06/2019, n. 160 – Per un commento v. Spadaro, 2020, 244 ss.; Lubrano, 2019, 19 ss.).

"*Può, dunque, accadere che allo stesso fatto sportivo vengano attribuiti valutazioni ed effetti giuridici diversi a seconda dell'ordinamento preso in considerazione*" (Gambino, 2018, 13).

Ed è proprio nella ricerca di criteri idonei a soddisfare il giusto contemperamento tra i superiori, occasionalmente contrapposti, valori che si è incentrata l'attenzione del legislatore statale, anche alla luce, peraltro, degli orientamenti frattanto maturati in seno alla più accorta dottrina ed alla più recente giurisprudenza.

Del resto, "*l'accettazione delle normazioni degli ordinamenti sportivi da parte degli Stati … non basta a spiegare il non esercizio da parte degli Stati singoli del potere, che essi pur hanno, di repulsa, parziale e limitata, di normative di altri ordinamenti giuridici*" (Giannini, 1996, 856).

Per vero, "*la concezione ludica di sport come «gioco», indifferente per lo Stato, lasciato alla libera organizzazione di coloro che se ne interessavano e del tutto inidoneo a «configurare alcuna interferenza o collisione* – con – *l'ordina-*

mento giuridico statale», trattandosi di ordini «eterogenei situati su piani differenti», è stata oggetto di un repentino mutamento stimolato da una sempre più pressante esigenza per l'ordinamento statale di effettuare un contemperamento ed una omogeneizzazione delle norme create entro tale sfera con regole sia di diritto (del lavoro, commerciale, privato, penale), che di economia" (Fidanzia, Sangiulo, 2015, 74 s.).

Ne è derivata la necessità di ravvisare una linea di confine entro la quale tracciare i limiti dell'autonomia dell'ordinamento sportivo a salvaguardia dell'effettività, in particolare, della piena e incondizionata giustiziabilità dei diritti e degli interessi legittimi in ossequio all'art. 24 Cost., nella ricerca del "*contemperamento tra il principio personalista e il principio pluralista* – ove emerge l'opportunità – *dell'individuazione di limiti ai poteri privati che, anche quando assumono la veste di formazioni sociali, sono sempre soggetti alla regola dell'armonia con il quadro dei valori costituzionali*" (Ruotolo, 1998, 407).

Ciò, pur cercando di scongiurare il "*pericolo di un intervento continuo, sistematico e assorbente sulla giustizia sportiva da parte di quella statale che – coniugato a una cultura volta a rimarcare sino a enfatizzarli i pure innegabili effetti socioeconomici ricollegabili all'esercizio dell'agonismo sportivo – può tradursi in una negazione di quegli spazi di autonomia e di libertà, a livello individuale o associativo, che devono connaturare l'ordinamento sportivo in un giusto equilibrio con quello statale*" (Vidiri, 2011, 1770).

Il tema centrale è certamente rappresentato dalla individuazione delle tecniche di tutela da impiegare, conformemente al dettato costituzionale, con riferimento a vicende *prima facie* sì riconducibili all'ordinamento sportivo – insorte, cioè, con riguardo ad attività e prestazioni concernenti lo svolgimento della pratica sportiva, ovvero in ordine a funzioni ed esercizio di potestà di gestione amministrativa correlate al sistema sportivo nazionale – ma che, in verità, possono assumere rilevanza anche in riferimento all'ordinamento giuridico statale perché idonee ad investire posizioni di diritto soggettivo e/o interesse legittimo, come tali giustiziabili nei tribunali dello Stato.

Per vero, l'ordinamento generale ha sì interesse all'inserimento dell'organizzazione sportiva nell'ambito della realtà sociale, di modo che (per non mortificare una insopprimibile vocazione autonomistica) l'intera struttura assuma forma e sostanza di ordinamento separato; tuttavia, i principi di primazia e sovranità dell'ordinamento giuridico statale impongono (allorquando esso giudichi inopportuna una completa rinuncia ai propri capisaldi programmatici) che le norme fondamentali dell'ordinamento separato e settoriale si armonizzino con quelle proprie, oppure, in ogni caso, assicurino (quando è in gioco il primato della giurisdizione) la tutela delle posizioni giuridiche gravitanti nell'orbita dell'ordinamento predetto.

Tutto questo, però, non significa che l'ingerenza sia tale da coprire ogni aspetto dell'attività normativa dell'ordinamento separato, posto che esistono norme interne (denominate extragiuridiche dalla dottrina che ne ha individuato l'essenza), che, pur dotate di rilevanza nell'ambito dell'ordinamento che le ha espresse, sono insuscettibili di inquadramento giuridico nell'ambito dell'ordinamento generale (Corte di Cassazione, sez. un., 26/10/1989, n. 4399).

Così, in tal ottica, "*non v'è dubbio che il legislatore … abbia riconosciuto l'autonomia dell'ordinamento sportivo rispetto a quello statale; e non v'è, del pari, dubbio che abbia qualificato le norme del primo … come irrilevanti nel secondo o, se si preferisce, nei confronti delle quali norme il secondo assume una posizione (un rapporto) di indifferenza*" (Paolantonio, 2007, 1155).

Ciò, in base all'orientamento ermeneutico secondo il quale il concetto di autonomia "*sta a significare inibizione per un ordinamento giuridico di interferire con le proprie regole e i propri strumenti attuativi in un ambito normativamente riservato ad altro ordinamento coesistente (nella specie, quello sportivo), ma a condizione che gli atti e le pronunce in detto ambito intervenuti in esso esauriscano i propri effetti. Il che è situazione che, alla luce del comune buon senso, non ricorre affatto allorché la materia del contendere è costituita innanzi tutto da valutazioni e apprezzamenti che … investono con immediatezza diritti fondamentali*" (T.A.R. Lazio, 02/07/2008, n. 6352; T.A.R. Lazio, 19/03/2008, n. 2472; T.A.R. Lazio, 23/08/2006, n. 7331; T.A.R. Lazio, 14/12/2005, n. 13616).

A grandi linee, nella ricerca di un modello di catalogazione, per tipologie, delle vicende sorte in seno all'ordinamento sportivo e potenzialmente rilevanti anche all'interno dell'ordinamento giuridico statale, è possibile riferirsi ad una classificazione di attività così sintetizzabili:

a) Questioni tecniche: trattasi di vicende riguardanti la corretta applicazione delle regole poste a disciplina di una determinata pratica sportiva, predisposte in via autonoma da parte degli enti e/o organi sportivi a ciò deputati (es. le federazioni sportive) ed applicate nel corso di una competizione sportiva, ai fini dell'acquisizione dei risultati delle competizioni agonistiche, da parte dei soggetti deputati alla verifica del regolare svolgimento della gara (es. arbitri, guardalinee, etc.);

b) Questioni disciplinari: trattasi del sistema sanzionatorio previsto in seno all'ordinamento sportivo e consistente, ad esempio, nella comminazione di una sanzione conseguente all'accertamento della violazione delle regole poste a disciplina del regolare svolgimento della competizione sportiva. Le sanzioni possono essere di natura pecuniaria, ovvero di natura interdittiva, temporanee (es. squalifica dell'atleta per uno o più turni, squalifica del campo), definitive (radiazione o revoca dell'affiliazione), afflittive (sottrazione di punti in classifica o retrocessione al campionato inferiore per ragioni diverse, ovviamente, dall'esito della competizione sportiva);

c) Questioni amministrative: trattasi di vicende concernenti l'esercizio delle potestà e prerogative riconosciute dall'ordinamento sportivo in favore degli organi del sistema sportivo nazionale circa il relativo, settoriale assetto organizzativo e/o istituzionale, con particolare riguardo ai c.d. "rapporti associativi" concernenti l'affiliazione delle società, il tesseramento degli atleti, l'ammissione ai campionati, etc. etc.);

d) Questioni patrimoniali: trattasi di vicende relative ai rapporti patrimoniali intercorrenti tra i diversi soggetti dell'ordinamento sportivo, afferenti, ad esempio, alla vita interna della federazione ed alle relazioni con le sue articolazioni territoriali, non riconducibili alla realizzazione di interessi fondamentali ed istituzionali dell'attività sportiva, da cui possano derivare eventuali poste risarcitorie per i danni, anche non patrimoniali, conseguenti ad asseriti comportamenti illeciti (T.A.R. Lazio, Roma, 12/04/2017, n. 4500), ovvero essenzialmente espressione di responsabilità di natura contrattuale in caso di inadempimento di obbligazioni dedotte in seno a rapporti giuridici insorti nell'esercizio dell'autonomia privata e riguardanti lo svolgimento di prestazioni sportive professionali (es. il pagamento dell'emolumento in favore dell'atleta da parte della società), ovvero la definizione di rapporti contrattuali di "cessione del cartellino" intercorsi tra società (pagamento del prezzo e/o dell'indennità) (Lubrano, Musarra, 2017, 20 ss.; Piazza, 2013, 5128 ss.).

Invero, in seno alla suindicata tradizionale quadripartizione delle tipologie di attività rilevanti per l'ordinamento sportivo, "*soltanto quella di tipo economico può ritenersi effettivamente circoscritta a conflitti meramente interni al mondo sportivo. Diversamente a dirsi, invece, per le controversie disciplinari o amministrative: è notazione di senso comune, infatti, che sia i provvedimenti con i quali le federazioni organizzano le competizioni sportive, sia le misure sanzionatorie possono arrecare pregiudizio anche a soggetti non appartenenti all'ordinamento sportivo, ai quali deve essere assicurata la possibilità di un sindacato giurisdizionale*" (Del Giudice, 2008, 2655 ss.).

Pertanto, in sintesi:

"*1) fino a quando gli interessi lesi assumano consistenza esclusivamente sportiva (come avviene in quasi tutte le questioni nell'ambito dei settori non professionistici), essi potranno essere tutelati soltanto innanzi alla Giustizia Sportiva;*

2) al contrario, laddove i relativi interessi sportivi assumano consistenza anche di interessi costituzionalmente protetti (quali dignità, lavoro e impresa), ovvero, in sostanza, laddove essi assumano rilevanza economica e/o giuridica, essi potranno essere tutelati anche innanzi alla Giustizia Statale" (Lubrano, 2019, 6).

In un siffatto contesto, è stato osservato, "*di fronte a questa contrapposizione la risposta che l'ordinamento sportivo deve offrire non può consistere nell'arroccarsi su posizioni di assoluta separatezza degli ordinamenti, di impermeabilità dell'ordinamento sportivo di fronte all'ordinamento generale, di rifugio nell'ambito di strumenti puramente formali, come il vincolo di giustizia o la clausola compromissoria, che non si ha poi la possibilità, giuridica e politica, di far rispettare. L'ordinamento sportivo deve offrire, al suo interno, gli strumenti di risoluzione delle controversie e di tutela dei diritti fondamentali, che siano più rapidi, più efficaci, più adeguati rispetto a quelli previsti dall'ordinamento generale, sì che, nell'alternativa, gli interessati facciano uso di quelli anziché degli altri. In altri termini, l'ordinamento sportivo deve confrontarsi con quello statuale sul piano della tempestività e della efficacia dei rimedi apprestati e su quello della effettività della tutela offerta*" (De Lise, 2016, 11).

2. *Le (incerte e controverse) relazioni tra l'ordinamento sportivo e l'ordinamento giuridico statale alla luce del d.l. n. 220/03, convertito in l. n. 280/03*

La ricerca di un contemperamento tra le diverse esigenze fino a questo momento illustrate si è trasfusa, in prima battuta, nell'adozione del d.l. n. 220/2003, rubricato "Disposizioni urgenti in materia di giustizia sportiva", ove è emerso, a dispetto dell'esplicito riferimento al tema della giustizia sportiva, l'intendimento del legislatore statale di formulare un modello di disciplina generale in merito alla definitiva composizione dei rapporti e degli interessi tra l'ordinamento sportivo e quello statale.

Il provvedimento d'urgenza in discussione è stato emanato in una situazione che fu espressamente definita dal relatore, durante i lavori parlamentari che condussero alla approvazione della legge di conversione, un «vero e proprio disastro incombente sul mondo del calcio», frutto di un attento apprezzamento della singolarità della evenienza in corso e della connessa difficoltà di una *actio finium regundorum* tra il sistema sportivo nazionale e l'ordinamento giuridico statale (Corte Costituzionale, 11/02/2011, n. 49).

Pur se, per certi versi, ricognitivo di principi già sviluppati in seno alla giurisprudenza formatasi in un periodo antecedente, il riconoscimento formale dell'autonomia dell'ordinamento sportivo ha sancito la volontà di assumerne in considerazione, normativamente, la rilevanza e, per tale via, fugare ogni eventuale residua perplessità riconducibile ad esegesi di natura pretoria capaci di comportare, potenzialmente, la permanenza di, pur sempre possibili, incertezze e dubbi di natura interpretativa.

La normativa in discussione riconosce e favorisce «l'autonomia dell'ordinamento sportivo nazionale» e chiarisce che esso è «articolazione dell'ordinamento sportivo internazionale facente capo al Comitato Olimpico Internazionale». Si afferma, cioè, reiterando concetti già espressi in altri testi normativi (quali gli artt. 2 e 15 del d.lgs. 23 luglio 1999, n. 242, recante «Riordino del Comitato olimpico nazionale italiano – C.O.N.I., a norma dell'articolo 11 della L. 15 marzo 1997, n. 59»), che questo ordinamento autonomo costituisce l'articolazione italiana di un più ampio ordinamento autonomo avente una dimensione internazionale e che esso risponde ad una struttura organizzativa extrastatale riconosciuta dall'ordinamento della Repubblica (Corte Costituzionale, 11/02/2011, n. 49).

Al fine di dirimere ogni eventuale incertezza, il legislatore statale ha rinvenuto nel criterio della c.d. "rilevanza" il parametro in base al quale condizionare l'esercizio del diritto di difesa innanzi agli organi giurisdizionali dello Stato rispetto a situazioni giuridiche soggettive attive coinvolte in occasione dello svolgimento di attività riconducibili all'ordinamento sportivo.

Per vero, in prima battuta, il riconoscimento del valore dell'autonomia dell'ordinamento sportivo si è tradotto nella enunciazione di un modello di disciplina forse eccessivamente sbilanciato in favore del sistema di giustizia domestica e/o associativa, atteso che, in base all'originaria formulazione del testo del d.l. n. 220/2003, potevano essere devolute alla cognizione degli organi giurisdizionali dello Stato solamente le questioni controverse contraddistinte da "effettiva rilevanza", capaci di investire solamente posizioni di diritto soggettivo e/o interesse legittimo in ordine a vicende insorte, *prima facie*, in seno all'ordinamento sportivo.

Ulteriore riprova dell'intendimento di riservare i più ampi margini di autonomia in favore dell'ordinamento sportivo è da rinvenire, sempre in seno all'originaria formulazione del d.l. n. 220/2003, nella devoluzione, *ex* art. 2, lett. a), b), c), e d), in capo agli organi di giustizia sportiva non solo delle questioni d'ordine tecnico e/o disciplinare, ma anche di natura amministrativa, per tale via privando di effettiva consistenza la previsione dettata dal successivo art. 3, tesa a perimetrare le materie oggetto di cognizione del giudice amministrativo.

Melius re perpensa, in sede di conversione, la l. n. 280/2003 ha apportato significative novelle, ricercando un diverso equilibrio nei rapporti intercorrenti tra ordinamento statale ed ordinamento sportivo mediante la soppressione dell'inciso "effettiva", quanto alla qualificazione del principio della "rilevanza", e la devoluzione alla cognizione del giudice amministrativo delle questioni riguardanti i temi delle affiliazioni e dei tesseramenti, ovvero dell'ammissione ai campionati delle società e degli atleti (Lubrano, Musarra, 2017, 34 ss.).

Invero, siffatta emenda dell'originario testo normativo si spiega se si considera che la possibilità, o meno, di essere ammessi a svolgere attività agonistica – disputando le gare ed i campionati organizzati dalle Federazioni sportive facenti capo al CONI – non è una situazione di certo irrilevante per l'ordinamento giuridico generale e, come tale, non meritevole di tutela da parte di quest'ultimo.

Si tratta di una questione riguardante l'organizzazione stessa delle manifestazioni sportive, con immediata e diretta incidenza su contrapposti fondamentali diritti di libertà, oltre che su posizioni soggettive di sicuro rilievo patrimoniale (T.A.R. Lazio Roma, sez. I, 05/12/2016, n. 12153; Consiglio di Stato sez. V, 22/12/2014, n. 6244; Consiglio di Stato, 14/11/2011, n. 6010).

Ciò in quanto è attraverso la possibilità, o meno, di essere ammessi a svolgere attività agonistica "*che trovano attuazione sia fondamentali diritti di libertà – fra tutti, sia quello di svolgimento della propria personalità, sia quello di associazione – che non meno significativi diritti connessi ai rapporti patrimoniali – ove si tenga conto della rilevanza economica che ha assunto il fenomeno sportivo, spesso praticato a livello professionistico ed organizzato su base imprenditoriale – tutti oggetto di considerazione anche a livello costituzionale. L'intervento del legislatore della conversione è, quindi, apparso coerente con quanto disposto all'art. 1, comma 2, del decreto-legge n. 220 del 2003, là dove, in fine, viene espressamente precisato che l'autonomia dell'ordinamento sportivo recede allorché siano coinvolte situazioni giuridiche soggettive che, sebbene connesse con quello, siano rilevanti per l'ordinamento giuridico della Repubblica*" (Corte Costituzionale, 11/02/2011, n. 49).

Di conseguenza, i rapporti tra l'ordinamento sportivo e l'ordinamento della Repubblica sono attualmente regolati in base al principio di autonomia, salvi i casi di "mera" rilevanza per l'ordinamento giuridico dello Stato di situazioni giuridiche soggettive connesse con le vicende insorte in seno all'ordinamento sportivo.

Difatti, "*essendo comunque quello sportivo un ordinamento infra-statuale, la norma comporta che le sue peculiarità non possono sacrificare le posizioni soggettive rilevanti per l'ordinamento statuale, perché inviolabili o comunque meritevoli di tutela rafforzata in quanto non disponibili*" (T.A.R. Lazio Roma, sez. I, 07/05/2019, n. 5695; Consiglio di Stato, 24/08/2018, n. 5046).

La disciplina di cui al d.l. n. 220 del 2003, nel riconoscere l'autonomia dell'ordinamento sportivo (Greco, 2018, 11 ss.), presuppone, a regolamentazione di quest'ultimo, l'istituzione e l'organizzazione del CONI, ente con personalità di diritto pubblico (Piazza, 2013, 5125 s.; Vidiri, 2003, 509 ss.) –

originariamente qualificato alla stregua di ente ausiliario dello Stato di tipo associativo (Rossi, 1979, 97 ss.) o federativo (Frascaroli, 1990, 516) – e delle Federazioni sportive nazionali di cui al d.lgs. n. 242 del 1999, attualmente soggetti di diritto privato (sul punto, prima della riforma del 1999, v. De Silvestri, 1992, 297 s.; Frascaroli, 1990, 519; Quaranta, 1986, 172 ss.; Modugno, 1985, 32 s.; Clarizia, 1983, 210 ss.; Cassese, 1979, 117 ss.; Luiso, 1975, 202 ss.) che, pur compartecipando, come si vedrà, in alcune occasioni, all'esercizio di potestà di stampo pubblicistico (Lubrano, 2008, 56 – *Contra* Di Todaro, 2001, 707 s.), non possono assurgere, diversamente dal passato (Trivellato, 1991, 147 ss.; Bongiorno, 1964, 23; Mongiardo, 1955, 237 ss.), quanto a natura giuridica e assetto strutturale, a veri e propri enti di diritto pubblico (Piazza, 2013, 5125 ss.; Mancini, 2012, 146 ss.); in un siffatto contesto, si osserva, per effetto dell'adesione a tali organismi, gli associati si assoggettano all'azione dei relativi organi di controllo e di giurisdizione domestica entro un ambito che lo Stato riconosce e tutela (Vidiri, 2003, 515 ss.).

Si tratta, in altri termini, di una evidente condizione di pluralità degli ordinamenti o pluralismo istituzionale (nozione, peraltro, secondo alcuni valevole esclusivamente con riguardo alla sociologia del diritto – Picozza, 2004, 3 ss.), nell'ambito della quale il confine tra l'ordinamento giuridico pubblico e quello sportivo è dato non già da una definizione materiale di competenze – dell'uno e dell'altro – ma dalla dimensione propriamente organizzativa ed istituzionale del secondo, che il primo riconosce e tutela, nel presupposto che un ordinamento si sostanzia non solamente nelle norme che produce, ma anche e prima ancora nell'articolazione della struttura che tali norme pone.

Invero, il vigente sistema del diritto sportivo – cui è correlata la funzione giustiziale – è coerente con le premesse e i caratteri impressi allo sport dal Comitato Olimpico Internazionale (CIO) sin dalla sua fondazione (l'art. 1 d.l. n. 220/03 evidenzia che l'ordinamento sportivo nazionale è "articolazione dell'ordinamento sportivo internazionale facente capo al Comitato Olimpico Internazionale"); in un siffatto quadro, l'art. 1, comma 2, dello Statuto del CONI, ente pubblico esponenziale dell'ordinamento sportivo, definisce l'istituto come "*autorità di disciplina, regolazione e gestione delle attività sportive, intese come elemento essenziale della formazione fisica e morale dell'individuo e parte integrante dell'educazione e della cultura nazionale*".

È dunque il supporto dell'attività sportiva, sia individuale che collettiva o nazionale, e non altro, l'obiettivo ultimo dell'ordinamento sportivo, dei suoi assetti organizzativi e delle diverse forme di tutela che vi afferiscono. Ne esulano i rapporti individuali con terzi non intrinseci alle "attività sportive", *in primis* di carattere economico, che sull'attività sportiva possano, più o meno occasionalmente, venire per motivo contrattuale a innestarsi.

Lo sport assume, per tale via, una valenza multiforme e cangiante, comprensiva dei molteplici profili di interesse (valoriali, sostanziali, ordinamentali e processuali) di cui si compone (Sanino, 2006, 1 ss.).

Così, in coerenza con l'art. 1, comma 2, dello Statuto del CONI, è basilare la considerazione che l'ordinamento sportivo – con gli inerenti pubblici approntamenti e investimenti per strutture e per servizi – dagli albori ha i fondamentali nello sport inteso come attività di ricreazione umana (desport, diporto), quand'anche agonistica o praticata in veste professionale (Consiglio di Stato, sez. V, 22/08/2018, n. 5019; Consiglio di Stato, sez. V, 22/06/2017, n. 3065), vale a dire, di cura del benessere fisico in termini di salute, di formazione della personalità, di educazione alla cooperazione e alla sana e leale competizione; elementi tutti che ineriscono alla dignità della persona umana (e che, dunque, oggi rilevano ai sensi dell'art. 2 Cost.) e che originano dalla contrapposizione alla tradizionale fatica lavorativa e alla commercializzazione dello sforzo fisico individuale e che proprio per questo sono elevati a oggetto di pubblica cura e intervento. E se la realtà delle cose impone di considerare una "dimensione economica dello sport", questa va comunque conciliata "con la sua inalienabile dimensione popolare, sociale, educativa e culturale" (cfr. art. 2, comma 5, del medesimo Statuto).

Si iscrive in quest'ultimo àmbito il c.d. professionismo sportivo, modello di svolgimento della pratica sportiva in relazione al quale l'atleta riceve un compenso in ragione dell'attività agonistica praticata; ne esula l'attività sportiva dilettantistica e in essa il fenomeno del c.d. professionismo di fatto.

Dette caratteristiche generali si riflettono sul perimetro sia della disciplina sostanziale, sia delle tecniche di tutela (processuali), con particolare attenzione riservata a quella risarcitoria, «*che rileva solo come tutela dell'eventuale lesione interna ad un ordinario e corretto sviluppo della "attività sportiva"*» (Consiglio di Stato, sez. V, 22/08/2018, n. 5019).

Diversamente, "*arrivando a voler includere nell'oggetto di questa tutela per equivalente monetario voci per loro natura diverse da quelle proprie di quell'àmbito ed estranee alle dette finalità eminentemente pubblicistiche dell'ordinamento sportivo, si finirebbe per contraddire il rammentato vincolo di strumentalità funzionale che è proprio della giurisdizione condizionata nonché quello di stretta proporzionalità degli strumenti integrati di tutela. E si finirebbe per trasformare l'espressione dello sport in un'ordinaria fenomenologia individuale di mercato dove il sostegno pubblico perderebbe ragione o diverrebbe locupletativo*" (Consiglio di Stato, sez. V, 22/08/2018, n. 5019).

Orbene, come si è già avuto modo di evidenziare in precedenza, l'art. 1 d.l. n. 220/2003 disciplina il rapporto tra l'ordinamento statale e quello sportivo garantendo due diverse esigenze costituzionalmente rilevanti: da un lato, quella dell'autonomia dell'ordinamento sportivo e, dall'altro, quella a che non sia lesa la pienezza della tutela giurisdizionale delle situazioni giuridiche soggettive che, connesse con quell'ordinamento, rilevino per l'ordinamento giuridico generale (Consiglio di Stato, sez. VI, 20/11/2013, n. 5514).

La giustizia sportiva, pertanto, costituisce lo strumento di tutela per le ipotesi in cui si discute dell'applicazione delle regole sportive, mentre quella statale è chiamata a risolvere le controversie che presentano una rilevanza per l'ordinamento generale, concernendo la violazione di diritti soggettivi o interessi legittimi (T.A.R. Lazio Roma, sez. III, 19/06/2013, n. 6193; Consiglio di Stato, sez. VI, 09/07/2004, n. 5025).

In tal contesto, è stato osservato, la giustizia sportiva "*deve avere una sua peculiarità, che la distingue da quella ordinaria: e cioè, che deve essere caratterizzata da strumenti di risoluzione delle controversie che siano più rapidi, più efficaci, più adeguati rispetto a quelli previsti dall'ordinamento statale. La tempestività nell'emanazione di una decisione giurisdizionale nel settore sportivo* – difatti – *consente di rispettare le naturali regole del giuoco sportivo, connotate dalla velocità in sé delle attività agonistiche consistenti nelle puntuali sequenze delle partite di campionato, delle gare e dei tornei in generale*" (Frosini, 2017, 4).

Così, ogni qual volta sia in gioco l'attuazione di regole di auto-organizzazione, espressione di apprezzamento tecnico e discrezionale, concernente meri profili organizzativi propri, in quanto tali, dell'autonomia dell'ordinamento sportivo e attinenti all'applicazione di norme dirette a garantire l'ordinato e regolare svolgimento delle attività agonistiche attraverso la predisposizione dei mezzi logistico-organizzativi necessari allo scopo, la competenza a conoscere e dirimere eventuali controversie insorte tra i diversi soggetti dell'ordinamento sportivo non può che essere riservata alla giustizia sportiva, costituendo fattispecie "irrilevanti" per l'ordinamento giuridico statale (Consiglio di Stato, sez. V, 10/05/2018, n. 3036).

Diversamente, nulla osta a che, allorché siano coinvolte situazioni giuridiche soggettive rilevanti per l'ordinamento generale, sia riconosciuta l'operatività della tutela giurisdizionale di matrice statale.

In un siffatto contesto, si osserva, la disciplina in esame prevede, essenzialmente, tre vie di tutela:

– una prima forma, circa i rapporti di carattere patrimoniale tra le società sportive, le associazioni sportive, gli atleti (e i tesserati), di spettanza del giudice ordinario;

– una seconda, relativa ad alcune delle questioni circa le materie di cui all'art. 2 d.l. n. 220/03, in riferimento alle quali la tutela compete agli organismi interni all'ordinamento stesso, secondo lo schema proprio della cosiddetta "giustizia associativa";

– una terza, tendenzialmente residuale, devoluta alla giurisdizione amministrativa esclusiva, relativa a quanto per un verso non concerne i rapporti patrimoniali fra le società, le associazioni sportive, gli atleti (e i tesserati) – demandati al giudice ordinario – e, per altro verso, non rientra tra le materie che, ai sensi dell'art. 2 d.l. n. 220 del 2003, sono di cognizione della giustizia sportiva (Corte Costituzionale, 11/02/2011, n. 49; Corte di Cassazione, sez. un., 13/12/2018, n. 32358; T.A.R. Lazio, sez. I ter, 20/12/2017, n. 12538; T.A.R. Lazio Roma, sez. I, 05/12/2016, n. 12153; Consiglio di Stato, sez. V, 22/12/2014, n. 6244; T.A.R. Lazio Roma, sez. III, 27/11/2013, n. 10158; Consiglio di Stato, sez. VI, 20/11/2013, n. 5514; Consiglio di Stato, sez. VI, 20/06/2013, n. 3368; T.A.R. Lazio Roma, sez. III, 16/01/2013, n. 392; Consiglio di Stato, sez. VI, 27/11/2012, n. 5998; Consiglio di Stato, sez. VI, 24/09/2012, n. 5065; Consiglio di Stato, VI, 24/01/2012, n. 302; Consiglio di Stato, 24/09/2012, n.1913; T.A.R. Lazio Roma, sez. III, 01/06/2012, n. 4981; Consiglio di Stato, 14/11/2011, n. 6010).

Detto in altri termini, con l'introduzione degli artt. 2 e 3, d.l. 19 agosto 2003, n. 220, la giurisdizione amministrativa, nelle controversie sportive, viene delimitata in relazione all'ambito di intervento della giurisdizione del giudice ordinario, agli atti impugnabili, nonché alla riserva di cd. merito sportivo. Tale approdo normativo è il risultato dell'elaborazione maturato, in passato e, in parte, anche successivamente alla riforma del 2003, innanzi alla più autorevole giurisprudenza (Corte di Cassazione, sez. un., 01/10/2003, n. 14666; Corte di Cassazione, sez. un., 11/10/2002, n. 14530; Consiglio di Stato, sez. VI, 10/10/2002, n. 5442), che aveva fissato, peraltro, in materia, i seguenti principi:

a) l'operatività della clausola compromissoria solo nell'ambito strettamente tecnico-sportivo e dei diritti disponibili, ma non in materia di interessi legittimi;

b) il carattere irrituale degli arbitrati sportivi;

c) il carattere amministrativo di taluni atti adottati dalle federazioni sportive quali organi del C.O.N.I., stante l'evidente funzione pubblica esercitata, con tutto ciò che ne consegue in termini di giurisdizione del giudice amministrativo;

d) la riserva agli organismi sportivi dei modi e delle forme di svolgimento dell'attività agonistica;

e) la sussistenza della giurisdizione del giudice ordinario nel caso di controversia sul tesseramento degli atleti, in ragione del carattere non attuativo degli indirizzi del C.ON.I. di un simile atto e della natura di diritto soggettivo della posizione azionata dal singolo (Consiglio di Stato, sez. V, 22/12/2014, n. 6244), pur se, in verità, su quest'ultimo aspetto si contendano il campo due diversi orientamenti: "*la tesi pubblicistica e quella privatistica. La prima considera il tesseramento un provvedimento amministrativo in considerazione del fatto che le norme federali che disciplinano l'istituto del tesseramento, essendo connesse alle funzioni pubblicistiche affidate alle Federazioni sportive, hanno natura di norme di azione e non di relazione e quindi sussisterebbe in capo al soggetto una situazione di interesse legittimo e non di diritto soggettivo. La seconda considera l'atto di tesseramento mero atto di natura privata con il quale, nel libero esercizio dell'autonomia negoziale, il soggetto stipula un negozio associativo*" (Valori, 2016, 245).

Pertanto, all'indomani dell'entrata in vigore del d.l. 220/2003, esulano dalla giurisdizione amministrativa le controversie patrimoniali tra società, associazioni e tesserati (Corte di Cassazione, sez. III, 20/09/2012, n. 15934; Corte di Cassazione, sez. lav., 04/05/2009, n. 5217), mentre vi rientrano le controversie, ivi comprese quelle risarcitorie (Corte di Cassazione, sez. III, 02/03/2012, n. 3252), che hanno ad oggetto atti emanati dal C.ON.I. e dalle singole federazioni, in ragione del carattere esclusivo della giurisdizione riconosciuta al giudice amministrativo in materia, "*benché il problema dell'esatta individuazione della posizione giuridica azionata torni a farsi impellente nel momento in cui si debba valutare la compromettibilità in arbitri della controversia ovvero sia necessario individuare il regime delle impugnative avverso le decisioni della giustizia sportiva*" (Consiglio di Stato, sez. V, 22/12/2014, n. 6244).

Infine, vengono riservate agli organi di giustizia interni dell'ordinamento sportivo le controversie inerenti all'osservanza delle norme dell'ordinamento sportivo ed ai comportamenti rilevanti sul piano disciplinare (cfr. Consiglio di Stato, sez. V, 22/12/2014, n. 6244; Consiglio di Stato, sez. VI, 20/11/2013, n. 5514; Consiglio di Stato, 24/09/2012, n. 5065).

Esse consistono, come già rilevato, in questioni che hanno per oggetto l'osservanza e l'applicazione di norme regolamentari, organizzative e statutarie dell'ordinamento sportivo e delle sue articolazioni (al fine di garantire il corretto svolgimento delle attività sportive) e in questioni, che nascono da comportamenti rilevanti sul piano disciplinare, derivanti dalla violazione da parte degli associati di norme anch'esse interne all'ordinamento sportivo.

Le regole che sono emanate in questo ambito sono espressione dell'autonomia normativa interna del sistema sportivo nazionale, non hanno rilevanza nell'ordinamento giuridico generale e le decisioni adottate in base ad esse sono collocate in un'area di non rilevanza (o d'indifferenza) per l'ordinamento statale, senza che possano essere considerate come espressione di potestà pubbliche ed essere apprezzate alla stregua di decisioni amministrative. La generale irrilevanza per l'ordinamento statale di tali norme e della loro violazione conduce all'assenza di una tutela giurisdizionale statale; ciò non significa assenza totale di tutela, ma garanzia di una giustizia di tipo associativo che funziona secondo gli schemi del diritto privato (Corte di Cassazione, sez. un., 23/03/2004, n. 5775).

Fermo restando, ovviamente, che i medesimi fatti (disciplinari) ben possano assumere rilevanza per l'ordinamento giuridico statale laddove, in particolare, incidano su beni giuridici fondamentali la cui tutela è presidiata, ad esempio, mediante il ricorso alla sanzione penale in caso di integrazione di specifiche fattispecie criminose, non ricorrendo certamente, in siffatte occasioni, la violazione del principio del *ne bis in idem* (Agrifoglio, 2019, 468 ss.).

Sarebbe arduo, difatti, "*ipotizzare che la punizione disciplinare e quella penale concernano lo stesso fatto, inquadrandosi la sanzione sportiva nell'ambito di una violazione di regole deontologiche proprie dell'organo di appartenenza del destinatario della sanzione*; – la sanzione sportiva, infatti, – *ha una portata limitata all'ordinamento nell'ambito del quale essa è inserita, né la natura disciplinare può mutare caratteri assumendo quello di natura amministrativa attraverso il riconoscimento della possibilità di adire la giustizia amministrativa o quella ordinaria per far valere un vizio del procedimento o un eccesso di potere*" (Corte di Cassazione, sez. III, 23/03/2015, n. 36350).

Orbene, già alla luce delle superiori considerazioni, la ricerca del giusto contemperamento tra i molteplici interessi in gioco si dimostra, chiaramente, di non agevole svolgimento e risulta essere fortemente condizionata dall'impostazione assiologica di fondo dalla quale intraprendere il percorso.

Del tutto evidente, difatti, è il contrasto maturato tra diversi modelli ideali, pur se, come si è avuto modo di rilevare già in precedenza, tra di loro accumunati dall'idea secondo la quale "*qualsiasi processo di rafforzamento delle autonomie, anche il più esteso, non può … mai importare l'abbandono da parte dell'ordinamento statale del nucleo di regole e principi fondamentali, che per il loro carattere unificante non sopportano limitazioni di alcun genere, e la cui rinunzia si traduce in una negazione delle funzioni e dei poteri sovrani dello Stato*" (Vidiri, 2003, 520 ss.).

Il primo, di stampo pubblicistico, è volto a perorare, pur riconoscendo (più o meno ampi) margini di autonomia all'ordinamento sportivo, l'irrinunciabilità non solo del sindacato del giudice statale su vicende sì sorte in seno ad un ordinamento settoriale, ma comunque rilevanti per l'ordinamento giuridico generale, bensì la sua devoluzione alla cognizione del giudice amministrativo in ragione della spendita di pubbliche potestà nel governo del sistema sportivo.

Ciò che, in realtà, al fine di perseguire l'obiettivo di "*conciliare le pretese autonomistiche dell'ordinamento sportivo con l'esigenza di una regolazione pubblica del fenomeno e la necessità di tutelare le sfere giuridiche soggettive concretamente incise dai provvedimenti delle autorità sportive*", postula "*una decisa ed auspicabile spinta verso la completa integrazione che, nell'eliminare la riserva di giurisdizione interna, attribuisca effettivamente alla giustizia sportiva, nei casi di attuazione di compiti pubblici, i caratteri di un procedimento amministrativo giustiziale, celere e partecipato*" (Del Giudice, 2008, 2659).

Soluzione che pare essere la "*più adeguata per poter ridurre il contenzioso giurisdizionale, risolvendo all'interno le mediazioni conflittuali e portando alla cognizione del giudice statuale, quale ultima ratio, soltanto la verifica circa la ragionevolezza delle scelte assunte*" (Del Giudice, 2008, 2659).

Il secondo indirizzo, diversamente, appare proteso nella direzione di evidenziare che il fenomeno sportivo, concepito con riguardo ai profili associativi e di organizzazione, innanzitutto, dimostra di essere la genuina espressione di un processo di spontanea aggregazione sociale entro la quale emergono interessi riconducibili sia ai singoli, sia ad ulteriori formazioni sociali "intermedie".

In un siffatto contesto, è noto che gli interessi sovraindividuali non siano "*per definizione sic et simpliciter pubblici: esiste una vasta area di interessi sociali che prendono le mosse dall'attività individuale e che sono riferibili ai gruppi ed alle formazioni sociali, in relazioni ai quali nemmeno il legislatore può stabilire pubblicizzazioni forzose, in violazione per l'appunto dell'art. 2 Cost. giacché la riconduzione di tali interessi allo Stato-persona contraddirebbe il riconoscimento operato dalla norma costituzionale di fenomeni sociali «preesistenti» ed indipendenti dall'apparato pubblico, cui questo addirittura rivolge prestazioni in nome della sussidiarietà orizzontale (art. 118, u.c., Cost.)*" (Cariola, 2010, 2269 s.).

Di conseguenza, non parrebbe, allora, "*peregrina l'idea che la giustizia sportiva riposi sulla volontà negoziale delle parti, ma ciò comporta che sia da smantellare l'impianto pubblicistico creato … in maniera incompatibile con il riconoscimento del fenomeno sportivo quale attività tipica di formazioni sociali*" (Cariola, 2010, 2270).

Se ne inferisce, pertanto, la possibilità di devolvere alla cognizione del giudice ordinario le controversie riguardanti la disciplina delle formazioni sociali vagliate in sede giurisdizionale solo se ed in quanto se ne presupponga la loro illogicità ovvero la manifesta scorrettezza (tale rispetto ad un modello di regolazione deli interessi incentrato sulla buona fede), oppure la contrarietà a norme imperative, laddove, in particolare, emerga la pluralità degli effetti (economici, sociali) traenti origine dalle pronunce rese in sede di giustizia sportiva (Franchini, 2004, 13 s.); ciò, perché "*la qualificazione privatistica del fenomeno sportivo proprio sulla base ed in svolgimento degli artt. 2 e 18 Cost. esige che l'intero ordinamento sia configurato in questa prospettiva e che, allora, l'assetto giurisdizionale segua coerentemente tale impostazione*" (Cariola, 2010, 2270).

Orbene, quale che sia il giudice chiamato a conoscere le controversie dell'ordinamento sportivo rilevanti per l'ordinamento giuridico statale, "*il fenomeno sportivo è così sottoposto alla valutazione di due giustizie: quella sportiva, caratterizzata da competenza specifica e rapidità decisionale, e quella dello Stato che, invece, interviene quando l'attività sportiva esplica i propri effetti nell'ambito dell'ordinamento generale. Tuttavia non è facile stabilire quali controversie, che sorgano nell'ambito sportivo, siano rilevanti anche per l'ordinamento statale. Anche se risulta di comune esperienza che le attività sportive rilevano non solo sotto il profilo tecnico, ma anche sotto il profilo economico-sociale, andando a incidere su interessi pubblici e privati e addirittura su interessi costituzionalmente protetti*" (Greco, 2018, 5).

Le molteplici perplessità sino a questo momento evidenziate in merito alla rilevanza del principio di autonomia dell'ordinamento sportivo hanno ingenerato, nel tempo, un dibattito mai sopito che, di recente, ha indotto il Legislatore ad intraprendere un processo di riforma strutturale mediante la formulazione della legge-delega n. 86/2019 (Sandulli, 2019, 47 ss.; Sanino, La Face, 2019, 57 ss.), per tale via rimettendo al Governo l'adozione di uno o più decreti legislativi, perseguendo gli obiettivi di:

a) riordino del Comitato olimpico nazionale italiano (CONI) e della disciplina di settore, compresa quella di cui al decreto legislativo 23 luglio 1999, n. 242 (art. 1 l. n. 86/2019);

b) riordino e riforma delle disposizioni in materia di enti sportivi professionistici e dilettantistici nonché del rapporto di lavoro sportivo (art. 5 l. n. 86/2019);

c) riordino delle disposizioni in materia di rapporti di rappresentanza degli atleti e delle società sportive e di accesso ed esercizio della professione di agente sportivo (art. 6 l. n. 86/2019);

d) riordino e riforma delle norme di sicurezza per la costruzione e l'esercizio degli impianti sportivi e della normativa in materia di ammodernamento o costruzione di impianti sportivi (art. 7 l. n. 86/2019);

e) riordino delle disposizioni legislative relative agli adempimenti e agli oneri amministrativi e di natura contabile a carico delle federazioni sportive nazionali, delle discipline sportive associate, degli enti di promozione sportiva, delle associazioni benemerite e delle loro affiliate riconosciuti dal CONI (art. 8 l. n. 86/2019);

f) maggiori livelli di sicurezza nello svolgimento delle discipline sportive invernali (art. 9 l. n. 86/2019).

Per tale via, si vorrebbe conseguire lo scopo di rafforzare il riconoscimento del carattere sociale e preventivo-sanitario dell'attività sportiva, quale strumento di miglioramento della qualità della vita e della salute, nonché quale mezzo di educazione e di sviluppo sociale, in uno con il consolidamento del principio della specificità dello sport e del rapporto di lavoro sportivo come definito a livello nazionale e dell'Unione Europea, nonché del principio delle pari opportunità, anche per le persone con disabilità, nella pratica sportiva e nell'accesso al lavoro sportivo sia nel settore dilettantistico sia nel settore professionistico.

Allo stato attuale, sono stati approvati, in esame preliminare, dal Consiglio dei Ministri cinque decreti legislativi aventi ad oggetto gli obiettivi, prima citati, contrassegnati dalle lettere da b) ad f) (Cfr. Comunicato stampa del Consiglio dei Ministri n. 79 del 25/11/2020).

Invero, coordinare, sotto il profilo formale e sostanziale, il testo delle disposizioni legislative vigenti, anche apportando le opportune modifiche volte a garantire o migliorare la coerenza giuridica, logica e sistematica della normativa e ad adeguare, aggiornare e semplificare il linguaggio normativo, in uno con la possibilità di adottare un testo unico delle disposizioni in materia di sport, costituiscono, in realtà, auspicabili finalità da perseguire in vista della garanzia di migliore effettività della disciplina giuridica del fenomeno sportivo nel pieno rispetto del valore dell'autonomia dell'ordinamento sportivo nazionale.

Ciò, sia sotto un profilo ideale, in vista dell'intendimento di confermare, in coerenza con quanto disposto dalla Carta olimpica, la missione del CONI di incoraggiare e divulgare i principi e i valori dell'olimpismo, in armonia con l'ordinamento sportivo internazionale, sia in ordine alla possibilità di imprimere un nuovo assetto organizzativo, provvedendo a definire gli ambiti dell'attività del CONI, delle federazioni sportive nazionali, delle discipline sportive associate, degli enti di promozione sportiva, dei gruppi sportivi militari e dei corpi civili dello Stato e delle associazioni benemerite.

Finalità che, peraltro, allo stato attuale, sembra non siano state ancora adeguatamente conseguite all'interno del testo di riforma del sistema sportivo nazionale predisposto dal Governo in ossequio ai principi e criteri direttivi di cui alla legge delega n. 86/2019, atteso che, in occasione del 277° Consiglio Nazionale del CONI, svoltosi in data 23.09.2020, è stato approvato, a larga maggioranza, un documento, elaborato dalla Giunta Nazionale durante la 1104ª riunione, anch'essa tenutasi in data 23.09.2020, ove sono emerse numerose perplessità espresse in merito al potenziale pregiudizio arrecato al principio di autonomia dell'ordinamento sportivo correlato alle previsioni contemplate in seno al testo del decreto legislativo il cui procedimento di approvazione sembra avere subito, come già rilevato, una (definitiva) battuta d'arresto.

A riprova di ciò, in luogo della più ampia ed articolata prospettiva di riforma suggerita in seno alla legge delega n. 86/2019, di recente, è intervenuto il d.l. 29 gennaio 2021, n. 5 recante "Misure urgenti in materia di organizzazione e funzionamento del Comitato olimpico nazionale italiano".

Detto provvedimento normativo, asseritamente assistito e giustificato dal ricorrere dei canonici presupposti della straordinaria necessità ed urgenza, è originato dalla minaccia di adozione di misure sanzionatorie paventata dal CIO nei confronti del sistema sportivo nazionale italiano in assenza di un intervento legislativo volto ad assicurare, sotto il profilo formale e sostanziale, la piena operatività, l'autonomia e l'indipendenza del Comitato olimpico nazionale italiano, in coerenza con quanto stabilito dalla Carta Olimpica, "*anche al fine di favorire l'ottimale partecipazione della delegazione italiana ai XXXII Giochi Olimpici di Tokyo*".

Siffatte finalità sono state perseguite, per vero, non per il tramite di una riforma organica, bensì, più semplicemente, *inter alia*, mediante il riconoscimento, in favore del CONI, di una (propria) dotazione organica sufficiente all'espletamento delle relative funzioni istituzionali, in uno con il trasferimento della titolarità di beni strumentali ed impianti sportivi.

Ad oggi, rimangono, quindi, irrisolte le controverse questioni interpretative – da cui era derivato il disegno di riordino indicato all'interno della legge delega n. 86/2019 – afferenti la compiuta, esaustiva e conclusiva definizione dei rapporti intercorrenti tra ordinamento sportivo ed ordinamento giuridico statale.

Invero, tracciare una linea di confine tra gli spazi riservati al potere di autoregolamentazione dei soggetti dell'ordinamento sportivo e la cura di interessi umani rilevanti anche in seno all'ordinamento giuridico statale costituisce un ambizioso obiettivo il cui conseguimento passa attraverso una ponderata attività di bilanciamento tra diversi valori (parimenti rilevanti) in gioco, secondo una prospettiva che, tenuto conto dello stato dell'arte, possa intravedere significativi margini di consolidamento dell'autonomia dell'ordinamento sportivo senza per ciò solo intaccare e/o pregiudicare diritti ed interessi (anche fondamentali) dell'individuo.

Così, "*la tradizionale autonomia dell'organizzazione sportiva, che è stata messa a dura prova dagli anni settanta in poi nel contesto italiano, quando l'atteggiamento invasivo del legislatore ha fatto uscire dall'irrilevanza il fenomeno sportivo, richiede oggi di essere indagata anche al fine di trovare una sua legittimazione, oltre che una sua regolamentazione, sulla base delle trasformazioni avvenute, pur nel quadro di una coerenza sistematica*" (Serra, 2017, 5).

Sulla scorta di siffatta premessa, si dimostra utile comprendere in che termini il principio di autonomia possa essere attualmente declinato in ordine alla disamina dei diversi criteri di riparto (di giurisdizione) contemplati in seno al d.l. n. 220/2003 (De Marzo, 2003, 1265 ss.), all'esito della conversione in l. n. 280/2003 (Colagrande, 2004, 705 ss.), mediante l'indispensabile apporto della giurisprudenza (Sanino, 2018, 226 ss.) che ha contribuito a chiarificare l'esatta latitudine, assiologica ed applicativa, secondo un'interpretazione costituzionalmente conforme, del dettato normativo allo stato in vigore.

3. *Diritto di difesa, vincolo di c.d. "giustizia associativa" e pregiudiziale sportiva*

Il Legislatore ha distinto, come già rilevato, in seno all'art. 2 d.l. n. 220/2003, le controversie sottratte in toto alla giurisdizione dei giudici statali, per le quali opera la c.d. "riserva di giustizia associativa" (elemento, questo, ritenuto sufficiente "*a qualificare l'ordinamento sportivo come un vero e proprio ordinamento originario ed effettivo pur nell'ambito del più ampio e parimenti originario ordinamento statale*" – Modugno, 1985, 56; Massera, 2007, 191 ss.), dalle questioni che investono situazioni giuridiche soggettive che, seppur connesse con l'ordinamento sportivo, hanno rilevanza per l'ordinamento statale.

Sembra essere ormai lontana, perciò, non solo temporalmente, ma anche in ossequio ad una profonda rivisitazione assiologica, ideologica e culturale delle relazioni intercorrenti tra l'ordinamento sportivo, l'ordinamento giuridico statale e la garanzia di effettività dei diritti fondamentali della persona, "*l'epoca in cui l'atleta (nella specie, un calciatore), che aveva subito una grave danno alla propria persona a causa di un incidente di gioco e che si era rivolto, appunto a scopi risarcitori per la lesione occorsa, al giudice ordinario, per questo era stato radiato dalla autorità sportiva federale*" (Massera, 2007, 178 s.).

Il vincolo di giustizia, difatti (*rectius*: la pervicace volontà, ante l. n. 280/03, di sottrarre alla giurisdizione statale la cognizione di controversie che, pur originate in seno all'ordinamento sportivo, coinvolgessero posizioni soggettive giuridicamente rilevanti per l'ordinamento statale), impediva "*di attivare un processo estraneo alla giustizia endoassociativa con la contestuale minaccia di sanzioni disciplinari molto gravi, come la radiazione che, per gli atleti, comporta l'illegittima menomazione del diritto fondamentale all'attività agonistica e la conseguente impossibilità di proseguirla a tempo indeterminato*" (Moro, 2005, 5; Id., 2009, 19 s.).

Invero, così interpretato, "*il vincolo di giustizia (così come le eventuali sanzioni irrogate per violazione dello stesso) resta*(va) *comunque un istituto illegittimo per lo Stato, in quanto esso concreta*(va) *una macroscopica violazione degli artt. 24, 103 e 113 della Costituzione, oltre che adesso anche della stessa legge n. 280/03, che, in certi limiti, ammette e disciplina il ricorso al giudice statale da parte dei soggetti dell'ordinamento sportivo; tale conclusione è confermata non solo dalla semplice lettura della norma in questione (che parla testualmente solo di "clausole compromissorie" e non di "vincolo di giustizia"), ma anche dall'interpretazione logica e teleologica della stessa (sarebbe stato veramente un controsenso pensare che il legislatore statale abbia previsto e dettagliatamente disciplinato la facoltà per i tesserati in ambito sportivo di adire il giudice amministrativo e poi abbia, nell'ambito della stessa legge, riconosciuto espressamente la legittimità di un istituto, il vincolo sportivo, che prevede il divieto di adire il giudice statale e gravi sanzioni per la violazione di tale divieto)*" (Lubrano, 2004, 175).

Diversamente, in ragione del processo evolutivo (culturale e giuridico) culminato con l'entrata in vigore del d.l. n. 220/03, convertito in l. n. 280/03, attualmente, pur con alcune riserve, "*il vincolo di giustizia agisce, nell'ordinamento sportivo, quale obbligo di ricorrere alla giustizia domestica, la quale però, ha l'obbligo, per così dire, di conformarsi alle regole costituzionali relative alla giustizia e al giusto processo*" (Frosini, 2017, 7).

In quest'ottica, posto che "*in base alla legge n. 280 del 2003, appare ormai evidentemente superato un vincolo di giustizia che abbia ad oggetto materie diverse da quelle contenute nelle lettere a e b del primo comma dell'articolo 2 di detta norma, è auspicabile che il CONI [...] prenda atto di questa situazione, imponendo, alle Federazioni ed alle altre discipline sportive associate [...] l'inserimento, nei diversi statuti, di clausole inerenti al vincolo di giustizia che siano in linea con la normativa statale. [...] L'auspicato intervento chiarificatore del CONI potrebbe porre fine alle sempre più frequenti invasioni di campo operate dalla giustizia amministrativa. Giungendo, in tal modo, alla piena individuazione della tutela che discende dalle vicende sportive, nonché ad un corretto riparto di essa, sulla strada che porta a disegnare regole certe ed un sistema di tutela sempre più improntato alle regole del giusto processo sportivo. Solo così sarà possibile, per il futuro, continuare a garantire l'autonomia del sistema della giustizia sportiva in uno con la possibilità di ottenere, nei casi previsti dell'articolo 3, della legge 280/03, la tutela da parte dei giudici statali*" (Sandulli, 2017, 139 s.).

Allo stato attuale, qualora nell'ambito di vicende insorte in seno all'ordinamento sportivo vengano investite posizioni di diritto soggettivo e/o interesse legittimo, è previsto che il ricorso agli organi di giustizia statale sia possibile solo a condizione che siano esauriti i mezzi di tutela giustiziale offerti dall'ordinamento sportivo dinanzi ai propri organi di giustizia interna e/o domestica, essendo fatte salve le clausole compromissorie previste dagli Statuti e dai regolamenti del Coni e delle Federazioni sportive (T.A.R. Lazio Roma, sez. III, 17/04/2014, n. 4138; Consiglio di Stato, sez. VI, 31/05/2013,

n. 3002; T.A.R. Lazio Roma, sez. III ter, 25/05/2010, n. 13266; T.A.R. Lazio Roma, 31/05/2005, n. 4284; T.A.R. Lazio Roma, 15/06/2006, n. 4604), salvo poi eventualmente impugnare, dinanzi al giudice amministrativo, la decisione assunta dall'organo di ultima istanza della giustizia sportiva (T.A.R. Lazio Roma, sez. I, 05/02/2019, n. 1442; T.A.R. Lazio Roma, sez. III, 17/4/2014, n. 4138; T.A.R. Lazio Roma, sez. III quater, 21/06/2013, n. 6258).

Trattasi del c.d. vincolo della pregiudiziale sportiva che obbliga i soggetti del sistema sportivo nazionale ad esperire, *in primis*, i rimedi di tutela previsti dalla c.d. "giustizia associativa" (sempre più perfezionatasi, nel tempo, sulla falsariga dei valori e dei principi fondamentali del "giusto processo" – Cariola, 2010, 2260 ss.) e solo a conclusione dei procedimenti interni consente di rivolgersi al giudice dello Stato, sempre che lo stesso abbia giurisdizione (T.A.R. Lazio Roma, sez. I, 24/01/2018, n. 889; Consiglio di Stato, sez. V, 22/06/2017, n. 3065; T.A.R. Lazio Roma, sez. III, 19/06/2013, n. 6193; Consiglio di Stato, sez. VI, 31/05/2013, n. 3002; T.A.R. Lazio, sez. III quater, 21/06/2013, n. 6258; T.A.R. Lazio Roma, sez. III ter, 25/05/2010, n. 13266; T.A.R. Lazio Roma, 31/05/2005, n. 4284; T.A.R. Lazio Roma, 15/06/2006, n. 4604).

Il vincolo della c.d. "pregiudiziale sportiva", pertanto, "quale condizione di proseguibilità" (Sandulli, 2017, 28), si riverbera, inevitabilmente, pure sulla sorte della domanda di risarcimento del danno asseritamente patito (Consiglio di Stato, sez. VI, 24/01/2012, n. 302; Consiglio di Stato, 24/09/2012, n. 5065; Consiglio di Stato, 27/11/2012, n. 5998; Consiglio di Stato, sez. VI, 31/05/2013, n. 3002, che richiama Consiglio di Stato, sez. VI, 25/11/2008, n. 5782; Consiglio di Stato, sez. VI, 20/06/2013, n. 3368; Consiglio di Stato, sez. VI, 24/01/2012, n. 302).

Anche laddove, infatti, la tutela finisca per essere solo per equivalente monetario, come nel caso, ad esempio, che sarà possibile osservare con riguardo al ristoro conseguente all'illegittima applicazione delle sanzioni disciplinari, il rapporto tra giustizia sportiva e giurisdizione amministrativa resta riconducibile a un modello progressivo a giurisdizione condizionata, dove coesistono successivi livelli giustiziali e giurisdizionali, susseguentisi in ragione di oggetto e natura, più o meno specialistica, delle competenze dell'organo giudicante.

In un siffatto contesto, va da sé, peraltro, che la razionalità dell'assetto in progressione comporta che le successive domande di tutela, che hanno per presupposto l'espletamento delle prime, siano informate al principio di sussidiarietà e di economia dei mezzi e siano tra loro coerenti per oggetto, in primis dal punto di vista funzionale, vale a dire per fondamenti della causa petendi. «La ragione del domandare giustizia, cioè la prospettazione della lesione di cui si chiede la riparazione o il ristoro, non può che avere la medesima latitudine: pur se, in rapporto al tipo di giudicante e ai suoi poteri, può mutare il formale petitum, cioè la "modalità di tutela giurisdizionale". Non si può chiedere al livello successivo giustizia per una causa e per un bene della vita diversi da quelli invocati al livello necessariamente presupposto. – Diversamente – *il sistema delle norme sulla giurisdizione dell'art. 3 d.l. n. 220 del 2003, che prevede la c.d. "pregiudiziale sportiva", cioè che si può adire il giudice statale solo dopo "esauriti i gradi della giustizia sportiva" (i c.d. rimedi interni), sarebbe privo di coerenza e di dubbia costituzionalità se vi fosse una preclusione di legge ad adire immediatamente il giudice dello Stato per ragioni nuove o diverse da quelle sollevabili nell'obbligatoria sede pregiudiziale» (Consiglio di Stato, sez. V, 22/08/2018, n. 5019; Consiglio di Stato, sez. V, 22/06/2017, n. 3065).*

Invero, la regola del previo esaurimento dei gradi della giustizia sportiva deriva dal necessario rispetto (riconosciuto dalla normativa primaria del 2003) delle clausole compromissorie previste dagli Statuti e dai regolamenti del C.O.N.I. e delle Federazioni sportive, a fronte del quale non assume rilevanza il principio di immanente prevalenza dei ricorsi giurisdizionali sui ricorsi amministrativi (T.A.R. Lazio Roma, sez. I, 05/12/2016, n. 12153; Consiglio di Stato, sez. V, 22/12/2014, n. 6244; Consiglio di Stato, sez. VI, 31/05/2013, n. 3002; T.A.R. Lazio Roma, sez. III ter, 25/05/2010, n. 13266; T.A.R. Lazio Roma, 31/05/2005, n. 4284; T.A.R. Lazio Roma, 15/06/2006, n. 4604).

Così, la scelta di non percorrere i gradi della giustizia sportiva imposti in via necessaria dalla legislazione di settore al fine di ottenere la rimozione della (asseritamente) illegittima esclusione da una competizione sportiva o da un campionato sortisce un effetto innegabilmente definitivo circa il pregiudizio occorso alla società sportiva interessata.

Ciò, in quanto la preclusione determinatasi a seguito della scelta di non avvalersi dei richiamati rimedi determina la cristallizzazione degli effetti pregiudizievoli derivanti dagli atti non ritualmente impugnati.

Del pari, laddove il provvedimento adottato dalle Federazioni sportive o dal C.O.N.I. abbia incidenza anche su situazioni giuridiche soggettive rilevanti per l'ordinamento giuridico statale, pur se la domanda volta ad ottenere non la caducazione dell'atto, ma il conseguente risarcimento del danno, debba essere proposta al giudice amministrativo, in sede di giurisdizione esclusiva, non operando una riserva a favore della giustizia sportiva, innanzi alla quale la pretesa risarcitoria non potrebbe nemmeno essere fatta valere (Consiglio di Stato, VI, 25/11/2008, n. 5782), anche per le controversie risarcitorie opera, tuttavia, il c.d. vincolo della giustizia sportiva e ciò, in realtà, pur solo richiamando la semplice applicazione dei principi di cui alla sentenza dell'Adunanza plenaria del Consiglio di Stato, 23/03/2011, n. 3.

Infatti, l'art. 30, comma 3, del Codice del processo amministrativo (in ricognizione di princìpi già immanenti nell'ordinamento, applicabili anche in relazione a fattispecie anteriori rispetto alla sua entrata in vigore), nel prevedere che, in sede di determinazione del risarcimento, "*il giudice valuta tutte le circostanze di fatto e il comportamento complessivo delle parti e, comunque, esclude il risarcimento dei danni che si sarebbero potuti evitare usando l'ordinaria diligenza, anche attraverso l'esperimento degli strumenti di tutela previsti*", pur non evocando in modo esplicito il disposto dell'art. 1227, secondo comma, c.c., afferma che l'omessa attivazione di siffatte tecniche di tutela costituisce, nel quadro del comportamento complessivo delle parti, dato valutabile, alla stregua del canone di buona fede e del principio di solidarietà, ai fini dell'esclusione o della mitigazione del danno evitabile con l'ordinaria diligenza.

Da tanto consegue la rilevanza sostanziale, già sul versante causale, dell'omessa o tardiva impugnazione innanzi agli organi di giustizia sportiva come elemento idoneo a precludere la risarcibilità dei lamentati danni, che sarebbero stati presumibilmente evitati, secondo un giudizio causale ipotetico, in caso di rituale e tempestiva utilizzazione dello strumento di tutela specifica predisposto dall'ordinamento di settore (quello sportivo) a protezione delle posizioni di interesse (legittimo) onde evitare il consolidamento di effetti dannosi (Consiglio di Stato, sez. VI, 31/05/2013, n. 3002).

Diversamente dalle vicende sino ad ora esaminate, però, l'operatività del principio della c.d. "pregiudiziale sportiva" sembra venir meno laddove si assista, pur nell'ambito di un procedimento che interessa direttamente lo svolgimento di prestazioni sportive, alla spendita di potestà pubblicistiche da parte di organi inquadrati all'interno della pubblica amministrazione ed espressione, ad esempio, di discrezionalità non solamente pura, ma anche di natura tecnica.

Il caso

È il caso, ad esempio, della sanzione disciplinare irrogata dal Ministero delle Politiche Agricole in capo ad un allenatore e guidatore di cavalli da corsa al trotto in conseguenza della positività a sostanze dopanti riscontrata in occasione di una verifica a campione condotta dal nominato Dicastero.

L'impugnazione delle sanzioni disciplinari irrogate dal MIPAAF a carico di allenatori o fantini o proprietari di cavalli a causa di comportamenti contrari al regolamento sportivo dello stesso ente, in relazione all'attività ippica che lo stesso Ministero è tenuto ad organizzare e sulla quale esercita il proprio diretto controllo, attiene, difatti, alla giurisdizione del giudice amministrativo, trattandosi di atti adottati da soggetto di diritto pubblico nell'esercizio di una potestà pubblica, estranei all'ambito di applicazione del d.l. n. 220 del 2003 ed idonei a produrre modificazioni delle posizioni soggettive del settore di competenza (Consiglio di Stato, VI, 20/12/1993, n. 996; T.A.R. Lazio Roma, III, 14/11/2003, n. 1591).

Ciò, pure sulla scorta del presupposto secondo il quale, anche sotto il profilo strettamente oggettivo delle attività, non può non riconoscersi il dovuto rilievo alla differenza tra l'ippica – intesa come attività volta in generale alla promozione del cavallo e delle relative attività – e l'equitazione – attività propriamente sportiva che, pur rientrando nella nozione più generale della prima, se ne differenzia sotto il profilo della competizione agonistica (T.A.R. Lazio Roma, sez. II, 08/09/2017, n. 9644).

Del medesimo tenore dimostra di essere l'orientamento maturato con riguardo all'impugnazione di sanzioni disciplinari, irrogate a causa di comportamenti contrari al regolamento sportivo dell'U.N.I.R.E., la cui cognizione pertiene alla giurisdizione del giudice amministrativo, trattandosi di atti, adottati da soggetto di diritto pubblico nell'esercizio di una potestà pubblica, idonei a produrre modificazioni delle posizioni soggettive del settore di competenza, affievolendo tali posizioni in quelle di interesse legittimo (T.A.R. Marche Ancona, sez. I, 05/01/2017, n. 16).

Il caso

A seguito di analisi effettate il 29.1.2005 e l'1.2.2005 a Milano su un cavallo da lui allenato, il ricorrente veniva rinviato a giudizio disciplinare davanti la Commissione di Disciplina di I Istanza dell'Unire. Difatti, le analisi mostravano la positività del cavallo per livelli eccessivi di diossido di carbonio (TCO2), poi confermata dalla Commissione di Disciplina di Appello dell'Unire il 14.6.2006.

Gli veniva quindi inflitta la sanzione della sospensione per mesi 4 e una multa di € 1.000.

Esperito ricorso innanzi al giudice amministrativo, ivi radicata la giurisdizione, si è avuto modo di precisare, *inter alia*, che, nei controlli antidoping, l'Amministrazione effettua un accertamento tecnico, consistente nella verifica della sussistenza di sostanze proibite, alla luce dell'applicazione dei criteri delle scienze esatte e senza adottare apprezzamenti di natura discrezionale tecnica in cui si compiono valutazioni in base a parametri opinabili, per cui sono necessarie prove concrete dirette a censurare le tecniche utilizzate e le risultanze delle analisi di laboratorio per smentire e contrastare quanto tecnicamente accertato sulla base della disciplina di settore applicabile in materia (T.A.R. Marche Ancona, sez. I, 05/01/2017, n. 16; T.A.R. Lazio Roma, 31/07/2014, n. 8428).

In ogni caso, quale che sia l'orientamento condiviso, va comunque sottolineato che la giustiziabilità della pretesa dinanzi alla giustizia statale costituisce una questione non di giurisdizione ma di merito (Corte di Cassazione, sez. un., 04/08/2010, n. 18052), riguardante la configurabilità, o meno, di una situazione giuridicamente rilevante e tutelabile la cui cognizione appare rimessa, di conseguenza, alla valutazione monopolistica appunto del giudice del merito (Corte di Cassazione, sez. un., 23/03/2004, n. 5775; Corte di Cassazione, sez. un., 15/06/1987, n. 5256).

Principio applicabile, ovviamente, anche con riguardo alle vicende insorte in seno all'ordinamento sportivo ma che possono involgere pure posizioni di diritto soggettivo e/o di interesse legittimo (Corte di Cassazione, sez. un., 13/12/2018, n. 32358; Corte di Cassazione, sez. un., 09/11/2018, n. 28652; Corte di Cassazione, sez. un., 16/01/2015, n. 647; Corte di Cassazione, sez. un., 24/07/2013, n. 17929; Corte di Cassazione, sez. un., 29/09/1997, n. 9550).

Il caso

È inammissibile il ricorso per cassazione con il quale un'associazione sportiva calcistica impugni la sentenza del Consiglio di Stato che ha dichiarato il difetto assoluto di giurisdizione (ritenendo la questione rimessa agli organi di giustizia dell'ordinamento sportivo) rispetto alla domanda, proposta dall'associazione stessa, di annullamento del provvedimento con il quale con la commissione disciplinare della Federazione Italiana Giuoco Calcio abbia disposto la penalizzazione del punteggio conseguito nel corso del campionato (Corte di Cassazione, sez. un., 16/01/2015, n. 647).

Invero, come si avrà modo di approfondire meglio successivamente, la possibilità di adire il giudice amministrativo per ottenere una pronuncia di annullamento di provvedimenti (amministrativi) asseritamente lesivi emanati da parte dei competenti organi del sistema sportivo nazionale, ovvero anche solo per conseguire il ristoro, per equivalente, dei danni subiti, ad esempio, in caso di controversie riservate, quanto alla tutela demolitoria, in favore della c.d. "giustizia associativa", implica e presuppone, in realtà, la spendita di potestà di natura pubblicistica idonee a qualificare anche la natura dell'attività esercitata.

Ciò si riverbera, *inter alia*, sulla particolare configurazione del sindacato del giudice amministrativo sugli atti propri dell'ordinamento sportivo, in specie imputabili, a seconda dell'opzione ermeneutica prescelta, agli organi di c.d. "amministrazione attiva" (es. le federazioni sportive), ovvero agli organi incardinati in seno al sistema di giustizia sportiva.

Orbene, nell'esercizio delle attribuzioni conferite dalla legge e dalla disciplina di settore rilevante in seno all'ordinamento sportivo, le federazioni sportive nazionali, come insegna la più accorta dottrina formatasi in materia alla luce del dettato normativo di cui al d.lgs. n. 242 /1999, appaiono partecipare, come meglio si vedrà in seguito, di una duplice natura, privatistica e pubblicistica, a seconda dell'attività dalle medesime espletata (Vidiri, 2011, 1762 ss.; Napolitano, 2000, 118 ss.; Vidiri, 2000, 1481; Trivellato, 2000, 61 ss.; Rosati, 1999, 101 ss.; Luiso, 1980, 2545; Luiso, 1975, 79 ss.): se sorgono come associazioni con personalità giuridica di diritto privato, in quanto tali svolgenti attività regolata dai principi civilistici, nel momento in cui giungono ad operare in qualità di organi del CONI, esercitano altresì potestà di valenza pubblicistica rispetto alle quali non può che essere loro riconosciuta natura pubblica (T.A.R. Lazio Roma, sez. I, 01/08/2017, n. 9144; T.A.R. Lazio Roma, sez. I, 10/11/2016, n. 11146; T.A.R. Lazio Roma, sez. III, 14/04/2016, n. 4391).

In tal contesto, si innesta anche il modello di "giustizia associativa" o di "giustizia interna o domestica" (D'Onofrio, 2005, 147; Ghignone, 2006, 694 ss.) rilevante presso il sistema sportivo nazionale che postula la qualificazione degli organi di giustizia federale alla stregua di organi delle federazioni sportive, partecipando di esse la medesima natura giuridica, entro le quali sono costituiti e destinati ad operare.

Ciò si riverbera sia con riguardo alla natura dei provvedimenti resi all'esito dello svolgimento del procedimento incardinato in sede di "giustizia sportiva", sia, a monte, circa la natura della funzione esercitata.

In merito, si osserva, gli organi di giustizia costituiti presso le federazioni sportive sono organi giustiziali rispetto alle decisioni aventi rilevanza interna per l'ordinamento sportivo, mentre debbono considerarsi partecipare della medesima natura pubblicistica delle Federazioni cui appartengono ogni qualvolta le loro decisioni rivestano rilevanza giuridica esterna per l'ordinamento statale (Consiglio di Stato, sez. V, 22/08/2018, n. 5019; T.A.R. Lazio Roma, sez. I, 12/04/2018, n. 4041).

Siffatto profilo incide, direttamente, in merito alla qualificazione giuridica della responsabilità correlata a statuizioni assunte dagli organi di giustizia sportiva che, in ogni caso, devono operare nel rispetto dei principi di autonomia ed indipendenza (Merone, 2015, 102 ss.; Id, 2015, 3 ss.).

"*A rigore, il carattere dell'autonomia dovrebbe attenere alla struttura interna degli organi di giustizia e risolversi nell'attribuzione del potere di amministrazione del corpo giudicante agli stessi organi di giustizia o, comunque, a soggetti differenti da quelli che esercitano il potere di gestione sportiva. Il carattere dell'indipendenza dovrebbe invece riguardare l'esercizio della funzione giudicante, chiamata a svolgersi senza interferenze da parte di chi sia titolare di altre funzioni e, più in generale, da parte di qualunque soggetto dell'ordinamento federale: nell'esercizio della propria funzione ogni giudice deve essere soggetto soltanto (alla legge) allo statuto e ai regolamenti, in modo esclusivo e immediato*" (Proto, 2015, 97).

Sul punto, si osserva, a fronte dell'ipotesi di ricondurre nei confronti degli organi della c.d. "giustizia associativa" sportiva i paradigmi propri della responsabilità civile dei magistrati, è stato decisamente evidenziato che siffatta disciplina non possa trovare applicazione proprio per il semplice rilievo che gli organi di giustizia federali non hanno natura giurisdizionale.

La legge n. 117/1988, dettata in materia di "risarcimento dei danni cagionati nell'esercizio delle funzioni giudiziarie e responsabilità civile dei magistrati", nel prevedere all'art. 1 che le disposizioni ivi contemplate "*si applicano a tutti gli appartenenti alle magistrature, ordinaria, amministrativa, contabile, militare e speciale, che esercitano l'attività giudiziaria, indipendentemente dalla natura delle funzioni, nonché agli estranei che partecipano all'esercizio della funzione giudiziaria*", ha inteso estendere la relativa disciplina ai soli esercenti funzioni giudiziarie, sia inquirenti (*rectius*: requirenti) che giudicanti, nel senso tipico e rigoroso del termine (T.A.R. Lazio Roma, sez. I, 01/08/2017, n. 9144; Corte di Cassazione, sez. III, 05/08/2010, n. 18170).

Stante la natura eccezionale delle norme poste dalla l. 117/1988, deve escludersi, dunque, la possibilità della loro applicazione analogica a soggetti che non svolgono funzioni giudiziarie (T.A.R. Lazio Roma, sez. I, 10/11/2016, n. 11146; T.A.R. Lazio, sez. III, 14/04/2016, n. 4391); situazione che ricorre, con tutta evidenza, in riferimento all'attività svolta da parte degli organi del sistema di giustizia sportiva.

Difatti, le decisioni degli organi di giustizia federale devono considerarsi alla stregua di provvedimenti amministrativi ogniqualvolta, seppur in materia disciplinare riservata, ai sensi dell'art. 2, comma 1, lett. a), d.l. n. 220/03, all'ordinamento sportivo, vengano ad incidere su posizioni giuridiche soggettive rilevanti per l'ordinamento statale che, come tali, non possono sfuggire alla tutela giurisdizionale statale, pena la lesione del fondamentale diritto di difesa, espressamente qualificato come inviolabile dall'art. 24 cost. (Consiglio di Stato, sez. V, 22/08/2018, n. 5019; T.A.R. Lazio Roma, sez. I, 01/08/2017, n. 9144).

In merito, occorre rammentare che la teoria del provvedimento amministrativo, quale manifestazione dell'esercizio del potere amministrativo, si costruisce attorno a tre distinti fattori: a) quello processuale, essendo necessario individuare cosa si intenda per atto impugnabile; b) quello pandettistico, che tenta di rimodellare le forme dell'azione amministrativa sulla falsa riga della tesi del negozio giuridico; c) quello procedimentale, ossia del processo decisorio a monte del provvedimento.

A livello normativo, l'architettura della nozione di provvedimento amministrativo – "*atto con il quale si chiude il procedimento amministrativo*" (Casetta, 2001, 453 ss. Sul punto, v. anche Garofoli, Ferrari, 2010, 775 ss.; Caringella, 2005, 1629 ss.; Virga, 2001, 3 ss.) – non trova un riscontro sul piano definitorio da parte del legislatore che, nella legge generale sul procedimento amministrativo, come novellata nel tempo, detta, invece, una disciplina appunto del procedimento.

Sicché, solo in via induttiva da quest'ultima si possono individuare i caratteri tipici del provvedimento, quali: l'unilateralità, la tipicità, la motivazione, l'emanazione a seguito di un procedimento, l'immediata produzione di effetti, l'impugnabilità innanzi al g.a. *et similia*.

Si tratta, peraltro, di elementi che non consentono di fissare con precisione la nozione di provvedimento amministrativo, sia perché non essendo presente per alcuni di questi una definizione normativa, si discetta di concetti essi stessi imprecisi, sia perché alcuni atti presentano non tutti i suddetti caratteri (ad es. gli atti normativi di secondo grado e gli atti generali non contengono la motivazione).

Per vero, salvo i casi testé citati, dal punto di vista sostanziale, ad un provvedimento amministrativo ordinariamente corrisponde una motivazione che può comporsi di più ragioni, ma la molteplicità di quest'ultime non genera una pluralità di provvedimenti, poiché il provvedimento si presenta come epifania dell'unico potere amministrativo esercitato al termine del procedimento o, se si volesse risalire la corrente privatistica, unica manifestazione della volontà dell'amministrazione rispetto al fine pubblico o ancora unico atto amministrativo impugnabile dinanzi al g.a. (Consiglio di Stato, sez. V, 22/12/2014, n. 6244; Consiglio di Stato, sez. IV, 12/06/2013, n. 3261).

Orbene, allorquando la decisione assunta dalle istituzioni e dagli organi del sistema sportivo nazionale giunga a ledere posizioni giuridicamente rilevanti per l'ordinamento statale, esperiti i "rimedi interni" in ossequio alla c.d. "pregiudiziale sportiva", torna ad espandersi la giurisdizione residuale del giudice amministrativo, ovviamente nei limiti previsti dal d.l. n. 1220/03, convertito in l. n. 280/03, innanzi al quale può essere fatta valere, inoltre, la pretesa risarcitoria secondo i dettami, come si vedrà, della sentenza della Corte Costituzionale n. 49/2011 (T.A.R. Lazio, sez. III, 14/04/2016, n. 4391).

In particolare, l'impugnativa da esperire in sede giurisdizionale si propone contro l'atto di decisione del ricorso introitato innanzi agli organi del sistema di "giustizia associativa" e non contro il provvedimento impugnato con detto gravame, assumendo la veste di parte resistente l'organo che ha pronunziato la decisione sul ricorso.

Vale, però, la regola del c.d. assorbimento in forza della quale la decisione di rigetto (anche non di merito) assume il valore di provvedimento implicito di contenuto uguale a quello impugnato con ricorso, salva la diversa imputazione soggettiva, con la conseguenza che il sindacato in sede giurisdizionale può estendersi a tutti i motivi fatti valere con il gravame esperito in sede di giustizia sportiva, in modo da consentire una pronuncia risolutiva della controversia e non limitata alla correttezza del procedimento di decisione del ricorso da parte dell'organo di giustizia sportiva di ultima istanza, che deve essere inquadrato, a giudizio del giudice amministrativo, entro il paradigma dei ricorsi gerarchici impropri (T.A.R. Lazio Roma, sez. I, 22/08/2017, n. 9385).

Il ricorso avverso le decisioni degli organi di giustizia federale, infatti, non trae il suo fondamento da alcun rapporto gerarchico, essendo, invece, previsto e disciplinato dalle norme del codice della giustizia sportiva quale forma di tutela giustiziale esperibile all'interno dell'ordinamento sportivo ed espressione del potere di autodichia, nella specie, riconosciuto al CONI, quale potere di decidere da sé, in veste neutrale ed imparziale, le controversie rimesse alla propria competenza.

Ciò posto, con riguardo all'impugnazione delle decisioni assunte dall'organo di giustizia di ultima istanza, incardinato in seno al vigente sistema di "giustizia sportiva domestica", mutuando la problematica sorta in materia di impugnazione delle decisioni sul ricorso gerarchico, le tesi che si contendono il campo sono:

a) la tesi dell'assorbimento, secondo cui la decisione definitiva sostituisce, assorbendolo, il provvedimento impugnato, con la conseguenza che: il ricorso giurisdizionale può essere proposto solo nei confronti della decisione in sede gerarchica; soggetto passivamente legittimato è solo l'organo che ha adottato tale ultima decisione; l'organo che ha adottato il provvedimento impugnato è legittimato, al più, ad intervenire *ad opponendum* (Buonfino, 2018, 9);

b) la tesi dell'accessione, in base alla quale, in caso di rigetto del ricorso, la decisione "accede" al provvedimento impugnato rendendolo definitivo. La decisione, secondo tale prospettazione, non avrebbe capacità lesiva autonoma rispetto al provvedimento sottostante che rimarrebbe il vero oggetto del ricorso davanti al giudice amministrativo, sede in cui il soggetto passivamente legittimato sarebbe, dunque, unicamente l'organo che ha adottato il provvedimento base impugnato. Invero, detto orientamento, a fronte del «*pregio di attribuire all'autorità decidente una funzione più simile a quella giurisdizionale, svincolando l'interesse di cui questa è portatrice dall'interesse particolare curato con il provvedimento impugnato, che resta nella sfera di gestione dell'autorità sottostante*», espone al pericolo di «*rendere insindacabile la decisione del ricorso amministrativo, impedendo all'interessato di far valere vizi che attengono esclusivamente al procedimento giustiziale ed alla decisione amministrativa, come nel caso di violazioni del principio del contraddittorio o di altre regole procedurali, o addirittura di vizi della motivazione*» (Buonfino, 2018, 8; Tamburrino, 2014, 1445).

c) la tesi dell'autonomia, infine, secondo cui il provvedimento base e la decisione del ricorso amministrativo sono due provvedimenti distinti, dotati di propria autonomia ed espressione di poteri diversi, l'uno di natura amministrativa, l'altro di natura giustiziale (Buonfino, 2018, 8).

La giurisprudenza è, a tutt'oggi, oscillante.

Il giudice amministrativo, di recente, ha ritenuto di aderire alla prima delle tesi prospettate, autorevolmente seguita dalla Corte di Cassazione nella sentenza 7 luglio 2010 n. 16039 nella quale è stato affermato che "*trovando applicazione nella materia i principi generali dei ricorsi amministrativi risultanti dalla disciplina dettata dal D.P.R. 24 novembre 1971, n. 1199, e dalla L. 6 dicembre 1971, n. 1034 (vedi C. cost. n. 42 del 1991), il ricorso giurisdizionale si propone contro l'atto di decisione del ricorso amministrativo e non contro il provvedimento impugnato con il detto ricorso, assumendo la veste di parte resistente l'organo che ha pronunziato la decisione sul ricorso. Vale però la regola cd. dell'assorbimento, in forza della quale la decisione di rigetto (anche non di merito) assume il valore di provvedimento implicito di contenuto uguale a quello impugnato con il ricorso gerarchico, salva la diversa imputazione soggettiva, con la conseguenza che il sindacato in sede giurisdizionale può estendersi a tutti i motivi fatti valere col ricorso gerarchico, in modo da consentire una pronunzia risolutiva della controversia e non limitata alla correttezza del procedimento di decisione del ricorso*".

Di conseguenza, sulla base dell'opzione ermeneutica condivisibilmente offerta dalla tesi dell'assorbimento, è consentito al giudice amministrativo di pronunciarsi, contestualmente, sia sui vizi del provvedimento impugnato, sia su quelli che attengono esclusivamente alla decisione del ricorso gerarchico (T.A.R. Lazio Roma, sez. I, 22/08/2017, n. 9385).

Va da sé, peraltro, che il sindacato del giudice amministrativo dovrà essere incentrato sull'accertamento, innanzitutto, dei vizi di legittimità dell'atto (amministrativo) impugnato, sottoponendo al vaglio di conformità al paradigma legale l'iter procedimentale condotto, ai fini dell'adozione del provvedimento censurato, all'esito della spendita di potestà pubblicistiche.

4. *Riserva di giustizia associativa e "regole del gioco": le questioni tecniche*

Le regole tecniche, la disciplina delle modalità di svolgimento della pratica sportiva, i criteri di qualificazione e classificazione degli atleti o delle squadre, il modello organizzativo correlato all'accertamento del possesso dei requisiti tecnico/sportivi di idoneità all'attività agonistica, involgono, nel complesso, interessi umani riconducibili all'"indifferente giuridico", assumendo rilevanza le relative prescrizioni funzionali alla loro disciplina esclusivamente nell'ambito del particolare settore entro il quale sono destinate a produrre effetti, in ragione di una consensuale accettazione di esse da parte di chi volontariamente aderisce alla comunità sportiva, sia *uti singuli* (atleti, direttori sportivi, allenatori, etc.), sia in forma associata (società, associazioni sportive, enti di promozione sportiva, etc.) (Morbidelli, 1994, 195).

Pertanto, "*alle regole tecniche che vengono in gioco non può essere attribuita natura di norme di relazione dalle quali derivino diritti soggettivi [...] ma non sono configurabili neanche posizioni di interesse legittimo*" (T.A.R. Lazio Roma, sez. I, 12/06/2019, n. 7620; T.A.R. Lazio Roma, sez. II, 08/09/2017, n. 9644); l'eventuale inosservanza di norme "interne" dell'ordinamento sportivo risulta, così, del tutto irrilevante nell'ordinamento generale (Corte di Cassazione, sez. un., 26/10/1989, n. 4399).

Rispetto all'applicazione delle regole tecniche che determinano il risultato di una competizione agonistica, cioè, non è configurabile una posizione giuridica azionabile avanti alla giustizia statale, trattandosi di questioni verso cui l'ordinamento statale assume un atteggiamento di indifferenza e che, quindi, lascia regolare dalle norme emanate dai gruppi sportivi (Manfredi, 2012, 308 s.): norme che, pur essendo "*dotate di rilevanza nell'ambito dell'ordinamento che le ha espresse, sono insuscettibili di inquadramento giuridico nell'ambito dell'ordinamento generale*" (Corte di Cassazione, sez. un., 26/10/1989, n. 4399).

Trattasi di fattispecie, cioè, che "*non hanno rilevanza nell'ordinamento giuridico generale e le decisioni adottate in base [alle regole promananti dall'associazionismo sportivo] sono collocate in un'area di non rilevanza per l'ordinamento statale, senza che possano essere considerate come espressione di potestà pubbliche ed essere considerate alla stregua di decisioni amministrative. La generale irrilevanza per l'ordinamento statuale di tali norme e della loro violazione conduce all'assenza della tutela giurisdizionale statale*" (T.A.R. Lazio, sez. III ter,11/02/2010, n. 241).

Di conseguenza, rientrano nell'ambito della disciplina riservata all'ordinamento sportivo di cui all'art. 2, comma 1, lett. a) del d.l. n. 220/2003, le controversie aventi ad oggetto questioni attinenti all'osservanza e all'applicazione delle norme regolamentari, organizzative e statutarie dell'ordinamento sportivo nazionale (T.A.R. Lazio Roma, sez. I, 12/06/2019, n. 7620).

"*Del resto, l'autonomia e la stabilità dei rapporti costituisce di regola dimensione prioritaria rispetto alla tutela reale in forma specifica, per il rilievo che i profili tecnici e disciplinari hanno nell'ambito del mondo sportivo. Ambito nel quale, invero, le regole proprie delle varie discipline e delle relative competizioni si sono formate autonomamente secondo gli sviluppi propri dei diversi settori e si connotano normalmente per un forte grado di specifica tecnicità che va per quanto possibile preservato*" (Corte Costituzionale, 25/06/2019, n. 160).

Esemplificativa, in tale direzione, si dimostra la vicenda relativa al contenzioso insorto circa l'accertamento della correttezza del giudizio, reso sulla base di una valutazione fondata esclusivamente sulle qualità tecniche espresse dall'interessato, operato dai competenti organi sportivi in merito al mancato possesso dei requisiti di idoneità utili a consentire il superamento del corso di perfezionamento finalizzato al conseguimento dell'abilitazione professionale di allenatore.

Sussiste, in dette ipotesi, difetto assoluto di giurisdizione del giudice statale, trattandosi di questione riservata alla giustizia sportiva, atteso che manca il connotato della rilevanza esterna all'ordinamento sportivo degli effetti del provvedimento afflittivo che si esauriscono all'interno del predetto ordinamento "*non avendo alcun riflesso, né diretto né indiretto, nell'ordinamento generale il giudizio di scarsa capacità tecnica resa nei confronti del soggetto partecipante ad un corso di formazione per allenatori e non di una procedura selettiva*" (T.A.R. Lazio Roma, sez. III, 19/06/2013, n. 6193).

Il caso

Oggetto del contendere risultava essere il mancato superamento, da parte del sig. La., già allenatore di base (abilitato ad esercitare le funzioni di allenatore con riferimento ai campionati senior regionali e a tutte le categorie giovanili regionali, escluse quelle di eccellenza), delle prove tecniche del corso volto all'assegnazione della qualifica di allenatore delle squadre partecipanti ai campionari nazionali dilettantistici sino al campionato di Serie B e A2 femminili.

Il gravame in esame, in cui si controverteva della preparazione tecnica del sig. La., è stato ritenuto che esulasse dalla giurisdizione del giudice amministrativo, mancando il connotato della rilevanza esterna all'ordinamento sportivo degli effetti del provvedimento impugnato, che si esauriscono all'interno del predetto ordinamento non avendo appunto alcun riflesso, né diretto né indiretto, nell'ordinamento generale il giudizio di scarsa capacità tecnica resa nei confronti dell'allenatore (T.A.R. Lazio Roma, sez. III, 19/06/2013, n. 6193. Sul punto, v. anche Consiglio di Stato, sez. VI, 17/04/2009, n. 2333; T.A.R. Lazio, sez. III ter, 05/11/2007, n. 10911, relative all'inserimento, per ragioni di carattere tecnico-fisiche, di un arbitro nel ruolo degli "Arbitri fuori quadro").

Del pari, è devoluta alla cognizione del sistema di c.d. "giustizia associativa" ogni controversia che postuli l'applicazione, ancorché non nel corso dello svolgimento di una competizione sportiva, di regole di natura tecnica poste a presidio della disciplina della pratica sportiva.

È il caso, ad esempio, delle questioni riguardanti la c.d. "vittoria a tavolino".

Trattasi, in termini oggettivi, di una procedura in cui si fa governo – seppure non sul campo – di precetti che assumono la natura e la consistenza di regole "del gioco", cioè tecniche e sportive, perché comunque relative al campo; non già, di certo, di regole espressive di discrezionalità amministrativa. Pertanto, l'interesse che sta di fronte ad esse è, per l'ordinamento generale, un "interesse mero", non tale da consentire di evocare l'intervento della giurisdizione amministrativa (cfr. Consiglio di Giustizia Amministrativa per la Regione Siciliana, 08/11/2007, n. 1048).

Di conseguenza, la decisione se ad una squadra sia da assegnare la vittoria a tavolino rientra nella competenza degli organi dell'ordinamento sportivo.

È poi il caso di sottolineare che la giurisdizione del giudice statale non possa essere ritenuta ammissibile anche laddove, dall'applicazione di regole pur sempre tecniche, derivino conseguenze di natura economica, come, in ipotesi, qualora si verifichi un'erronea attribuzione del punteggio che produca effetti deteriori sulle sorti definitive del campionato (Consiglio di Stato, sez. VI, 27/04/2011, n. 2485; T.A.R. Lazio Roma, sez. III ter, 02/07/2008, n. 6352).

Il caso

Oggetto della controversia era la mancata assegnazione di due punti alla società ricorrente in relazione alla partita disputata il 14 gennaio 2007 tra la stessa compagine sportiva e la Pallacanestro Treviso, vinta da quest'ultima con soli 3 punti di scarto. A questa partita aveva infatti preso parte il giocatore Lorbek (che, segnando 22 punti, aveva dato una svolta decisiva alla gara) il cui utilizzo irregolare (in questa e in altre quattro partite) era stato riconosciuto e dichiarato nei due lodi pronunciati dalla Camera di conciliazione e di arbitrato per lo sport dell'11 maggio 2007, che hanno inflitto alla squadra trevigiana 12 punti di penalizzazione. Ove detta partita fosse stata omologata con il punteggio di 0-20 a sfavore della società che si era illegittimamente avvalsa del giocatore – così come previsto dall'art. 83, terzo comma, del Regolamento di Giustizia della FIP – alla ricorrente sarebbero stati attribuiti due punti, con la conseguenza che in Legadue sarebbe retrocessa un'altra squadra. In altri termini, dunque, la ricorrente rivendicava la vittoria a tavolino della partita giocata con la Benetton Treviso per ottenere il titolo sportivo che le avrebbe consentito di disputare il Campionato di Serie A.

In merito, il giudice amministrativo adito ha avuto modo di evidenziare che la mancata, corretta attribuzione del punteggio, a seguito dello svolgimento di una gara, non integra la violazione né di un diritto soggettivo, né di un interesse legittimo, vertendosi in materia di applicazione di regole sportive volte a disciplinare lo svolgimento delle attività di una federazione sportiva riconosciuta dal CONI (Consiglio di Stato, sez. VI, 27/04/2011, n. 2485; T.A.R. Lazio Roma, sez. III ter, 02/07/2008, n. 6352).

In passato, però, la giurisprudenza amministrativa è stata orientata a qualificare come espressione dell'applicazione di regole tecniche provvedimenti resi da parte delle competenti federazioni che, invero, secondo una più compiuta valutazione, come si avrà modo di evidenziare successivamente, ben avrebbero potuto essere oggetto di censura innanzi al giudice amministrativo in luogo della declaratoria della riserva in favore degli organi di giustizia sportiva dei relativi contenziosi.

Ciò è accaduto, ad esempio, con riguardo a controversie concernenti il c.d. "rapporto di federazione" correlato ad un provvedimento di accoglimento, ovvero di diniego, della domanda di ammissione (*rectius*: affiliazione) (T.A.R. Lombardia Milano, sez. IV, 18/03/2014, n. 691).

Il caso

Un Aero Club operante nel settore dello sport aereonautico nell'ambito dell'Aeroporto di Bresso, a sua volta gestito da Enac, si era rivolto al giudice amministrativo per dedurre che l'illegittima affiliazione, da parte dell'Aero Club d'Italia, federazione sportiva contraddistinta, peraltro, dalla qualifica, *ex lege*, di ente pubblico, di un altro Aero Club avrebbe comportato gravi pregiudizi al regolare svolgimento delle attività del ricorrente.

In particolare, a seguito della concessione da parte dell'Enac dell'occupazione di un'area dell'aeroporto precedentemente nella disponibilità del ricorrente, il medesimo sarebbe stato impossibilitato al ricovero dei propri aerei.

L'elemento decisivo per denegare la giurisdizione amministrativa è stato ritenuto essere costituito dall'insussistenza del potere autoritativo dell'amministrazione, espresso nel provvedimento impugnato (T.A.R. Campania, Napoli, sez. V, 03/09/2013 n. 4148), emanato, invero, nell'ambito di una funzione attinente l'ordinamento sportivo, con particolare riferimento ad un "rapporto di federazione" integralmente disciplinato da regole interne all'ordinamento sportivo, da cui è originato il difetto di giurisdizione (T.A.R. Lombardia Milano, sez. IV, 18/03/2014, n. 691).

Ancora, sulla scia di un orientamento maturato, in passato, in favore della massima ampiezza della c.d. "riserva sportiva", è stata devoluta, in via esclusiva, alla cognizione degli organi di giustizia sportiva la disamina delle questioni concernenti le decisioni assunte dalla competente federazione in merito ai criteri di ripescaggio nella compilazione degli elenchi delle società ammesse, non solamente per meriti sportivi, ai vari campionati professionistici.

Ciò che, come si vedrà meglio in seguito, costituisce ormai oggetto di cognizione del giudice amministrativo ai sensi e per gli effetti dell'art. 3 d.l. n. 220/2003.

Il caso

Con ricorso notificato in data 27 settembre 2005 e depositato il successivo 10 ottobre, il Fallimento della Società Sportiva Calcio Napoli (Fallimento n. 995/04) ha impugnato, *inter alia*, la delibera del Consiglio Federale della Federazione Italiana Gioco Calcio del 16 agosto 2005, relativa alla definizione degli organici dei Campionati professionistici di calcio di Serie A, B e C per la stagione agonistica 2005 – 2006 nella sua interezza o, in subordine, limitatamente all'iscrizione delle società Pescara Calcio s.p.a., Vicenza Calcio s.p.a. e Torino Football Club s.p.a. al Campionato di Serie B e della Napoli Soccer a quello di Serie C. Ha altresì chiesto la condanna della FIGC al risarcimento dei danni subiti dal Fallimento ricorrente per effetto dell'adozione degli atti illegittimi impugnati e dei comportamenti omissivi che hanno determinato il mancato ripescaggio della Napoli Soccer s.p.a., con conseguente mancata acquisizione da parte del Fallimento della somma di € 15.000.000,00 (quindicimilioni di euro).

Ha precisato di proporre il ricorso anche in via surrogatoria per conto della Napoli Soccer s.p.a. ai sensi dell'art. 2900 cod. civ., con riferimento alle eventuali azioni o deduzioni che non sono state ritualmente proposte da quest'ultima.

Le vicende che hanno coinvolto il Fallimento della Società Sportiva Calcio Napoli sono sfociate in un ricorso proposto dinanzi al T.A.R. Lazio, avverso la pretesa della FIGC di assegnare a terzi il titolo sportivo della fallita società e di incamerarne il corrispettivo, rivendicando l'appartenenza al patrimonio della società fallita dei presupposti tecnico-sportivi (c.d. merito sportivo) per l'iscrizione ai Campionati professionistici ed il relativo valore economico. Il giudizio si è concluso con una dichiarazione di sopravvenuta carenza di interesse essendo intercorsa tra le parti una transazione a seguito della quale l'azienda sportiva e i suoi segni distintivi sono stati venduti dal Curatore fallimentare alla Napoli Soccer s.p.a. Dal canto suo la FIGC ha assegnato a tale società il titolo sportivo per l'iscrizione al Campionato di Serie C, rinunciando al corrispettivo previsto dall'art. 52, comma 6, delle N.O.I.F.

A seguito di tale vicenda, la Federazione è intervenuta sul piano normativo interno, aggiungendo all'art. 52 delle N.O.I.F. il comma 7. In particolare, la novella ha previsto che la mancata assegnazione del titolo sportivo di Serie A, B, e C1 ai sensi del comma 3 dello stesso art. 52 o lo stato di insolvenza per le società di Serie A, B, e C1 legittimano l'individuazione, mediante ricorso a procedura concorsuale, di altre società aventi sede nella stessa città di quella in stato di insolvenza, alla quale la Federazione potrà assegnare il titolo sportivo, inferiore di una categoria.

L'art. 4 del contratto stipulato tra il Curatore fallimentare e la Napoli Soccer s.p.a. prevedeva l'obbligo dell'acquirente di pagare al Fallimento l'ulteriore somma di € 15.000.000,00 qualora alla società stessa fosse riconosciuto il diritto a partecipare al Campionato di Serie B 2005-2006 non per meriti sportivi ma a seguito di decisione della FIGC o dell'Autorità giudiziaria. Sicché, dal comma 7 dell'art. 52 delle N.O.I.F., discendeva la legittimazione del Fallimento ad impugnare gli atti della FIGC che avevano illegittimamente impedito il ripescaggio in Serie B per il Campionato 2005-2006 della Napoli Soccer s.p.a., classificatasi prima dei non promossi nel Campionato di Serie C1 2004-2005, facendo perdere al Fallimento la suddetta somma di € 15.000.000,00.

Veniva censurata, in particolare, l'illegittimità della mancata iscrizione della Napoli Soccer s.p.a. alla Serie B del Campionato di calcio 2005-2006 a causa, *inter alia*, della disposizione endofederale, Comunicato della FIGC del 13 giugno 2005, che prevedeva che il criterio dell'obbligo di rotazione (ogni cinque anni) delle squadre ammesse al ripescaggio fosse valevole solo per il Campionato di Serie C e non anche per quelli di Serie A e B, criterio che, ove esteso anche a quest'ultima ipotesi, avrebbe impedito il ripescaggio di altre società che già avevano goduto del beneficio nell'ultimo quinquennio e, quindi, l'ammissione al Campionato di Serie B, non per meriti sportivi, del Napoli.

Il giudice amministrativo, sulla scorta del rilievo secondo il quale l'autonomia dell'ordinamento sportivo e, pertanto, la piena libertà nel dettare le disposizioni, soprattutto di carattere tecnico, che involgono lo svolgimento dell'attività agonistica, è prevista dall'art. 2, comma 1, d.l. 19 agosto 2003 n. 220, ha acclarato l'insindacabilità per il giudice dello Stato, perché ampiamente discrezionale, della scelta della Federazione di escludere il ripescaggio più volte nell'arco del quinquennio solo per l'ammissione al Campionato di serie C e non anche per quelli di Serie A e B., decisione ritenuta espressione di regole d'ordine eminentemente tecnico, questioni concernenti l'osservanza e l'applicazione delle norme regolamentari, organizzative e statutarie finalizzate a garantire il corretto svolgimento delle attività sportive, comunemente note appunto come "regole tecniche" (T.A.R. Lazio Roma, sez. III, 07/06/2013, n. 5744).

Infine, non può non essere evidenziato come le controversie riguardanti la corretta applicazione di regole tecniche possano esulare non solo dalla cognizione del giudice dello Stato, ma anche dalla competenza del sistema di "giustizia associativa" nazionale laddove vengano in discussione profili di rilevanza internazionale rispetto ai quali gli organi del sistema sportivo nazionale siano chiamati ad esercitare potestà meramente applicative e/o esecutive, ad esempio, delle attribuzioni proprie delle federazioni sportive internazionali.

Il caso

Il Football Club Parma s.p.a. aveva adito il giudice amministrativo al fine di contestare il diniego di ammissione alla edizione 2014-2015 della Europa league, competizione calcistica organizzata dalla UEFA (Union of European Football Associations), oppostogli dalla Federazione italiana giuoco calcio malgrado la qualificazione ottenuta "sul campo" al termine del campionato italiano di calcio di serie A, edizione 2013-2014.

Il diniego veniva emesso a causa del versamento delle ritenute Irpef su alcuni emolumenti corrisposti ai calciatori oltre il 31 marzo 2014, termine previsto dal "Manuale delle licenze Uefa Figc" (art. 14.7 del titolo V, "criteri economico-finanziari"), regolante l'accesso alla predetta competizione europea.

Il conseguente giudizio instaurato dal Parma per l'annullamento del diniego, svoltosi davanti ai competenti organi di giustizia sportiva della FIGC (Commissioni di primo e di secondo grado delle licenze Uefa), veniva definito in ultima istanza dall'Alta Corte di Giustizia sportiva presso il CONI con decisione n. 13 del 29 maggio 2014 di rigetto dell'impugnativa.

Il Parma si rivolgeva, quindi, al giudice amministrativo, proponendo contestualmente domanda risarcitoria, per un preteso dubbio sul carattere perentorio del suddetto termine contemplato in seno alle istruzioni emanate dalla FIGC per il rilascio delle licenze UEFA nel documento "Tempistica".

Con sentenza resa in forma semplificata ex art. 60 cod. proc. amm., il giudice di prime cure:

– dichiarava il difetto di giurisdizione amministrativa, sul rilievo che "con il ricorso proposto la società Parma FC S.p.A. mira ad ottenere la licenza Uefa e dunque a partecipare a competizioni calcistiche sovranazionali", a dispetto dell'origine nazionale "dell'Autorità che ha adottato i provvedimenti impugnati";

– per contro, il giudice di primo grado affermava che la giurisdizione spettasse al Tribunale arbitrale dello sport avente sede a Losanna (TAS), al quale il Parma si era infatti rivolto, in osservanza a quanto previsto dal punto L. 01 A del manuale delle licenze Uefa (secondo cui la società calcistica richiedente si impegna "a riconoscere la competenza esclusiva del Tas di Losanna, ai sensi dello Statuto della Uefa e degli Organi di giustizia sportiva e arbitrali previsti dallo Statuto della Figc").

Esperito rituale appello, il giudice di seconde cure ha avuto modo di confermare che rientrasse nella giurisdizione del Tribunale arbitrale dello sport (T.A.S.) la controversia avente ad oggetto l'impugnazione del diniego espresso dalla Federazione italiana giuoco calcio sull'istanza avanzata dal Football Club Parma s.p.a. e tendente ad ottenere il rilascio della licenza di ammissione alla edizione 2014-2015 della Europa league, competizione calcistica organizzata dalla UEFA, atteso che in tale controversia era in contestazione l'accesso ad una competizione sportiva europea organizzata da una Federazione avente origine internazionale, un organismo avente natura privata e un soggetto del tutto estraneo all'organizzazione amministrativa italiana, come l'attività da questa svolta nell'organizzare la Europa league, nella quale non è in alcun modo ravvisabile l'esercizio di poteri amministrativi.

Difatti, come si avrà modo di approfondire in seguito, l'orientamento affermativo della giurisdizione amministrativa in controversie concernenti l'iscrizione di società calcistiche a campionati nazionali (Consiglio di Stato, sez. VI, 09/07/2004, n. 5025; Consiglio di Stato, sez. VI, 09/02/2006, n. 527), si fonda sull'assunto che, nell'attività di organizzazione di competizioni calcistiche nazionali, la FIGC agisce come organo delegato del CONI e, dunque, partecipa della natura di ente pubblico di quest'ultimo, esercitando poteri di carattere autoritativo.

L'origine internazionale della UEFA, tuttavia, non consente una estensione, al caso di specie, dei principi in esame, essendo evidente la natura privata di quest'ultima federazione, soggetto del tutto estraneo all'organizzazione amministrativa italiana e, conseguentemente, dell'attività da questa svolta nell'organizzare la Europa league, nella quale non è in alcun modo ravvisabile la spendita di poteri amministrativi.

In merito, non può essere postulato nessun *vulnus* al principio costituzionale del diritto di difesa in giudizio ex art. 24 cost., atteso che l'asserito predicato dell'indefettibilità della giurisdizione statale deve essere interpretato alla luce della soluzione ermeneutica offerta, ormai da lungo tempo, da parte della Corte Costituzionale tesa a consentire la possibilità di rinunciare alla giurisdizione statale in favore dell'arbitrato, avendo individuato il fondamento di quest'ultimo "*nella libera scelta delle parti: perché solo la scelta dei soggetti (intesa come uno dei possibili modi di disporre, anche in senso negativo, del diritto di cui all'art. 24, primo comma, Cost.) può derogare al precetto contenuto nell'art. 102, primo comma, Cost. Ciò corrisponde al criterio di interpretazione sistematica del testo costituzionale (...); e corrisponde anche alla garanzia costituzionale dell'autonomia dei soggetti (...), autonomia, che (...) per le situazioni di vantaggio compromettibili é appunto garantita dall'art. 24, primo comma, della Costituzione*" (Corte Costituzionale, 14/07/1977, n. 127).

Nemmeno le norme della Convenzione europea per la salvaguardia dei diritti dell'uomo e le libertà fondamentali sono fondatamente invocabili a sostegno della pretesa irrinunciabilità della giurisdizione statale.

Il diritto "a un equo processo" sancito dall'art. 6 C.E.D.U., difatti, non fonda alcuna pretesa indefettibilità della giurisdizione statale, ma si limita a presupporre quest'ultima ed a conformare il modo in cui la stessa deve essere esercitata, senza vietare l'arbitrato al quale i privati abbiano, eventualmente, inteso rivolgersi.

Occorre peraltro soggiungere che l'ipotesi della deroga alla giurisdizione statale in favore di quella sportiva è consentita, sul piano interno, ai sensi dell'art. 3 d.l. n. 220/2003, ivi essendosi riconosciuta la validità delle clausole "di autodichia" previste in seno all'ordinamento sportivo, vale a dire delle "*clausole compromissorie previste dagli statuti e dai regolamenti del Comitato olimpico nazionale italiano e delle Federazioni sportive*" (Consiglio di Stato, sez. V, 25/07/2014, n. 3958 – Per un commento v. Bonafine, 2015, 164 ss.).

Da qui, il difetto (assoluto) di giurisdizione del giudice dello Stato e la correttezza dell'orientamento secondo il quale consimili controversie possano essere legittimamente devolute alla cognizione del giudice sportivo incardinato nel particolare sistema sportivo cui appartiene l'organo deputato ad organizzare la competizione sportiva in riferimento alla quale si discetti circa l'ammissione e/o, per contro, il diniego opposto alla richiesta di partecipazione introitata da parte di una società sportiva.

5. *Ordinamento sportivo, sistema sanzionatorio e pregiudiziale sportiva: le questioni disciplinari*

Ai sensi dell'art. 2, comma 1, lett. b) d.l. n. 220/2003, è riservata all'ordinamento sportivo la disciplina delle questioni concernenti, oltre che, come visto, l'osservanza e l'applicazione delle norme regolamentari, organizzative e statutarie finalizzate a garantire il corretto svolgimento delle attività sportive – cioè quelle che sono comunemente note come "regole tecniche" – anche «i comportamenti rilevanti sul piano disciplinare e l'irrogazione ed applicazione delle relative sanzioni disciplinari».

In siffatte materie, quindi, i soggetti dell'ordinamento sportivo (società, associazioni, affiliati e tesserati) hanno l'onere di adire (si intende, ove vogliano censurare l'applicazione delle predette sanzioni) gli organi di giustizia dell'ordinamento sportivo in ossequio alle previsioni dell'ordinamento settoriale di appartenenza (Corte Costituzionale, 11/02/2011, n. 49).

In merito, onde correttamente inquadrare la latitudine, assiologica ed applicativa, di siffatta prescrizione normativa, giova, sin da subito, procedere ad un'esegesi del dato letterale che consenta di ricavarne un'interpretazione costituzionalmente conforme.

Delicato è, difatti, il bilanciamento tra i diversi interessi in gioco; da un lato, rileva l'opportunità di devolvere all'ordinamento sportivo la potestà di autoregolamentazione delle "proprie vicende interne"; dall'altro lato, diversamente, irrinunciabile si dimostra il riconoscimento del "diritto di difesa" innanzi agli organi di giustizia statali laddove siano incise posizioni di diritto soggettivo e/o interesse legittimo pur se in vicende originate all'esito dell'applicazione di regole proprie dell'ordinamento sportivo.

Innanzitutto, si osserva, secondo un'esegesi costituzionalmente orientata, che garantisca la massima tutela giurisdizionale dinanzi agli organi di giustizia statali, peraltro perfettamente conforme al dato letterale, il termine "irrogazione", riferito alle sanzioni, non può che essere inteso in senso restrittivo, anche perché la locuzione adoperata alla lett. b), "l'irrogazione ed applicazione delle relative sanzioni disciplinari sportive", viene posta in correlazione con "i comportamenti rilevanti sul piano disciplinare", suggerendo che il vaglio debba riguardare l'entità e la tipologia della sanzione rispetto a detti comportamenti.

La norma in esame, individuando, in deroga al principio generale che assicura la tutela giurisdizionale delle posizioni giuridiche soggettive dinanzi al giudice statale, i casi in cui a quest'ultimo venga sottratta la cognizione, per essere devoluta al giudice sportivo, è naturalmente di stretta interpretazione, per cui non se ne può estendere la portata applicativa a casi diversi, ivi non espressamente e chiaramente contemplati (T.A.R. Lazio Roma, sez. I, 12/04/2018, n. 4041).

In tal contesto, ne consegue che, anche laddove si assista, all'esito del procedimento introitato dinanzi alla "giustizia associativa", alla mancata irrogazione di sanzione disciplinare, ciò non fa venire meno la riserva dell'ordinamento sportivo a favore di quello statale; in sintesi, la riserva non è limitata al solo caso in cui sia disposta una sanzione.

Sussiste, quindi, il difetto assoluto di giurisdizione nella controversia promossa per l'annullamento della decisione di non irrogare una sanzione disciplinare sportiva in esito alla conclusione del procedimento dinanzi alla "giustizia associativa".

La soluzione opposta rileverebbe come illogica, irragionevole e foriera di "esiti abnormi e paradossali", perché si avrebbe una sorta di giurisdizione a "doppio binario", a seconda del contenuto dell'atto conclusivo del procedimento sportivo e, piuttosto che costituzionalmente orientata, l'interpretazione avversata si tradurrebbe in una disapplicazione della legge (Consiglio di Stato, sez. V, 20/12/2018, n. 7165).

Del pari, rientra certamente nel novero delle controversie la cui cognizione è devoluta agli organi di giustizia sportiva la censura di sanzioni disciplinari irrogate nei confronti di soggetti originariamente incardinati all'interno dell'ordinamento sportivo, in ragione della natura delle attività esercitate, ma che, *medio tempore*, proprio nel corso del procedimento disciplinare, abbiano presentato le proprie dimissioni.

Non ricorre, in siffatte ipotesi, alcuna applicazione estensiva della latitudine applicativa della disciplina in discussione, occorrendo fare riferimento al momento in cui il fatto contestato all'interessato si è verificato e non a quello in cui è stato avviato il procedimento disciplinare, poiché l'esercizio del potere sanzionatorio rinviene i propri presupposti su tali circostanze, non potendosi ammettere che le dimissioni siano rassegnate al fine precipuo di impedire o interrompere il procedimento disciplinare medesimo; per cui la giurisdizione si radica avendo riguardo alla sola natura (appunto "disciplinare") del provvedimento in contestazione (Consiglio di Stato, sez. V, 15/03/2017, n. 1173; T.A.R. Lazio Roma, sez. I, 23/01/2017, n. 1163; Cons. Stato, VI, 24/01/2012, n. 302; Consiglio di Giustizia Amministrativa per la Regione Siciliana, 24/10/2011, n. 697 – In dottrina v. Carenci, 2017, 1 ss.).

Il caso

In riferimento ad una domanda di annullamento della radiazione comminata dalla commissione disciplinare nazionale ad un ex tesserato della Federazione Italiana Giuoco Calcio, con decisione confermata dall'Alta Corte di Giustizia sportiva, il ricorrente ha assunto la reviviscenza della giurisdizione demolitoria del giudice amministrativo rispetto alla sanzione inflittagli, essendosi lo stesso volontariamente dimesso dalla FIGC prima dell'inizio del procedimento disciplinare.

In merito, è stato osservato, le dimissioni volontarie dalla federazione non incidono in alcun modo sulla sottoponibilità del soggetto già tesserato a procedimento disciplinare per fatti commessi in epoca anteriore alle dimissioni volontarie; circostanza, quest'ultima, inidonea, in quanto assunta liberamente dall'interessato, a determinare la reviviscenza della giurisdizione statale, attesa l'indisponibilità dei presupposti di operatività dei criteri di riparto tra giurisdizione settoriale sportiva e giurisdizione generale di legittimità (Corte di Cassazione, sez. un., 09/11/2018, n. 28652).

Invero, in passato, la disposizione legislativa introdotta con l'art. 2 d.l. n. 220/03, convertito in l. n. 280/03, era stata ritenuta potenzialmente in conflitto con il dettato costituzionale nella parte in cui avrebbe riservato al solo giudice sportivo la competenza a decidere le controversie aventi ad oggetto sanzioni disciplinari, diverse da quelle tecniche, inflitte ad atleti, tesserati, associazioni e società sportive, sottraendole al sindacato del giudice amministrativo. In particolare, i dubbi di costituzionalità insorti non risultavano essere correlati alla previsione della c.d. pregiudiziale sportiva, ritenuta "*«corretta e logica conseguenza della riconosciuta autonomia dell'ordinamento sportivo», ma «alla generale preclusione [...] ad adire il giudice statale una volta esauriti i gradi della giustizia sportiva»*. (T.A.R. Lazio, sez. III ter, ordinanza 11/02/2010, n. 241).

Di conseguenza, sarebbe stata integrata una "*deroga al principio costituzionale del diritto ad ottenere la tutela della propria posizione giuridica di diritto soggettivo o di interesse legittimo dinanzi ad un giudice statale*" ed un derivato pregiudizio al diritto di difesa, "*irrimediabilmente leso proprio dalla preclusione del ricorso al giudice statale*" (T.A.R. Lazio, sez. III ter, ordinanza 11/02/2010, n. 241).

Sulla base di un costante insegnamento della Consulta, per cui «*le leggi non si dichiarano costituzionalmente illegittime perché è possibile darne interpretazioni incostituzionali, ma perché è impossibile darne interpretazioni costituzionali*» (Corte Costituzionale, 21/11/2007, n. 403; Corte Costituzionale, 05/03/2007, n. 85; Corte Costituzionale, 14/10/1996, n. 356), facendo peraltro leva su di un orientamento già maturato in seno alla giurisprudenza amministrativa (Consiglio di Stato, VI, 25/11/2008, n. 5782), proprio con riferimento al d.l. n. 220 del 2003, la Corte Costituzionale ha rilevato che

> «*tali norme debbano essere interpretate, in un'ottica costituzionalmente orientata, nel senso che laddove il provvedimento adottato dalle Federazioni sportive o dal C.O.N.I. abbia incidenza anche su situazioni giuridiche soggettive rilevanti per l'ordinamento giuridico statale, la domanda volta ad ottenere non la caducazione dell'atto, ma il conseguente risarcimento del danno, debba essere proposta innanzi al giudice amministrativo, in sede di giurisdizione esclusiva, non operando alcuna riserva a favore della giustizia sportiva, innanzi alla quale la pretesa risarcitoria nemmeno può essere fatta valere... Il Giudice amministrativo può, quindi, conoscere, nonostante la riserva a favore della "giustizia sportiva", delle sanzioni disciplinari inflitte a società, associazioni ed atleti, in via incidentale e indiretta, al fine di pronunciarsi sulla domanda risarcitoria proposta dal destinatario della sanzione... Quindi, qualora la situazione soggettiva abbia consistenza tale da assumere nell'ordinamento statale la configurazione di diritto soggettivo o di interesse legittimo, in base al ritenuto "diritto vivente" del giudice che, secondo la suddetta legge, ha la giurisdizione esclusiva in materia, è riconosciuta la tutela risarcitoria... In tali fattispecie deve, quindi, ritenersi che la esplicita esclusione della diretta giurisdizione sugli atti attraverso i quali sono state irrogate le sanzioni disciplinari – posta*

a tutela dell'autonomia dell'ordinamento sportivo – non consente che sia altresì esclusa la possibilità, per chi lamenti la lesione di una situazione soggettiva giuridicamente rilevante, di agire in giudizio per ottenere il conseguente risarcimento del danno. È sicuramente una forma di tutela, per equivalente, diversa rispetto a quella in via generale attribuita al giudice amministrativo (ed infatti si verte in materia di giurisdizione esclusiva), ma non può certo affermarsi che la mancanza di un giudizio di annullamento (che, oltretutto, difficilmente potrebbe produrre effetti ripristinatori, dato che in ogni caso interverrebbe dopo che sono stati esperiti tutti i rimedi interni alla giustizia sportiva, e che costituirebbe comunque, in questi casi meno gravi, una forma di intromissione non armonica rispetto all'affermato intendimento di tutelare l'ordinamento sportivo) venga a violare quanto previsto dall'art. 24 Cost. Nell'ambito di quella forma di tutela che può essere definita come residuale viene, quindi, individuata, sulla base di una argomentata interpretazione della normativa che disciplina la materia, una diversificata modalità di tutela giurisdizionale» (Corte Costituzionale, 11/02/2011, n. 49 – Per un commento, v., *ex plurimis*: Piazza, 2012, 187 ss.; Basilico, 2011, 733 ss.; Di Todaro, 2011, 697 ss.; Facci, 2011, 417 ss.; Lubrano, 2011, 63 ss.; Pavoni, 2011, 2003 ss.).

Invero, la giurisdizione amministrativa presuppone l'esistenza di una controversia sul legittimo esercizio di un potere autoritativo ed è preordinata ad apprestare tutela (cautelare, cognitoria ed esecutiva) contro l'agire pubblicistico della pubblica amministrazione.

L'attribuzione al giudice amministrativo del potere di condannare l'amministrazione al risarcimento del danno conseguente al modo in cui essa ha esercitato il potere tende a rendere piena ed effettiva la tutela del cittadino nei confronti della pubblica amministrazione, concentrando innanzi al giudice amministrativo no n solo la fase del controllo di legittimità dell'azione amministrativa, ma anche quella del ristoro per equivalente che, tuttavia, come noto, non individua una nuova materia attribuita alla giurisdizione del giudice amministrativo (Corte Costituzionale, 26/05/2005, n. 204).

La devoluzione al giudice amministrativo della tutela risarcitoria costituisce, quindi, uno strumento ulteriore, complementare rispetto alla tradizionale tutela demolitoria, per rendere giustizia al cittadino nei confronti della pubblica amministrazione (Corte di Cassazione, sez. un., 28/04/2020, n. 8236).

Il giudice amministrativo può, quindi, conoscere, nonostante quanto compete alla "giustizia sportiva", delle sanzioni disciplinari inflitte a società, associazioni ed atleti, in via incidentale e indiretta, in occasione della sua pronuncia sulla domanda risarcitoria proposta dal destinatario della sanzione (Corte di Cassazione, sez. un., 27/12/2018, n. 33536); per tale via, la mancanza di un giudizio di annullamento non comporta la compromissione del principio di effettività della tutela, previsto dall'art. 24 Cost., essendo comunque consentita una diversificata modalità di tutela giurisdizionale (Consiglio di Stato, sez. V, 20/12/2018, n. 7165; Consiglio di Stato, sez. V, 22/08/2018, n. 5019; Consiglio di Stato, sez. V, 24/08/2018, n. 5046; Consiglio di Stato, sez. V, 15/03/2017, n. 1173; Corte di Cassazione, sez. un., 09/11/ 2018, n. 28652; Consiglio di Stato, sez. VI, 20/06/2013, n. 3368).

Così, è stato osservato che "*la peculiare interpretazione adeguatrice del d.l. n. 220 … consente di fornire una tutela endoassociativa – seppur dimidiata – anche in ordine alle sanzioni disciplinari sportive, che, notoriamente, sono suscettibili di incidere gravosamente sullo status e sui diritti patrimoniali degli sportivi e delle società sportive, e sullo stesso diritto al lavoro degli sportivi professionisti*" (Manfredi, 2011, 693 s.).

Sussiste, pertanto, la giurisdizione del giudice amministrativo "*in tutti i casi in cui l'impugnazione di misure adottate in ambito sportivo, pur quando prendano le mosse da dati o risultati tecnici, non s'esauriscano nel mero rispetto delle regole di una specifica competizione federale, ma siano atte a modificare in modo sostanziale, ancorché non totalmente irreversibile, lo status dell'atleta come soggetto dell'ordinamento sportivo, ridondando pure in danno della di lui sfera giuridica nell'ordinamento generale*" (T.A.R. Lazio Roma, sez. III-ter, 13/02/2003, n. 965).

Di recente, peraltro, è stata nuovamente sottoposta alla cognizione del Giudice delle leggi la questione di legittimità costituzionale relativa alle disposizioni contemplate in seno all'art. 2, comma 1, lett. b), e comma 2, del d.l. 19 agosto 2003, n. 220, convertito in legge 17 ottobre 2003 n. 280, nella parte in cui stabiliscono che la disciplina delle questioni aventi a oggetto "i comportamenti rilevanti sul piano disciplinare e l'irrogazione ed applicazione delle relative sanzioni disciplinari sportive" (comma 1, lett. b) è riservata all'ordinamento sportivo e che in tale materia "le società, le associazioni, gli affiliati e i tesserati hanno l'onere di adire, secondo le previsioni degli statuti e regolamenti del Comitato olimpico nazionale italiano e delle Federazioni sportive di cui agli articoli 15 e 16 del decreto legislativo 23 luglio 1999 n. 242, gli organi di giustizia dell'ordinamento sportivo" (comma 2).

Le censure, sollevate in relazione agli articoli 24, 103 e 113 della Costituzione, sono state ritenute infondate e, pertanto, rigettate, confermando, per l'effetto, la sottrazione al sindacato del giudice amministrativo della competenza a conoscere, in sede di giurisdizione generale di legittimità, le controversie aventi a oggetto sanzioni disciplinari sportive incidenti su situazioni giuridicamente rilevanti per l'ordinamento statale, con conseguente difetto di giurisdizione di tipo caducatorio/annullatorio e conformativo, permanendo in capo al giudice dello Stato la sola cognizione della domanda risarcitoria.

La rimessione innanzi alla Consulta, in via incidentale, della questione di legittimità costituzionale in esame è maturata nel corso di un giudizio introitato innanzi al T.A.R. Lazio per l'annullamento, previa sospensione e con condanna al risarcimento dei danni, della decisione del Collegio di garanzia dello sport, istituito presso il Comitato olimpico nazionale italiano (CONI), che aveva confermato l'irrogazione nei confronti di un dirigente sportivo della sanzione disciplinare dell'inibizione per tre anni disposta dalla Corte federale di appello della FIGC.

Ad avviso del rimettente, le disposizioni impugnate sarebbero state contraddistinte da insuperabili – tali, in via ermeneutica – profili di illegittimità costituzionale anche alla luce dell'interpretazione offerta dalla nota sentenza n. 49 del 2011, a tenore della quale, come visto, nelle controversie aventi per oggetto sanzioni disciplinari sportive non tecniche, incidenti su situazioni soggettive rilevanti per l'ordinamento statale, è possibile proporre domanda di risarcimento del danno al giudice amministrativo in regime di giurisdizione esclusiva, mentre resta sottratta alla sua giurisdizione la tutela di annullamento.

Ciò era stato ritenuto potersi tradurre in un *vulnus* alla pienezza del diritto di difesa, in ogni stato e grado del procedimento, innanzi agli organi di giustizia amministrativa, in base al combinato disposto degli artt. 24, 103 e 113 della Costituzione, atteso che la normativa *de qua*, così come interpretata, *prima facie*, dal giudice delle leggi, avrebbe precluso al ricorrente di ottenere l'annullamento della sanzione disciplinare a lui irrogata, unico e solo rimedio che consentirebbe, in realtà, l'immediato ripristino della situazione giuridica soggettiva asseritamente lesa.

In sostanza, era stato sostenuto, la qualificazione delle decisioni disciplinari sportive come provvedimenti amministrativi, espressione dei poteri pubblici attribuiti alle federazioni sportive nazionali e al CONI, imporrebbe di qualificare in termini di interessi legittimi le situazioni soggettive da essi incise, con la conseguenza che ai loro titolari non potrebbe essere negata la tutela demolitoria davanti al giudice amministrativo, pena la violazione delle citate previsioni costituzionali in tema di garanzie giurisdizionali contro gli atti della pubblica amministrazione.

Diversamente, richiamando i contenuti della sentenza n. 49/2011, la Corte Costituzionale ha ribadito che la previsione di una «diversificata modalità di tutela giurisdizionale» dei diritti soggettivi e degli interessi legittimi limitata al risarcimento del danno per equivalente – secondo l'interpretazione offerta dal diritto vivente – è idonea a scongiurare l'illegittimità della norma censurata.

Ciò, a fronte di un non irragionevole bilanciamento degli interessi in gioco operato da parte del legislatore che induce a formulare un giudizio di compatibilità costituzionale della «*esplicita esclusione della diretta giurisdizione sugli atti attraverso i quali sono [...] irrogate le sanzioni disciplinari*» (punto 4.5. del Considerato in diritto di Corte Costituzionale n. 49/2011), esclusione che comprende la tutela reale degli interessi legittimi sui quali le sanzioni eventualmente incidano.

Cosicché è evidente che, là dove afferma che «la mancanza di un giudizio di annullamento» non vìola «quanto previsto dall'art. 24 Cost.», la sentenza n. 49 del 2011 non lascia spazio nemmeno ai diversi dubbi di legittimità per violazione degli artt. 103 e 113 Cost., i quali, secondo le parole della stessa pronuncia, costituiscono il «fondamento costituzionale» della tutela demolitoria.

Di conseguenza, pur non escludendo che le sanzioni sportive possano ledere anche situazioni giuridiche aventi consistenza di interesse legittimo, suscettive di tutela risarcitoria per equivalente nell'ambito della giurisdizione esclusiva del giudice amministrativo secondo quanto previsto dall'art. 133, comma 1, lett. z), dell'Allegato 1 al decreto legislativo 2 luglio 2010, n. 104, la riserva della potestà "demolitoria" in favore del sistema di giustizia sportiva non intacca la pienezza e l'effettività della tutela giurisdizionale degli interessi legittimi (Corte di Cassazione, sez. un., 27/12/2018, n. 33536).

Difatti, per quanto diversa rispetto a quella di annullamento in via generale assegnata al giudice amministrativo, la tutela risarcitoria risulta comunque idonea, nei casi in discussione, a corrispondere al vincolo costituzionale di necessaria protezione giurisdizionale dell'interesse legittimo.

"*La scelta legislativa che la esprime è frutto infatti del non irragionevole bilanciamento operato dal legislatore fra il menzionato principio costituzionale di pienezza ed effettività della tutela giurisdizionale e le esigenze di salvaguardia dell'autonomia dell'ordinamento sportivo – che trova ampia tutela negli artt. 2 e 18 Cost. – «bilanciamento che lo ha indotto [...] ad escludere la possibilità dell'intervento giurisdizionale maggiormente incidente» su tale autonomia, mantenendo invece ferma la tutela per equivalente*" (Corte Costituzionale, 25/06/2019, n. 160).

In definitiva, viene confermato e ribadito l'orientamento secondo il quale il giudice amministrativo possa comunque conoscere delle questioni disciplinari che riguardano diritti soggettivi o interessi legittimi poiché l'esplicita riserva a favore della giustizia sportiva, se esclude il giudizio di annullamento, non pregiudica tuttavia la facoltà di chi ritenga di essere stato leso nelle sue posizioni soggettive, ivi comprese quelle di interesse legittimo, di agire in giudizio per ottenere il risarcimento del danno.

A tali fini non opera, infatti, la riserva a favore della giustizia sportiva, davanti alla quale, del resto, la pretesa risarcitoria non potrebbe essere fatta valere.

Perplessità, però, potrebbero sorgere con riguardo alla possibile «equipollenza» tra le due forme di tutela, caducatoria e risarcitoria, in mancanza di un principio generale dell'ordinamento che lo consenta e di una «espressa scelta» del legislatore, che dovrebbe avere comunque natura eccezionale.

Del pari, la nominata "diversificata modalità di tutela giurisdizionale", consistendo in una mera attribuzione di un risarcimento, potrebbe non risultare effettivamente e pienamente satisfattiva poiché "*oltre ad essere quantomeno problematica laddove richieda la stima di danni non patrimoniali o ad insorgenza prolungata, sarebbe comunque insufficiente, per il semplice fatto di lasciare «sguarnito l'interesse sostanziale», che dell'«interesse per equivalente» sarebbe soltanto un presupposto logico*" (Spadaro, 2020, 243).

A tenore, però, della sentenza n. 49/2011, come ribadita dalla più recente pronuncia n. 160 del 2019, la soluzione ermeneutica offerta dal Giudice delle leggi non si fonda su di una presunta equiparazione dei due rimedi, che, all'evidenza, non sussiste, ma sulla non irragionevolezza dello specifico limite legislativo posto alla tutela delle posizioni soggettive lese, la cui introduzione non deve ritenersi in assoluto preclusa dalle norme costituzionali che garantiscono il diritto di difesa e il principio di effettività della tutela giurisdizionale.

In quest'ottica, si osserva, l'opzione ermeneutica secondo la quale la mancata praticabilità della tutela impugnatoria non tolga che le situazioni di diritto soggettivo o di interesse legittimo siano adeguatamente protette innanzi al giudice amministrativo mediante il ricorso al rimedio risarcitorio ha poi trovato piena conferma nella giurisprudenza amministrativa di ultima istanza, anche sul versante della piena compatibilità costituzionale di una tutela giurisdizionale che consenta unicamente di conseguire un ristoro meramente economico (cfr., in generale, sull'autonomia del mezzo impugnatorio quale strumento idoneo a soddisfare in modo adeguato la pretesa azionata anche in caso di preclusione della tutela di annullamento, Consiglio di Stato, Ad. plen., 23/03/2011, n. 3 e, con specifico riferimento alla mera tutela per equivalente in caso di sanzioni disciplinari sportive, Consiglio di Stato, 22/08/2018, n. 5019; Consiglio di Stato, 24/08/2018, n. 5046; Consiglio di Stato, 27/11/2017, n. 5554; Consiglio di Stato, 22/06/2017, n. 3065; Consiglio di Stato, 15/03/2017, n. 1173; Consiglio di Stato, 13/07/2017, n. 3458; Consiglio di Stato, 20/06/2013, n. 3368; Consiglio di Stato, sez. VI, 31/05/2013, n. 3002; Consiglio di Stato, 25/11/2008, n. 5782; Consiglio di Stato, 24/01/2012, n. 302; Consiglio di Stato, 24/09/2012, n. 5065; Consiglio di Stato, 27/11/2012, n. 5998).

Invero, la limitazione alla sola tutela per equivalente di pregiudizi difficilmente misurabili e/o coessenziali a situazioni nelle quali l'autonomia e la stabilità dei rapporti costituisce dimensione prioritaria rispetto alla tutela reale in forma specifica, in disparte il *decisum* di Corte Costituzionale n. 49/2011, è tecnica di protezione dei diritti e degli interessi assai diffusa e ritenuta pienamente legittima in numerosi e delicati comparti (Corte di Cassazione, sez. un., 13/12/2018, n. 32358; Corte di Cassazione, sez. un., 15/03/2016, n. 5072; Corte di Cassazione, sez. un., 27/12/2017, n. 30985).

Del resto, la giurisprudenza comunitaria (Corte di Giustizia UE sent. 13 maggio 2007 in causa C-432/05), nell'affermare che il modello ideale di tutela giurisdizionale effettiva costituisce un principio generale di diritto comunitario che deriva dalle tradizioni costituzionali comuni agli Stati membri, dagli artt. 6 e 13 della Convenzione europea per la salvaguardia dei diritti dell'uomo e delle libertà fondamentali e dall'art. 47 della Carta dei diritti fondamentali, proclamata a Nizza il 7 dicembre 2000, specifica che "*spetta all'ordinamento giuridico interno di ciascuno Stato membro designare i giudici competenti e stabilire le modalità procedurali dei ricorsi intesi a garantire la tutela dei diritti spettanti ai singoli in forza del diritto comunitario*" (punto 39 della sentenza della Corte di Giustizia del 13 maggio 2007 citata) potendosi ritenere la violazione di tale principio solo ove emerga "*dall'economia dell'ordinamento giuridico nazionale ... che non esiste alcun mezzo di gravame che permette, anche in via incidentale, di garantire il rispetto dei diritti spettanti ai singoli in forza del diritto comunitario*" (punto 41 della predetta sentenza; nello stesso senso Corte di Giustizia UE, 18 marzo 2010, causa C/317, punto 47; Corte di Giustizia UE,. 15 aprile 2008, causa C-268/06, punti 44 e 45).

Nella fattispecie in esame, la garanzia di effettività della tutela giurisdizionale, come postulata dalla normativa comunitaria (*rectius*: eurounitaria), deve essere ritenuta sussistente alla luce di quanto evidenziato dalla sentenza n. 49/2011 della Corte Costituzionale che, in virtù della concreta esperibilità della tutela risarcitoria, ha escluso la violazione dell'art. 24 Cost., costituente parametro di legittimità del tutto coerente e omogeneo – per contenuto – rispetto a quelli di matrice comunitaria.

Del resto, è lo stesso ordinamento comunitario – ove, peraltro, come già si è avuto modo di rilevare in precedenza, la tutela dello sport e dell'ordinamento sportivo è espressamente garantita dall'art. 165 TFUE – che ammette che la tutela giurisdizionale possa essere limitata al solo strumento risarcitorio, ove vengano in rilievo interessi di pari rilevanza rispetto alla tutela giurisdizionale stessa; esempi, in questo senso, sono rinvenibili, tra gli altri, nella normativa in materia di appalti allorché, in determinati casi, è precluso l'annullamento del contratto (Corte di Giustizia UE, sez. VI n. 448 del 04/12/2003 con riferimento all'art. 2 n. 6 Direttiva 89/665/CEE; si vedano anche il 19° e 22° Considerando e l'art. 2 – nella parte in cui introduce l'art. 2 quinquies alla direttiva 89/665/CEE – della Direttiva 2007/66/CE).

In quest'ottica, va richiamato quanto evidenziato da Consiglio di Stato, Ad. plen., 23/03/2011, n. 3 circa la configurabilità, secondo l'ordinamento comunitario, del risarcimento del danno come rimedio autonomo, anche processualmente (ma non solo), rispetto all'annullamento dell'atto amministrativo (la sentenza richiama vari precedenti tra cui Corte Giust. 28 aprile 1971, in causa C-4/69, Lutticke; Corte Giust. 2 dicembre 1971, in causa C-5/71, Actien-Zuckerfabrik; Corte Giust. 4 ottobre 1979, in cause riunite 241, 242, 245-250/78, DGV-Deutsche Getreivertretung; Corte Giust. 17 maggio 1990, in causa C-87/89, Sonito).

Orbene, al fine di fornire una più esaustiva conferma dei principi fino a questo momento evidenziati – ed ormai pacificamente acquisiti al patrimonio giuridico del vigente ordinamento – deve essere data menzione del tentativo, invero non andato a buon fine, di ricondurre in capo alla cognizione del giudice ordinario le questioni di carattere disciplinare sulla base della presunta violazione del diritto eurounitario perpetrata dal legislatore italiano mediante il d.l. n. 220/03, successivamente convertito in l. n. 280/03.

Il caso

Un dirigente sportivo operante nel settore calcistico, al quale gli organi della giustizia sportiva avevano irrogato la sanzione della radiazione a vita dalla FIGC, aveva convenuto in giudizio lo Stato italiano, in persona del Presidente del Consiglio dei Ministri, dinanzi al Tribunale di Torino, domandando di accertare l'incompatibilità con l'ordinamento comunitario, con la Carta dei diritti fondamentali dell'Unione Europea e con la Convenzione Europea dei Diritti dell'Uomo, del d.l. 19 agosto 2003, n. 220, conv. in l. 17 ottobre 2003, n. 280, che, come noto, ha riservato agli organi di giustizia sportiva la decisione delle controversie riguardanti i comportamenti rilevanti sul piano disciplinare e l'irrogazione ed applicazione delle relative sanzioni disciplinari sportive, asseritamente in violazione del principio della effettività della tutela giurisdizionale, previo eventuale rinvio pregiudiziale alla Corte di Giustizia UE.

Era stata poi avanzata anche domanda tesa ad ottenere la condanna dello Stato italiano al risarcimento dei danni sia in forma specifica, mediante la rimozione della sanzione disciplinare, sia per equivalente, con riferimento ai danni sofferti, patrimoniali e non.

Il giudice di prime cure aveva declinato la giurisdizione sulla domanda di risarcimento del danno per equivalente in favore del giudice amministrativo, ritenendo sussistente la giurisdizione esclusiva di detto plesso giurisdizionale a norma dell'art. 133, lett. z), cod. proc. amm. e, invece, riservata all'ordinamento sportivo l'invocata tutela in forma specifica.

Diversamente, la Corte d'appello di Torino aveva affermato la sussistenza della giurisdizione del giudice ordinario e rimesso la causa al primo giudice, avendo interpretato le domande come aventi ad oggetto l'accertamento della responsabilità dello Stato italiano per violazione del diritto comunitario in base ai principi elaborati dalla giurisprudenza eurounitaria a partire dalla sentenza della Corte di Giustizia UE, 19 novembre 1991, C-6/90 e C-9/90 (c.d. sentenza Francovich) e ritenuto che appartenesse al merito della decisione e non alla questione di giurisdizione il giudizio sulla fondatezza della domanda risarcitoria in forma specifica.

Esperito ricorso per cassazione, il giudice regolatore della giurisdizione ha evidenziato come, in seno all'atto introduttivo del giudizio, veniva lamentato, in particolare, non lo scorretto esercizio del potere sanzionatorio, ma l'assenza (*rectius*: la carenza) di potere degli organi della giustizia sportiva; infatti, a sostegno della duplice domanda risarcitoria proposta, l'attore aveva denunciato l'illegittimo comportamento dello Stato italiano, al quale egli imputava di essere autore di una legge (la n. 280 del 2003) in contrasto con il diritto comunitario, attribuendo agli organi della giustizia sportiva poteri che dovevano essere riservati a giudici terzi e imparziali e non agli organi interni delle associazioni sportive aderenti al CONI, ai sensi dell'art. 117 Cost. ed art. 47 della Carta dei diritti fondamentali della UE.

In tal contesto, l'esclusione della possibilità di esperire un rimedio giurisdizionale volto ad ottenere una tutela demolitoria dinanzi al giudice statale avrebbe determinato un contrasto insanabile con i principi fondamentali dell'ordinamento eurounitario (dignità umana, libertà professionale, diritto al lavoro, principio di non discriminazione, diritto all'accesso ad un ricorso effettivo dinanzi a giudice imparziale), tanto da rendere comunque necessario il rinvio pregiudiziale alla Corte di Giustizia al fine di chiarire se fosse compatibile o meno con gli artt. 1, 15, 21 e 47 della Carta dei diritti fondamentali dell'Unione Europea il diritto vivente nazionale nella parte in cui ai soggetti tesserati sportivi venga impedita la proposizione di un'azione demolitoria di fronte al giudice statale per ottenere l'annullamento delle sanzioni disciplinari sportive.

L'attore, in realtà, nel giudizio di merito, nulla ha argomentato in ordine alla sussistenza delle condizioni poste dalla giurisprudenza europea a fondamento della responsabilità dello Stato per esercizio della funzione legislativa in contrasto con il diritto dell'Unione e, cioè, che il risultato prescritto da una direttiva implichi l'attribuzione di diritti a favore dei singoli, che il contenuto di tali diritti si possa individuare sulla base delle disposizioni della stessa direttiva e che esista un nesso di causalità tra la violazione dell'obbligo a carico dello Stato e il danno subito dai soggetti lesi (Corte di Giustizia Ue, 19/11/1991 – Cause riunite C-6/90 e C-9/90).

La domanda proposta innanzi al giudice civile non era, quindi, qualificabile come diretta a richiedere l'accertamento della responsabilità dello Stato per scorretto esercizio della funzione legislativa, ma più correttamente a fare applicare il diritto comunitario nell'ordinamento interno.

È significativo che l'attore avesse sollecitato i giudici di merito a disapplicare la legge italiana perché ritenuta in contrasto con principi del diritto dell'Unione, in tal modo mostrando di volere ottenere non solo la tutela consequenziale del risarcimento del danno per equivalente, ma anche e proprio il soddisfacimento del bene della vita ritenuto conforme al diritto eurounitario, consistente nella possibilità di adire direttamente un giudice statale per chiedere l'annullamento delle sanzioni disciplinari, che è una tutela in forma specifica che, in realtà, *de iure condito*, solo gli organi della giustizia sportiva sono abilitati a rendere.

Invero, "*la possibilità di ricorrere ad un giudice dello Stato è riconosciuta ma questo non è il giudice ordinario – competente solo sui rapporti patrimoniali tra so-*

cietà, associazioni e atleti – bensì il giudice amministrativo, che è competente sulla domanda di risarcimento del danno per equivalente ed anche a pronunciarsi, nell'ambito della propria giurisdizione esclusiva, sulla doglianza di ineffettività della tutela conformata dal sistema nazionale della giustizia sportiva, in comparazione con il diritto Eurounitario, anche utilizzando se del caso lo strumento del rinvio pregiudiziale alla Corte di giustizia UE" (Corte di Cassazione, sez. un., 27/12/2018, n. 33536; Corte di Cassazione, sez. un., 09/11/2018, n. 28652).

Del resto, in consimili fattispecie, non si può ipotizzare un diniego di giustizia rilevante ai fini dell'art. 6 CEDU, quale disposizione interposta alla norma costituzionale dettata dall'art. 24, atteso che il diritto di accesso al giudice non è ostacolato dal ricorso a forme arbitrali (Corte EDU, 01/03/2016, Tabbane vs Svizzera, p. 23-36), purché il rimedio di giustizia sia effettivo e non illusorio (Corte EDU, 19/03/1997, Hornsby vs Grecia; 15/02/2006, Androsov vs Russia; 27/12/2005, Iza vs Georgia; 30/11/2005, Mykhaylenky vs Ucraina, p. 51; 24/02/2005, Plotnikovy vs Russia, p. 22; 22/02-06/06/2005, Sharenok vs Ucraina, p. 25).

Gli Stati, in verità, godono di un certo margine di apprezzamento riguardo alle limitazioni del diritto di accesso purché non compromettano l'essenza stessa del diritto, perseguano uno scopo legittimo e siano ragionevolmente proporzionali a tale scopo (Corte EDU, 29/11/2016, Lupeni Greek Catholic Parish e altri vs Romania, p. 89; 26/10/1998, Osman vs Regno Unito, p. 147; 18/02/1999, Wait & Kennedy vs Germania, p. 59; 15/09/2009, Eiffage S.A. e altri vs Svizzera).

Si tratta di requisiti pienamente rispettati dalla legge italiana, così come interpretata dalla Corte Costituzionale nella citata sentenza 11 febbraio 2011, n. 49 (Corte di Cassazione, sez. un., 13/12/2018, n. 32358).

Il problema, peraltro, è quello di stabilire se la previsione di procedimenti modellati sull'arbitrato in ambito sportivo sia in grado, sempre e comunque, di condurre ad un vero e proprio arbitrato rilevante per lo Stato (Zucconi Galli Fonseca, 2015, 51 ss.; Auletta, 2014, 641 ss.; Luiso, 2010, 3 ss.; Sandulli, 2010, 753 ss.; Zerboni, 2010, 143 ss.).

Così, *"in tema di giustizia sportiva, non sarà sufficiente riscontrare l'esistenza di una clausola compromissoria, ma occorrerà verificare se quelle clausole preludono ad una procedura e ad un risultato che lo Stato potrà riconoscere nel proprio ordinamento come un processo arbitrale ed un lodo, poiché altrimenti saremo in presenza di un quid diverso da un negozio (di risoluzione della controversia), da un lodo o da una sentenza, pur tuttavia funzionalmente volto a risolvere la lite tra una società e uno sportivo professionista"* (Valerini, 3).

6. *Rapporti associativi (endo)federali, organizzazione delle competizioni sportive e loro rilevanza al cospetto dell'ordinamento giuridico statale: le questioni amministrative*

Nell'assetto delineato dal decreto-legge 19 agosto 2003, n. 220 (Disposizioni urgenti in materia di giustizia sportiva), convertito in legge 17 ottobre

2003, n. 280, come visto, "*i rapporti tra l'ordinamento sportivo e l'ordinamento della Repubblica sono regolati in base al principio di autonomia, salvi i casi di rilevanza per l'ordinamento giuridico della Repubblica di situazioni giuridiche soggettive connesse con l'ordinamento sportivo*".

Nel solco di tale principio, è stato individuato, in via residuale, rispetto alla giurisdizione ordinaria sui rapporti patrimoniali (T.A.R. Lazio Roma, sez. I, 18/02/2019, n. 2191; Consiglio di Stato, sez. V, 23/07/2018, n. 4430) e a quella sportiva sulle questioni tecniche e disciplinari aventi rilievo esclusivamente interno, l'ambito di competenza del giudice amministrativo riguardante "*ogni altra controversia avente ad oggetto atti del Comitato olimpico nazionale italiano o delle Federazioni sportive non riservata agli organi di giustizia dell'ordinamento sportivo*".

La chiave di volta di tale sistema risiede, quindi, nell'accertamento della sussistenza, o meno, di una situazione soggettiva rilevante per l'ordinamento giuridico dello Stato a fronte della quale si giustifica ed anzi è indispensabile – pena, in senso contrario, semmai, l'incostituzionalità delle disposizioni in materia – la tutela innanzi all'autorità giurisdizionale statale.

Trattasi, in sostanza, di vicende concernenti l'esercizio delle potestà e prerogative riconosciute dall'ordinamento sportivo in favore degli organi del sistema sportivo nazionale in generale e, in particolare, delle federazioni, circa il relativo, settoriale assetto organizzativo e/o istituzionale, con specifico riguardo ai c.d. "rapporti associativi" concernenti l'affiliazione delle società, il tesseramento degli atleti, l'ammissione ai campionati, etc. etc.

Invero, si osserva, la devoluzione alla cognizione del giudice amministrativo delle questioni concernenti l'ammissione e l'affiliazione alle federazioni di società, associazioni sportive e di singoli tesserati, trae la propria *ratio* giustificatrice dalla natura amministrativa dei provvedimenti mediante i quali le federazioni esercitano poteri di carattere pubblicistico in armonia con le deliberazioni e gli indirizzi del C.O.N.I. (cfr. già prima dell'entrata in vigore della legge n. 280 del 2003, Corte di Cassazione, sez. un., 09/05/1986, n. 3092) e ciò, ovviamente, anche ai fini della proposizione in giudizio della domanda risarcitoria (Consiglio di Stato, sez. V, 23/07/2018, n. 4430; Consiglio di Stato, sez. VI, 31/05/2013, n. 3002).

Pertanto, la sussistenza della giurisdizione esclusiva del giudice amministrativo, ai sensi dell'art. 133, comma 1, lett. z), c.p.a., ricorre, in particolare, in occasione di controversie avente ad oggetto atti delle federazioni sportive nazionali di natura pubblicistica, espressione dell'esercizio del potere autoritativo di cui le federazioni sono titolari rispetto a situazioni giuridiche che non rilevano e non esauriscono i loro effetti solo entro l'ordinamento federale, ma promanano anche all'interno dell'ordinamento statale (T.A.R. Lazio Roma, sez. I, 18/02/2019, n. 2191; T.A.R. Lazio Roma, sez. I, 10/11/2016, n.

11146 – In generale, sul riparto di giurisdizione tra giudice sportivo e giudice amministrativo v. Buonfino, 2016, 56 ss.; Basilico, 2014, 647 ss.).

Di conseguenza, ad esempio, il giudice amministrativo è chiamato a conoscere le controversie insorte in occasione dello svolgimento di attività di organizzazione di competizioni sportive, posto che, in siffatte ipotesi, come si avrà modo di evidenziare meglio successivamente, la federazione agisce come organo delegato del C.O.N.I. e, dunque, partecipa della natura di ente pubblico di quest'ultimo, esercitando poteri di carattere autoritativo (T.A.R. Lazio Roma, sez. I, 07/05/2019, n. 5695 – Averardi, 2016, 40 ss.); "*in ciò è insita la loro autarchia, ossia la titolarità di potestà pubblicistiche, con conseguenti poteri di autotutela (di annullamento o di revoca di atti amministrativi viziati), di convalida e ratifica*" (Gambino, 2018, 12).

In particolare, devesi precisare che, di recente, con il decreto legge 5 ottobre 2018, n. 115, recante "Disposizioni urgenti in materia di giustizia amministrativa, di difesa erariale e per il regolare svolgimento delle competizioni sportive", pubblicato il 6 ottobre 2018 ed entrato in vigore il giorno successivo, è stata introdotta (sub lett. "z-septies") una nuova ipotesi di giurisdizione esclusiva all'elenco di cui all'art. 133, comma 1, c.p.a., avente ad oggetto "le controversie relative ai provvedimenti di ammissione ed esclusione dalle competizioni professionistiche delle società o associazioni sportive professionistiche, o comunque incidenti sulla partecipazione a competizioni professionistiche"; con riferimento a tali controversie è stata prevista, poi, la competenza funzionale inderogabile del Tribunale amministrativo regionale del Lazio, sede di Roma – ampliando le ipotesi di cui all'art. 135 c.p.a. – e l'applicazione del rito abbreviato di cui all'art. 119 c.p.a.

Il decreto legge non è stato convertito, né la comunicazione di mancata conversione contiene alcuna disciplina transitoria.

Successivamente, però, l'art. 1 della legge 30 dicembre 2018 n. 145 è nuovamente intervenuto in materia, reintroducendo disposizioni di contenuto analogo a quelle del decreto decaduto.

In particolare, il comma 647 ha apportato modificazioni all'art. 3, comma 1, del decreto-legge 19 agosto 2003, n. 220, convertito dalla legge 17 ottobre 2003, n. 280, aggiungendo, questa volta nel testo della norma che delinea l'assetto dei rapporti tra giurisdizione statale e ordinamento sportivo, la previsione della giurisdizione esclusiva del giudice amministrativo e della competenza funzionale inderogabile del Tribunale amministrativo regionale del Lazio, con sede in Roma, sulle controversie aventi ad oggetto i provvedimenti di ammissione ed esclusione dalle competizioni professionistiche delle società o associazioni sportive professionistiche, o comunque incidenti sulla partecipazione a competizioni professionistiche; è stata ribadita anche l'applicazione, in questi casi, del rito speciale di cui all'art. 119 c.p.a.

In relazione a tali controversie, il legislatore ha escluso, allo stato attuale, ogni competenza degli organi di giustizia sportiva, facendo comunque salva la possibilità per il CONI e le Federazioni sportive di prevedere organi di giustizia dell'ordinamento sportivo che decidano tali questioni – anche nel merito ed in unico grado – e le cui statuizioni siano impugnabili dinanzi al tribunale amministrativo regionale del Lazio.

Invero, come si è già avuto modo di accennare, proprio il tema dell'ammissione alle – ovvero dell'esclusione dalle – competizioni sportive delle società o associazioni sportive professionistiche ha rivestito una speciale valenza in seno alla giurisprudenza amministrativa, più volte espressasi nel senso della rilevanza per l'ordinamento statale delle posizioni giuridiche soggettive compresenti in consimili vicende.

In tal senso, il Consiglio di Stato ha osservato, in particolare, che, secondo la originaria versione del decreto legge n. 220 del 2003, fra le fattispecie che, essendo inserite al comma 1 dell'art. 2, potevano considerarsi sottratte alla cognizione del giudice statale erano incluse, tra le altre, le questioni relative alla organizzazione e allo svolgimento delle attività agonistiche ed alla ammissione ad esse di squadre ed atleti.

La circostanza che, in sede di conversione del decreto legge, il legislatore abbia espunto le lettere c) e d) del comma 1 dell'art. 2, ove erano indicate le summenzionate fattispecie, come chiarito dalla stessa Corte Costituzionale nella citata sentenza 11 febbraio 2011, n. 49, induceva a ritenere, già prima della recente riforma testé accennata, che si fosse inteso ricondurle nell'ambito della giurisdizione esclusiva del giudice amministrativo.

Invero, la sottrazione dall'originario testo normativo di siffatta previsione si spiega se si considera che la possibilità, o meno, di essere ammessi a svolgere attività agonistica – disputando le gare ed i campionati organizzati dalle Federazioni sportive facenti capo al CONI – non è una situazione certo irrilevante per l'ordinamento giuridico generale e, come tale, non meritevole di tutela da parte di questo.

Si tratta di una questione riguardante l'organizzazione stessa delle manifestazioni sportive, con immediata e diretta incidenza su contrapposti fondamentali diritti di libertà, oltre che di posizioni soggettive di sicuro rilievo patrimoniale (Consiglio di Stato, 14/11/2011, n. 6010; T.A.R. Lazio Roma, sez. I, 05/12/2016, n. 12153).

Questo indirizzo, come già rilevato, si fonda sull'assunto secondo il quale nell'attività di organizzazione di competizioni nazionali le federazioni agiscono nella qualità di organi delegati del CONI e, dunque, partecipano della natura di ente pubblico di quest'ultimo, esercitando poteri di carattere autoritativo.

Peraltro, in un siffatto contesto ermeneutico, permane intonsa la garanzia di riconoscimento del principio di autonomia sportiva, posto che, come già evidenziato, le prescrizioni dettate dalla legge n. 145/2018, all'art. 1, comma 647, dopo avere attribuito al giudice amministrativo la giurisdizione esclusiva sulle controversie aventi ad oggetto i provvedimenti di ammissione ed esclusione dalle competizioni professionistiche delle società o associazioni sportive professionistiche, introducono, tuttavia, "*la possibilità che lo statuto e i regolamenti del CONI e conseguentemente delle Federazioni sportive di cui gli articoli 15 e 16 del decreto legislativo 23 luglio 1999, n. 242, prevedano organi di giustizia dell'ordinamento sportivo che, ai sensi dell'articolo 2, comma 2, del presente decreto decidono tali questioni anche nel merito ed in unico grado e le cui statuizioni, impugnabili ai sensi del precedente periodo, siano rese in via definitiva entro il termine perentorio di trenta giorni dalla pubblicazione dell'atto impugnato*".

Tale inciso permette, pertanto, di escludere una lesione effettiva e irragionevole dell'autonomia dell'ordinamento sportivo, consentendo allo stesso di autoriformarsi prevedendo apposite competenze e regole procedurali per la decisione delle controversie sull'ammissione ai campionati, in tal modo ricostituendo il meccanismo della pregiudiziale sportiva che, in difetto, avrebbe potuto essere compromesso (T.A.R. Lazio Roma, sez. I, 07/05/2019, n. 5695).

Peculiare rilevanza assume, poi, in quest'ottica, il tema delle controversie relative al c.d. "ripescaggio" nel settore del calcio professionistico in riferimento alle quali, in via preliminare, merita anzitutto evidenziare che, per comune intendimento, la fissazione dei criteri per l'avanzamento e la sostituzione delle squadre dei vari gironi rientra, giusta i principi che regolano l'ordinamento settoriale sportivo, nell'ambito della discrezionalità amministrativa della F.I.G.C. in ordine alla quale il sindacato giurisdizionale va limitato ad un mero riscontro estrinseco di ragionevolezza e di esenzione da vizi logici, senza impingere nel merito dei criteri stabiliti dalla Federazione per l'individuazione delle società chiamate, nell'organizzazione annuale dei campionati, a colmare eventuali vacanze di organico (Consiglio di Stato, sez. V, 07/09/2018, n. 5281).

Il caso

La S.S. Juve Stabia s.r.l. aveva partecipato al Campionato di calcio di Serie B 2013-2014 all'esito del quale, in conseguenza dei risultati sportivi conseguiti, era retrocessa nella Serie inferiore (Serie C).

In ragione di una "vacanza" di organico creatasi nel Campionato di Serie B (a causa della mancata ammissione della Società Siena, per carenza dei requisiti tecnici e finanziari previsti dalla normativa federale), la FIGC aveva avviato una procedura per l'integrazione del relativo organico per la stagione 2014-2015, ovvero finalizzata all'individuazione della Società da "ripescare" che avrebbe dovuto colmare la *vacatio*.

La selezione della Società da "ripescare" era stata effettuata ai sensi della normativa federale e, in particolare, del Comunicato Ufficiale FIGC n. 171/A, che prevedeva una procedura comparativa, tra le varie società interessate, condotta sulla base di una serie di criteri predefiniti (posizione nella classifica dell'ultimo Campionato di Serie B o di Serie C, tradizione storico-sportiva, bacino di utenza).

In esito a tale procedura, la FIGC aveva stilato una graduatoria finale delle 32 Società candidate, nell'ambito della quale: a) le società risultate tra il primo ed il quinto posto erano state escluse per carenza dei requisiti tecnico-finanziari; b) la Società Vicenza Calcio, classificata al sesto posto, era stata, perciò, considerata come prima utile classificata; c) la Società Juve Stabia, classificatasi all'ottavo posto, era stata considerata (attesa l'ulteriore esclusione della Società Cremonese, classificatasi al settimo posto, per carenza dei requisiti) seconda graduata.

Di conseguenza, con provvedimento in data 29 agosto 2014, il Consiglio Federale della FIGC aveva disposto il "ripescaggio" nella Serie B 2014-2015 della Società Vicenza Calcio.

All'esito di tale determinazione, la S.S. Juve Stabia s.r.l. (a ciò legittimata dalla circostanza di essere, come chiarito, collocata in una posizione in graduatoria immediatamente successiva a quella della Società Vicenza) aveva proposto ricorso innanzi al Collegio di Garanzia del CONI lamentando la violazione, in proprio danno, della normativa federale che prevedeva il c.d. "divieto di doppio ripescaggio nell'arco di cinque anni" (disposto dal Comunicato Ufficiale n. 171/A, lett. D2), in ragione del fatto che la Società Vicenza Calcio era stata già "ripescata" in Serie B nella stagione 2012-2013 e, quindi, si trovava nella situazione preclusiva ad ottenere un secondo beneficio.

In tale giudizio si erano costituite la FIGC e la Società Vicenza, le quali avevano sostenuto la legittimità del provvedimento adottato sulla base dell'assunto che questa ultima non sarebbe stata già oggetto di precedente "ripescaggio", in quanto semplicemente ammessa a Campionato di Serie B 2012-2013 per mera "sostituzione" della Società Lecce, esclusa dalla partecipazione allo stesso in forza di provvedimenti disciplinari assunti dalla Giustizia Federale della FIGC per accertamento della avvenuta commissione di un illecito sportivo integrato nel corso della precedente stagione (2010-2011).

Con decisione resa in data 7 ottobre 2014, il Collegio di Garanzia del CONI aveva rigettato il ricorso.

A questo punto, la Società Juve Stabia aveva proposto impugnativa in sede giurisdizionale dinanzi al Tribunale amministrativo del Lazio, il quale, nondimeno, con sentenza n. 6121 del 24 maggio 2017, lo aveva respinto.

Introitato gravame d'appello, il giudice amministrativo di seconde cure ha rilevato che la Federazione avesse dimostrato in giudizio di utilizzare due distinte e non omologabili procedure di integrazione degli organici:

a) il c.d. "ripescaggio" (affidato all'esperimento di apposita e formalizzata procedura selettiva, preordinata alla valorizzazione comparativa di plurimi criteri preferenziali ed operante, per prassi, per ovviare a "vacanze di organico" determinatesi all'esito delle procedure di rilascio delle Licenze Nazionali per l'ammissione al relativo campionato;

b) la "ammissione in via sostitutiva", conseguente al (mero ed automatico) "scorrimento della graduatoria" (che trova applicazione nei casi in cui vicende disciplinari abbiano inciso sulla formazione delle classifiche, determinando l'insorgenza della necessità di ripristinare, nei limiti del possibile, la regolarità della situazione competitiva).

La differenza – correlata alla evidenziata diversità dei presupposti non meno che delle alternative modalità operative – è stata ritenuta non solo perspicua, ma anche non irragionevole né illogica (cfr., da ultimo, Consiglio di Stato, sez. V, 07/09/2018, n. 5281; Consiglio di Stato, sez. V, 17/05/2018, n. 2958; T.A.R. Lazio Roma, sez. I, 05/12/2016, n. 12153), posto che:

a) nel caso di diniego di rilascio della licenza, si verifica una effettiva "vacanza di organico", poiché la società, che ha già legittimamente acquisito il titolo sportivo per partecipare al campionato di competenza, viene a perderlo in conseguenza della mancata ammissione;

b) per contro, a fronte dell'intervento di un provvedimento disciplinare, gli effetti di quest'ultimo retroagiscono sul campionato concluso, modificando "ora per allora" la classifica finale, con il che la conseguente carenza di organico è, in tal caso, meramente "virtuale", essendo la classifica destinata ad essere, per l'appunto, automaticamente rimodulata *ab origine* mediante subentro, in sostituzione della società sanzionata, della nuova squadra (Consiglio di Stato, sez. V, 07/09/2018, n. 5281; T.A.R. Lazio Roma, sez. I, 05/12/2016, n. 12153).

In definitiva, la scelta del criterio impiegato per l'integrazione del campionato non si è palesata né casuale né arbitraria, in quanto l'elemento discretivo per decidere se avrebbe dovuto essere esperita una procedura comparativa *ad hoc* (quale è il "ripescaggio") per la individuazione della squadra chiamata a colmare il vuoto di organico, ovvero provvedersi mediante mero (e vincolato) scorrimento della classifica, è stato, dunque, esclusivamente ancorato alla genesi della carenza: di ordine amministrativo nel primo caso (in quanto correlato al meccanismo di rilascio delle licenze), di ordine disciplinare nel secondo.

Si giustifica, così, la limitazione del divieto del doppio ripescaggio infraquinquennale alla fattispecie del "ripescaggio" in senso tecnico (ivi operando detta limitazione, in un contesto selettivo affidato alla valorizzazione comparativa di una pluralità di criteri, quale programmatica e ragionevole regola distributiva del beneficio promozionale); ciò che, all'evidenza, non avrebbe senso (di là dal rilievo della necessità di operare una stretta interpretazione delle misure ad esito potenzialmente estromissivo, senza conseguente possibilità di applicazione analogica od estensiva) nell'ipotesi di mero scorrimento della graduatoria, operante nei chiariti termini di automatismo ricompositivo di alterate classifiche, al quale è, in buona e definitiva sostanza, estranea la logica dell'attribuzione (e della prospettica negazione) del beneficio (Consiglio di Stato, sez. V, 07/09/2018, n. 5281).

Per inciso, si osserva che detto orientamento giurisprudenziale segna anche il passo in merito ad un'inversione di tendenza circa la sottoposizione alla cognizione del giudice amministrativo di consimili vicende; in passato, difatti, come visto, le scelte operate dalla Federazione in tema di ripescaggio (nel caso di specie, escludendolo più volte nell'arco del quinquennio solo per l'ammissione al Campionato di serie C e non anche per quelli di Serie A e B), è stata ritenuta essere decisione espressione di regole d'ordine eminentemente tecnico riguardanti questioni concernenti *"l'osservanza e l'applicazione delle norme regolamentari, organizzative e statutarie finalizzate a garantire il corretto svolgimento delle attività sportive – cioè di quelle che sono comunemente note appunto come "regole tecniche""* (T.A.R. Lazio Roma, sez. III, 07/06/2013, n. 5744).

Rientra sempre, infine, nell'ambito della giurisdizione del giudice amministrativo la controversia in cui si contesta l'elezione a una carica sociale di una federazione sportiva per ineleggibilità, incandidabilità o incompatibilità.

In dette ipotesi, infatti, non si discute del corretto risultato di una competizione e, dunque, dell'applicazione di una regola tecnica; si discute, piuttosto, della legittima investitura di organi interni di quella speciale associazione.

Non si tratta di controversie irrilevanti dal punto di vista giuridico generale, perché l'ordinamento ritiene rilevanti le vicende strutturali interne delle formazioni sociali (cfr. artt. 14 e ss. c.c.); il fatto che siano espressioni del principio di libertà associativa non impedisce, invero, che singoli loro atti possano restringere, *ultra vires*, sia l'effettiva capacità di concorrere alla vita associativa dei sodali (specialmente quando questa possa produrre effetti esterni sulla loro capacità di relazione), sia la distribuzione di responsabilità esterne, dirette o indirette, anche degli individui che vi si associano.

Peraltro, la scelta legislativa di assegnare alla giurisdizione esclusiva amministrativa la residuale tutela avverso gli «atti» delle Federazioni sportive non appare incoerente con la funzione del giudice amministrativo come giudice del pubblico potere (Corte Costituzionale, 06/07/2004, n. 204).

Infatti – è già stato accennato e si avrà modo di evidenziare meglio a breve – anche se le federazioni sportive nazionali hanno, per espressa affermazione dell'art. 15, comma 2, d.lgs. 23 luglio 1999, n. 242 (Riordino del Comitato olimpico nazionale italiano – C.O.N.I., a norma dell'art. 11 della l. 15 marzo 1997, n. 59) «natura di associazione con personalità giuridica di diritto privato» e sono dichiarate «soggette, per quanto non espressamente previsto» dallo stesso decreto, «alla disciplina del codice civile e delle relative disposizioni di attuazione», sta di fatto che il loro assetto organizzativo si integra necessariamente e bilateralmente con quello del C.O.N.I., ente pubblico che confedera le federazioni sportive; dunque, in quanto fenomeno che concorre all'organizzazione complessiva dell'attività sportiva, ha rilievo indiretto, di ordine pubblicistico, per l'ordinamento generale (Consiglio di Stato, sez. V, 07/04/2020, n. 2320 – Per un commento v. Sandulli, 2020, 1 ss. In merito, v. anche Consiglio di Stato, sez. VI, 22/06/2017, n. 3065 e, da ultimo, Consiglio di Stato, sez. V, 12/02/2019, n. 1007, che rimette alla Corte di

Giustizia dell'Unione Europea la questione pregiudiziale relativa alla possibilità di qualificare la Federazione Italiana Giuoco Calcio alla stregua di "organismo di diritto pubblico", dove si evidenziano gli elementi di intensa compenetrazione tra federazioni sportive e C.O.N.I. e l'attribuzione *ex lege* di compiti di valenza pubblicistica).

CAPITOLO III

LE FUNZIONI GIUSPUBBLICISTICHE DEL SISTEMA SPORTIVO NAZIONALE E LA SPENDITA DI POTESTÀ AMMINISTRATIVE: PROFILI SOSTANZIALI E DI GIURISDIZIONE

1. *La controversa natura giuridica delle Federazioni sportive nazionali*

Il tema della natura giuridica delle (attribuzioni riconducibili in capo alle) istituzioni ed (agli) organi del sistema sportivo nazionale rileva, invero, non solamente ai fini della possibilità di devolvere alla cognizione del giudice dello Stato le controversie relative a vicende sì insorte in seno all'ordinamento sportivo, ma, comunque, capaci di incidere su posizioni di diritto soggettivo e/o interesse legittimo, divenendo, per tale via, rilevanti per l'ordinamento giuridico statale, bensì anche in riferimento alla disciplina sostanziale applicabile ed ai limiti entro i quali circoscrivere l'autonomia e "l'autoreferenzialità" dell'ordinamento sportivo in una prospettiva di più ampio respiro, non circoscritta al solo sistema di c.d. "giustizia associativa".

Un ambito di particolare interesse, in questa direzione, è rappresentato dal corretto inquadramento della natura giuridica delle federazioni sportive, con un occhio di riguardo riservato al rispetto delle prescrizioni di legge, marcatamente di derivazione eurounitaria, dettate in materia di procedure ad evidenza pubblica, in uno con i (non certo trascurabili) profili di responsabilità (anche erariale) correlati, più in generale, all'esercizio ed alla spendita di potestà pubblicistiche.

Laddove, cioè, non si controverta in tema di regole tecniche e/o questioni di natura disciplinare, ambiti rispetto ai quali, come visto, permane comunque un margine di incertezza circa la "rilevanza assiologica" del principio di autonomia dell'ordinamento sportivo, appare doveroso vagliare l'adeguatezza di un modello ideale di disciplina che assoggetti al dettato normativo (eterodiretto) statale l'attività di enti a base associativa sì di natura privata (secondo quanto statuito, si vedrà, dallo stesso ordinamento giuridico statale), ma, sovente, chiamati ad esercitare potestà di matrice giuspubblicistica nel perseguimento e soddisfacimento di interessi pubblici, come tali appunto rilevanti anche per l'ordinamento giuridico statale.

Le federazioni sportive nazionali, associazioni con personalità giuridica di diritto privato, che non perseguono scopi di lucro, si contraddistinguono per una articolazione strutturale ed organizzativa di natura composita, posto che ad esse "*possono essere associate sia società o associazioni sportive sia, qualora lo Statuto lo preveda, singoli tesserati, dei quali sarà lo stesso Statuto a dover fissare i requisiti*" (Lubrano, Musumarra, 2017, 169).

Fermo restando il c.d. "doppio riconoscimento", il primo "ai fini sportivi" da parte del Consiglio Nazionale del CONI, cui si accompagna il riconoscimento ai sensi e per gli effetti del d.p.r. n. 361/2000 (Lubrano, Musumarra, 2017, 170), la natura giuridica delle federazioni ha da sempre costituito oggetto di ampio ed articolato dibattito, divenendo, in tema di soggettività giuridica, una delle problematiche maggiormente controverse del diritto amministrativo (Morbidelli, 1994, 331).

Per vero, "*l'attribuzione formale alle federazioni della capacità di agire nell'ordinamento come soggetti di diritto privato, tuttavia, non ha affatto escluso che la loro attività possa rivolgersi alla cura dell'interesse generale, assumendo, quindi, una dimensione sostanzialmente pubblicistica e potenzialmente assoggettabile a regole derogatorie del diritto comune*" (Averardi, 2016, 40).

La ricerca di un convincente orientamento ermeneutico idoneo a consentire di tracciare una ben delimitata linea di confine circa il regime giuridico cui assoggettare le federazioni sportive (e le molteplici attività ad esse istituzionalmente devolute), lungi dal ridursi alla individuazione di una "mera etichettatura" (Luiso, 1980, 2545), costituisce un'indagine indispensabile in vista del rinvenimento di una risposta definitiva a plurimi quesiti riguardanti profili sia di diritto sostanziale (es. l'applicazione delle norme dettate in materia di evidenza pubblica), sia, come visto, di natura processuale (correlati all'esercizio della funzione giurisdizionale statale ed alla effettività di tutela dei diritti fondamentali della persona, in uno con la loro piena giustiziabilità).

Per vero, "*l'individuazione della natura composita o mista delle federazioni sportive non offre, in sé, un criterio meccanicistico per ricondurre l'attività di queste nella sfera dell'autonomia, soggetta, quindi, al diritto privato, ovvero in quella delle finalità pubblicistiche e, dunque, sottoposta a regole di diritto amministrativo*" (Averardi, 2016, 43).

Anzi, onde poter ricercare il giusto contemperamento tra esigenze tra loro non immediatamente riducibili a sintesi e/o unità (salvaguardare, da un lato, il più possibile, l'autonomia delle federazioni sportive e, per l'effetto, dell'intero ordinamento sportivo dall'ingerenza dello Stato e, dall'altro lato, non pregiudicare l'effettivo soddisfacimento di interessi generali, correlati all'esercizio di funzioni pubblicistiche, da assistere mediante il pieno riconoscimento delle garanzie di tutela ordinariamente attivabili in seno all'ordinamento giuridico statale), si dimostra indispensabile procedere ad un'attenta disamina del dato normativo dal quale poter ritrarre la reale "*intentio*" del legislatore.

Invero, i diversi indici sintomatici della "pubblicità" di un ente, anche a base associativa, vanno apprezzati alla luce dell'idea secondo la quale non sia rinvenibile, in seno all'ordinamento giuridico statale, un'univoca nozione di pubblica amministrazione; al contrario, anche a fronte dell'esperienza maturata all'interno dell'ordinamento eurounitario (Moreno Molina, 1998, 561 ss.), spicca sempre più l'idea di un'azione amministrativa che non derivi, di necessità, immancabilmente, dalla spendita di potestà pubblicistiche d'imperio ma che possa perseguire i fini pubblici di cui risulti essere istituzionalmente depositaria anche mediante il ricorso a strumenti di diritto privato, nel quadro di un'attività amministrativa paritetica.

Del resto, "*i confini tra diritto pubblico e diritto privato sono sempre più labili, soprattutto quando gli ordinamenti giuridici attraversano fasi di profonde trasformazioni e sono chiamati a fronteggiare gravi crisi dei sistemi economici e sociali, come nell'epoca attuale*" (Napolitano, 2016, 100).

Ciò conduce ad affermare con forza il convincimento dell'esistenza di una nozione di pubblica amministrazione (e di azione amministrativa) a "geometria variabile" nel quadro di "*una vera e propria «arena delle organizzazioni», dai confini mobili, all'interno della quale si ritrovano, come in tre cerchi concentrici, gli apparati pubblici che operano in via autoritativa, le amministrazioni che ricorrono a strumenti privati e, da ultimo, i soggetti privati che svolgono funzioni pubbliche*" (Averardi, 2016, 44. In generale, v. *ex multis*: Manganaro, 2014, 45 ss.; Marchetti, 2013; Cerulli Irelli, 2011; Maltoni, 2005; Chirulli, 2005; Napolitano, 2003; Pioggia, 2001; Cassese, 2001, 601 ss.; De Leonardis, 2000).

Orbene, la vigente disciplina di riordino del Comitato olimpico nazionale (decreto legislativo 23 luglio 1999, n. 242) attribuisce espressamente a tale ente, soggetto alla vigilanza del Ministro per i beni e le attività culturali, la «personalità giuridica di diritto pubblico», la connotazione strutturale di «Confederazione delle Federazioni sportive nazionali» e il compito di curare «l'organizzazione ed il potenziamento dello sport nazionale», con particolare riguardo alla «preparazione degli atleti e l'approntamento dei mezzi idonei per le Olimpiadi e per tutte le altre manifestazioni sportive nazionali o internazionali», oltre che la tutela della salute nelle attività sportive ed il contrasto all'uso di sostanze alteranti e la diffusione della pratica sportiva (cfr. art. 2, comma 1, d.lgs. n. 242 del 1999).

"*Queste disposizioni sono espressive del principio per cui lo sport è attività di interesse pubblico generale e per tale ragione è disciplinata, promossa, stimolata e finanziata dallo Stato*" (Consiglio di Stato, sez. V, 22/06/2017, n. 3065).

In tale quadro, alle Federazioni sportive nazionali, competenti, ciascuna, per una singola disciplina sportiva e per l'organizzazione delle competizioni ad essa relative, è invece attribuita «natura di associazione con personalità giuridica di diritto privato», soggette, in via residuale (per quanto non espressamente previsto nel decreto legislativo n. 242 del 1999), «alla disciplina del codice civile e delle relative disposizioni di attuazione», con espresso divieto di perseguire scopi di lucro (cfr. art. 15, comma 2, d.lgs. n. 242 del 1999). In ciò, detta previsione normativa si discosta dalla precedente, istitutiva del Comitato olimpico nazionale italiano, che aveva diversamente qualificato le Federazioni come suoi organi (cfr. art. 5 della legge 16 febbraio 1942, n. 426, abrogata dal decreto legislativo di riordino n. 242 del 1999).

Le finalità di interesse pubblico generale sopra enunciate sono dunque realizzate da soggetti formalmente privati, seppure inquadrati in un sistema organizzativo a struttura e configurazione legale (e non espressione di autonomia privata) di ordine amministrativo.

Peraltro, malgrado l'innovazione introdotta dal d. lgs. n. 242 del 1999, tra il Comitato olimpico e le Federazioni sportive nazionali persiste un'intensa compenetrazione organica, coerente con la struttura confederale del C.O.N.I., che si manifesta, anzitutto, con la partecipazione dei presidenti delle Federazioni nell'organo deliberativo del medesimo Comitato olimpico, il Consiglio nazionale, definito «massimo organo rappresentativo dello sport italiano», cui sono attribuiti i principali poteri decisionali dell'ente pubblico di settore, oltre che il potere di elezione del presidente di quest'ultimo (cfr. artt. 4, 5 e 8 d.lgs. n. 242 del 1999). Alle Federazioni è inoltre assicurata una partecipazione alla Giunta nazionale del Comitato olimpico, la quale «esercita le funzioni di indirizzo generale dell'attività amministrativa e gestionale del CONI», attraverso l'elezione di alcuni propri rappresentanti (cfr. artt. 6 e 7 d.lgs. n. 242 del 1999).

Si è giunti, quindi, a ritenere immanente la natura tendenzialmente "ibrida" delle federazioni sportive (Cirillo, 2019, 8; Pepe, 2017, 1 ss.; Averardi, 2016, 42 s.; Pavani, 2010, 1474 ss., Napolitano, 2006, 5678 ss.; Maltoni, 2005, 215 ss.; Fracchia, 1999, 470 s.; Trivellato, 1991, 141 ss.; Frascaroli, 1990, 519 s.; Caprioli, 1989, 10 ss.; Quaranta, 1986, 174 ss.; Sensale, 1984, 490 ss.; Luiso, 1975, 198 ss.), in base ad un "*orientamento qualificabile come unanime e secondo il quale le federazioni sportive presentano un duplice aspetto, l'uno di natura pubblicistica, riconducibile all'esercizio in senso lato di funzioni pubbliche proprie del CONI, l'altro di natura privatistica collegato alle specifiche attività delle federazioni medesime, attività che in quanto autonome sono separate dalle attività di natura pubblica e fanno capo soltanto alle dette federazioni*" (Sanino, Verde, 2015, 119).

Del resto, come già rilevato, benché qualificate come associazioni private, la disciplina di riordino ha mantenuto in capo alle Federazioni sportive nazionali lo svolgimento di compiti aventi proprio «valenza pubblicistica» (cfr. art. 15, comma 1, d.lgs. n. 242 del 1999).

Questi ultimi sono individuati dall'art. 23 dello statuto del C.O.N.I. nelle attività relative: «*all'ammissione e all'affiliazione di società, di associazioni sportive e di singoli tesserati; alla revoca a qualsiasi titolo e alla modificazione dei provvedimenti di ammissione o di affiliazione; al controllo in ordine al regolare svolgimento delle competizioni e dei campionati sportivi professionistici; all'utilizzazione dei contributi pubblici; alla prevenzione e repressione del doping, nonché le attività relative alla preparazione olimpica e all'alto livello, alla formazione dei tecnici; all'utilizzazione e alla gestione degli impianti sportivi pubblici*».

Attraverso l'impiego dell'avverbio «esclusivamente», questa norma statutaria specifica che l'elencazione delle attività colà riportata è tassativa, ancorché ad esse vadano aggiunte, per vero, le altre attività il «cui carattere pubblicistico è espressamente previsto dalla legge».

Ulteriore aspetto di rilievo nell'ambito dei rapporti tra l'ente pubblico e le Federazioni sportive nazionali concerne, poi, i poteri del primo nei confronti delle seconde.

In base al citato art.15 d. lgs. n. 242 del 1999 ed allo statuto del C.O.N.I., le Federazioni:

– sono riconosciute «ai fini sportivi, dal consiglio nazionale» del C.O.N.I. (cfr. art. 15, comma 5, d.lgs. n. 242 del 1999) e, quindi, ai fini dell'attribuzione della personalità giuridica di diritto privato, secondo le norme del decreto del Presidente della Repubblica 10 febbraio 2000, n. 361;

– «svolgono l'attività sportiva in armonia con le deliberazioni e gli indirizzi del CIO, delle Federazioni internazionali e del CONI, anche in considerazione della valenza pubblicistica di specifiche tipologie di attività», come individuate dal parimenti sopra citato art. 23 dello Statuto del Comitato olimpico (cfr. art. 15, comma 1, d.lgs. n. 242 del 1999);

– hanno autonomia statutaria e regolamentare, da esercitarsi «in armonia con l'ordinamento sportivo nazionale ed internazionale» (cfr. art. 15, comma 1, d.lgs. n. 242 del 1999), e «nel rispetto dei principi fondamentali emanati dal Consiglio Nazionale» (cfr. art. 22 dello statuto del C.O.N.I.);

– sono soggette all'approvazione dei bilanci annuali da parte del Comitato olimpico, di competenza della Giunta nazionale *ex* art. 6 della detta normativa di riordino (cfr. art. 15, comma 3, d.lgs. n. 242 del 1999);

– nell'esercizio delle attività «a valenza pubblicistica», di cui all'art. 23 dello statuto del C.O.N.I., «si conformano agli indirizzi e ai controlli del CONI ed operano secondo principi di imparzialità e trasparenza», benché tale valenza pubblicistica non modifichi «l'ordinario regime di diritto privato dei singoli atti e delle situazioni giuridiche soggettive connesse» (cfr. art. 23, comma 1-bis, dello statuto);

– per quanto concerne, invece, la loro generale attività, le federazioni sono soggette al potere di vigilanza del C.O.N.I., avente ad oggetto il loro «corretto funzionamento», culminante con il potere di commissariamento al ricorrere dei casi di gravi irregolarità nella gestione o di gravi violazioni dell'ordinamento sportivo, di impossibilità di garantire il «regolare avvio e svolgimento delle competizioni sportive» (cfr. art. 23, comma 3, dello statuto).

Dalla ricognizione normativa testé svolta (comprensiva delle già citate previsioni contemplate all'art. 1, commi 1 e 2, del decreto-legge 19 agosto 2003, n. 220, all'art. art. 3, comma 1, d.l. n. 220 del 2003, come modificato dall'art. 1, comma 647, della legge 30 dicembre 2018, n. 145, ed all' art. 133, comma 1, lett. z-septies), d.lgs. n. 104 del 2010), emerge che l'approccio dell'ordinamento italiano rispetto allo sport non sia circoscritto ad un mero riconoscimento del fondamento di libertà individuale insito nella pratica sportiva agonistica, proveniente dalla società civile, ma, per le esigenze riferibili all'ordinamento giuridico generale di organizzazione del fenomeno nel suo complesso – e per la manifesta rilevanza sociale ed economica delle competizioni ad esso relative – esso vi prepone un ente pubblico, cui assegna funzioni di carattere amministrativo e poteri autoritativi.

Difatti, per la valenza pubblicistica dell'attività svolta, per la natura pubblica dei finanziamenti del C.O.N.I., per la somma dei poteri di ingerenza della parte pubblica, talmente intensi da arrivare alla misura estrema del commissariamento – e che si esplicano normalmente attraverso atti di riconoscimento, di indirizzo, di controllo dei bilanci, della gestione, dell'attività sportiva – l'attività del C.O.N.I. si inserisce a pieno titolo nell'ambito dell'azione pubblica (Consiglio di Stato, sez. VI, 28/11/2012, n. 6014; Corte dei Conti, sez. giurisd. reg. Lazio, 23 gennaio 2008, n. 120).

In tale quadro, si ribadisce, pur sussistendo, come noto, sul piano delle qualificazioni giuridiche, la vigente configurazione delle federazioni sportive alla stregua di associazioni private, è indubbio che le stesse siano chiamate a svolgere, nell'ambito delle molteplici attribuzioni loro conferite sia dall'ordinamento statale, sia dall'ordinamento sportivo, compiti ed attività definite espressamente di «valenza pubblicistica» (Consiglio di Stato, sez. V, 12/02/2019, n. 1006).

Ciò, appunto, è da imputare, ovviamente, non solo alle regole interne proprie dell'ordinamento sportivo, ma anche alle norme di diritto pubblico che disciplinano l'*agere* della pubblica amministrazione.

In merito, una questione particolarmente controversa è rappresentata dalla possibilità di ritenere se le federazioni sportive siano riconducibili, o meno, alla figura dell'organismo di diritto pubblico, cui conseguirebbe, in caso di risposta affermativa, la soggezione della relativa attività contrattuale alle regole proprie dell'evidenza pubblica e la devoluzione delle correlate controversie alla cognizione del giudice amministrativo.

2. *La rilevanza eurounitaria della natura giuridica delle federazioni sportive nazionali*

La nozione di organismo di diritto pubblico, nata nell'ordinamento comunitario e recepita in quello nazionale, ha rilevanza esclusivamente in tema di appalti pubblici di lavori, servizi e forniture, ai fini dell'osservanza della relativa normativa pubblicistica, appunto di matrice eurounitaria, da parte di soggetti che rivestano tale qualifica (Tribunale Roma, sez. II, 05/09/2018, n. 16849).

Nell'ambito della latitudine applicativa della figura soggettiva dell'organismo di diritto pubblico è possibile annoverare, ai sensi della lett. d) dell'art. 3 d.lgs. n. 50/2016, "*qualsiasi organismo, anche in forma societaria, il cui elenco non tassativo è contenuto nell'allegato IV: 1) istituito per soddisfare specificatamente esigenze di interesse generale, aventi carattere non industriale o commerciale; 2) dotato di personalità giuridica; 3) la cui attività sia finanziata in modo maggioritario dallo Stato, dagli enti pubblici territoriali o da altri organismi di diritto pubblico oppure la cui gestione sia soggetta al controllo di questi ultimi oppure il cui organo d'amministrazione, di direzione o di vigilan-*

za sia costituito da membri dei quali più della metà è designata dallo Stato, dagli enti pubblici territoriali o da altri organismi di diritto pubblico".

La nozione di «amministrazione aggiudicatrice», entro la quale si innesta quella di «organismo di diritto pubblico», deve essere interpretata in modo funzionale ed ampio alla luce degli obiettivi perseguiti dalle direttive eurounitarie dettate in materia di aggiudicazione degli appalti pubblici, volte a escludere sia il rischio che gli offerenti o candidati nazionali siano preferiti nell'attribuzione di pubbliche commesse da parte delle amministrazioni aggiudicatrici, sia la possibilità che un ente finanziato o controllato dallo Stato, dagli enti pubblici territoriali o da altri organismi di diritto pubblico si lasci guidare da considerazioni diverse da quelle economiche (Corte giustizia UE, sez. IV, 05/10/2017, n. 567).

Orbene, come visto, le federazioni sportive, dotate di personalità giuridica – ancorché di diritto privato – sono istituzionalmente deputate allo svolgimento delle funzioni di rilevanza pubblicistica elencate in seno all'art. 23 dello Statuto del C.O.N.I. di modo che la connotazione privatistica della forma associativa dalle stesse rivestite convive, per definizione, con la valenza pubblicistica di parte delle attività svolte, finalizzate a soddisfare specificatamente esigenze di interesse generale, aventi carattere non industriale o commerciale, essendo le stesse, come visto, enti senza fini di lucro deputati al controllo del regolare svolgimento delle competizioni e dei campionati sportivi professionistici, della preparazione olimpica, dell'utilizzazione e della gestione degli impianti sportivi.

Detta considerazione soddisfa, sul punto, le coordinate ermeneutiche suggerite dalla Corte di Giustizia Ue a tenore delle quali la valutazione di detto carattere deve essere operata tenendo conto di tutti gli elementi di diritto e di fatto pertinenti, quali le circostanze che hanno presieduto alla creazione dell'organismo considerato e le condizioni in cui quest'ultimo esercita le attività volte a soddisfare esigenze di interesse generale, ivi compresa, in particolare, la mancanza di concorrenza sul mercato, la mancanza del perseguimento di uno scopo di lucro, la mancanza di assunzione dei rischi collegati a tale attività, nonché il finanziamento pubblico eventuale delle attività di che trattasi (Corte giustizia UE, sez. IV, 05/10/2017, n. 567).

Dato atto, pacificamente, del ricorrere dei primi due attributi richiesti al fine di annoverare un ente in seno alla categoria dogmatica dell'organismo di diritto pubblico, l'analisi deve quindi incentrarsi sulla sussistenza del requisito che prevede, in alternativa, il finanziamento in misura maggioritaria delle attività da parte dello Stato, degli enti pubblici territoriali o di altri organismi di diritto pubblico, oppure il controllo, da parte dei medesimi enti, sulla gestione, anche nella forma della designazione diretta dei componenti degli organi di amministrazione, direzione o vigilanza.

Nel caso di specie, incontestato che non si versi nell'ipotesi del finanziamento maggioritario di provenienza pubblica, in quanto il finanziamento in favore delle federazioni da parte del CONI sovente risulta essere inferiore al 50% dei fondi dalle stesse posseduti, va, pertanto, esaminato il controllo effettuato da quest'ultimo ente sulle prime.

A grandi linee, si osserva, l'elemento fondante dell'organismo di diritto pubblico è riconducibile alla rilevanza degli interessi generali perseguiti in rapporto ai quali non può venire meno una funzione amministrativa di controllo, anche qualora la gestione fosse produttiva di utili; è propria dell'Amministrazione, infatti, la cura concreta di interessi della collettività, che lo Stato ritiene corrispondenti a servizi da rendere ai cittadini e che, pertanto, ove affidati a soggetti esterni all'apparato amministrativo vero e proprio, debbono comunque rispondere a corretti parametri gestionali, anche sul piano dell'imparzialità e del buon andamento (Consiglio di Stato, sez. VI, 10/12/2015, n. 5617).

A questo riguardo, deve rilevarsi, con riferimento alla fattispecie qui di interesse, che, secondo lo Statuto del CONI, le federazioni sportive nazionali "*svolgono l'attività sportiva e le relative attività di promozione, in armonia con le deliberazioni e gli indirizzi del CIO e del CONI, anche in considerazione della rilevanza pubblicistica di specifici aspetti di tale attività. Nell'ambito dell'ordinamento sportivo, alle Federazioni sportive nazionali è riconosciuta l'autonomia tecnica, organizzativa e di gestione, sotto la vigilanza del CONI*" (cfr. art. 20, comma 4, dello Statuto C.O.N.I.).

In particolare, come già accennato, il CONI provvede al riconoscimento delle federazioni, verificando che rispondano ai seguenti requisiti: a) svolgimento, nel territorio nazionale e sul piano internazionale, di una attività sportiva, ivi inclusa la partecipazione a competizioni e l'attuazione di programmi di formazione degli atleti e dei tecnici; b) affiliazione ad una federazione internazionale riconosciuta dal CIO, ove esistente, e gestione dell'attività conformemente alla Carta Olimpica e alle regole della Federazione internazionale di appartenenza; c) ordinamento statutario e regolamentare ispirato al principio di democrazia interna; d) procedure elettorali e composizione degli organi direttivi in conformità al disposto dell'art. 16, comma 2, del decreto legislativo 23 luglio 1999, n. 242, assicurando il riconoscimento di una sola federazione sportiva nazionale per ciascuno sport (cfr. art. 21 dello Statuto CONI).

Il riconoscimento della personalità giuridica è concesso a seguito del controllo del Consiglio Nazionale del CONI e, in caso del venir meno dei requisiti sopra riportati, è revocato dallo stesso organo.

Allo stesso modo, i bilanci delle Federazioni sportive nazionali sono approvati annualmente dal Consiglio Federale e sono sottoposti alla approvazione della Giunta Nazionale del CONI.

Ancora, gli statuti delle Federazioni sportive sono approvati dalla Giunta Nazionale del CONI, che "*ne valuta la conformità alla legge, allo Statuto del CONI ed ai Principi fondamentali emanati dal Consiglio Nazionale. In caso di difformità la Giunta Nazionale rinvia alle Federazioni, entro 90 giorni dal deposito in Segreteria Generale, lo statuto per le opportune modifiche, indicandone i criteri*" (art. 22 dello Statuto); in caso di omessa modifica, la Giunta Nazionale può nominare, a tal fine, un Commissario *ad acta* e, nelle ipotesi più gravi, previa diffida, il Consiglio Nazionale può revocare il riconoscimento.

Infine, "*nell'esercizio delle attività a valenza pubblicistica...le Federazioni sportive nazionali si conformano agli indirizzi e ai controlli del CONI ed operano secondo principi di imparzialità e trasparenza*". La Giunta Nazionale, sulla base dei criteri e delle modalità stabilite dal Consiglio Nazionale, approva i bilanci delle Federazioni sportive nazionali e stabilisce i contributi finanziari in favore delle stesse, eventualmente determinando specifici vincoli di destinazione, con particolare riguardo alla promozione dello sport giovanile, alla preparazione olimpica e all'attività di alto livello, e vigila sul corretto funzionamento delle Federazioni sportive nazionali (cfr. art. 23 dello Statuto).

Orbene, dal quadro complessivo così delineato emerge che, pur essendo espressamente riconosciuta dalla legge e dallo Statuto del CONI l'autonomia delle Federazioni, il controllo esercitato dal Comitato Olimpico si concretizza nella titolarità di poteri salienti nella vita e nell'attività delle stesse a cominciare dal riconoscimento, ancorato all'analisi dei requisiti sopra elencati, per continuare con l'approvazione dello statuto e del bilancio di tali enti, fino alla verifica complessiva in ordine allo svolgimento dell'attività di promozione sportiva in armonia con le deliberazioni e gli indirizzi del CIO e del CONI.

Il complesso di tali poteri, secondo un primo approccio, sembra quindi che consenta di ritenere integrato il contenuto della nozione comunitaria di controllo recepita dal legislatore nazionale nel disciplinare la figura dell'organismo di diritto pubblico.

Infatti, se è pur vero, sul piano formale, che il finanziamento pubblico, nel caso di specie, sovente non risulti essere maggioritario, nondimeno i diffusi poteri di ingerenza, desumibili dagli elementi dianzi indicati, fanno ritenere che l'attività della Federazione sia sottoposta al controllo del sovraordinato ente pubblico CONI.

Né rileva, al riguardo, la sussistenza di una sfera di autonomia statutariamente prevista per quanto concerne l'attività di promozione sportiva e le attività connesse, o strumentali.

Detta autonomia, infatti, attiene alla fase attiva dell'esercizio delle funzioni affidate alla Federazione, ma non esclude il controllo, quale relazione interorganica nell'ambito della quale l'operato degli organi attivi può essere sindacato per valutare la relativa rispondenza alla legge, o alla convenienza amministrativa, o a regole tecniche di varia natura, relazione che non richiede un controllo di tipo strutturale, tale da configurare una significativa ingerenza nella vita dell'ente.

"*Appare evidente, dunque, come l'elemento fondante dell'organismo di diritto pubblico sia appunto quello riconducibile alla rilevanza degli interessi generali perseguiti, in rapporto ai quali non può venire meno una funzione amministrativa di controllo, anche qualora la gestione fosse produttiva di utili...è propria dell'Amministrazione, infatti, la cura concreta di interessi della collettività, che lo Stato ritiene corrispondenti a servizi da rendere ai cittadini e che pertanto, ove affidati a soggetti esterni all'apparato amministrativo vero e proprio, debbono comunque rispondere a corretti parametri gestionali, anche sul piano dell'imparzialità e del buon andamento*" (Consiglio di Stato, sez. VI, 31/10/2017, n. 5026).

Per completezza, deve comunque evidenziarsi che, anche a prescindere dalla riconducibilità delle federazioni alla figura dell'organismo di diritto pubblico, la giurisprudenza abbia comunque affermato, nel tempo, in casi analoghi, la sussistenza della giurisdizione amministrativa e la sottoposizione dell'attività contrattuale delle federazioni sportive alle regole di evidenza pubblica; è stato ritenuto, in particolare, che "*la licitazione privata con cui la Figc sceglie il contraente di un contratto atipico di sponsorizzazione della squadra nazionale di calcio non costituisce una fase della c.d. vita interna della Federazione ma rappresenta il momento in cui questa, come organo del Coni, disciplina interessi fondamentali, strettamente connessi con l'attività sportiva*" (Consiglio di Stato, sez. VI, 10/10/2002, n. 5442); nel medesimo senso, Consiglio di Stato, sez. VI, 10/09/2007, n. 4743, secondo cui "*l'attività posta in essere da una federazione sportiva volta alla individuazione e scelta del contraente per un contratto avente ad oggetto l'assicurazione, a favore di tutti i tesserati, per la responsabilità civile e gli infortuni personali derivanti dallo svolgimento di un'attività sportiva, non costituisce una fase della c.d. vita interna della Federazione stessa, ma rappresenta il momento in cui questa, quale organo del C.O.N.I., provvede alla tutela dei suoi iscritti per i rischi ai quali questi sono esposti nell'esercizio dell'attività sportiva. ... In quanto finalizzata alla realizzazione di interessi fondamentali ed istituzionali dell'attività sportiva, la Federazione agisce, dunque, quale organo del C.O.N.I., ponendo in essere atti amministrativi (e non meramente privatistici), con la conseguenza che la giurisdizione sull'eventuale controversia nascente da tale situazione deve essere riconosciuta al Giudice Amministrativo*".

Per vero, v'è chi ha sostenuto, in passato, che "*l'attribuzione legislativa della qualifica di organo del CONI per le federazioni sportive non avesse carattere generale, ma fosse, oltreché a-tecnica, funzionalmente limitata ... perciò da intendersi effettiva solo con riferimento alle finalità da queste perseguite, ma non quanto all'attività posta in essere*" (Averardi, 2016, 41. Sul punto v. anche Cassese, 1979, 117 ss.).

Ad analoga conclusione dovrebbe pervenirsi, quindi, anche laddove si voglia aderire alla tesi secondo cui le Federazioni sportive sarebbero assoggettate alle regole di evidenza pubblica sancite dal Codice dei contratti pubblici soltanto ove svolgano attività a valenza pubblicistica, mantenendo, in tutti gli altri casi, la propria natura di associazioni di diritto privato.

Tale opzione ermeneutica va, però, apprezzata alla luce dei principi già da tempo affermati dalla Corte di Giustizia, secondo la quale, in ossequio ad esigenze di certezza del diritto, nonché alla *ratio* di estendere, nei casi dubbi, le ipotesi di assoggettabilità alle regole dell'evidenza pubblica in relazione alle figure organizzative che sono comunque riconducibili all'ambito pubblicistico, una volta acclarato lo *status* di organismo di diritto pubblico di un determinato soggetto, quest'ultimo è sempre e comunque tenuto all'osservanza delle regole di evidenza pubblica e ciò non soltanto in relazione alle attività volte al soddisfacimento di "esigenze di interesse generale, aventi carattere non industriale o commerciale", ma anche con riferimento alle ulteriori attività propriamente commerciali e industriali (Corte di Giustizia CE, 15 gennaio 1998, C-44/96, Mannesmann; T.A.R. Lazio Roma, sez. I, 13/04/2018, n. 4100 – Per un commento v. Averardi, 2018, 503 ss.).

Invero, l'orientamento maturato nel 2017 innanzi al T.A.R. Lazio, in base al quale ricorrono tutti i requisiti, di matrice eurounitaria, richiesti al fine di qualificare le federazioni sportive nazionali alla stregua di organismo di diritto pubblico, è stato di recente sottoposto a revisione critica da parte del giudice di seconde cure il quale ha, infatti, in merito, rimesso alla Corte di Giustizia dell'Unione Europea molteplici questioni pregiudiziali (Consiglio di Stato, sez. V, 12/02/2019, n. 1006).

2.1. *La qualificazione delle Federazioni sportive nazionali alla stregua di organismi di diritto pubblico: questioni interpretative pendenti*

Ritenuto ovviamente pacifico, secondo l'opzione ermeneutica perorata anche dal giudice di seconde cure, il possesso della personalità giuridica, è risultato invece controverso se ricorrano nei confronti delle federazioni sportive (in specie, in capo alla F.I.G.C.) gli altri due requisiti propri dell'organismo di diritto pubblico, e cioè:

– il c.d. elemento teleologico, consistente nell'essere la stessa Federazione istituita «per soddisfare specificatamente esigenze di interesse generale, aventi carattere non industriale o commerciale»;

– il requisito dell'"influenza pubblica dominante", declinato nei confronti della F.I.G.C. nell'essere la «gestione» di quest'ultima «posta sotto la vigilanza» del Comitato olimpico.

A quest'ultimo riguardo va, infatti, precisato che la federazione calcistica italiana non beneficia di un finanziamento maggioritario da parte del C.O.N.I. – a differenza di altre Federazioni espressive di movimenti sportivi non in grado di mobilitare le risorse economiche che gravitano nel mondo del calcio, primo sport nazionale per diffusione presso il pubblico – né, tanto meno, i suoi organi sono nominati per «più della metà» dal Comitato olimpico nazionale italiano.

Circa il requisito teleologico, l'impiego del concetto di istituzione specifica e il vincolo funzionale ad interessi di carattere generale rimanda ad un atto autoritativo dei pubblici poteri che, nel caso delle federazioni sportive, non sembra ravvisabile e ciò nella misura in cui, in base alla vigente normativa di riordino del C.O.N.I., a tali organizzazioni è attribuita la natura di enti a base associativa, con personalità giuridica di diritto privato, soggetti in via residuale alle norme del codice civile (art. 15, comma 2, d.lgs. n. 242 del 1999).

"*La scelta così operata in sede legislativa, antitetica a quella invece espressa in sede di istituzione del Comitato olimpico (con l'art. 5 della sopra citata legge n. 426 del 1942), sembra muovere dal postulato per cui l'organizzazione delle singole discipline sportive, dei praticanti e delle competizioni ad essere relative è espressione propria della società civile, di cui lo Stato si limita a riconoscere le strutture appositamente costituite, secondo gli schemi procedimentali del riconoscimento della persone giuridiche private (di cui al citato d.P.R. n. 361 del 2000), sulla base di requisiti interamente predefiniti dalla legge, il cui riscontro da parte dell'autorità competente sia limitato ad un'attività di stretta ricognizione ed accertamento, senza ponderazione di interessi orientata al perseguimento delle finalità di interesse generale*" (Consiglio di Stato, sez. V, 12/02/2019, n. 1006).

Nella sua massima applicazione, elemento sintomatico di quest'impostazione è ricavabile dall'enunciato secondo cui la «valenza pubblicistica» delle attività svolte dalle Federazioni sportive, ai sensi del sopra citato art. 23 dello statuto del C.O.N.I., per la cura di interessi di carattere generale propri del mondo sportivo ed attribuiti in via istituzionale al C.O.N.I. (*ex* art. 1 del d.lgs. n. 242 del 1999) «non modifica l'ordinario regime di diritto privato dei singoli atti e delle situazioni giuridiche soggettive connesse» (art. 23, comma 1-bis, dello statuto).

Questa previsione statutaria richiamata è da collegare all'ambito della generale autonomia degli enti istituiti dalla legge ed è conseguenza immediata della loro distinta esistenza rispetto allo Stato.

"*Ma qui si inserisce un primo elemento di incertezza. Anche in quest'autonomia, l'ente resta dalla legge tenuto al perseguimento di fini di pubblico interesse indicati dalla legge stessa, che sono alla base della sua istituzione e causa dei suoi poteri autoritativi. Dunque la qualificazione formale ex lege resta in realtà non determinante per davvero attribuire o negare la natura pubblica al soggetto che è dalla legge stessa istituito. E tanto meno lo è dal punto di vista dell'applicazione degli istituti di diritto sovranazionale, in primis l'organismo di diritto pubblico, che infatti per le esigenze di uniforme applicazione nell'Unione Europea del diritto dei contratti pubblici prescinde dall'eventuale carattere privato del soggetto affidante, ed attraverso il requisito teleologico in esame impone il riguardo alla sostanza effettiva delle sue attribuzioni*" (Consiglio di Stato, sez. V, 12/02/2019, n. 1006).

Sotto il profilo in esame deve allora sottolinearsi che le attività di «valenza pubblicistica» demandate ai sensi dell'art. 23 dello statuto del C.O.N.I. alle Federazioni sportive nazionali – ammissione e affiliazione di società, associazioni sportive e singoli tesserati; controllo sul regolare svolgimento delle competizioni e dei campionati sportivi professionistici; utilizzo dei contributi pubblici e gestione degli impianti sportivi; contrasto al doping; preparazione olimpica e formazione dei tecnici – al là della loro formale qualificazione, hanno rilevanza di carattere generale, connessa con l'organizzazione dello sport a livello nazionale istituzionalmente attribuita al Comitato olimpico nazionale *ex* art. 1 d.lgs. n. 242 del 1999 (T.A.R. Veneto Venezia, sez. I, 10/06/2013, n. 797 – Porzia, 2017, 99 ss.).

"*Si tratta, inoltre, di compiti che sembrano esaurire l'intero ambito di operatività delle Federazioni e le ragioni stesse della loro costituzione. Ogni ulteriore attività appare in rapporto di strumentalità rispetto ai compiti di «valenza pubblicistica» definiti dallo statuto del Comitato olimpico nazionale, fino ad esservi attratta*" (Consiglio di Stato, sez. V, 12/02/2019, n. 1006).

Deve ancora sottolinearsi che, nello svolgimento di tali attribuzioni, le Federazioni sono tenute a conformarsi alle «deliberazioni e gli indirizzi del CIO, delle Federazioni internazionali e del CONI» e che, prima ancora, come già rilevato, esse sono soggette al riconoscimento «a fini sportivi» da parte del Comitato olimpico, pregiudiziale rispetto a quello di associazioni di diritto privato (art. 15, commi 1, 5 e 6, d.lgs. n. 242 del 1999), che potrebbe essere assimilato all'istituzione prevista nell'ambito del requisito teleologico dell'organismo di diritto pubblico.

Nella prospettiva finora descritta, va poi evidenziato che, nello svolgimento delle attività di «valenza pubblicistica», le federazioni debbono conformarsi «agli indirizzi e ai controlli del CONI» e sono vincolate al rispetto dei principi – di tipico ordine pubblicistico – della «imparzialità e trasparenza» (art. 23, comma 1-bis, dello statuto del Comitato olimpico).

Peraltro, come già rilevato, "*nella veste di ente pubblico preposto al settore il C.O.N.I. dispone di poteri di vigilanza nei confronti delle Federazioni sportive che sono in realtà assimilabili a quelli delle relazioni interorganiche interne alla persona giuridica di diritto pubblico, estrinsecantesi principalmente nell'approvazione del bilancio annuale e nel controllo sulla gestione e sul rispetto dell'ordinamento sportivo, fino al commissariamento dell'ente federale (artt. 15, comma 3, d.lgs. n. 242 del 1999 e 23, comma 3, dello statuto del C.O.N.I.)*" (Consiglio di Stato, sez. V, 12/02/2019, n. 1006).

Dal complesso di tali previsioni si ricava che, a dispetto della loro qualificazione *ex lege* come associazioni di diritto privato e del sottostante modello di organizzazione corporativa incentrato sulla libera disponibilità del fine perseguito dall'ente collettivo, nel caso delle Federazioni sportive sembra difettare quest'ultimo elemento caratteristico, a favore del carattere in realtà istituzionale ed eterodeterminato, per legge o atto dell'autorità (o degli organismi sportivi internazionali), non solo dei profili strutturali essenziali, ma anche degli ambiti principali di azione e delle modalità con cui questa deve essere svolta; "*con simmetrica eliminazione o riduzione degli spazi e della libertà organizzativa che sono propri dell'autonomia privata, la quale invece caratterizza per sua natura le effettive persone giuridiche private*" (Consiglio di Stato, sez. V, 12/02/2019, n. 1006).

Nondimeno, potrebbe porsi il dubbio che le norme in esame siano, nel complesso, strettamente funzionali ad assicurare il buon svolgimento dei compiti di valenza pubblicistica affidati alle federazioni sportive sulla base di un'elencazione tassativa e che, per le restanti attività, tra cui quelle strumentali, si riespanda una generale capacità di diritto privato, senza vincoli di perseguire esigenze di interesse generale e, pertanto, senza vincolo al rispetto dei principi di imparzialità e trasparenza enunciati nello statuto del C.O.N.I.

"*Questa considerazione potrebbe a fortiori essere predicabile nei confronti della Federazione calcistica italiana in virtù della (incontestata) sua capacità di autofinanziamento, tale da indurre a ritenere che nei suoi confronti non si pongano le esigenze del rispetto delle norme di evidenza pubblica, finalizzate a garantire l'imparziale contrattazione con il mercato di soggetti pubblici operanti secondo logiche non concorrenziali*" (Consiglio di Stato, sez. V, 12/02/2019, n. 1006).

La questione pregiudiziale di diritto sovranazionale che, pertanto, ai sensi dell'art. 267 del Trattato sul funzionamento dell'Unione Europea, si pone è:

– se, sulla base delle caratteristiche della normativa interna relativa all'ordinamento sportivo, la Federazione calcistica italiana sia qualificabile come organismo di diritto pubblico, in quanto istituito per soddisfare specificatamente esigenze di interesse generale, aventi carattere non industriale o commerciale;

– se, in particolare, ricorra il requisito teleologico dell'organismo nei confronti della Federazione, pur in assenza di un formale atto istitutivo di una pubblica amministrazione e malgrado la sua base associativa, in ragione del suo inserimento in un ordinamento di settore (sportivo) organizzato secondo modelli di stampo pubblicistico e del vincolo al rispetto dei principi e delle regole elaborate dal Comitato olimpico nazionale italiano e dagli organismi sportivi internazionali, attraverso il riconoscimento a fini sportivi da parte dell'ente pubblico nazionale;

– se, inoltre, tale requisito possa configurarsi nei confronti di una Federazione sportiva, quale la Federazione italiana giuoco calcio, dotata di capacità di autofinanziamento, rispetto ad un'attività non a valenza pubblicistica, o se, invece, debba considerarsi prevalente l'esigenza di assicurare, in ogni caso, l'applicazione delle norme di evidenza pubblica nell'affidamento a terzi di qualsiasi tipologia di contratto di tale ente (Consiglio di Stato, sez. V, 12/02/2019, n. 1006).

Ci si domanda, poi, se la Federazione italiana giuoco calcio possa considerarsi soggetta all'influenza pubblica dominante del Comitato olimpico nazionale, in virtù dei poteri poc'anzi menzionati, di riconoscimento a fini sportivi, di controllo e indirizzo sulle attività a valenza pubblicistica, e di approvazione dei bilanci e di commissariamento.

In merito, evidenziato che, secondo una data opzione ermeneutica, il rapporto sarebbe rovesciato (cfr. Corte dei conti, sez. giurisdizionali riunite, n. 31/2017/RIS del 10 ottobre 2017), quanto al requisito teleologico, sono sorte perplessità a causa:

"*– per un verso, della compenetrazione organica espressa dalla composizione dell'organo deliberativo e di quello di indirizzo e gestione del Comitato olimpico, Consiglio e Giunta nazionali, di cui agli artt. 4 – 8 d.lgs. n. 242 del 1999;*

– per altro verso, del fatto che la vigilanza su quest'ultimo ha ad oggetto il «corretto funzionamento» della Federazione in generale, per cui diversamente da quanto suppone la F.I.G.C. non è limitata ad un solo controllo di corretta gestione delle risorse pubbliche in sede di approvazione del bilancio annuale, e si può manifestare nella sua massima intensità con il commissariamento dell'ente federale in ogni caso «di accertate gravi irregolarità nella gestione o di gravi violazioni dell'ordinamento sportivo da parte degli organi federali» (art. 23, comma 3, dello statuto del C.O.N.I.);

– ed ancora a quest'ultimo riguardo, per il fatto che lo stesso potere di commissariamento è previsto quando la Federazione non sia in grado di assicurare il «regolare avvio e svolgimento delle competizioni sportive» (norma di statuto ora citata), ovvero per quell'attività federale dove l'interesse pubblico all'organizzazione del movimento sportivo nazionale si manifesta con particolare rilevanza, al punto da avere occasionato, proprio con riguardo alle competizioni calcistiche nazionali di competenza della F.I.G.C., la recente modifica in materia di rapporti tra giustizia sportiva e giustizia statale nel senso di ampliare l'ambito di operatività di quest'ultima a scapito della prima (con le modifiche introdotte dalla legge di bilancio per il 2019 in precedenza richiamate);

– ed infine, in ragione del fatto che malgrado la composizione degli organi fondamentali del Comitato olimpico, i suoi componenti sono tenuti al rispetto dei doveri d'ufficio ad essi inerenti, a prescindere dalla loro provenienza, e che il Comitato è a sua volta soggetto, ai sensi del sopra menzionato art. 13 della legge di riordino del 1999, alla vigilanza dell'autorità ministeriale, nella figura del Ministro per i beni e le attività culturali, il quale «può disporre lo scioglimento della giunta nazionale e la revoca del presidente del CONI per grave e persistente inosservanza delle disposizioni di legge e di regolamento, per gravi irregolarità amministrative, per omissione nell'esercizio delle funzioni, per gravi deficienze amministrative tali da compromettere il normale funzionamento dell'ente, ovvero per impossibilità di funzionamento degli organi dell'ente»" (Consiglio di Stato, sez. V, 12/02/2019, n. 1006).

La questione pregiudiziale di diritto sovranazionale che, pertanto, si pone è:

– se, sulla base dei rapporti giuridici tra il C.O.N.I. e la F.I.G.C., il primo disponga nei confronti della seconda di un'influenza dominante alla luce dei poteri legali di riconoscimento ai fini sportivi della società, di approvazione dei bilanci annuali e di vigilanza sulla gestione e il corretto funzionamento degli organi e di commissariamento dell'ente;

– se, per contro, tali poteri non siano sufficienti a configurare il requisito dell'influenza pubblica dominante propria dell'organismo di diritto pubblico, in ragione della qualificata partecipazione dei presidenti e dei rappresentanti delle Federazioni sportive negli organi fondamentali del Comitato olimpico (Consiglio di Stato, sez. V, 12/02/2019, n. 1006).

In merito, di recente, il 01/10/2020, sono intervenute, nelle cause riunite n. C-155/19 e C-156/19, le conclusioni generali dell'Avvocato Generale M. Campos Sanchez-Bordona a tenore delle quali sembra emergere, in prima battuta, che – ai sensi dell'art. 2, paragrafo 1, punto 4, lett. a), della direttiva 2014/24/UE del Parlamento europeo e del Consiglio, del 26 febbraio 2014, sugli appalti pubblici e che abroga la direttiva 2004/18/CE – una federazione sportiva nazionale possa essere qualificata come organismo di diritto pubblico se, oltre ad essere dotata di personalità giuridica, sia stata istituita per soddisfare specificamente esigenze di interesse generale aventi carattere non industriale o commerciale e la sua gestione sia soggetta alla vigilanza di un altro organismo di diritto pubblico, quale un comitato olimpico nazionale cui la legislazione di uno Stato membro attribuisca tale qualità.

Di conseguenza, il giudice nazionale può concludere che le federazioni sportive nazionali soddisfino esigenze di interesse generale aventi carattere non industriale o commerciale qualora le funzioni pubbliche che l'ordinamento giuridico attribuisce loro in regime di monopolio, e che costituiscono la ragion d'essere di tali enti, privi di fini di lucro, formino il nucleo fondamentale della loro azione, di modo che le altre attività presentino un carattere meramente strumentale rispetto ad essa. A tale riguardo è irrilevante che la federazione sportiva nazionale sia finanziariamente autosufficiente oppure dipenda da contributi pubblici.

Peraltro, al fine di valutare se una pubblica amministrazione, quale il comitato olimpico nazionale, eserciti la vigilanza sulle federazioni sportive nazionali, il giudice deve procedere alla valutazione del complesso dei poteri che detto comitato detiene sulla loro gestione.

Indici sintomatici del ricorrere di pregnanti poteri di controllo possono essere ritratti dal ruolo rivestito dal comitato olimpico nazionale in seno all'ordinamento (sportivo) nazionale, qualora esso:

– accordi il riconoscimento, ai fini sportivi, alle federazioni sportive nazionali previa approvazione dei loro statuti e, se del caso, possa revocarlo;
– possa rivolgere indirizzi e adottare decisioni sulle attività a valenza pubblicistica delle federazioni sportive nazionali;
– possa imporre alle federazioni sportive nazionali il rispetto delle disposizioni generali nonché degli indirizzi e delle delibere del comitato olimpico nazionale, disponendo il commissariamento di dette federazioni in caso di gravi irregolarità nella gestione o di gravi violazioni dell'ordinamento sportivo;
– vigili in modo permanente sul funzionamento delle federazioni sportive nazionali;
– approvi il bilancio di previsione, i programmi di attività e il bilancio consuntivo delle federazioni sportive nazionali, potendo nominare revisori contabili che lo rappresentino (se del caso, con maggioranza dirimente nel collegio dei revisori) in seno ai loro organi.

Infine, è stato sottolineato, la partecipazione qualificata o maggioritaria dei rappresentanti delle federazioni sportive nazionali negli organi del comitato olimpico nazionale non osta, di per sé, a che tali federazioni siano considerate organismi di diritto pubblico soggetti alla vigilanza di detto comitato.

Orbene, da ultimo, le (problematiche) questioni interpretative fin qui evidenziate sono state solo parzialmente risolte all'esito della sentenza resa da parte della Corte di Giustizia UE, in data 03/02/2021, nelle cause riunite C-155/19 e C-156/19.

Il giudice eurounitario, difatti, pur soffermandosi ampiamente sui diversi profili di interesse, offrendo all'interprete utili indicazioni in merito all'esegesi del diritto dell'Unione sulla base del quale procedere al vaglio della compatibilità, con esso, delle disposizioni normative di matrice statale colà richiamate, si è, in realtà, limitato a tracciare generali spunti ermeneutici rimettendo all'attenzione del giudice del rinvio la competenza a verificare, in concreto, il ricorrere – o meno – dei presupposti, fattuali e normativi, sussistendo i quali possa concludersi nel senso di riconoscere alle federazioni sportive nazionali (*rectius*: *in primis*, alla FIGC), la natura di organismo di diritto pubblico.

La Corte di Giustizia UE si è soffermata, in primo luogo, sul tema della possibilità di qualificare le federazioni sportive alla stregua di enti istituiti per soddisfare, specificatamente, esigenze di interesse generale, aventi carattere non industriale o commerciale, quand'anche esse non assumano le vesti di amministrazione pubblica, bensì di associazione di diritto privato, e alcune delle loro attività, per le quali siano dotate di una capacità di autofinanziamento, non siano connotate da rilevanza pubblicistica.

Sul punto, è stato precisato che "l'attività di interesse generale costituita dallo sport" viene realizzata da ciascuna delle federazioni sportive nazionali nell'ambito delle funzioni di natura pubblicistica espressamente ad esse conferite dall'art. 15, comma 1, d.lgs. n. 242/99 e tassativamente enumerate all'art. 23, comma 1, dello Statuto del CONI.

"*A questo proposito, consta che vari dei compiti elencati all'articolo 23, comma 1, dello Statuto del CONI, quali il controllo del regolare svolgimento delle competizioni e dei campionati sportivi, la prevenzione e la repressione del doping, oppure la preparazione olimpica e di alto livello, sono privi di carattere industriale o commerciale, aspetto questo la cui verifica è però riservata al giudice del rinvio. Date tali circostanze, qualora assicuri effettivamente la realizzazione di compiti siffatti, una federazione sportiva nazionale soddisfa il requisito enunciato all'articolo 2, paragrafo 1, punto 4, lettera a), della direttiva 2014/24*" (Corte di Giustizia UE, 03/02/2021, nelle cause riunite C-155/19 e C-156/19).

Siffatta conclusione non appare essere revocabile in dubbio, secondo il giudice eurounitario, in ragione della natura giuridica delle federazioni sportive, formalmente qualificate, come già rilevato, nei termini di associazioni di diritto privato, né può essere posta in discussione nemmeno in conseguenza dell'accertata coesistenza, in uno con le attività di interesse generale tassativamente elencate all'art. 23, comma 1, dello Statuto del CONI, di altre attività che possono costituire la gran parte dell'insieme delle funzioni istituzionali delle nominate formazioni sociali, il cui svolgimento, peraltro, è consentito mediante l'impiego di risorse derivanti da fonti di finanziamento autonome.

Sotto il primo profilo, difatti, "*occorre ricordare che la nozione di «organismo di diritto pubblico» deve ricevere un'interpretazione funzionale indipendente dalle modalità formali della sua attuazione, cosicché tale necessità osta a che venga operata una distinzione in base alla veste legale e al regime giuridico applicabile all'entità di cui trattasi in virtù del diritto nazionale ovvero in base alla forma giuridica delle disposizioni che istituiscono tale entità (v., in tal senso, sentenze del 10 novembre 1998, BFI Holding, C-360/96, EU:C:1998:525, punto 62; del 15 maggio 2003, Commissione/Spagna, C-214/00, EU:C:2003:276, punti 55 e 56, nonché del 12 settembre 2013, IVD, C-526/11, EU:C:2013:543, punto 21 e la giurisprudenza ivi citata)*" (Corte di Giustizia UE, 03/02/2021, nelle cause riunite C-155/19 e C-156/19).

Al contempo, si dimostra non dirimente la possibilità di riconoscere in capo alle federazioni sportive la facoltà di svolgere (anche mediante il reperimento autonomo delle risorse a ciò necessarie) attività ulteriori rispetto alle attribuzioni di cui risultino essere istituzionalmente depositarie in vista del soddisfacimento di esigenze di interesse generale, purché, ovviamente, permanga intonso il costante perseguimento dei fini pubblici la cui cura e promozione sono ad esse affidate.

Connotato da maggiore complessità rileva, diversamente, l'accertamento della sottoposizione della gestione di una federazione sportiva nazionale alla vigilanza di un'autorità pubblica, tenendo conto, in particolare, da un lato, dei poteri di cui tale autorità sia investita nei confronti degli enti a base associativa in discussione e, dall'altro lato, del fatto che gli organi collegiali di detta autorità siano composti, in via maggioritaria, da rappresentanti dell'insieme delle federazioni sportive nazionali.

Sulla base di un primo approccio, l'attenzione viene incentrata sulle funzioni e sui compiti esercitati dal CONI in applicazione della vigente normativa di settore (statale e propria dell'ordinamento sportivo, in ossequio al già più volte richiamato principio di autonomia).

All'esito della ricognizione della disciplina di che trattasi, emerge, in sostanza, che il Comitato olimpico nazionale, esercitando essenzialmente una funzione di regolazione e di coordinamento in seno al sistema sportivo nazionale, costituisce un'organizzazione di vertice da cui promanano, nei confronti delle federazioni sportive, linee guida, regole sportive, etiche e strutturali comuni, così da armonizzare la pratica sportiva in accordo con le norme internazionali, in particolare nel contesto delle competizioni e della preparazione ai Giochi olimpici.

In tale quadro, occorre d'altronde rilevare che, a norma dell'articolo 7, comma 2, lett. e), d.lgs. n. 242/99, il controllo esercitato dal CONI sulle federazioni sportive sembra essere essenzialmente limitato ai settori del regolare svolgimento delle competizioni, della preparazione olimpica, dell'attività sportiva di alto livello e dell'utilizzo dei contributi finanziari, circostanza, questa, la cui verifica il giudice eurounitario ritiene che, comunque, competa al giudice del rinvio.

Diversamente, secondo l'opzione ermeneutica perorata dalla Corte di Giustizia, non risulta che il CONI abbia il compito di regolamentare, nello specifico e in dettaglio, la pratica sportiva svolta, nel quotidiano, sia a livello amatoriale che agonistico, o di ingerirsi nella gestione concreta delle federazioni sportive nazionali e nei rapporti che esse intrattengono con le strutture di base costituite dai club, dalle associazioni e dalle altre entità soggettive, pubbliche o private, nonché con qualsiasi individuo che desideri praticare lo sport.

Questa definizione del ruolo e della missione del CONI sembra essere suffragata dall'art. 20, comma 4, dello Statuto, in virtù del quale le federazioni sportive nazionali, pur essendo tenute ad agevolare l'attività sportiva ed a compulsare le relative attività di promozione in armonia con le deliberazioni e gli indirizzi del CIO e del CONI, beneficiano, sotto la vigilanza di quest'ultimo, di un'ampia autonomia tecnica, organizzativa e di gestione nell'ambito dell'ordinamento sportivo.

Alla luce di ciò, occorre considerare che un'amministrazione pubblica, quale risulta essere il CONI, incaricata, essenzialmente, di dettare delle regole in materia sportiva, di verificare la loro corretta applicazione e di intervenire unicamente a livello dell'organizzazione delle competizioni e della preparazione olimpica, senza poter disciplinare la pratica, nel quotidiano, delle varie discipline sportive, non può essere considerata, di primo acchito, come un organo gerarchico capace di controllare e dirigere la gestione delle federazioni sportive nazionali, e ciò ancor meno nel caso in cui tali federazioni godano di effettiva e dimostrata autonomia di gestione.

Pertanto, secondo il giudice eurounitario, l'autonomia conferita alle federazioni sportive nazionali in Italia sembra dunque, in linea generale, deporre in senso contrario all'esistenza di un controllo attivo da parte del CONI sufficiente ad influire sulla gestione di una federazione sportiva nazionale (come la FIGC, segnatamente in materia di affidamento di appalti pubblici).

Ciò premesso, una presunzione siffatta può essere, tuttavia, rovesciata qualora sia dimostrato che, in concreto, le prerogative spettanti al CONI nei confronti delle federazioni sportive possano comportare l'effettiva capacità del primo di influire sulle decisioni delle seconde in ossequio ad un'interpretazione, più sostanziale che formale, dei diversi indici sintomatici che suggeriscano consimili conclusioni, che, in verità, competono, nondimeno, secondo la Corte di Giustizia UE, al giudice del rinvio.

Approccio esegetico che non può fare a meno di assumere in debita considerazione, però, molteplici profili di interesse, da apprezzare congiuntamente e non solo individualmente, in via esemplificativa enumerati da parte dello stesso giudice eurounitario.

In primo luogo, atteso che sia tributato al CONI il compito di stabilire e definire i principi fondamentali del sistema sportivo nazionale al fine di armonizzare la normativa generale cui soggiacciono tutte le federazioni sportive e di garantire che esse possano effettivamente soddisfare gli interessi pubblici di cui risultino essere depositarie, nella disciplina sportiva loro affidata, a livello nazionale e internazionale, perseguendo gli obiettivi fissati dalla legge e adottando disposizioni statutarie e regolamentari conformi a quest'ultima e al principio di democrazia interna, non risulta, *prima facie*, che il previo riconoscimento delle federazioni, ai fini sportivi, di per sé solo, permetta al CONI di esercitare, successivamente, un controllo attivo sulla gestione di tali formazioni sociali.

Del resto, punto cruciale in tema dimostra di essere la necessità di chiarire se il potere del CONI – previsto dall'art. 5, comma 2, lett. a), e dall'art. 15, comma 1, d.lgs. n. 242/99, nonché dall'art. 20, comma 4, e dall'art. 23, commi 1 *bis* e 1 *ter*, dello Statuto – di adottare, nei confronti delle federazioni sportive italiane, atti di indirizzo, deliberazioni, orientamenti e istruzioni concernenti l'esercizio dell'attività sportiva disciplinata da dette federazioni, si traduca nella capacità di emanare regole generali, ampie e astratte, ovvero orientamenti generali relativi all'organizzazione sportiva nella sua dimensione pubblica – sicché, in tal modo, il CONI non interverrebbe attivamente nella gestione di tali federazioni – oppure se, al contrario, il Comitato olimpico sia in grado di assoggettare i suddetti enti a base associativa a norme di organizzazione ed amministrazione assai dettagliate e di imporre loro un determinato assetto di gestione.

Questione interpretativa la cui soluzione, però, lungi dall'essere definita in sede eurounitaria, viene anch'essa rimessa al giudice del rinvio.

Del pari, compete al medesimo plesso giudiziario verificare se, in base all'art. 7, comma 5, lett. l), e all'art. 22, comma 5, dello Statuto del CONI, possa configurarsi in capo al Comitato olimpico nazionale, in sede di approvazione, ai fini sportivi, degli statuti delle federazioni, la facoltà di imporre l'adozione di prescrizioni volte a consentire un pervasivo condizionamento, nello svolgimento di poteri gestori, della vita e delle funzioni delle formazioni sociali in discussione, similmente all'accertamento da condurre in merito alla rilevanza degli eventuali vincoli di destinazione e d'impiego dei finanziamenti e contributi erogati dall'ente di vertice del sistema sportivo nazionale, nonché al definitivo chiarimento sulla natura del controllo – meramente contabile, o meno – svolto sui bilanci delle federazioni sportive e circa le prerogative da riconoscere nei confronti dei revisori dei conti nominati dal CONI in seno al relativo organo collegiale istituito presso ciascuna federazione.

Assunta in debita considerazione, poi, la dimensione pubblica dell'attività sportiva, centrale si dimostra il ruolo rivestito dal CONI in tema di verifica del buon funzionamento delle federazioni sportive nazionali nei settori del regolare svolgimento delle competizioni, della preparazione olimpica, dell'attività sportiva di alto livello, ivi compreso il potere di commissariare le federazioni sportive nazionali in occasione di gravi irregolarità nella gestione, di gravi violazioni dell'ordinamento sportivo, di impossibilità di funzionamento di tali enti a base associativa o di insuperabili problemi afferenti alla garanzia di regolarità delle competizioni sportive.

Infine, in ossequio ad una diversa prospettiva, rilevato che le federazioni sportive eserciterebbero, potenzialmente, a norma degli artt. 4 e 6 d.lgs. n. 242/1999, in ragione della loro partecipazione maggioritaria in seno ai principali organi collegiali deliberativi del CONI, un'influenza sull'attività del Comitato olimpico che, in tesi, controbilancerebbe il controllo dallo stesso condotto sulle formazioni sociali in discussione, occorre sottolineare come tale circostanza sarebbe pertinente soltanto qualora si potesse dimostrare che ciascuna delle federazioni sportive nazionali, considerata singolarmente, sia in grado di esercitare un'influenza significativa sul controllo di gestione svolto dal CONI nei confronti della federazione stessa, con la conseguenza che tale potere di direzione, vigilanza ed indirizzo verrebbe neutralizzato e la federazione sportiva nazionale tornerebbe così a possedere il dominio sulla propria gestione, e ciò malgrado l'influenza delle altre federazioni sportive nazionali che, a pieno titolo, sarebbero comunque legittimate ad esercitare le medesime prerogative in situazioni analoghe.

Così, in definitiva, alla luce delle superiori osservazioni, pur beneficiando del prezioso apporto esegetico offerto da parte della Corte di Giustizia, permane, ancor oggi, irrisolto il *thema decidendum* sottoposto all'attenzione del giudice euorunitario che, nondimeno evidenziando i numerosi profili interpretativi di interesse, ha rimesso al giudice del rinvio l'onere di "certificare" – o meno – la natura di organismi di diritto pubblico delle federazioni sportive, per tale via lasciando intonsa la possibilità, in un'ottica di più ampio respiro, di riconoscere in capo agli Stati membri dell'Unione la facoltà di modulare, sulla base di una grande varietà di potenziali soluzioni, natura e consistenza del principio di autonomia dell'ordinamento sportivo, declinato, in parte qua, con riferimento alla qualificazione giuridica degli organi che compongono i diversi sistemi sportivi nazionali.

Il caso

La De Vellis Servizi Globali s.r.l. ha impugnato in sede giurisdizionale amministrativa gli atti della procedura negoziata plurima, indetta dalla F.I.G.C. per l'affidamento, per la durata di un triennio, dei servizi di facchinaggio al seguito delle squadre nazionali e presso il magazzino federale di Roma, alla quale la ricorrente era stata invitata (in virtù della nota della Federazione Italiana Giuoco Calcio di prot. n. 19765 del 20 dicembre 2016). La De Vellis Servizi Globali ha contestato le modalità di svolgimento della procedura di gara sotto il profilo della violazione delle regole di pubblicità previste dal Codice dei contratti pubblici.

Il giudice adito in primo grado, dopo avere qualificato la Federazione come organismo di diritto pubblico e, pertanto, respinto, *inter alia*, l'eccezione di difetto di giurisdizione sollevata dalle parti, ha accolto il ricorso ed annullato, pertanto, l'aggiudicazione in favore della società prima graduata (T.A.R. Lazio Roma, sez. I, 13/04/2018, n. 4100).

Avverso alla nominata statuizione giudiziaria hanno proposto separati appelli la F.I.G.C. e il consorzio aggiudicatario, contestando, entrambe, che il giudice amministrativo abbia giurisdizione nella controversia in esame sulla base, in particolare, della censurata presupposta qualificazione della federazione alla stregua di organismo di diritto pubblico.

Il Consiglio di Stato, come noto, con ordinanza del 12/02/2019, n. 1006, ha rimesso la questione interpretativa della disciplina nazionale concernente la natura giuridica della FIGC, in via pregiudiziale, alla Corte di Giustizia UE che, recentemente pronunciatasi con la sentenza resa, in data 03/02/2021, nelle cause riunite C-155/19 e C-156/19, non ha, però, compiutamente risolto, in realtà, l'insieme delle perplessità ermeneutiche prospettate.

3. *L'attività sportiva universitaria tra procedure ad evidenza pubblica ed affidamento diretto della gestione degli impianti*

Acclarato il generale favore per il ricorso a procedure ad evidenza pubblica, in vista del soddisfacimento dei molteplici interessi pubblici correlati all'impiego di siffatti sistemi di scelta del contraente anche in ambito sportivo, è pur vero, però, che sussistano ipotesi particolari al ricorrere delle quali il legislatore consente di affidare la gestione e la valorizzazione di impianti sportivi mediante l'impiego di moduli di diritto privato, ovvero convenzioni, specie se siano previsti interventi volti al miglioramento della gestione e al recupero di valore del patrimonio immobiliare, anche al fine di realizzare incrementi di redditività e garantire l'ottimale utilizzo dello stesso solo laddove, però, sia possibile ravvisare l'esistenza di specifici presupposti (Coen, Zorini, 2016, 43 ss.).

È il caso, ad esempio, dei rapporti intercorrenti tra il C.U.S.I. (Centro Universitario Sportivo Italiano) ed i vari C.U.S. (Centri Universitari Sportivi) presenti all'interno dell'intero territorio nazionale, nel quadro della promozione dell'attività sportiva in ambito universitario. Finalità, questa, per nulla aliena rispetto ai compiti istituzionali degli atenei; difatti, le funzioni premi-nentemente scientifiche e didattiche dell'università non comportano l'estraneità dai suoi fini delle iniziative attinenti ad attività assistenziali e sportive a favore degli studenti. Ciò, in quanto lo stimolo ad una adeguata attività sportiva rientra nel campo di intervento di tutti gli organismi operanti nel settore dell'istruzione pubblica. (In quest'ottica, ad esempio, in passato, già prima ancora dell'affermazione del vigente modello di autonomia universitaria, è stata ritenuta legittima la concessione da parte di Università di contributi al CUS per l'organizzazione di campionati universitari e di gare internazionali di sci – Corte dei Conti, II, 24/09/1983, n. 116).

Invero, il CUSI appartiene al novero degli enti di promozione sportiva (Corte di Cassazione, sez. un., ord. 18/10/2012, n. 17846); detta qualificazione si ricava, *inter alia*, implicitamente, dal tenore dell'art. 27, comma 2, dello statuto del CONI – adottato dal Consiglio Nazionale il 23 marzo 2004 e approvato con d.m. 23 giugno 2004 – in ossequio al quale «*le disposizioni di cui al comma 1 [sui requisiti per il riconoscimento ai fini sportivi da parte del CONI] non si applicano al Centro Universitario Sportivo Italiano (CUSI) (...) di cui restano ferme la particolare posizione ed il peculiare ordinamento in considerazione delle sue finalità di sviluppo dello sport universitario*» (Consiglio di Stato, sez. VI, 08/04/2015, n. 1778; T.A.R. Abruzzo L'Aquila, sez. I, 25/01/2013, n. 69).

Il CUSI è un'associazione che opera – anche a livello internazionale – nello sport universitario sin dal dopoguerra, la cui personalità giuridica, però, è stata riconosciuta solo con d.P.R. 30 aprile 1968, n. 770.

Il CUSI, per evidenti finalità di universalità, di sostegno, di coerenza e di armonizzazione dell'attività sportiva riferibile agli studenti delle varie sedi universitarie, riunisce e coordina enti associati periferici, cioè i vari CUS, e organizza manifestazioni sportive nazionali.

In un tale configurazione strutturale associativa, *prima facie*, il CUSI appare tendenzialmente replicare – seppure secondo un criterio di articolazione territoriale anziché per discipline sportive – il carattere associativo del CONI rispetto alla varie federazioni sportive. Peraltro, il vincolo con l'ente centrale è *sui generis*, perché ciascun CUS associato e federato, poi, costituito presso un'università italiana ed avente un proprio carattere di associazione, può agire come strumento operativo del CUSI, ma, rispetto ad esso, mantiene autonomia organizzativa, finanziaria, amministrativa e patrimoniale.

Il CUSI è soggetto dell'ordinamento sportivo perché – a parte precedenti riconoscimenti ed effettive pratiche anche a livello internazionale, tra cui l'organizzazione di alcune Universiadi in Italia – il CONI, già con delibera del Consiglio nazionale 22 febbraio 1979, n. 116, lo ha riconosciuto tra gli enti di promozione sportiva.

Il CUSI, del resto, aderisce alla FISU (Federazione Internazionale Sport Universitari, che, dal 1949, promuove a livello internazionale lo sport universitario mediante le Universiadi, vale a dire le olimpiadi universitarie). E, appunto, "*così come il CONI (Comitato Olimpico Nazionale Italiano) partecipa della organizzazione alle Olimpiadi in dimensione sovranazionale, il CUSI, storicamente, partecipa all'organizzazione italiana delle Universiadi*" (Consiglio di Stato, sez. VI, 08/04/2015, n. 1778; T.A.R. Abruzzo L'Aquila, sez. I, 25/01/2013, n. 69).

Il CUSI, per le caratterizzazioni dette, ha i requisiti per l'accesso alla gestione del servizio dello sport universitario.

Nell'ambito della disciplina normativa dettata in materia di sport universitario, giova rammentare che l'art. 1 l. 28 giugno 1977, n. 394 (Potenziamento dell'attività sportiva universitaria) prevede l'istituzione, presso ciascuna università, di appositi comitati per sovraintendere agli indirizzi di gestione degli impianti sportivi ed ai programmi di sviluppo delle relative attività. Questi sono usualmente denominati "comitati per lo sport universitario". La norma ricordata stabilisce che un tale comitato sovraintende agli indirizzi di gestione degli impianti sportivi ed ai programmi di sviluppo delle relative attività, ne disciplina la composizione e ne prevede il finanziamento statale delle attività con appositi fondi ministeriali.

Nel comitato per lo sport di ogni ateneo, ai sensi dell'art. 2 l. n. 394 del 1977, partecipano di diritto gli enti sportivi universitari legalmente riconosciuti di rilievo nazionale, compreso il CUS.

L'art. 7 d.m. 18 settembre 1977 , con cui è stato emanato il Regolamento per il funzionamento dei Comitati per lo sport universitario, in attuazione della l. n. 394 del 1977, prevede che la realizzazione dei programmi sportivi e la gestione degli impianti sportivi delle università siano affidati agli enti legalmente riconosciuti che organizzano lo sport universitario su base nazionale, "mediante convenzione" da parte di ciascuna Università, sulla base di uno schema-tipo predisposto dal Ministero.

L'art. 10 del Regolamento, in sede di prima applicazione, ha riconosciuto che il CUSI fosse il solo ente in possesso dei requisiti strutturali e funzionali per la gestione in Italia della rete dello sport universitario.

Il d.m. 24 marzo 1987 ha approvato lo schema di convenzione tra il comitato per lo sport di ciascuna università e il CUSI (e i vari CUS) per la gestione dello sport universitario dei singoli atenei.

L'articolo unico, comma terzo, l. n. 429 del 1985 prevede che i fondi stanziati dalle università per lo sport siano affidati, con delibera dei consigli di amministrazione delle università, sentito il Comitato per le attività sportive, a enti, legalmente riconosciuti, che perseguono, come finalità, la pratica e la diffusione dello sport universitario e l'organizzazione di manifestazioni sportive universitarie a carattere nazionale e internazionale.

Ancora, circa il tema della connessione tra i due ordinamenti pubblici, di particolare significato è, insieme alla legge n. 394 del 1977, l'articolo unico, comma 3, l. 3 agosto 1985, n. 429 (Norme per la gestione dei contributi, di cui all' art. 11 della legge 18 dicembre 1951 n. 1551, versati dagli studenti delle università e degli istituti superiori), che ha previsto che una quota parte del contributo richiesto agli studenti delle università, pari al 50 per cento, fosse destinata ad iniziative e attività sportive universitarie.

La stessa disposizione statuisce, inoltre, che l'utilizzazione di fondi destinati alla gestione, alla manutenzione, al potenziamento e alla costruzione di impianti sportivi e a manifestazioni sportive universitarie, anche a livello nazionale ed internazionale, sia affidata dal consiglio di amministrazione, sentito il comitato di cui alla l. 28 giugno 1977, n. 394, "ad enti legalmente riconosciuti" che perseguono, come finalità, la pratica e la diffusione dello sport universitario e l'organizzazione di manifestazioni sportive universitarie a carattere nazionale ed internazionale.

"*Da tale interferenza di ordinamenti e progressiva stratificazione di norme si evince il principio – del tutto speciale rispetto alla normativa generale sui contratti pubblici e pertanto prevalente anche se antecedente – della possibilità di affidare direttamente tramite convenzione l'attività sportiva universitaria a enti di promozione sportiva istituiti presso ogni università; e – per la particolarità propria della ricordata connessione tra ordinamenti – detti enti di promozione sportiva, in possesso dei necessari previsti requisiti, sono solo e soltanto, per le singole università, i rispettivi CUS*" (Consiglio di Stato, sez. VI, 08/04/2015, n. 1778; T.A.R. Abruzzo L'Aquila, sez. I, 25/01/2013, n. 69).

In questo complessivo quadro – in particolare, dall'art. 1 l. 28 giugno 1977, n. 394 e degli artt. 4 e 5 d.m. 18 settembre 1977 – emerge insomma una posizione speciale del CUS quanto all'indirizzo generale dei programmi e alle modalità di utilizzazione degli impianti, anche se non una riserva di loro gestione che, comunque, legittima, a monte, l'affidamento diretto al locale CUS con convenzione (in tal senso, Consiglio di Stato, sez. VI, 16/12/1977, n. 1944 che richiama la l. n. 394 del 1977 e l'art. unico l. n. 429 del 1985; Consiglio di Stato, sez. VI, 29/04/2005, n. 2087 a tenore del quale l'affidatario CUS non ha qualifica di impresa e nell'affidamento diretto al CUS non ricorre una violazione della l. n. 157 del 1995 e della direttiva europea sui servizi).

Affidamento diretto il quale, però, non può esulare da quanto espressamente e tassativamente previsto dalla legislazione di settore prima brevemente indicata (concernente la gestione, manutenzione, potenziamento e costruzione di impianti sportivi e l'organizzazione di manifestazioni sportive universitarie, anche a livello nazionale ed internazionale) (Consiglio di Stato, sez. VI, 08/04/2015, n. 1778; T.A.R. Abruzzo L'Aquila, sez. I, 25/01/2013, n. 69).

"*Non appaiono, tuttavia, nel quadro suddetto elementi di doverosità: nel senso che quella descritta, che corrisponde alla destinazione dei rammentati contributi statali, è solo una via preferenziale, conforme a uno sperimentato modello seriale. La descritta specialità a quella si riferisce. Questo però non esclude che una singola università, ove motivatamente lo stimi in concreto più conveniente, può affidare – ma con le ordinarie procedure – il medesimo servizio ad altre figure. Perciò non è ravvisabile nel descritto sistema il dovere di affidare al CUSI, dunque al CUS, la gestione delle palestre per gli sport universitari*" (Consiglio di Stato, sez. VI, 08/04/2015, n. 1778; T.A.R. Abruzzo L'Aquila, sez. I, 25/01/2013, n. 69).

Esemplificativa, in questa direzione, è la determinazione di recente assunta da parte dell'Università degli Studi di Messina il cui Consiglio di Amministrazione, nella seduta del 4 settembre 2020, ha approvato lo schema di Statuto relativo alla costituenda Società Sportiva Dilettantistica a responsabilità limitata a socio unico, senza scopo di lucro, denominata "Società Sportiva Dilettantistica UNIME a.r.l. (in sigla "SSD Unime a.r.l.)", deputata alla gestione di un servizio di interesse generale ai sensi del d.lgs. n. 175/2016 consistente nello sviluppo e nella diffusione di "*attività sportiva dilettantistica connessa alla pratica dello sport, intesa come mezzo di formazione psico-fisica degli studenti e dei dipendenti dell'Università degli Studi di Messina, nonché di tutta l'utenza esterna interessata alla pratica sportiva*".

4. *La natura giuridica (delle attività) delle federazioni sportive nazionali: profili (preliminari) di responsabilità*

Una corretta e puntuale ricostruzione della natura giuridica delle federazioni sportive, in ordine ai plurimi ambiti di interesse coinvolti nell'esercizio delle attribuzioni ad esse conferite dalla legge e dalla disciplina di settore rilevante in seno all'ordinamento sportivo, conduce a valutare con attenzione i limiti entro i quali circoscrivere la titolarità di funzioni di natura pubblicistica cui correlare, *inter alia*, eventuali profili di responsabilità, anche di natura erariale.

Come si è avuto modo di sottolineare in precedenza, le federazioni sportive nazionali, già dotate di duplice veste, pubblicistica per le attività svolte quali organi del CONI e privatistica per le attività loro proprie, hanno acquisito la natura di associazione con personalità giuridica di diritto privato ai sensi dell'art. 15 del d.lgs. n. 242 del 1999, che ha riservato al CONI poteri di indirizzo e controllo in ragione della "valenza pubblicistica di specifici aspetti" dell'attività sportiva.

In sostanza, la natura pubblicistica delle federazioni appare essere strettamente interconnessa con l'esercizio delle funzioni svolte quali organi del Comitato olimpico nazionale italiano, mentre assume una connotazione eminentemente privatistica lo svolgimento delle attività proprie delle federazioni medesime nel rispetto della regolamentazione rilavante in seno all'ordinamento sportivo.

Ciò si riverbera con riguardo, almeno, a due diversi profili di interesse correlati a specifiche ipotesi di responsabilità da imputare in capo alle federazioni ed ai soggetti che in esse rivestano cariche associative.

Il primo di essi investe, direttamente, il tema dell'organizzazione delle competizioni sportive.

Invero, come già evidenziato, con la legge 16 febbraio 1942, n. 426, oggi abrogata, è stato istituito il CONI, con compiti di autogoverno dello sport italiano, individuati nell'organizzazione e potenziamento dello sport nazionale, indirizzato verso il perfezionamento atletico, stabilendo che l'Ente, nell'espletamento di tali funzioni, avrebbe coordinato e disciplinato l'attività sportiva comunque e da chiunque esercitata.

La predetta legge istitutiva non attribuiva al CONI il compito di provvedere alla complessa organizzazione di tutte le manifestazioni sportive, ma gli affidava poteri di regolamentazione e di controllo delle varie attività sportive.

Con la successiva legge 23 marzo 1981, n. 91 sono stati parzialmente modificati i rapporti tra CONI e federazioni affiliate, atteso che l'art. 14 sanciva la natura associativa delle federazioni, riconoscendo loro espressamente autonomia tecnica ed organizzativa e di gestione sotto la vigilanza dell'Ente pubblico sportivo.

Tuttavia, con l'entrata in vigore del decreto legislativo 23 luglio 1999, n. 242, anche questo articolo è stato espressamente abrogato, essendo stato previsto il riconoscimento della personalità giuridica delle federazioni, a norma dell'art. 12 del codice civile e previo riconoscimento, ai fini sportivi, da parte del consiglio nazionale (art. 15 d. lgs. n. 242 del 1999).

In particolare, le Federazioni Sportive Nazionali, enti privati di interesse pubblico, sono costituite da società e da associazioni sportive e ad esse viene accordata una piena autonomia tecnica, organizzativa e di gestione, sotto la vigilanza del CONI.

Tale potere di vigilanza, oltre a non essere compatibile con un rapporto di immedesimazione organica, denotando, piuttosto, un rapporto intersoggettivo tra il CONI – che persegue i propri fini istituzionali – e le Federazioni – con le proprie autonome finalità – postula, come detto, la duplice rilevanza delle federazioni, l'una di natura pubblicistica, riconducibile all'esercizio, in senso lato, di funzioni pubbliche proprie del CONI e l'altra di natura privatistica, connessa a specifiche attività che, in quanto autonome, sono separate dalle prime e fanno capo unicamente alle federazioni sportive, conseguendone che il C.O.N.I. non ha alcuna competenza nella organizzazione delle singole gare sportive, poiché tale attività rientra nella autonomia tecnico-organizzativa di ciascuna federazione (Corte di Cassazione, sez. un., 20/06/2006, n. 14103; Corte di Cassazione, sez. un., 12/07/1995, n. 7640).

Così, deve ritenersi sussistente la responsabilità del CONI solo nelle circostanze in cui eserciti funzioni pubbliche di controllo, se istituzionalmente demandate ad esso, mentre, in caso di attività privatistica delle federazioni sportive, la responsabilità rimane in capo alle stesse atteso che il campo delle competenze che la legge ha affidato al CONI non comporta alcuna ingerenza nell'organizzazione delle singole competizioni, altrimenti venendo ad essere privata di significato l'autonomia tecnico-organizzativa delle federazioni (Tribunale Roma, sez. II, 19/09/2011, n. 17829).

Il caso

Con atto di citazione, ritualmente notificato, la Sig.ra M. B., premettendo di svolgere attività agonistica di ginnasta, esponeva che il giorno 23/06/2003, alle ore 22.30 circa, presso il Palazzetto dello Sport di Fiuggi, nel corso dell'annuale festa della ginnastica organizzata dalla F.G.I. (Federazione Ginnastica Italiana), gareggiava nella specialità del salto dal trampolino elastico.

In tale circostanza, nel ricadere dopo un salto, a causa del cattivo stato d'uso dei tappeti elastici (eccessivamente molli e morbidi) e, in particolare, per il non corretto fissaggio, riportava lesioni personali (trauma distorsivo al ginocchio destro e la rottura dei legamenti dello stesso ginocchio) con postumi permanenti, nonché danni indiretti riconducibili allo *status* di studentessa universitaria presso l'Istituto di Scienze Motorie ed alla sua attività futura, nonché alla sua carriera di atleta.

Ritenuta sussistere la responsabilità nella produzione del sinistro sia del CONI che della F.G.I., quale federazione affiliata, per aver omesso, in qualità di organizzatori dell'evento, di vigilare sugli impianti sportivi, in particolare, essendo venuta a mancare l'adozione di ogni cautela al fine di preservare la propria integrità fisica, l'attrice citava in giudizio entrambi gli Enti innanzi al Tribunale di Roma al fine di essere risarcita dei danni subiti.

Il giudice adito, alla luce delle superiori coordinate ermeneutiche, ha accertato la responsabilità diretta della sola F.G.I. (Federazione Ginnastica Italiana) in ordine all'accaduto che doveva attribuirsi alla stessa in qualità di ente organizzatore della manifestazione sportiva e, pertanto, esclusiva diretta assuntrice dei rischi che ne potessero derivare.

Nel merito, è stato ritenuto che l'incidente *de quo* fosse imputabile all'inidoneità dei mezzi tecnici impiegati e/o alla pericolosità degli stessi, sussistendo, in consimili fattispecie, una responsabilità per colpa ascrivibile alla imprudenza o negligenza della condotta tenuta dalla federazione in occasione dell'organizzazione della singola competizione sportiva (Tribunale Roma, sez. II, 19/09/2011, n. 17829; Corte di Cassazione, 08/11/2005, n. 21664; Corte di Cassazione, 03/04/2003, n. 5136).

Diversamente, va ascritta direttamente al CONI la responsabilità conseguente alla produzione di un pregiudizio all'integrità psicofisica dell'atleta laddove esso sia eziologicamente correlato ad un difetto dei requisiti di sicurezza di un'area ove si svolge la competizione sportiva, ancorché, in siffatte ipotesi, compartecipi all'organizzazione dell'evento la singola federazione sportiva nazionale (Corte di Cassazione, sez. III, 18/08/2011, n. 17343).

Il caso

L'omologazione di una pista da sci compiuta dalla Federazione italiana sport invernali (F.I.S.I.) per accertarne, attraverso un proprio tecnico, la conformità alla regolamentazione tecnica dalla stessa dettata per le gare di sci, è direttamente imputabile al Coni, al quale sono istituzionalmente demandate le funzioni di regolamentazione, controllo e coordinamento, ai sensi dell'art. 3 l. 16 febbraio 1942 n. 426, *ratione temporis* applicabile, delle varie attività sportive che si svolgono in Italia e che esso esercita attraverso le Federazioni Nazionali, non rientrando, invece, nella autonomia tecnica ed organizzativa di ciascuna Federazione in riferimento ad una singola gara. Ne consegue che il rilascio del relativo certificato di omologazione nazionale da parte della F.I.S.I., in contrasto con le norme regolamentari di sicurezza e in assenza di prescrizioni atte ad eliminare situazioni di pericolo, rende responsabile direttamente il Coni per i danni riportati da un concorrente, partecipante ad una gara tenutasi sulla pista omologata, a seguito di incidente verificatosi proprio a causa delle anzidette carenze strutturali dell'impianto non adeguatamente rilevate e superate in occasione della verifica condotta ai fini della sua omologazione (Corte di Cassazione, sez. III, 18/08/2011, n. 17343).

4.1. *Funzioni pubblicistiche, attività di natura privata delle federazioni sportive e responsabilità erariale*

In passato, in ordine al ruolo assunto dalle federazioni nella qualità di organi del CONI, parte della giurisprudenza aveva desunto la spettanza alla Corte dei Conti della giurisdizione in ordine alla responsabilità amministrativa di coloro che avessero agito, nel vigore di tale regime, come amministratori o dipendenti dell'ente, nell'ambito delle predette attività (Corte di Cassazione, sez. un., 20/06/2006, n. 14103).

Alla luce della nuova configurazione impressa alle federazioni sportive con il D.Lgs. 23 luglio 1999, n. 242, art. 15, si ritiene attualmente che meglio si attagli l'indirizzo giurisprudenziale inaugurato con Corte di Cassazione, sez. un., 19/12/2009, n. 26806 e, poi, costantemente seguito, secondo cui esula dall'ambito della giurisdizione contabile la responsabilità degli amministratori delle "società pubbliche" quando il pregiudizio è risentito dal patrimonio di queste.

È il caso, ad esempio, delle contestazioni mosse nei riguardi di soggetti – che rivestivano cariche associative in seno ad una federazione sportiva – accusati di aver recato danno al patrimonio della federazione di appartenenza mediante l'utilizzo improprio di carte di credito, la percezione di rimborsi non dovuti, l'effettuazione di spese ingiustificate.

In tali ipotesi, poiché non è ravvisabile un diretto "danno erariale", gli strumenti di reazione sono quelli apprestati dal diritto privato: le azioni di responsabilità previste dagli artt. 2393 ss. e 2476 cod. civ., per le società, dall'art. 18 cod. civ. per le persone giuridiche private (Corte di Cassazione, sez. un., 31/07/2012, n. 13619).

Il caso

La domanda di risarcimento del danno cagionato dagli amministratori al patrimonio di una federazione (nella specie, Federazione italiana hockey e pattinaggio) – accusati di aver recato pregiudizio al patrimonio della Federazione di appartenenza mediante l'utilizzo improprio di carte di credito, la percezione di rimborsi non dovuti, l'effettuazione di spese ingiustificate – non è soggetta alla giurisdizione della Corte dei conti in quanto il rapporto di servizio attinente alle residue funzioni pubblicistiche della federazione non si trasferisce da questa ai suoi amministratori (Corte di Cassazione, sez. un., 31/07/2012, n. 13619).

4.2. *Funzioni pubblicistiche, organi federali e settore arbitrale*

Uno dei maggiori pregiudizi correlati al tradimento dei valori propri del mondo dello sport da parte di soggetti che, a vario titolo, rivestono cariche associative, svolgono una qualsivoglia pratica sportiva o compartecipano all'applicazione delle regole tecniche di gioco, è costituito dal triste fenomeno dell'alterazione dei risultati delle competizioni sportive perseguita mediante accordi fraudolenti.

Il caso maggiormente emblematico, in questa direzione, è stato certamente rappresentato, nel corso degli ultimi anni, dall'"affaire" denominato "Calciopoli" cui, *inter alia*, è stato immediatamente correlato un, tanto evidente quanto grave, pregiudizio all'immagine subito dalla FIGC (Lepore, 2014, 385 ss.; Santoro, 2012).

Le condotte lesive perpetrate si sono tradotte nella violazione, senza precedenti, dei fondamentali principi di lealtà sportiva, tenuto conto che mai l'illecito sportivo aveva toccato livelli di diffusione e di gravità quali quelli riferibili al campionato di calcio di serie A 2004-2005, nel quale sono stati coinvolti, a vario titolo, e con condotte gradualmente colpevoli, i vertici federali e del settore arbitrale, tali da investire, "in radice", la credibilità dell'intero sistema.

Il discredito del calcio italiano, ancora vivo nell'opinione pubblica, ha travalicato i confini nazionali e gli organismi deputati alla gestione delle competizioni calcistiche internazionali (FIFA, UEFA) guardano, ancora oggi, all'organizzazione calcistica italiana e ai risultati sportivi delle gare nazionali con incerta affidabilità (Corte Conti reg. Lazio, sez. giurisd., 16/10/2012, n. 993).

È stata intrapresa, di conseguenza, un'iniziativa giudiziaria innanzi alla Corte dei Conti al fine di accertare la sussistenza di specifici danni erariali ed imputare le correlate responsabilità in capo ai soggetti che, rivestendo diversi ruoli, avessero contribuito, causalmente e colpevolmente, alla produzione dei nominati pregiudizi.

Dal punto di vista soggettivo, il giudice contabile ha avuto modo di precisare che la cognizione delle condotte illecite perpetrate da parte di alcuni arbitri dovesse essere ritenuta attratta alla propria giurisdizione in considerazione non tanto dell'ormai vetusto presupposto della natura pubblica del soggetto la cui condotta debba essere vagliata, quanto sull'effettivo inserimento dello stesso nel procedimento di realizzazione di un interesse pubblico generale, attesa la funzionalizzazione del soggetto (anche privato) al perseguimento di finalità pubbliche (Corte dei Conti, sez. II Appello, 26/04/2017 n. 246; Corte Conti reg. Lazio, sez. giurisd., 16/10/2012, n. 993).

Invero, in termini generali, si osserva, è idonea a radicare la responsabilità contabile l'esistenza di una relazione funzionale tra l'autore dell'illecito causativo di danno patrimoniale – che ben può essere un soggetto privato – e l'ente pubblico danneggiato; tale relazione è configurabile non solo in presenza di un rapporto organico, ma anche quando sia ravvisabile un rapporto di servizio in senso lato, in quanto il soggetto, pur se estraneo alla P.A., venga investito, seppure in modo temporaneo e anche di fatto, dello svolgimento di una data attività della pubblica amministrazione (Corte di Cassazione, sez. un., 09/01/2019, n. 328; Corte di Cassazione, sez. un., 24/03/2017, n. 7663; Corte di Cassazione, sez. un., 19/12/2014, n. 26942; Corte di Cassazione, sez. un., 16/07/2014, n. 16240; Corte di Cassazione, sez. un., 21/05/2014, n. 11229; Corte di Cassazione, sez. un., 24/11/2009, n. 24671).

Per rapporto di servizio non si deve intendere, cioè, il solo rapporto organico o d'impiego pubblico, essendo sufficiente che il soggetto, anche privato, venga investito, per un certo periodo, in modo continuativo, di una determinata attività in favore della pubblica amministrazione e che, pertanto, s'inserisca nell'organizzazione della medesima con particolari vincoli e obblighi diretti ad assicurare la rispondenza dell'attività stessa alle esigenze generali cui è preordinata, che operi nell'iter procedimentale amministrativo e che ne divenga compartecipe effettivo (Corte di Cassazione, sez. un., 07/01/2020, n. 111; Corte Conti Calabria, sez. reg. giurisd., 26/10/2017, n. 264).

La giurisdizione del giudice contabile sussiste, quindi, tutte le volte in cui, fra il soggetto danneggiante e l'amministrazione o l'ente pubblico danneggiato, sia ravvisabile un rapporto, non solo d'impiego, in senso proprio e ristretto, ma di servizio, per tale intendendosi una relazione funzionale in virtù della quale tale soggetto, per l'attività svolta continuativamente, debba ritenersi inserito, ancorché temporaneamente e anche in via di fatto, nell'apparato organizzativo e nell'iter procedimentale dell'ente, sì da rendere il primo compartecipe dell'operato del secondo (Corte di Cassazione, sez. un., 24/3/2017, n. 7663; Corte di Cassazione, sez. un., 19/12/2014, n. 26942; Corte di Cassazione, sez. un., 16/7/2014, n. 16240; Corte di Cassazione, sez. un., 21/5/2014, n. 11229; Corte di Cassazione, sez. un., 24/11/2009, n. 24671).

In tal contesto, con specifico riguardo al ruolo rivestito dall'arbitro, organo tecnico della giustizia sportiva (De Silvestri, 1981, 22; Frascaroli, 1990, 530) ai fini della giurisdizione della Corte dei Conti, assume rilievo, in particolare, la circostanza che detta figura, "*nell'esercizio della sua funzione, dirige e controlla le gare, è cioè colui che è chiamato ad assicurarne, a tutti gli effetti, il corretto svolgimento nell'osservanza del regolamento di gioco. La compilazione del referto di gara costituisce, in tale contesto, un elemento fondamentale, in quanto è l'atto ufficiale che contiene il resoconto dei fatti salienti della partita e attesta il suo risultato, con le relative conseguenze anche con riguardo ai concorsi pronostici e alle connesse vincite*" (Corte di Cassazione, sez. un., 09/01/2019, n. 328).

Di conseguenza, egli è investito, di fatto, di un'attività avente connotazioni e finalità pubblicistiche, se non altro in quanto inserito, a pieno titolo, nell'apparato organizzativo e nel procedimento di gestione dei concorsi pronostici da parte del CONI (Corte di Cassazione, sez. un., 09/01/2019, n. 328).

Circa, poi, la risarcibilità del danno all'immagine sofferto, il giudice contabile ha avuto modo di evidenziare come da tempo la Corte di Cassazione abbia riconosciuto il pieno ristoro, *ex* art. 2059 c.c., a titolo di danno non patrimoniale, di tutti i diritti fondamentali della persona costituzionalmente garantiti (Corte di Cassazione, 31/05/2003, n. 8828; Corte di Cassazione, 31/05/2003); «*in particolare, con la sentenza 4 giugno 2007, n. 12929, la Sezione III della Cassazione ha avuto modo di precisare che "... anche nei confronti della persona giuridica e in genere dell'ente collettivo è configurabile la risarcibilità del danno non patrimoniale allorquando il fatto lesivo incida su una situazione giuridica della persona giuridica o dell'ente che sia equivalente ai diritti fondamentali della persona umana garantiti dalla Costituzione, e fra tali diritti rientra l'immagine della persona giuridica o dell'ente"; in tali casi, prosegue la pronunzia, il danno non patrimoniale "... è costituito dalla diminuzione della considerazione della persona giuridica o dell'ente nel che si esprime la sua immagine, sia sotto il profilo della incidenza negativa che tale diminuzione comporta nell'agire delle persone fisiche che ricoprano gli organi della persona giuridica o dell'ente e, quindi, nell'agire dell'ente, sia sotto il profilo della diminuzione della considerazione da parte dei consociati in genere o di settori o categorie di essi con le quali la persona giuridica o l'ente di norma interagisca. Il suddetto danno non patrimoniale va liquidato alla persona giuridica o all'ente in via equitativa, tenendo conto di tutte le circostanze del caso concreto*» (T.A.R. Sicilia Catania, sez. IV, 26/09/2013, n. 2274).

In merito, la Corte di Cassazione ha acclarato, già in passato, la giurisdizione della Corte dei Conti circa le controversie aventi ad oggetto il danno all'immagine della Pubblica Amministrazione quale "*danno conseguente alla grave perdita di prestigio e al grave detrimento dell'immagine e della personalità pubblica che, anche se non comporta una diminuzione patrimoniale diretta, è tuttavia suscettibile di una valutazione patrimoniale, sotto il profilo della spesa necessaria al ripristino del bene giuridico leso*" (Corte di Cassazione, sez. un., n. 5668/1997 e successivo consolidato indirizzo, per il quale v., tra le tante, sez. un., n. 8098/2007, n. 20886/2006, n. 14990/2005, n. 17078/2003 e n. 744/1999).

Il collegamento funzionale all'immagine pubblica dei fondamentali principi costituzionali di legalità, buon andamento e imparzialità e la grande rilevanza sociale di tale bene-valore «*offrono il senso concreto dell'attuale collocazione giurisprudenziale del pregiudizio in questione nell'ambito del "danno esistenziale"*» (Corte dei Conti, SS.RR., n. 10-QM/2003). Non solo, ma l'intrinseca sussistenza di una "spesa necessaria al ripristino del bene giuridico leso", che accompagna ogni forma di danno all'immagine pubblica che sia autenticamente tale, offre il senso concreto e sostanziale dell'inquadramento del danno stesso nella categoria del c.d. danno evento (Corte dei Conti, sez. III c. le d'appello, 21/04/2010, n. 305).

Invero, l'immagine dell'Amministrazione é compromessa in ogni occasione in cui venga a emersione una deviazione della gestione di essa rispetto ai principi di buon andamento e imparzialità contemplati dall'art. 97 della Costituzione. L'assetto dell'organizzazione e dell'azione dell'Amministrazione pervaso dal principio di trasparenza – per consentire la percezione immediata, ma anche il controllo, da parte dei consociati, della correttezza della gestione – trovano tutela nell'ordinamento giuridico con la previsione di strumenti idonei a contrastare le eventuali deviazioni al fine non solo di rimuoverle ma anche per recuperare la perdita di fiducia che, dalle stesse, possa esserne derivata.

Detto altrimenti, l'immagine della pubblica Amministrazione, basata sul rispetto dei principi costituzionali del buon andamento e della imparzialità, configura uno strumento da cui la collettività desume la correttezza dell'azione della Amministrazione stessa e, in caso di una sua violazione, rappresenta, sotto un profilo speculare, il sintomo della lesione subita e la misura per il suo integrale recupero (T.A.R. Piemonte Torino, sez. I, 08/01/2014, n. 28).

Il danno all'immagine, quindi, si realizza nella lesione del bene protetto, quale conseguenza diretta del comportamento dell'agente, in violazione degli obblighi di servizio sul medesimo gravanti (Corte dei Conti, SS.RR., n. 1/2012/QM; Corte dei Conti, sez. III appello n. 143/2009) ed in considerazione del clamore mediatico (*clamor fori*) derivante dalla condotta illecita del soggetto agente (Corte Conti Veneto, sez. reg. giurisd., 28/02/2017, n. 29).

Il danno in parola, in realtà, non investe mai soltanto i rapporti – privati – tra il dipendente (autore dell'illecito) ed i cittadini con i quali ha avuto contatti, ma coinvolge il diverso e più ampio rapporto – di diritto pubblico – che lega la comunità degli amministrati (l'intera comunità degli amministrati) alle istituzioni per le quali il dipendente medesimo ha agito.

A fronte della intervenuta lesione dell'immagine pubblica, negli amministrati – se si vuole, nello Stato Comunità – si incrinano quei naturali sentimenti di affidamento e di "appartenenza" alle istituzioni che giustificano la stessa collocazione dello Stato Apparato e degli altri Enti, e specialmente degli Enti territoriali (quali enti "esponenziali" della collettività residente nel loro territorio), tra "*le più rilevanti formazioni sociali nelle quali si svolge la personalità dell'uomo*" *ex* art. 2 Cost. (Corte dei Conti, sez. III appello n. 143/2009).

Il recupero di tali sentimenti e, con essi, il recupero dell'immagine pubblica, è essenziale per l'esistenza stessa della P.A. e impone di intervenire per ridurre – prima – ed eliminare – dopo – i danni conseguenti alla lesione della sua dignità e del suo prestigio, con ovvie implicazioni, anche di costi, per l'Erario.

Trattasi, inoltre, di danno da responsabilità contrattuale e non già extracontrattuale, da ricondurre perciò all'art. 1218 c.c. e non già al 2043 c.c. poiché interviene tra i medesimi "soggetti attivi e passivi" di un qualsivoglia altro danno erariale e in "violazione dei medesimi doveri funzionali" di servizio (Corte dei Conti, sez. III c. le d'appello, 21/04/2010, n. 305).

Peraltro, l'immagine e il prestigio della P.A., quali beni-valori coessenziali ad essa, nonché all'esercizio delle pubbliche funzioni, comportano sempre – se violati – oneri economici per il loro ripristino la cui esatta quantificazione sfugge ad una precisa determinazione, dovendosi ritenere per "costi" qualsiasi spesa sostenuta dall'Amministrazione, in quanto funzionale al buon andamento e all'imparzialità, suscettibile di concorrere al mantenimento e all'elevazione di detti beni/valori.

Di qui, la giuridica necessità di determinare l'entità del risarcimento con esclusivo riferimento alla dimensione della lesione (*recte*: perdita) dell'immagine, quale individuabile in base ai criteri "oggettivi", "soggettivi" e "sociali" (Corte dei Conti, sez. III c. le d'appello, 21/04/2010, n. 305) piuttosto che con riferimento soltanto alle somme destinate al suo relativo ripristino.

"*Del resto, quand'anche si dovessero individuare e isolare spese specificamente rivolte alla riparazione dell'immagine pubblica, non potrebbe realisticamente ritenersi che esse siano, di per sé sole, sufficienti al ripristino dell'immagine stessa dipendendo il suo integrale recupero dall'impiego di risorse molto più consistenti, articolate e trasversali volte – da un lato – ad assicurare un'adeguata reazione contro l'azione lesiva e contro il suo autore e – dall'altro – ad intraprendere attività promozionali e/o iniziative di vario genere, anche mediante apposite previsioni di bilancio, volte a restituire fiducia ai consociati e a rilanciare il prestigio dell'ente coinvolto. Trattasi, insomma, di spese che, necessarie all'integrale recupero e non alla mera riparazione del bene leso – perché l'immagine pubblica, a differenza di quella del privato, va ripristinata e non riparata – sfuggono nella determinazione del loro preciso ammontare così come le concrete modalità di ripristino sono rimesse alla discrezionalità dell'Amministrazione danneggiata e mal si prestano ad una specifica prova; gli oneri complessivi, invece, per la parte non sopportata dal responsabile restano, comunque, a carico della collettività. Di qui l'attribuzione alla Corte dei conti del potere di determinare l'entità del danno, nel chiaro – sebbene inespresso – presupposto che la Corte stessa è il giudice dell'analisi e della valutazione dei costi e delle spese dell'Amministrazione e, dunque, anche di quelle occorrenti per il ripristino dell'immagine pubblica*". (Corte dei Conti, sez. III appello n. 143/2009).

Peraltro, nel caso di danno all'immagine subito da persone giuridiche, non si ritiene sussistere la necessità di prova delle spese sostenute, in quanto la lesione della reputazione delle Amministrazioni pubbliche è considerata autonomamente indennizzabile, indipendentemente dagli effetti patrimoniali negativi che ne derivano, risarcibili eventualmente ad altro titolo (Corte dei Conti, sez. run. n. 10/2003/QM del 12/3/2003; sez. I n. 82 del 2000; n. 56 del 2003 e n. 94 del 2007; sez. II n. 298 del 2000; n. 80 del 2003 e n. 27 del 2004; sez. III n. 242 del 2000 e n. 279 2001; sez. Lombardia n. 1954 e n. 1696 del 2002, sez. Lazio n. 2464 del 2002).

Così, applicando le superiori coordinate ermeneutiche alla vicenda in esame (l'"affaire Calciopli"), il giudice contabile è pervenuto ad accertare l'esistenza di un sistema illecito di rapporti tra dirigenti di squadre di calcio, dirigenti e dipendenti federali, arbitri ed assistenti di gara ed anche esponenti del mondo giornalistico e sportivo, tutti diretti ad interferire illecitamente sul regolare andamento del campionato italiano di calcio di serie A 2004-2005.

Ciò che, come ovvio, ha ingenerato, sotto il profilo erariale, ingenti danni (da disservizio ed all'immagine), ritenuti risarcibili e, pertanto, addebitabili, a vario titolo, in funzione delle singole responsabilità di ciascuno, in capo ai diversi imputati del giudizio in discussione (Corte dei Conti, sez. II Appello, 26/04/2017 n. 246; Corte Conti reg. Lazio, sez. giurisd., 16/10/2012, n. 993).

4.3. *Principio di legalità ed attività provvedimentale: note introduttive*

Onde correttamente inquadrare i limiti di sindacato del giudice amministrativo, invocato anche solo ai fini della tutela risarcitoria, in merito alle determinazioni assunte da parte dei diversi soggetti del sistema sportivo nazionale e, in specie, dalle federazioni sportive, nella qualità di organi che compartecipano al perseguimento delle finalità istituzionali, di natura pubblicistica, affidate al C.O.N.I., giova ricordare, in termini generali, i tratti caratteristici della discrezionalità che connota l'esercizio dell'azione amministrativa *secundum constitutionem*.

In ossequio al principio di legalità, la P.A. persegue i fini determinati dall'ordinamento mediante la spendita di poteri pubblicistici il cui concreto esercizio ben può incidere, sia in senso ampliativo che, per converso, sacrificativo, sulle posizioni giuridiche soggettive vantate dai privati in vista del perseguimento del pubblico interesse alla cui tutela e promozione l'apparato amministrativo risulta essere istituzionalmente preordinato.

Inteso nella sua accezione formale, il principio di legalità esige che l'attribuzione del potere alla pubblica amministrazione trovi il suo fondamento – e, quindi, il suo limite – in una norma di rango primario la cui violazione comporta l'illegittimità dell'azione amministrativa. "*Diversamente interpretato nel suo significato sostanziale, esso richiede che l'intervento del legislatore sia diretto a determinare in concreto i presupposti, le modalità e le condizioni in presenza dei quali possano essere limitati da parte della pubblica autorità i diritti e le libertà dei singoli individui. Il principio di legalità rappresenta, dunque, un limite al potere esecutivo nell'esercizio della sua funzione amministrativa*" (Casalena 2007, 610. Sul punto v. anche Carlassare, 1990, 1 ss.; Fois, 1973, 659 ss.).

Si suole affermare, cioè, che l'*agere* della pubblica amministrazione sia teleologicamente orientato nel senso del soddisfacimento del pubblico interesse in ragione della cui salvaguardia l'ordinamento conferisce la titolarità di potestà pubblicistiche e l'attitudine del loro concreto esercizio ad incidere, eventualmente, se necessario, pregiudicandone la consistenza, sugli interessi pubblici (secondari) e/o privati rilevanti in ordine ad una data fattispecie.

I limiti entro cui perimetrare l'azione amministrativa, legalmente statuiti, conformano il concreto esercizio del pubblico potere, conferendo, a seconda dei casi, in base ad una scelta di fondo riservata appunto alla legge, un più o meno significativo margine di discrezionalità, coniugata, nelle sue diverse accezioni, nei termini di discrezionalità amministrativa c.d. pura, discrezionalità tecnica e discrezionalità c.d. mista (Caringella, 2005, 1207 ss.; Garofoli, Ferrari, 2010, 755 ss.).

Orbene, com'è noto, la discrezionalità amministrativa c.d. pura si muove entro un giudizio di natura assiologica che si traduce nella potestà di apprezzamento, commisurazione, contemperamento e bilanciamento dei diversi interessi (pubblici e/o privati) eventualmente compresenti in relazione ad una data fattispecie e capaci di interferire o, comunque, interagire, a vario titolo, con l'interesse pubblico primario direttamente perseguito dalla P.A. agente.

Invero, "*la discrezionalità amministrativa consiste in una comparazione qualitativa e quantitativa degli interessi pubblici e privati che concorrono in una situazione sociale oggettiva, in modo che ciascuno di essi venga soddisfatto secondo il valore che l'autorità ritiene abbia nella fattispecie. La discrezionalità, dunque, può essere considerata come la ponderazione comparativa tra l'interesse pubblico primario e gli interessi secondari, siano essi pubblici, collettivi o privati. È evidente che, in tal modo, la decisione della pubblica amministrazione si atteggia ad attività di scelta tra diverse possibili soluzioni, ma sempre tenendo ben presente gli schemi che impongono il perseguimento dell'interesse primario, che è naturalmente in questo caso sempre pubblico*" (Caruso, 2010, 1412).

In tal contesto, adeguato l'esercizio, in concreto, delle potestà pubblicistiche, di volta in volta conferite dalla legge, ai tradizionali canoni, *inter alia*, di:

a) imparzialità (Cfr., *ex multis*, in materia di appalti, Consiglio di Stato, sez. V, 04/05/2020, n. 2829; Consiglio di Stato, sez. III, 02/03/2020, n. 1470; Consiglio di Stato, sez. III, 24/02/2020, n. 1350; Consiglio di Stato, sez. III, 13/02/2020, n. 1172; Consiglio Stato, sez. III, 25/08/2011, n. 4809; Consiglio Stato, sez. V, 25/08/2011, n. 4806; Consiglio Stato, sez. V, 05/08/2011, n. 4713; Consiglio Stato, ad. plen., 28/07/2011, n. 13. Per un approfondimento sul rapporto tra imparzialità della P.A. e parità di genere v., poi, T.A.R. Lazio Roma, sez. II, 25/07/2011, n. 6673. Per una casistica concernente l'applicazione del principio di imparzialità in materia di concorsi pubblici v., *ex multis*: Corte di cassazione, sez. un., 13/02/2020, n. 3562; Consiglio di Stato, sez. IV, 21/10/2019, n. 7152; Consiglio di Stato, sez. IV, 15/10/2019,

n. 7003; T.A.R. Lazio Roma, sez. III, 02/10/2019, n. 11484; T.A.R. Lazio Roma, sez. II, 06/06/2011, n. 5028; Consiglio Stato, sez. V, 12/05/2011, n. 2826; T.A.R. Lazio Roma, sez. III, 01/04/2011, n. 2881; T.A.R. Campania Napoli, sez. V, sentenza 01/04/2011, n. 1907. In tema di responsabilità della p.a., v., *ex plurimis*: T.A.R. Lazio Roma, sez. II, 17/03/2020, n. 3289; Consiglio di Stato, sez. III, 26/02/2020, n. 1419; Consiglio di Stato, sez. III, 13/02/2020, n. 1172; Consiglio di Stato, sez. IV, 04/02/2020, n. 909),

b) ragionevolezza (v., *ex multis*: Consiglio di Stato, sez. III, 20/03/2020, n. 2004; Consiglio di Stato, sez. III, 02/03/2020, n. 1484; Consiglio di Stato, sez. V, 21/02/2020, n. 1325; Consiglio di Stato, sez. V, 21/02/2020, n. 1321; Consiglio di Stato, sez. III, 05/02/2020, n. 932; T.A.R. Sicilia Palermo, sez. II, 23/01/2020, n. 209; Corte Costituzionale, 25/07/2011, n. 242; Corte Costituzionale, 22/07/ 2011, n. 232),

c) precauzione (cfr., *ex multis*: Corte di Cassazione, sez. un., 30/04/2020, n. 8436; T.A.R. Lazio Roma, sez. III, 12/12/2019, n. 14311; Consiglio di Stato, sez. III, 03/10/2019, n. 6655; Consiglio di Stato, sez. III, 03/10/2019, n. 6655; Tribunale I grado UE, sez. IV, 19/09/2019, n. 783; Tribunale I grado C.E., sez. II, 19/11/2009; Corte giustizia C.E., 14/07/1998, causa C-248/95; Corte giustizia C.E., 03/12/1998, causa C-67/97, Bluhme; Corte giustizia C.E., sez. IV, 04/03/2010, n. 297; Corte giustizia CE, sez. II, 22/12/2010, n. 77),

d) legittimo affidamento (cfr., *ex multis*: Corte di Cassazione, sez. trib., 02/04/2020, n. 7656; Corte appello Trento, 28/02/2020, n. 32; T.A.R. Campania Napoli, sez. II, 03/02/2020, n. 516; T.A.R. Campania Napoli, sez. II, 21/01/2020, n. 277; T.A.R. Calabria Catanzaro, sez. I, 31/12/2019, n. 2173; Consiglio di Stato, sez. II, 21/10/2019, n. 7094; Corte Costituzionale, 25/07/2011, n. 243),

e) buon andamento (cfr., *ex multis*: Consiglio di Stato, sez. II, 04/05/2020, n. 2814; Consiglio di Stato, sez. II, 14/03/2020, n. 1837; Consiglio di Stato, sez. III, 13/02/2020, n. 1172; Consiglio di Stato, sez. III, 04/02/2020, n. 923; Consiglio di Stato, sez. IV, 04/02/2020, n. 909; T.A.R. Lazio Roma, sez. III, 29/01/2020, n. 1224),

f) pubblicità (Cfr. *ex multis*: Consiglio di Stato, sez. V, 04/05/2020, n. 2829; Consiglio di Stato, sez. III, 07/01/2020, n. 124; T.A.R. Campania Napoli, sez. VI, 22/11/2019, n. 5511; T.A.R. Campania Salerno, sez. II, 04/09/2019, n. 1490),

è compito del legislatore perimetrare i confini entro cui poter effettuare quel giudizio di bilanciamento, tra i diversi interessi in gioco, che costituisce attributo tipico della potestà amministrativa discrezionale.

Peraltro, nel rispetto dell'art. 97 Cost., la pubblica amministrazione è tenuta ad improntare la sua azione non solo agli specifici principi di legalità, imparzialità e buon andamento, "*ma anche al principio generale di comportamento secondo buona fede, cui corrisponde l'onere di sopportare le conseguenze sfavorevoli del proprio comportamento, che abbia ingenerato nel cittadino incolpevole un legittimo affidamento*" (T.A.R. Campania Napoli, sez. IV, 22/06/2011, n. 3297).

Il comportamento dell'amministrazione rilevante ai fini dell'affidamento del privato, infatti, si pone – e va valutato – su un piano diverso rispetto a quello della scansione degli atti procedimentali che conducono al provvedimento con cui viene esercitato il potere amministrativo.

Detto comportamento si colloca in una dimensione relazionale complessiva tra l'amministrazione ed il privato, nel cui ambito un atto provvedimentale di esercizio del potere amministrativo potrebbe mancare del tutto o, addirittura, essere legittimo, così da risultare "*un frammento legittimo di un mosaico connotato da una condotta complessivamente superficiale, violativa dei più elementari obblighi di trasparenza, di attenzione, di diligenza, al cospetto dei quali si stagliano i corrispondenti diritti soggettivi di stampo privatistico*" (Corte di Cassazione, sez. un., 28/04/2020, n. 8236).

Nell'ordinamento nazionale, peraltro, il principio della tutela dell'affidamento nei confronti della condotta della pubblica amministrazione risulta specificato, rispetto alle regole civilistiche generali, da numerose disposizioni che disciplinano direttamente l'attività amministrativa, la cui violazione inficia la stessa legittimità dell'atto amministrativo; si pensi alla previsione dell'indennizzo nel caso della revoca di un provvedimento che rechi pregiudizio agli interessati (L. n. 241 del 1990, art. 21 *quinquies*); ai limiti cronologici del potere di annullamento di ufficio dei provvedimenti illegittimi e al dovere di tener conto, nell'esercizio di tale potere, degli interessi dei destinatari del provvedimento e dei controinteressati (L. n. 241 del 1990, art. 21 *nonies*); all'obbligo delle pubbliche amministrazioni (e dei privati preposti all'esercizio di attività amministrative) di risarcire il danno ingiusto cagionato in conseguenza dell'inosservanza dolosa o colposa del termine di conclusione del procedimento, previsto dalla L. n. 241 del 1990, art. 2 bis, comma 1. Disposizione, quest'ultima, che configura un danno da ritardo che prescinde dalla spettanza del bene della vita oggetto del provvedimento adottato in violazione del termine e che "*deriva dalla lesione del diritto soggettivo di autodeterminazione negoziale: il ritardo nell'adozione del provvedimento genera, infatti, una situazione di incertezza in capo al privato e può, dunque, indurlo a scelte negoziali (a loro volta fonte di perdite patrimoniali o mancati guadagni) che non avrebbe compiuto se avesse tempestivamente ricevuto, con l'adozione del provvedimento nel termine previsto, la risposta dell'amministrazione*" (Corte di Cassazione, sez. un., 28/04/2020, n. 8236).

Da qui, pertanto, deriva la rilevanza conferita all'istituto della partecipazione istruttoria procedimentale onde "*consentire ai destinatari dell'azione amministrativa di rappresentare fatti e argomenti, da valutare per la corretta formazione degli atti autoritativi, nella misura in cui questi ultimi – potendo incidere negativamente su diritti di libertà e interessi dei soggetti amministrati – debbono non solo rispondere al principio di legalità, ma anche offrire le maggiori possibili garanzie di perseguimento dell'interesse pubblico, nel caso concreto, con approfondito bilanciamento di tutti gli interessi concorrenti* (Consiglio Stato, sez. VI, 15/06/2009, n. 3807).

Un'idea, quindi, di "diritto amministrativo paritario", coerente con i principi di buon andamento ed imparzialità fissati dall'art. 97 Cost., che postula un modello di pubblica amministrazione permeato dai principi di correttezza e buona amministrazione, consapevole dell'impatto che l'azione amministrativa produce sempre sulla sfera dei cittadini ed orientato al confronto leale e rispettoso della libertà di determinazione negoziale dei privati (Corte di Cassazione, sez. un., 28/04/2020, n. 8236).

Ciò, ovviamente, pur sempre riconoscendo intonsa, nei casi e nei limiti previsti dalla legge, la potestà di apprezzamento discrezionale che può investire l'*an* (se adottare o meno un provvedimento amministrativo e, quindi, di conseguenza, concretamente disporre circa il pubblico interesse ad esso sotteso), il *quando* (modulare, cioè, temporalmente l'esercizio del pubblico potere), il *quid* (determinare, in concreto, il contenuto del provvedimento e, quindi, effettuare una scelta in ordine all'effettiva consistenza del pubblico interesse sotteso) e, infine, il *quomodo* (profilo, quest'ultimo, afferente alla procedimentalizzazione dell'esercizio di pubbliche potestà) (Caruso, 2010, 1413).

Variamente, a seconda dei casi – ed in vista di particolari finalità – il Legislatore ben può circoscrivere la discrezionalità entro specifici confini, disponendo, ad esempio, che l'azione amministrativa sia vincolata in ordine all'*an* (al ricorrere dei presupposti previsti dalla legge, cioè, l'amministrazione è chiamata, di necessità, ad esercitare il potere conferito), ma non anche, in ipotesi, con riferimento al *quid* (potendo, cioè, la P.A. modulare variamente il contenuto dispositivo del provvedimento emanato); specularmente, potrebbe essere riconosciuto un ampio margine di apprezzamento in ordine all'*an* (potendo, cioè, l'amministrazione soppesare, di volta in volta, l'opportunità di esercitare o meno un certo potere al ricorrere di determinati presupposti) a cui, però, opporre stretti vincoli in ordine al *quid* (l'amministrazione è, cioè, tendenzialmente libera di esercitare o meno il potere ma, laddove si persuada nel senso di far uso delle potestà legalmente conferite, non può che conformare il potere esercitato al contenuto dispositivo *ex lege* imposto).

Più in generale, si osserva, il legislatore è libero, entro i consueti limiti della ragionevolezza e dell'adeguatezza, di modulare l'effettiva consistenza del potere di apprezzamento della P.A. (scelta e selezione, nonché bilanciamento dei diversi interessi in gioco e concrete modalità di disposizione degli stessi), secondo combinazioni eterogenee ma sempre concepite in vista del miglior perseguimento dell'interesse pubblico (principale) la cui tutela costituisce il fine ultimo e la *ratio* giustificatrice sottesa alla potestà conferita.

È compito dell'interprete, quindi, valutare quale sia, di volta in volta, in ossequio a quanto legalmente statuito, l'effettiva ampiezza del potere attribuito e in che termini, quindi, possa la P.A. concretamente incidere su posizioni giuridiche soggettive vantate dai privati ed aventi diversa consistenza di diritto soggettivo perfetto ovvero di interesse legittimo.

E se, com'è noto, tradizionalmente, in passato, si riteneva che alla spendita di potestà amministrativa discrezionale corrispondesse una posizione giuridica soggettiva di interesse legittimo, mentre, a fronte di attività vincolata, il privato avrebbe potuto vantare la titolarità di un diritto soggettivo perfetto (con le diverse conseguenze che da tale distinzione si soleva ritrarre, in particolare, in punto di giurisdizione), attualmente, secondo una differente opzione ricostruttiva, anche a fronte dell'esercizio di potestà amministrativa vincolata ben può essere postulata, in capo al privato, la titolarità di un mero interesse legittimo.

Sinteticamente, cioè, si suole affermare che la natura della posizione giuridica soggettiva vantata dal privato sia condizionata dall'accertamento della natura dell'interesse in vista della cui tutela è apposto da parte dell'ordinamento il limite alla potestà di apprezzamento discrezionale riferibile in capo alla P.A.

Se, cioè, il limite appare preordinato, all'esito dell'interpretazione della disciplina di settore, alla tutela dell'interesse privato, da ciò necessariamente consegue la riferibilità di una posizione giuridica soggettiva di diritto soggettivo perfetto; diversamente, laddove il vincolo sia concepito in vista della salvaguardia e/o promozione del pubblico interesse, ciò comporterà, di necessità, la titolarità, in capo al privato, di un mero interesse legittimo.

Devesi però precisare come, pur se, ontologicamente, diritti soggettivi ed interessi legittimi siano categorie dogmatiche connotate da elementi costitutivi caratteristici del tutto peculiari (che postulano, di certo, una differente consistenza assiologica e tecniche di tutela diversificate), ciononostante vanno sempre più attenuandosi i tratti differenziali in passato ritenuti insuperabili, talchè oggi ben può essere evidenziato come la spendita di potere pubblicistico giammai comporta, ineludibilmente, di necessità, un sacrificio dell'interesse privato ma postula, ordinariamente, la ricerca di un bilanciamento il più possibile rispettoso dei diversi interessi compresenti la cui illegittima pretermissione ben può essere efficacemente censurata davanti al giudice amministrativo, ormai munito, anche in sede di giurisdizione generale di legittimità, di strumenti processuali sufficienti ed idonei a soddisfare appieno le istanze di tutela introitate mediante la proposizione di ricorso giurisdizionale.

La potestà di apprezzamento discrezionale, conferita dalla legge, peraltro, lungi dall'essere circoscritta al solo bilanciamento tra interessi (compresenti e) contrapposti, può essere declinata anche nei termini di discrezionalità tecnica laddove si discetti in merito all'applicazione di regole di carattere eminentemente tecnico/scientifico.

"*La discrezionalità tecnica, infatti, in quanto importa la valutazione di un fatto o di una situazione alla stregua di regole tecniche e specialistiche, non implica scelte di opportunità amministrativa, in quanto l'amministrazione non opera alcuna comparazione tra interesse primario ed interessi secondari ma è vincolata ad adottare il provvedimento predeterminato nel suo contenuto dalla disciplina di legge, pur se all'esito dell'applicazione di regole che presentano margini di opinabilità*" (T.A.R. Sicilia Palermo, sez. II, 25/09/2009, n. 1526).

"*Contrariamente alla discrezionalità amministrativa, la discrezionalità tecnica è l'esame dei fatti o delle situazioni rilevanti per l'azione amministrativa che richiedono il ricorso a cognizioni tecniche di carattere specialistico, di qui l'univocità della soluzione. Pertanto, mentre la discrezionalità amministrativa si estrinseca in un giudizio nel quale vengono raccolti ed analizzati dei fatti, la discrezionalità tecnica si esaurisce nel momento stesso del giudizio, connotato dai profili di tecnicità*" (Caruso, 2010, 1413).

In tal contesto, si suole poi distinguere tra mero accertamento tecnico (accertamento condotto in base a regole tecnico/scientifiche che, se correttamente applicate, non possono che condurre ad un unico risultato) e valutazione tecnica (che, ancorché postuli l'applicazione di regole tecniche, non conduce, di necessità, ad un unico risultato, bensì offre una soluzione tendenzialmente opinabile) (Volpe, 2008, 791 ss.).

Invero, parlare di accertamento tecnico, ovvero di valutazione tecnica, refluisce non tanto e solo ai fini della configurabilità, in capo al privato, di posizioni giuridiche soggettive aventi la consistenza di interessi legittimi ovvero di diritti soggettivi (T.A.R. Lazio, Roma, sez. II, 04/02/2011, n. 1047; T.A.R. Lombardia, Brescia, sez. I, 24/01/2011, n. 163; T.A.R. Lazio, Roma, sez. II, 20/01/2011, n. 553; T.A.R. Emilia Romagna, Parma, sez. I, 20/12/2010, n. 543; Corte di Cassazione, sez. un., 09/09/2009, n. 19393), bensì assume uno specifico rilievo in ordine ai limiti concernenti il sindacato giurisdizionale (esteso ad accertare non solo l'illegittimità di provvedimenti amministrativi, ma anche a riscontrare, nei casi previsti, l'eventuale responsabilità amministrativa del pubblico dipendente – D'Auria, 2007, 829 ss.) relativo agli atti e provvedimenti amministrativi emanati all'esito di giudizi di carattere eminentemente tecnico (Ciriaco, 2010, 823 ss.).

Invero, in tema di discrezionalità tecnica, l'impostazione dottrinaria tradizionale ha per lungo tempo assimilato essa alla discrezionalità pura, ammettendo un sindacato del Giudice Amministrativo su di essa solo rispetto al profilo dell'eccesso di potere, laddove il sindacato del g.a. veniva, dunque, in tal modo limitato ad un controllo estrinseco sulla motivazione del provvedimento amministrativo. Tramontata l'equazione discrezionalità tecnica-merito insindacabile, il sindacato giurisdizionale sugli apprezzamenti tecnici della P.A. può oggi svolgersi in base non al mero controllo formale ed estrinseco dell'iter logico seguito dall'autorità amministrativa, bensì alla verifica diretta dell'attendibilità delle operazioni tecniche, sia sotto il profilo della loro correttezza, sia con riguardo al criterio tecnico ed al relativo procedimento applicativo (T.A.R. Puglia Bari, sez. I, 23/02/2017, n. 188).

È pur vero, però, che il sindacato del giudice non possa giammai implicare la sostituzione della propria valutazione a quella dell'Amministrazione qualora vi sia un margine di discrezionalità tecnica collegato a circostanze scientificamente opinabili e non accertabili con parametri di certezza, fatti salvi, ovviamente, gli effetti conformativi derivanti da pronunce che rilevino, tra gli altri, vizi di illogicità o di insufficienza motivazionale o, ancora, di carenza dell'istruttoria (T.A.R. Emilia-Romagna Parma, sez. I, 23/12/2019, n. 303).

Ricorre, infine, la categoria dogmatica della discrezionalità c.d. mista laddove la spendita, in concreto, di pubbliche potestà sia il frutto, *in parte qua*, di discrezionalità amministrativa e, *in parte qua*, di discrezionalità tecnica, l'una, come si è avuto modo di rilevare già in precedenza, coincidente con "*la fissazione del valore degli interessi politici, l'altra (la discrezionalità tecnica)...espressione di regole tecniche*" – Caruso, 2010, 1413), talché le eventuali censure afferenti ai possibili vizi di legittimità dell'azione amministrativa dovranno essere conformate entro i limiti ordinariamente previsti dal legislatore onde impedire lo sconfinamento del giudice nella sfera della c.d. "riserva dell'amministrazione" (Iannotta, 2005, 1 ss.).

Orbene, le coordinate ermeneutiche sino a questo momento tracciate denotano i confini entro i quali circoscrivere il sindacato del giudice amministrativo in riferimento alle controversie implicanti la spendita di potestà pubblicistiche, ovvero, comunque, l'incidenza del potere esercitato su posizioni giuridiche soggettive rilevanti per l'ordinamento giuridico generale. Esse, quindi, ben si attagliano, peraltro, ai fini che in questa sede maggiormente interessano, ai contenziosi relativi a vicende sì insorte, *prima facie*, in seno all'ordinamento sportivo, ma, comunque, contraddistinte da una specifica rilevanza, perché potenzialmente idonee a coinvolgere posizioni di diritto soggettivo e/o interesse legittimo, anche per l'ordinamento giuridico statale.

Ciò, sia nella prospettiva della delimitazione della tutela di natura caducatoria e/o conformativa, ricavabile nell'ambito dell'esercizio della giurisdizione generale di legittimità e riservata, come visto, alle controversie in riferimento alle quali gli organi del sistema sportivo nazionale appaiono essere deputati alla spendita di potestà pubblicistiche, sia in vista della diversificata modalità di tutela giurisdizionale coincidente con il "mero" risarcimento del danno.

4.3.1. *Attività provvedimentale delle federazioni sportive nazionali e tutela risarcitoria*

Ai fini della configurabilità della responsabilità della p.a., la giurisprudenza è costante nell'affermare che non sia sufficiente il solo annullamento del provvedimento lesivo, ma sia altresì necessario che si configuri la sussistenza dell'elemento soggettivo della colpa, dovendosi verificare se l'adozione e l'esecuzione dell'atto impugnato sia avvenuta in violazione delle regole di imparzialità, correttezza e buona fede alle quali l'esercizio della funzione pubblica deve costantemente attenersi (T.A.R. Campania Napoli, sez. VIII, 10/03/2020, n. 1087). Da ciò deriva che, in sede di accertamento della responsabilità, il giudice amministrativo, in conformità ai principi maturati, in materia, in seno alla giurisprudenza eurounitaria, è chiamato a verificare se "*la violazione risulti grave e commessa in un contesto di circostanze di fatto e in un quadro di riferimenti normativi e giuridici tali da palesare la negligenza e l'imperizia dell'organo nell'assunzione del provvedimento viziato*" (T.A.R. Lazio Roma, sez. I, 18/02/2019, n. 2191), ricorrendo i presupposti del comportamento colposo, del danno ingiusto e del nesso di conseguenzialità (*rectius*: di causalità); il giudice può negarla, invece, quando l'indagine conduca al riconoscimento dell'errore scusabile (T.A.R. Lazio Roma, sez. I, 18/02/2019, n. 2191; T.A.R. Lazio, I ter, 23/01/2017, n. 1163; T.A.R. Lazio Roma, sez. I, 10/11/2016, n. 11146; Consiglio di Stato, sez. IV, 01/08/2016, n. 3464; Consiglio di Stato, sez. V, 18/01/2016, n. 125).

La riscontrata illegittimità dell'atto rappresenta, tuttavia, nella normalità dei casi, l'indice della colpa dell'Amministrazione – indice tanto più grave, preciso e concordante quanto più intensa e non spiegata sia l'illegittimità in cui l'apparato amministrativo sia incorso, spettando alla p.a. provare l'assenza di colpa attraverso la dimostrazione, in ipotesi, della sussistenza di cause di giustificazione legalmente tipizzate (T.A.R. Lazio Roma, sez. I, 18/02/2019, n. 2191; T.A.R. Lazio Roma, sez. I, 01/08/2017, n. 9144; T.A.R. Lazio, I ter, 23/01/2017, n. 1163; T.A.R. Lazio Roma, sez. I, 10/11/2016, n. 11146; T.A.R. Lazio, Roma, sez. I, 20/05/2016, n. 5967).

Quanto al regime della prova, la giurisprudenza ha chiarito che il rinvio al sistema delle presunzioni semplici, di cui agli artt. 2727 e 2729, c.c., induce a ritenere che l'illegittimità del provvedimento annullato costituisca, precisamente, soltanto uno degli indici presuntivi della colpevolezza dell'Amministrazione da considerare unitamente ad altri, quali il grado di chiarezza della normativa applicabile, la semplicità degli elementi di fatto, il carattere vincolato della statuizione amministrativa, l'ambito più o meno ampio della discrezionalità dell'amministrazione (T.A.R. Campania Napoli, sez. VIII, 10/03/2020, n. 1087); in virtù di tale morfologia, qualora si annulli un provvedimento illegittimo, grava su di essa l'onere di provare l'assenza di colpa mediante la deduzione di circostanze appunto integranti gli estremi dell'errore scusabile (Consiglio di Stato, sez. IV, 27/08/2019, n. 5907; T.A.R. Lazio Roma, sez. I, 18/02/2019, n. 2191; T.A.R. Lazio, I ter, 23/01/2017, n. 1163; T.A.R. Lazio Roma, sez. I, 10/11/2016, n. 11146; Consiglio di Stato, sez. IV, 06/04/2016, n. 1356) il quale è configurabile, *inter alia*, in caso di contrasti giurisprudenziali sull'interpretazione di una norma, di formulazione incerta di norme da poco entrate in vigore, di rilevante complessità del fatto, d'influenza determinante di comportamenti di altri soggetti o di illegittimità derivante da una successiva dichiarazione d'incostituzionalità della norma applicata (T.A.R. Puglia Lecce, sez. II, 08/10/2019, n. 1536 ; T.A.R. Lazio Roma, sez. III, 07/06/2013, n. 5744; Consiglio di Stato, sez. III, 06/05/2013, n. 2452).

L'accertata illegittimità dei provvedimenti adottati dall'Amministrazione, cioè, non costituisce, pertanto, elemento idoneo, di per sé, ad integrare gli estremi della condotta colposa e del conseguente obbligo risarcitorio, dovendo a tal fine soccorrere un esame del comportamento complessivo degli organi intervenuti nel procedimento, alla luce degli elementi qualificanti la fattispecie, proprio al fine di individuare l'esistenza del profilo colposo dell'azione amministrativa; infatti, il necessario presupposto dell'azione risarcitoria, quello della responsabilità per colpa della Pubblica amministrazione, deve essere ricondotto non alla mera "inosservanza di leggi, regolamenti, ordini o discipline", secondo la nozione recepita dall'art. 43 c.p., ma alla violazione dei canoni di imparzialità, correttezza e buona amministrazione, ovvero a negligenza, omissioni o anche errori interpretativi di norme, ritenuti non scusabili (Consiglio di Stato, sez. IV, 10/07/2012, n. 4089; Consiglio di Stato, sez. IV, 28/05/2012, n. 3149).

Dette coordinate ermeneutiche, in uno con l'apprezzamento dei limiti relativi all'esercizio della potestà amministrativa discrezionale, sono riferibili, ai fini che in questa sede maggiormente interessano, alla definizione dei presupposti sussistendo i quali sia possibile ascrivere alle istituzioni e, più in generale, ai soggetti del sistema sportivo nazionale la responsabilità conseguente all'adozione di provvedimenti illegittimamente pregiudizievoli di posizioni giuridiche soggettive (diritti soggettivi e/o interessi legittimi) imputabili in capo a coloro i quali esercitano attività riconducibili, a vario titolo, all'ordinamento sportivo (atleti, allenatori, dirigenti, arbitri, società, associazioni sportive, etc.).

Alle Federazioni Sportive, in particolare, si applica, nell'esercizio delle loro funzioni di natura pubblicistica, il paradigma della responsabilità aquiliana della p.a. (cfr. T.A.R. Lazio Roma, sez. I, 18/02/2019, n. 2191; T.A.R. Lazio, I ter, 23/01/2017, n. 1163).

In sintesi, a fronte di una domanda risarcitoria *ex* art. 2043 c.c. proposta in conseguenza dell'illegittimo esercizio di una funzione pubblica, il giudice è tenuto a procedere, in ordine successivo, alle seguenti indagini: (a) in primo luogo, dovrà accertare la sussistenza di un evento dannoso; (b) dovrà poi stabilire se l'accertato danno sia qualificabile come ingiusto, in relazione alla sua incidenza su di un interesse rilevante per l'ordinamento, a prescindere dalla sua qualificazione formale come diritto soggettivo e/o interesse legittimo; (c) dovrà inoltre accertare, facendo applicazione dei criteri generali, se l'evento dannoso sia riferibile, sotto il profilo causale, ad una condotta della pubblica amministrazione (*rectius*: di un soggetto – anche privato – deputato, *ex lege*, al perseguimento di interessi pubblici generali mediante la spendita di potestà e l'esercizio di prerogative di rilevanza giuspubblicistica); (d) infine, dovrà verificare se l'evento dannoso sia imputabile a responsabilità della pubblica amministrazione, ma tale imputazione non potrà avvenire, come già rilevato, sulla base del mero dato obiettivo della illegittimità del provvedimento amministrativo, richiedendo essa una più penetrante indagine in ordine alla valutazione della colpevolezza la cui sussistenza andrà riferita non al funzionario agente, ma alla pubblica amministrazione come apparato e sarà configurabile qualora l'atto amministrativo sia stato adottato ed eseguito in violazione delle regole di imparzialità, correttezza e buona amministrazione alle quali deve ispirarsi l'esercizio della funzione amministrativa; regole che il giudice (anche ordinario) ha il potere di valutare in quanto limiti esterni alla discrezionalità amministrativa (Tribunale Roma, sez. II, 04/09/2019, n. 16900).

Detto in altri termini, si ribadisce che la risarcibilità del danno non può considerarsi *in re ipsa* nella sola illegittimità dell'esercizio della funzione amministrativa o pubblica in generale, dovendo in realtà il giudice procedere ad accertare che sussista un evento dannoso; che il danno sia qualificabile come ingiusto (in relazione alla sua incidenza su un interesse rilevante per l'ordinamento); che l'evento dannoso sia riferibile, sotto il profilo causale, ad una condotta della Pubblica amministrazione (intesa nei termini suddetti); che l'evento dannoso sia imputabile a responsabilità della stessa anche sotto il profilo soggettivo del dolo o della colpa (Consiglio di Stato, sez. V,

02/05/2013, n. 2388; Consiglio di Stato, sez. V, 23/05/2011, n. 3070), occorrendo, pertanto, dedurre e provare, *inter alia*, ordinariamente, che il provvedimento amministrativo illegittimo abbia impedito di conseguire il bene della vita sotteso all'interesse umano giuridicamente rilevante frustrato dall'azione (scorretta) della pubblica amministrazione(T.A.R. Lazio Roma, sez. II, 10/09/2019, n. 10811).

Il danno, cioè, è risarcibile soltanto in presenza di un evento ingiusto, consistente nella lesione di un interesse meritevole di tutela da parte dell'ordinamento, che fonda la sussistenza di una posizione soggettiva; deve inoltre trattarsi di un danno che presuppone la titolarità di un interesse apprezzabile, differenziato, giuridicamente rilevante e meritevole di tutela, che inerisce al contenuto stesso della posizione sostanziale e deve essere inoltre ricollegabile, con nesso di causalità immediato e diretto, al provvedimento impugnato e, nel caso in cui la posizione di interesse legittimo appartenga alla *species* del c.d. interesse pretensivo, deve concernere l'ingiusto diniego o la ritardata emanazione del provvedimento amministrativo richiesto (Consiglio di Stato, sez. IV, 02/05/2012, n. 1957).

Il caso

Con ricorso notificato il 10 aprile 2015 – e depositato il successivo 23 aprile – l'Associazione Corpo Libero Gymnastics Team aveva adito il giudice amministrativo al fine di ottenere il risarcimento per equivalente dei danni patiti in proprio a seguito della sanzione disciplinare inflitta al proprio atleta Ri. Zi. che non ha consentito lui di partecipare alle attività ufficiali programmate dalla Federazione Ginnastica d'Italia (F.G.I.) dal 16 gennaio 2014 al 26 giugno 2014 con conseguente perdita del main sponsor, retrocessione alla categoria inferiore, danno all'immagine.

L'applicazione della nominata sanzione disciplinare discendeva da una vicenda piuttosto articolata.

In qualità di grande elettore rappresentante della categoria atleti del Comitato Regionale del Veneto, il sig. Zi. aveva partecipato all'Assemblea Elettiva della FGI del 15 dicembre 2012 che, tuttavia, aveva deliberato integrando alcune (ritenute) irregolarità tali da indurlo alla proposizione di un'azione di annullamento di tutte le votazioni in quella sede adottate.

Adiva, dapprima, il Consiglio Direttivo Federale che, in data 19 gennaio 2013, dichiarava il ricorso inammissibile; indi, l'Alta Corte di Giustizia che, con sentenza n. 15 del 2 agosto 2013, accoglieva il ricorso nella parte in cui veniva richiesta la ripetizione della sola votazione in cui il ricorrente avrebbe dovuto esprimere la sua posizione di grande elettore per l'elezione dei rappresentanti della categoria di atleti.

Il ricorrente proponeva allora ricorso al T.A.R. Lazio per ottenere l'annullamento di tale pronuncia nella parte in cui non aveva accolto la sua richiesta principale, ovvero l'annullamento in toto delle determinazioni assunte da parte dell'Assemblea elettiva.

In data 31 luglio 2013, a pochi giorni dal deposito del ricorso, la Procura federale gli notificava un avviso di avvio del procedimento disciplinare ritenendo che la proposizione del citato ricorso innanzi al giudice amministrativo integrasse un'ipotesi di condotta contraria alla lealtà sportiva (art. 2 regolamento di Giustizia e Disciplina della F.G.I.) e violativa della clausola compromissoria (art. 27, regolamento cit.).

Condannato in primo grado dalla giustizia federale alla sospensione per 12 mesi, a decorrere dal 16 gennaio 2014 iniziava a scontare tale sanzione.

Con decisione di secondo grado della giustizia federale del 20 maggio 2014, la suddetta sanzione veniva confermata.

In data 24 settembre 2014 veniva, infine, emanato il lodo del TNAS di annullamento integrale e retroattivo della sanzione irrogata.

Frattanto, in data 7 settembre 2013, in esecuzione della sentenza n. 15/2013 dell'Alta Corte di Giustizia, la Federazione indiceva un'Assemblea straordinaria per la ripetizione delle operazioni di voto con esclusivo riferimento ai rappresentanti della categoria atleti; le relative delibere venivano nuovamente impugnate dal sig. Zi. di fronte all'Alta Corte di Giustizia.

Con decisione 11 novembre 2013, n. 31, l'Alta Corte rigettava il ricorso ed il sig. Zi. proponeva, in data 27 gennaio 2014, un secondo ricorso al giudice amministrativo per chiedere l'annullamento dei provvedimenti *prima facie* contestati in seno al sistema di giustizia sportiva.

Veniva, dunque, avviato un secondo procedimento disciplinare, per l'asserita reiterata violazione dei principi di lealtà sportiva e della clausola compromissoria.

Il primo grado federale si concludeva il 9 luglio 2014 con la condanna alla sospensione per sei mesi.

Il sig. Zi. appellava tale decisione innanzi alla Commissione di Giustizia di Secondo Grado che, con decisione del 10 novembre 2014, in parziale riforma della decisione di primo grado, disponeva la sospensione dell'atleta per mesi otto.

Il Collegio di Garanzia dello Sport, con decisione n. 8 del 30 marzo 2015, riduceva, infine, la sanzione a mesi quattro, escludendo la recidiva, in considerazione dell'intervenuto annullamento della prima sanzione disciplinare.

La società sportiva di appartenenza dell'atleta, frattanto, esperiva rimedio giurisdizionale per conseguire il risarcimento dei pregiudizi asseritamente subiti in conseguenza della mancata partecipazione del proprio tesserato alle competizioni sportive, di livello nazionale, a causa delle illegittime sanzioni disciplinari, come visto, comminate a carico di quest'ultimo.

In particolare, dalla relazione peritale, allegata dalla ricorrente associazione al ricorso, e dalle successive memorie prodotte, corredate da copiosa documentazione, è stato ritenuto provato il nesso causale tra la mancata partecipazione dell'atleta al campionato A1 2014, svoltosi nei mesi di febbraio – aprile 2014, quando Zi. scontava la sua sanzione, e la retrocessione della squadra in serie A2, attraverso l'analitica comparazione di tutti i punteggi conseguiti dall'associazione nei campionati 2011, 2012, 2013, grazie alla partecipazione dell'atleta Zi. nella disciplina del volteggio, e i più bassi punteggi conseguiti nel 2014, potendosi così desumere, con ragionevole probabilità, che la mancata partecipazione dell'atleta avesse comportato, in concreto, la retrocessione della squadra in serie A2.

Diversamente, non era stato in alcun modo provato dalla ricorrente società il pregiudizio economico subito, al di fuori della già intervenuta perdita del contratto di sponsorizzazione, in conseguenza della retrocessione della squadra nella serie inferiore.

Nemmeno la voce di danno all'immagine era stata ritenuta risarcibile in quanto non era stato provato il nesso causale tra la sospensione disciplinare dell'atleta per fatti dallo stesso posti in essere *uti singulus* (nella veste di elettore nella relativa assemblea) e il pregiudizio asseritamente subito dall'associazione alla propria immagine, posto che dagli stessi articoli di stampa prodotti in giudizio veniva, all'opposto, sottolineata la grave ingiustizia di cui l'atleta sarebbe stato vittima.

Diversamente, la Federazione Ginnastica d'Italia è stata condannata, in primo grado, al risarcimento del danno patrimoniale subito dalla ricorrente associazione, quantificato nella somma di 100.000 euro in riferimento alle perdite economiche occorse in conseguenza della perdita di un rapporto di sponsorizzazione (T.A.R. Lazio Roma, sez. I, 23/01/2017, n. 1163).

Esperito rituale gravame, sul punto, il giudice di seconde cure ha accolto le doglianze formulate dalla F.I.G., tese a contestare la sussistenza di un nesso di causalità tra la sanzione a suo tempo comminata allo Zi. e la perdita – da parte dell'associazione – del contratto di sponsorizzazione, in ragione dell'impossibilità del primo di prendere parte alle attività agonistiche sotto i segni della seconda.

Ciò, perché, la natura eminentemente imprenditoriale e lucrativa del rapporto di sponsorizzazione, caratterizzato da uno scambio sinallagmatico di mere utilità privatistiche nella disponibilità delle parti – e rispetto al quale lo svolgimento dell'attività sportiva neppure è elemento costitutivo intrinseco, ma soltanto l'occasionale strumento di utilizzo dell'immagine – fa sì che le vicende dello stesso, ivi comprese quelle concernenti l'eventuale responsabilità risarcitoria da fatto illecito, esulino totalmente dalla sfera dell'ordinamento sportivo, esclusivamente deputato alla salvaguardia delle finalità pubblicistiche di cui si è detto, con la conseguenza che non possono essere oggetto di tutela in sede giudiziaria (Consiglio di Stato, sez. V, 22/08/2018, n. 5019).

Dalla medesima vicenda, sotto altro profilo, è originato anche un ulteriore contenzioso dal quale è ben possibile ritrarre la correttezza dell'opzione ermeneutica secondo la quale i pregiudizi risarcibili in conseguenza dell'illegittimità dei provvedimenti assunti da parte degli organi del sistema sportivo nazionale possono consistere non solo nel depauperamento del patrimonio del danneggiato, ma anche nella lesione di interessi umani non patrimoniali, ancorché suscettibili di ristoro, sovente in via equitativa, per equivalente (Consiglio di Stato, sez. IV, 09/01/2013, n. 76, che accoglie integralmente le statuizioni della sentenza della Corte di Cassazione, sez. un., 11/11/2008, n. 26972).

Sul punto, si osserva, la risarcibilità dei danni non patrimoniali è subordinata alla sussistenza di tre condizioni costituite dal rilievo costituzionale dell'interesse leso, dalla gravità della lesione lamentata (nel senso che l'offesa superi una soglia minima di tollerabilità, anche in ragione del dovere di solidarietà di cui all'art. 2 Cost.) e dalla rilevanza del danno (che non deve consistere in meri disagi o fastidi, ovvero nella lesione di diritti del tutto immaginari, come quello alla qualità della vita od alla felicità), da concepire alla stregua di categoria unitaria "*per lesione di interessi, inerenti la persona, non connotati da rilevanza economica, in cui rientrano sia il danno alla salute in senso stretto, cd. biologico, sia quello di tipo cd. esistenziale, intesi come tipologie descrittive e non strutturali* – da allegare e provare – *tanto nella sussistenza che nel nesso eziologico.*" (T.A.R. Lazio Roma, sez. I, 10/11/2016, n. 11146; Consiglio di Stato, sez. III, 25/02/2014, n. 906).

Il caso

Con rituale ricorso, Ri. Zi. ha adito, come già in precedenza rilevato, il giudice amministrativo per sentir condannare la FGI e il CONI al risarcimento, in suo favore, del danno patito in conseguenza della sanzione disciplinare della sospensione dall'attività agonistica e da ogni attività federale per la durata di complessivi otto mesi e dieci giorni (ovvero dal 16 gennaio 2014 al 25 settembre 2014), successivamente rimodulata, all'esito delle impugnazioni proposte in sede sportiva, in misura pari a complessivi quattro mesi di squalifica.

Il ricorrente ha esposto di avere subito una prima squalifica di dodici mesi – per violazione dei principi di "lealtà sportiva" e del "vincolo di giustizia", per avere proposto un'azione innanzi al T.A.R. Lazio, sanzione irrogata dalla Giustizia Federale della F.G.I., poi annullata dal TNAS per illegittimità sostanziale della stessa – e una seconda squalifica di otto mesi – per avere proposto un'ulteriore azione innanzi al T.A.R. Lazio, sanzione irrogata dalla Giustizia Federale della F.G.I., poi ridotta a quattro mesi di squalifica dal Collegio di Garanzia per lo Sport presso il CONI.

Di conseguenza, avendo il ricorrente subito una sospensione disciplinare della durata di otto mesi e dieci giorni, a fronte di una sanzione complessiva confermata di quattro mesi (peraltro, oggetto di contestazione mediante rituale gravame giurisdizionale), questi ha chiesto il risarcimento del danno subito per i primi quattro mesi di squalifica, oggetto della sanzione disciplinare annullata, e per gli ulteriori quattro mesi, "coperti" dalla decisione del Collegio di Garanzia del CONI n. 8/2015 (conclusivo del secondo procedimento disciplinare) al momento della proposizione della domanda di risarcimento, previo accertamento dell'illegittimità di tale decisione (nonché delle due decisioni emanate nel relativo secondo procedimento disciplinare dagli organismi di Giustizia Federale F.G.I. di primo e secondo grado).

Ha dedotto, in giudizio, *inter alia*, di aver subito un pregiudizio di natura non patrimoniale conseguente all'illegittima sanzione di cui si discute.

Orbene, onde accertare la colpevolezza della condotta assunta da parte della federazione, culminata nell'adozione dei provvedimenti disciplinari censurati sia innanzi agli organi di giustizia sportiva, sia mediante ricorso esperito innanzi al giudice amministrativo, è stato rilevato che l'annullamento della prima sanzione da parte del Tnas, unitamente al fatto che l'applicazione della nuova sanzione sia stata successiva a siffatta evenienza, avrebbe perlomeno dovuto determinare, da parte degli organi federali, la maturazione di una valutazione più ponderata dell'intera fattispecie in occasione della contestazione di un presunto illecito sportivo teleologicamente (e strumentalmente) connesso anche a vicende pregresse.

È stata quindi ritenuta evidente la sussistenza, in capo al soggetto del sistema sportivo che ha esercitato il potere sanzionatorio, perlomeno del presupposto della colpa grave, non potendo questi ignorare, secondo un parametro di ordinaria diligenza, l'irrinunciabilità ed incomprimibilità del diritto alla tutela giurisdizionale nel vigente ordinamento costituzionale.

Del pari, la richiesta risarcitoria dello Zi. avanzata in relazione alla seconda sanzione disciplinare presupponeva l'intervenuta riduzione della sanzione, inizialmente irrogata dalla Federazione, ad opera dei competenti organi della giustizia sportiva, sulla base dell'iniziale scorretto esercizio della potestà disciplinare.

Al fine di dimostrare il danno alla integrità psicofisica, sotto forma di danno psichico, il ricorrente ha prodotto apposita perizia tecnica di parte dalla quale è emersa la sussistenza di un danno biologico permanente (di natura psichica) – pari ad una percentuale del 15% di invalidità – ed una pari percentuale di danno esistenziale.

Il giudice adito, sulla scorta delle coordinate ermeneutiche prima evidenziate, tenuto conto di tale principio di prova in ordine alla verificazione di un danno psichico, è addivenuto ad una valutazione equitativa del danno idonea a consentire di indennizzare il peggioramento delle condizioni di vita subito nel periodo di applicazione della sanzione, evitando, però, duplicazioni risarcitorie che conseguirebbero, nel caso di specie, alla considerazione in via autonoma del danno psichico e del danno esistenziale come voci distinte e concorrenti a fronte di un unico pregiudizio di natura non patrimoniale sofferto per l'astensione dall'attività agonistica.

Tenuto conto, pertanto, della durata prima sanzione disciplinare e del presumibile ristabilimento delle condizioni psichiche pregresse alla conclusione del periodo, è stato liquidato, a tale titolo, in via equitativa, l'importo di euro 5.000 (T.A.R. Lazio Roma, sez. I, 10/11/2016, n. 11146).

Sotto altro profilo, poi, non va trascurato l'orientamento dominante secondo il quale, laddove i provvedimenti sanzionatori adottati da una federazione sportiva a carico di un atleta risultino illegittimi sia per la mancata acquisizione di prove rilevanti, sia per la scorretta valutazione di prove indiziarie, debba essere riconosciuta, in costanza dell'elemento soggettivo e di adeguato nesso causale, la sussistenza di responsabilità da fatto illecito della federazione, con conseguente obbligo di risarcimento dei danni da riduzione peggiorativa e risoluzione di contratti stipulati in precedenza, da perdita di chance per interruzione di trattative intese alla stipulazione di futuri contratti di sponsorizzazione, da perdita di chance per mancata percezione di premi in tornei internazionali e da pregiudizio all'immagine (Consiglio di Stato, sez. V, 22/06/2017, n. 3065).

Il caso

Il Sig. Fo. è un ex calciatore professionista che ha rivestito, durante la sua carriera, il ruolo di portiere, militando principalmente nella squadra del Torino e, in ultimo, in quella del Novara.

Nell'ambito dell'indagine sportiva denominata "Calcioscommesse" e, in particolare, del filone del 2012 attivato dalla Procura federale sulla scorta della documentazione acquisita dal procedimento penale a quel tempo pendente presso la Procura di Cremona (R.G. n. 3628/2010), il nominato portiere è stato deferito in data 8.5.2012 in relazione all'incontro di Coppa Italia Chievo-Novara tenutosi il 30.11.2010.

Alla base del suo deferimento vi era una dichiarazione dell'imputato Ge., calciatore di altra squadra, il quale aveva solo riferito di essersi ricordato di un episodio di manipolazione di risultato per la suddetta partita di Coppa Italia, in ordine alla quale presumeva, in ragione di un "sentito dire", che fossero coinvolti diversi giocatori, "tra i quali il portiere Fo".

Nei confronti del Sig. Fo., in relazione al predetto incontro sportivo, era stata quindi comminata la sanzione disciplinare della squalifica per 3 anni e 6 mesi, per la violazione dell'art. 7, commi 1, 2, 5 e 6, del Codice di Giustizia Sportiva, con delibera della Commissione Disciplinare Nazionale di cui al C.U. n. 101/CDN del 18.6.2012, confermata dalle Sezioni Unite della Corte di Giustizia federale con C.U. n. 002/CGF (2012/2013), pubblicato in data 6.7.2012.

Successivamente, la sanzione *de qua* era stata integralmente annullata con lodo del Tribunale Nazionale di Arbitrato per lo Sport deliberato il 19.12.2012.

Nelle more, in data 19.7.2012, è stata sottoscritta la risoluzione del contratto in essere tra il ricorrente ed il Novara Calcio, che avrebbe legato il primo a detta squadra sino al 30.6.2015.

Con ricorso introitato innanzi al giudice amministrativo, il Sig. Fo. chiedeva la condanna della Federazione Italiana Giuoco Calcio al risarcimento dei danni subiti per effetto della richiamata sanzione disciplinare, sottolineando, *in primis*, il comportamento colposo tenuto dalla stessa in occasione della comminazione della sanzione disciplinare in esame, desunto dalla motivazione contenuta nel lodo suindicato che l'ha annullata, da cui si evincerebbe che essa fosse stata inflitta in assenza di prove a suo carico.

Erano stati dedotti in giudizio danni sia patrimoniali, legati, ad esempio, alla risoluzione del rapporto contrattuale in essere con la società del Novara Calcio al momento dell'illegittima irrogazione della sanzione disciplinare, in uno con un pregiudizio d'ordine non patrimoniale, in termini di danno all'immagine ed alla reputazione, sottolineandosi il ruolo di "calciatore pulito" che il ricorrente aveva conquistato sul campo – compromesso dalla sanzione disciplinare – ed evidenziandosi, in proposito, che il discredito nell'ambiente calcistico e nei rapporti sociali, senz'altro gravissimo, sarebbe stato indelebile, permanendo anche dopo l'annullamento della sanzione disciplinare che, erroneamente, lo avrebbe indicato come colpevole di aver "venduto" una partita di calcio.

Era evidente, in modo particolare, che la squalifica, con l'eco mediatica che ne era derivata, avesse comportato un gravissimo discredito nell'ambiente calcistico e nei rapporti sociali, avendo cancellato la sua immagine di "calciatore pulito" e di "persona pulita", come sempre avviene in casi come quello qui in rilievo.

Si trattava, in sostanza, di un discredito che, nell'opinione pubblica, come si è già avuto modo di rilevare in precedenza, non viene immediatamente obliterato con la mera cancellazione della sanzione.

All'esito dell'accertamento della sussistenza di tutti i prescritti elementi costitutivi dell'illecito civile, correlati all'illegittima irrogazione di una sanzione disciplinare, il giudice amministrativo ha accolto la domanda risarcitoria del ricorrente (T.A.R. Lazio Roma, sez. I, 01/08/2017, n. 9144).

Ovviamente, in assenza di siffatti elementi costitutivi, non può essere conseguito alcun ristoro economico, ancorché, unitamente ad un (eventuale) depauperamento patrimoniale, siano stati asseritamente pregiudicati anche interessi umani ascrivibili al novero dei diritti fondamentali della persona.

Il caso

Il ricorrente, già arbitro di basket, abilitato ad arbitrare per la stagione 2010-11 le gare del campionato di serie A maschile, al termine di detta stagione – e in forza delle valutazioni di merito ricevute durante il corso dell'anno – non si collocava in posizione utile per permanere nella medesima lista arbitrale anche per l'anno successivo, venendo posto "fuori quadro" in quanto non retrocedibile per ragioni di età, cosi come stabilito nel Regolamento CIA all'epoca in vigore.

L'Alta Corte di Giustizia sportiva presso il CONI, giudice sportivo di ultima istanza, si pronunciava con la decisione n. 1-2013, accogliendo il ricorso limitatamente ad un segmento della procedura di elaborazione della graduatoria, segnatamente per motivi di ordine procedimentale.

Con la decisione n. 34-2013, l'Alta Corte, dando atto della sostanziale corretta esecuzione della sua precedente decisione, rimetteva nuovamente la questione al CIA al solo fine di provvedere a motivare in merito all'applicazione o meno di un coefficiente di correzione del punteggio invocato, adempimento puntualmente posto in essere dal CIA.

Con la decisione n. 12-2014, l'Alta Corte aveva quindi rigettato il ricorso *in executivis* promosso dall'arbitro, accertando che il CIA avesse adempiuto correttamente a quanto stabilito nelle sue precedenti decisioni.

Adito il giudice amministrativo, l'occasione si è rivelata utile per precisare che la graduatoria arbitrale è funzionale a selezionare gli arbitri migliori, per assicurare che le gare vengano accuratamente dirette, interesse rilevante all'evidenza solo ed esclusivamente in ambito sportivo.

L'arbitro stesso, d'altro canto, aderendo volontariamente, mediante il tesseramento, all'ordinamento settoriale, consapevolmente accetta il ruolo che l'ordinamento sportivo gli assegna sulla scorta delle regole e degli atti al suo interno emanati ed ivi efficaci.

Per tali questioni, dunque, vale la cosiddetta giustizia domestica o associativa, modellata secondo schemi privatistici.

Per quanto riguarda le questioni risarcitorie, essendo stata lamentata una perdita economica derivante dal mancato introito delle indennità spettanti per gli arbitraggi in serie A e dal danno all'immagine patito a seguito della collocazione fuori quadro, denegata, come rilevato, la giurisdizione del giudice adito circa la tutela demolitoria, il giudice amministrativo ha rigettato nel merito le pretese risarcitorie avanzate in giudizio non avendo riscontrato, *inter alia*, l'ingiustizia del danno, posto che gli atti adottati dall'ordinamento sportivo sono stati giudicati del tutto legittimi e hanno prodotto, quindi, un effetto *secundum ius*, con la perdita della posizione utile del ricorrente per permanere nella lista arbitrale anche per l'anno successivo, poiché, come detto, il medesimo veniva posto "fuori quadro".

Le decisioni dell'Alta Corte indicate precedentemente avevano soltanto riscontrato, difatti, un difetto procedurale, ma avevano stabilito, al contempo, la legittima attribuzione all'arbitro della qualifica di "fuori quadro", con la conseguenza che nessun risarcimento del danno avrebbe potuto essere prospettato, trattandosi di un effetto perfettamente legale, assunto in modo legittimo dagli organi a ciò preposti e sottoposto a verifica in sede di giurisdizione domestica (Consiglio di Stato, sez. V, 02/12/2015, n. 5444).

Una particolare ipotesi di responsabilità, poi, si rinviene laddove il pregiudizio risarcibile consista non in una lesione ad un bene della vita già presente all'interno della sfera giuridica del danneggiato, bensì nella incidenza (negativa) sulla probabilità (chance) di conseguire effetti ampliativi del patrimonio giuridico in conseguenza dell'illegittimità dell'*agere* amministrativo.

4.4. *Il danno da perdita di chance in seno all'ordinamento sportivo*

La pretesa al risarcimento del danno ingiusto derivante dalla lesione dell'interesse legittimo si fonda su una lettura dell'art. 2043 c.c. che riferisce il carattere dell'ingiustizia al danno e non alla condotta, di modo che presupposto essenziale della responsabilità non sia tanto la condotta colposa, ma l'evento dannoso che, appunto ingiustamente, lede una situazione soggettiva protetta dall'ordinamento; peraltro, ordinariamente, affinché la lesione possa considerarsi ingiusta è necessario verificare, attraverso un giudizio prognostico, se, a seguito del corretto agire dell'amministrazione, il bene della vita sarebbe effettivamente spettato al titolare dell'interesse.

Di talché, ove il giudizio si concluda con la valutazione della sua spettanza, certa o probabile, il danno, in presenza degli altri elementi costitutivi dell'illecito, può essere risarcito, rispettivamente, per intero o sotto forma di perdita di chance (Consiglio di Stato, sez. IV, 14/06/2018, n. 3657).

L'obbligazione risarcitoria, quindi, affonda le sue radici nella verifica della sostanziale spettanza del bene della vita ed implica un giudizio prognostico in relazione al se, dato atto della teorica legittimità dell'azione amministrativa, il bene della vita sarebbe effettivamente o probabilmente (cioè secondo il canone del "più probabile che non") spettato al titolare dell'interesse.

Invero, su tale ultimo aspetto – benché dall'esame della giurisprudenza in materia emergano posizioni non del tutto allineate, come evidenziato dal Consiglio di Stato, sezione V, con la sentenza n. 118 dell'11 gennaio 2018, che ha rimesso all'Adunanza Plenaria la questione della necessità, o meno, ai fini del risarcimento della chance, della prova in ordine ad un determinato grado di probabilità del raggiungimento del risultato sperato (profilo dubitativo, per vero, tutt'oggi non risolto, attesa la restituzione degli atti alla sezione intervenuta con Consiglio di Stato, A.P., ord. 11/05/2018, n. 7) – deve tuttavia evidenziarsi che permane assolutamente prevalente, allo stato, la tesi della necessità di dimostrazione di una rilevante probabilità di conseguimento del bene della vita anelato, qualora fosse stato emanato il provvedimento ampliativo richiesto, ai fini del risarcimento del pregiudizio occorso in conseguenza dell'illegittimità dell'azione amministrativa.

In un siffatto contesto ermeneutico, si osserva, la giurisprudenza riconosce la rilevanza della chance, intesa come concreta ed effettiva occasione favorevole di conseguire un determinato bene, non come mera aspettativa di fatto, ma come entità patrimoniale a sé stante, suscettibile di autonoma valutazione economica e giuridica (Corte di Cassazione, 18/03/2003, n. 3999).

L'accoglimento della domanda di risarcimento del danno da perdita di chance esige, dunque, la prova, anche presuntiva, purché fondata su circostanze specifiche e concrete, dell'esistenza di elementi oggettivi e certi dai quali desumere, in termini appunto di certezza o di elevata probabilità, e non di mera potenzialità, l'esistenza di un pregiudizio economicamente valutabile.

In particolare, la perdita di "chance" costituisce un danno patrimoniale risarcibile ove sussista un pregiudizio certo (anche se non nel suo ammontare) consistente non in un lucro cessante, bensì nel danno emergente da perdita di una possibilità attuale. Ne deriva che la "chance" è anch'essa un'entità patrimoniale, giuridicamente ed economicamente valutabile, la cui perdita produce un danno attuale e risarcibile qualora si accerti, anche utilizzando elementi presuntivi, la ragionevole probabilità della esistenza di detta "chance", intesa come attitudine attuale al conseguimento del bene della vita anelato (T.A.R. Lazio Roma, sez. I, 18/02/2019, n. 2191; T.A.R. Lazio, sez. I ter, 23/01/2017, n. 1163; Corte di Cassazione, sez. I, 30/09/2016, n. 19604).

Al fine di ottenere il risarcimento per perdita di una chance è, quindi, necessario che il danneggiato dimostri, anche in via presuntiva, ma pur sempre sulla base di circostanze di fatto certe e puntualmente allegate, la sussistenza di un valido nesso causale tra la condotta lesiva e la ragionevole probabilità del conseguimento del vantaggio alternativo perduto e provi, conseguentemente, la sussistenza, in concreto, dei presupposti e delle condizioni del raggiungimento del risultato sperato ed impedito dalla condotta illecita, della quale il danno risarcibile deve configurarsi come conseguenza immediata e diretta (Consiglio di Stato, sez. III, 21/01/2015, n. 179; Consiglio di Stato, sez. IV, 15/09/2014, n. 4674).

Si può beneficiare del risarcimento per equivalente, difatti, solo se la chance di ottenere il bene cui si aspira abbia effettivamente raggiunto un'apprezzabile consistenza, di solito indicata dalle formule "probabilità seria e concreta" o anche "significativa probabilità" di conseguimento. Al di sotto di tale livello, dove c'è la "mera possibilità", vi è solo un ipotetico danno comunque non meritevole di reintegrazione, poiché, in pratica, nemmeno distinguibile dalla lesione di una mera aspettativa di fatto (Consiglio di Stato, sez. V, 11/07/2018, n. 4225; Consiglio di Stato, sez. V, 18/06/2018, n. 3733; Consiglio di Stato, 26/04/2018, n. 2527; Consiglio di Stato, sez. III, 27/11/2017, n. 5559, Consiglio di Stato, sez. V, 07/06/2017, n. 2740).

Occorre, pertanto, stabilire se il pretendente sia titolare di una situazione suscettiva di determinare un oggettivo affidamento circa la conclusione positiva del procedimento e, cioè, di una situazione che, secondo la disciplina applicabile, era destinata, in base a un criterio di normalità, ad un esito favorevole, in ossequio al canone del "più probabile che non", al fine di escludere il risarcimento di mere possibilità, statisticamente non significative.

Del resto, tali considerazioni si pongono in linea con l'indirizzo costantemente seguito dalla Corte di Cassazione secondo cui risulta insufficiente anche il mero criterio di probabilità quantitativa superiore al 50% dell'esito favorevole.

La Suprema Corte ha chiarito, in merito, che, rispetto alla prova del nesso causale tra comportamento illegittimo e danno risarcibile per perdita di chance, occorre attestarsi su parametri valutativi che richiedono l'apprezzamento del probabile trasformarsi della chance in reale conseguimento del beneficio in termini di "elevata probabilità, prossima alla certezza" (Corte di Cassazione, 12/05/2017, n. 11906; Corte di Cassazione, 30/09/2016, n. 19604; Corte di Cassazione, 01/03/2016, n. 4014; Corte di Cassazione, 11/05/2010, n. 11353; Corte di Cassazione, 19/02/2009, n. 4052).

Tale impostazione è stata ribadita, di recente, proprio in riferimento ad un contenzioso insorto, originariamente, in seno all'ordinamento sportivo e successivamente approdato – esperiti i rimedi propri della c.d. "giustizia associativa", in ossequio al vincolo della "pregiudiziale sportiva" – innanzi al giudice amministrativo; l'occasione si è rivelata utile per ribadire il rigore dei criteri di valutazione della rilevanza di un pregiudizio che è addirittura incerto nella sua reale verificazione in senso giuridico (ovverosia quale perdita di un'utilità che si si presuma si abbia diritto ad avere), quale è il danno da perdita di chance (Corte di Cassazione, sez. lav., 09/05/2018, n. 11165), e della conseguente collocazione verso i range più elevati della scala probabilistica della possibilità (*rectius*: probabilità) di verificazione di cui è necessaria la prova (T.A.R. Lazio Roma, sez. I, 07/05/2019, n. 5695).

Il caso

La Ternana Calcio s.p.a., al termine del campionato di Serie B 2017/2018, si era classificata all'ultima posizione, ottenendo, per la stagione sportiva 2018/2019, la Licenza Nazionale per partecipare al Campionato di Serie C; frattanto, la F.I.G.C., con il C.U. n. 54 del 30 maggio 2018, aveva stabilito i criteri per l'integrazione degli organici dei campionati di Serie A e Serie B nella stagione sportiva 2018/2019 in caso di vacanza di organico. Risultando non ammesse al Campionato di Serie B 2018/2019 tre squadre, all'esito delle varie fasi previste dal Sistema Licenze Nazionali, con conseguente necessità di completare l'organico del Campionato di Serie B con tre ripescaggi in sostituzione delle predette società non ammesse, la Federazione, con C.U. n. 18 del 18 luglio 2018, aveva fissato il termine perentorio del 27 luglio 2018 per la presentazione delle domande di ripescaggio da parte delle società che avessero nutrito un interesse a candidarsi per l'integrazione dell'organico del nominato Campionato di Serie B.

La Ternana Calcio aveva quindi presentato, in data 22-23 luglio 2018, la domanda di ripescaggio.

All'esito di un complesso iter condotto innanzi agli organi di giustizia sportiva, compulsato da parte del Novara Calcio dinanzi al Tribunale Federale Nazionale, in data 13 agosto 2018, il Commissario Straordinario della FIGC, tenuto conto dei ricorsi pendenti sui criteri di ripescaggio e a fronte dell'intendimento espresso dall'Assemblea della Lega di B, che non aveva provveduto ad esaminare i titoli delle società richiedenti il ripescaggio, avendo optato per la riduzione a 19 squadre dell'organico del Campionato di Serie B, aveva pubblicato i C.U. nn. 47-48-49 del 13 agosto 2018 con i quali aveva modificato il campionato di Serie B, prevedendo la partecipazione di sole 19 squadre, con conseguente annullamento del C.U. n. 54 del 30 maggio 2018 e della procedura di integrazione del relativo organico.

Instaurato un ulteriore contenzioso dinanzi al Collegio di Garanzia dello Sport, da ultimo, la Ternana Calcio aveva, quindi, adito il T.A.R. Lazio per domandare, in uno alla tutela demolitoria, il riconoscimento del risarcimento del danno per il pregiudizio occorso in conseguenza della rimodulazione del numero di squadre ammesse a partecipare al campionato di serie B e della correlata perdita di chance legata al mancato ripescaggio.

Pacifico è che alcun diritto in senso proprio al ripescaggio potesse essere vantato, in quanto il procedimento di integrazione dell'organico del campionato superiore non risultava essere in alcun modo disciplinato dalle normative federali, atteso che l'originario ampliamento del numero di squadre ammesse a partecipare al campionato di serie B fosse il frutto di un atto discrezionale della Federazione Italiana Giuoco Calcio che, a fronte della vacanze nell'organico rispetto al numero di 22 squadre previsto dall'art. 49 NOIF, aveva avviato la procedura di ripescaggio, precisandone i relativi criteri con il C.U. n. 54/2018.

Trattandosi di procedura sostanzialmente concorsuale, la Ternana calcio s.p.a. aveva quindi lamentato la lesione di una chance di ottenimento del risultato sperato, ovvero il ripescaggio che, in ipotesi, avrebbe potuto condurre all'ammissione, alla serie superiore, di ulteriori 3 squadre (da 19 a 22), ove non fossero stati adottati i provvedimenti, poi impugnati, di riduzione dell'organico del campionato al numero di 19 squadre e di revoca della procedura in itinere.

L'esito del procedimento in questione, però, risultava essere tutt'altro che scontato e, di contro, subordinato all'analisi di una serie di requisiti la cui sussistenza – e comparazione rispetto alla posizione delle altre aspiranti squadre – non è stata oggetto di allegazione e prova da parte della nominata società calcistica.

Sulla scorta di tale rilievo, in modo particolare, il giudice amministrativo è giunto a postulare l'infondatezza della pretesa risarcitoria avanzata all'esito di un'ampia argomentazione relativa ai presupposti giuridici cui subordinare l'effettività del diritto al ristoro di un pregiudizio correlato ad una perdita di chance giuridicamente rilevante e, quindi, meritevole di tutela.

Difatti, nel quadro di tali coordinate, nel caso concreto, la ricorrente avrebbe dovuto dimostrare, al fine di comprovare la sussistenza di una chance risarcibile, che, qualora fosse stata legittimamente espletata la procedura di ripescaggio, avrebbe avuto i necessari requisiti e una elevata probabilità di rientrare tra le squadre ammesse al campionato superiore secondo i criteri stabiliti per la formazione della graduatoria e tenuto conto dei requisiti posseduti delle altre concorrenti.

Onere della prova non assolto, nei termini suindicati, da parte della Ternana Calcio (T.A.R. Lazio Roma, sez. I, 07/05/2019, n. 5695).

4.5. *Autotutela e profili risarcitori*

Al fine di eliminare integralmente, ovvero, comunque limitare, i possibili pregiudizi derivanti dall'esercizio di pubbliche potestà non conforme al vigente paradigma legale, oppure onde assumere in debita considerazione il sopravvenire di nuovi interessi pubblici, o, ancora, allo scopo di permettere una rivalutazione, pur sempre possibile, dell'interesse pubblico originario, l'ordinamento, in via generale, consente alla pubblica amministrazione di rimuovere gli effetti dei propri provvedimenti, disponendone, in autotutela, *inter alia*, ricorrendone i relativi presupposti, la revoca e/o l'annullamento (Garofoli, Ferrari, 2010, 1071 ss.; Caringella, 2005, 1962 ss.; Casetta, 2001, 496 ss.; Virga, 2001, 132 ss.) così (eventualmente) rispristinando, per tale via, l'ordine giuridico violato – in uno al perseguimento di un interesse pubblico attuale – ed, in più, occasionalmente soddisfacendo anche l'interesse privato compresente, suscettivo di tradursi, ad esempio, nel conseguimento del bene della vita anelato e, in precedenza (illegittimamente), denegato.

Ciò, nel quadro, per vero, di un controverso rapporto tra la tutela dell'affidamento legittimo e lo svolgersi dell'autotutela decisoria (Caringella, 2008, 425), ovvero "*della necessaria contrapposizione tra l'esigenza di massima garanzia del rispetto delle regole dell'azione amministrativa e quella di assicurare una giusta protezione a quanti hanno confidato nella legittimità e nella stabilità dei provvedimenti per loro vantaggiosi e/o nell'omessa contestazione da parte degli enti competenti del legittimo esercizio delle attività intraprese*" (Fusco, 2020, 15).

In un siffatto contesto, "*l'autotutela amministrativa può essere definita come quel complesso di attività con cui ogni pubblica amministrazione risolve i conflitti potenziali ed attuali, relativi ai suoi provvedimenti o alle sue pretese: la pubblica amministrazione interviene unilateralmente con i mezzi amministrativi a sua disposizione (salvo, ovviamente, ogni sindacato giurisdizionale), tutelando autonomamente la propria sfera d'azione*" (Caruso, 2010, 1408).

Invero, la pubblica amministrazione non ha l'obbligo giuridico di pronunciarsi su una istanza diretta a sollecitare l'esercizio del potere di autotutela (Napolitano, 2012, 2946 ss.), che costituisce una manifestazione tipica della discrezionalità amministrativa, di cui essa è titolare per la tutela dell'interesse pubblico e che è incoercibile dall'esterno (cfr., da ultimo, T.A.R. Friuli-Venezia Giulia Trieste, sez. I, 06/03/2020, n. 98; Consiglio di Stato, sez. IV, 13/02/2020, n. 1141; T.A.R. Lazio Roma, sez. III, 10/12/2019, n. 14096; Consiglio di Stato, sez. V, 04/05/2015, n. 2237; Consiglio di Stato, sez. IV, 26/08/2013, n. 4309; Consiglio di Stato, sez. VI, 09/07/2013, n. 3634 – Per una disamina delle problematiche afferenti l'esercizio della potestà amministrativa c.d. di II° grado con riferimento ai limiti concernenti la perimetrazione della discrezionalità della P.A. v. D'Ancona, 2009, 537 ss.).

La richiesta di intervento in autotutela proposta dal privato ha, infatti, natura meramente sollecitatoria, inadeguata a determinare l'insorgenza di un obbligo di provvedere.

I provvedimenti di autotutela sono manifestazione dell'esercizio di un potere tipicamente discrezionale che l'Amministrazione, cioè, non ha alcun obbligo di attivare e, qualora intenda farlo, è chiamata a valutare la sussistenza o meno di un interesse che giustifichi la rimozione dell'atto, potestà di apprezzamento della quale essa sola è titolare e che non può ritenersi dovuta, *a fortiori*, nel caso di una situazione già definita con provvedimento inoppugnabile; pertanto, una volta che il privato, o per aver esaurito i mezzi di impugnazione che l'ordinamento gli garantisce, o per aver lasciato trascorrere, senza attivarsi, il termine previsto a pena di decadenza, si trovi di fronte ad un provvedimento inoppugnabile a fronte del quale può solo sollecitare la riedizione del potere da parte dell'Amministrazione, "*quest'ultima, a fronte della domanda di riesame, non ha alcun obbligo di rispondere*" (Consiglio di Stato, sez. V, 03/05/2012, n. 2549).

Inoltre, qualora l'autotutela sia compulsata dall'iniziativa privata, l'accoglimento dell'istanza non potrà prescindere da un accertamento condotto circa la sussistenza di un effettivo interesse alla rimozione dell'atto, traducendosi, esso, nella possibilità concreta di poter ritrarre, dal "ritiro del provvedimento", un effetto utile, ovvero l'ampliamento (o il consolidamento) della propria sfera giuridica; ciò, ovviamente, pur sempre se confacente alla salvaguardia e promozione dell'interesse pubblico primario di cui depositaria sia l'amministrazione procedente.

In riferimento alle attribuzioni proprie delle istituzioni del sistema sportivo nazionale, le superiori coordinate ermeneutiche trovano piena applicazione, solamente laddove, però, esse siano chiamate ad esercitare funzioni e potestà di natura pubblicistica.

Il caso

Con ricorso introitato innanzi al giudice amministrativo, la Juventus Football Club S.p.a. ha agito in giudizio per la condanna della Federazione Italiana Giuoco Calcio al risarcimento del danno ingiusto subito dalla ricorrente a seguito dell'illegittimo esercizio dell'attività amministrativa e del mancato esercizio di quella obbligatoria, chiedendo – quale risarcimento in forma specifica – la "non assegnazione ora per allora" del titolo di Campione d'Italia per il Campionato di calcio 2005-2006, con conseguente rimodulazione della classifica del campionato e – quale risarcimento per equivalente – la condanna della Federazione Italiana Giuoco Calcio al pagamento dei danni subiti e subendi e con annullamento, qualora necessario e nella relativa parte, dei seguenti provvedimenti:

– delibera del Consiglio Federale della Federazione Italiana Giuoco Calcio, F.I.G.C., in data 18 luglio 2011, di reiezione di un esposto-istanza di revoca in autotutela presentata dalla Juventus Football Club s.p.a. in data 10 maggio 2010;

– provvedimento del Commissario Straordinario della F.I.G.C. in data 26 luglio 2006, di assegnazione del titolo di "Campione d'Italia" al Football Club Internazionale Milano S.p.a. per il Campionato di calcio degli anni 2005/2006.

Negli anni 2004-2006, la Procura di Napoli aveva sottoposto ad indagine diversi dirigenti e tesserati della FIGC al fine di accertare possibili condotte illecite dirette, tra l'altro, ad alterare lo svolgimento e l'esito delle partite nel corso del campionato di serie A 2004-2005.

Le indagini penali avevano coinvolto anche diversi dirigenti apicali della Juventus, nonché alcuni designatori arbitrali. Gli elementi probatori raccolti nel corso di questi procedimenti erano stati quindi acquisiti dagli organi di giustizia sportiva della FIGC.

Nel 2006, gli organi di giustizia sportiva della FIGC avevano avviato un procedimento disciplinare nei confronti di varie squadre di calcio, tra cui la Juventus, nonché dei loro dirigenti e tesserati coinvolti nelle indagini penali.

Il processo sportivo si era concluso, in primo grado, con la comminazione, a carico della Juventus Football Club S.p.A., delle seguenti sanzioni:
- retrocessione all'ultimo posto in classifica del campionato 2005/2006;
- penalizzazione di punti 30 in classifica nella stagione sportiva 2006/2007;
- revoca dell'assegnazione del titolo di campione d'Italia 2004/2005;
- non assegnazione del titolo di campione d'Italia 2005/2006;
- ammenda di euro 80.000.

In secondo grado, la Corte Federale aveva confermato, con decisione del 25 luglio 2006, le sanzioni irrogate nella decisione impugnata per le stagioni sportive 2004-2005 e 2005-2006 e aveva determinato la sanzione relativa alla stagione sportiva 2006-2007 nella penalizzazione di 17 punti in classifica, nella squalifica del campo di gara per 3 giornate di campionato, nonché nell'ammenda di 120 mila euro.

In ragione delle sanzioni disciplinari irrogate in primo grado, il Commissario Straordinario della FIGC aveva incaricato una Commissione di Esperti affinché esprimesse un parere in ordine alla "eventuale assegnazione dello scudetto in caso di modifica della classifica finale di campionato, a seguito di illecito disciplinare".

Seguiva un provvedimento del Commissario Straordinario della F.I.G.C., adottato in data 26 luglio 2006, mediante il quale, in sostanza, preso atti delle risultanze dei lavori della nominata Commissione, si giungeva ad assegnare il titolo di Campione d'Italia per il campionato 2005-2006 alla squadra prima classificata, ovvero il Football Club Internazionale Milano S.p.a.

Successivamente, nel 2010, facendo leva sulle risultanze documentali acquisite a distanza di anni nel parallelo processo penale all'epoca pendente dinanzi alla Corte di Appello di Napoli, la Juventus, con esposto-istanza introitato in data 10 maggio 2010, richiedeva formalmente alla FIGC la revoca del provvedimento adottato dal Commissario Straordinario della F.I.G.C. in data 26 luglio 2006, "con ogni conseguenziale pronuncia ripristinatoria dello status quo ante".

Il Consiglio Federale della FIGC, con delibera in data 18 luglio 2011, pubblicata il 19 luglio 2011, respingeva l'esposto-istanza di revoca, in autotutela amministrativa, dell'atto del Commissario Straordinario della F.I.G.C. in data 26 luglio 2006, presentata dalla Juventus Football Club s.p.a. in data 10 maggio 2010.

In particolare, quanto alla domanda di revoca in autotutela dello scudetto vinto dall'Internazionale nella stagione 2005-2006, nonché di emissione di un provvedimento di "non assegnazione ora per allora", il giudice amministrativo adito ha avuto modo di rilevare – oltre che l'inammissibilità della domanda per carenza di interesse in ragione della assenza di alcun vantaggio per la ricorrente dalla emissione di tali provvedimenti – che la nominata istanza risarcitoria in forma specifica andasse inquadrata entro la categoria dogmatica delle questioni disciplinari/sanzionatorie, con conseguente sottrazione della stessa alla giurisdizione del giudice statale in ossequio al principio di autonomia dell'ordinamento sportivo (T.A.R. Lazio Roma, sez. I, 06/09/2016, n. 9563).

Capitolo IV

SPORT, INCLUSIONE SOCIALE E TUTELA DELL'ORDINE PUBBLICO

Sezione I

IL RUOLO DELLO SPORT NELLA PROMOZIONE DI POLITICHE DI INCLUSIONE SOCIALE E DI LOTTA ALLA DISCRIMINAZIONE RAZZIALE

1. *Società multiculturale, ordinamento sportivo ed inclusione sociale dei minori stranieri: pregi e difetti della l. n. 12/2016*

Il processo di progressiva globalizzazione dei valori propri di un modello ideale di società multiculturale (Lott, 2010, 10 ss.; Steinberg, 2009, 3 ss.; Phillips, 2007, 11 ss.; Day, 2002, 3 ss.; Parekh, 2000, 11 ss.; La Belle, Ward, 1996, 51 ss.) e delle libertà fondamentali dell'individuo (Silvestri, 2013, 905 ss.) postula, in epoca contemporanea, la crisi degli Stati-nazione (Di Martino, 2010, 27 ss.; Carrozza, 1995, 154 ss.) e il superamento degli angusti confini nazionali entro cui sono ristretti i particolarismi propri delle impostazioni dogmatiche settarie di matrice nazionalista (Fisichella, 2008, 127 ss.) e si rivolge nella direzione di una prospettiva d'insieme, universalistica e/o cosmopolita (Laneve, 2012, 22 ss.), pur mantenendo salde le tradizioni e vitale il sentimento nazionale dei diversi popoli.

In questo senso, l'apertura al dialogo interculturale, la circolazione, lo scambio e le interazioni tra differenti comunità divengono artefici del processo di crescita civile della società senza annichilire i tratti caratteristici propri di ciascuna collettività politica (Huntington, 2012, 12 ss.) e senza richiedere la marginalizzazione dei valori patriottici e di unità che contribuiscono a costruire e rafforzare l'*idem sentire* dei membri di una nazione, ancorché composta da molteplici nazionalità (Carrozza, 1995, 145).

"*Oggi, i continui flussi tra le persone e tra culture diverse, anche molto diverse, rinnovano il problema identitario che corre lungo il delicatissimo crinale che separa il rischio dell'annacquamento e della dissoluzione delle diversità da quello, altrettanto pericoloso e degenerativo, dell'assolutezza identitaria*" ((Laneve, 2012, 24 s.)

Al contempo, però, "*se ci poniamo nell'ottica dell'identità nazionale, caratterizzata non già dall'apparato statale ma dalla comunanza di storia, di lingue a di cultura, possiamo individuare una comunità politica che si estende al di là della stretta prossimità e, d'altra parte, non si dissolve in una dimensione globalizzante e vagamente cosmopolitica*" (Viola, 1999, 81).

Si supera, in realtà, per tale via, la concezione etnocentrica del diritto (Lipari, 2015, 1 ss.), ovvero l'impiego dell'unità linguistico-culturale nazionale quale principale fattore di legittimazione dell'unità politica dello Stato e quale strumento di identificazione, individuale e collettiva, dell'elemento personale dell'ordinamento (Belvisi, 2012, 3 ss.), in favore di un approccio multiculturale dello "Stato declinato al plurale" (Ornaghi, 1999, 37 s.) in cui l'idea di nazione e lo stesso nazionalismo, inteso nelle sue possibili, diverse accezioni (Agnelli, 1994, 15 s.), sono destinati perdere rilevanza in vista del riconoscimento della titolarità in capo a ciascuno di diritti inalienabili ed universali (Habermas, Taylor, 2005, 9 ss.) e ciò indipendentemente dal colore della pelle, dalle origini etniche, dalla lingua parlata, ovvero dal credo religioso professato (Grosso, 1999, 156 ss.; Carrozza, 1995, 128 ss.).

Invero, per lungo tempo, il nazionalismo ha costituito un formidabile fattore di integrazione delle masse nello Stato, «*quale fonte di "potere assoluto" sia che per nazione si intenda un fattore soggettivo di identità culturale, nell'ambito del quale prevale l'elemento identitario individuale, volontaristico, sia che per nazione si intenda una tradizione culturale comune ed oggettiva, forgiata dalla storia*» (Carrozza, 1995, 143).

Al di fuori dei suoi ambienti storici originari, il nazionalismo si è sempre prestato, comunque, ad ogni sorta di mobilitazione e legittimazione popolare "*e probabilmente continuerà a farlo finché il bisogno di identità culturale sarà unito alla ricerca della sovranità popolare*" (Smith, 2010, 156).

Conclamata definitivamente la crisi degli Stati nazionali, però, condizione in cui i diritti di cittadinanza non hanno più come terreno di riferimento la nazione, ma vengono "prepotentemente" proiettati su dimensioni sovranazionali, cosmopolitiche e universali, progressivamente sfuma l'incidenza di un'esacerbata credenza nel nazionalismo alla stregua di fonte di legittimazione del potere supremo e, in tale quadro, "*lo stesso concetto di cittadinanza vive un processo di radicale trasformazione da mero* status *(quale somma di condizioni giuridiche soggettive dell'individuo) a relazione tra soggetto e comunità di appartenenza*" (Laneve, 2012, 21).

In un siffatto contesto, la cittadinanza diviene "*non un legame originario, una discendenza, e neppure una mera dichiarazione di volontà-appartenenza, ma la condivisione volontaria di un comune* status *di diritti di cui libertà civili, diritti di partecipazione e diritti sociali fanno necessariamente e indivisibilmente parte*" (Carrozza, 1995, 148).

Ciò, nel quadro di un processo di maturazione di politiche di integrazione ed inclusione sociale che consentano di rafforzare i sentimenti di partecipazione ed appartenenza ad una comunità, sintetizzabili in un condiviso *idem sentire de re publica.*

In merito, un significativo ruolo deve essere riconosciuto, in seno alle società contemporanee, al fenomeno sportivo, connotato da una specifica e peculiare dimensione educativa e culturale, che ben può assurgere a collante sociale e strumento di consolidamento dei valori comuni propri di una determinata collettività, al di là di ogni deriva discriminatoria, capace, al contrario, di ingenerare profonde fratture sociali.

"*Lo sport ha il potere di cambiare il mondo. Ha il potere di ispirare, di unire le persone in una maniera che pochi di noi possono fare. Parla ai giovani in un linguaggio che loro capiscono. Lo sport ha il potere di creare speranza dove c'è disperazione. È più potente dei governi nel rompere le barriere razziali, è capace di ridere in faccia a tutte le discriminazioni*" (Nelson Mandela, Laureus World Sports Awards, 2000).

Così accadde durante i mondiali di rugby del 1995 svoltisi in Sudafrica.

In seguito alla caduta del regime basato sulle odiose politiche dell'apartheid, Nelson Mandela, primo presidente di colore nella storia del Paese, perseguì l'obiettivo di riappacificare la popolazione sudafricana, ancora divisa dai sentimenti di rancore, avversione, disprezzo ed animosità reciprocamente avvertiti tra la maggioranza dei cittadini di colore e la comunità, minoritaria, di razza bianca.

Simbolo di questa frattura sociale e culturale diventarono gli Springboks, la nazionale di rugby, espressione dell'orgoglio bianco Afrikaner e per questo detestata dalla popolazione di colore.

Parlando ai cuori piuttosto che alle menti, Mandela intuì che i campionati mondiali di rugby del 1995 avrebbero potuto costituire l'occasione per rinsaldare i sentimenti di unione tra comunità ormai aduse a nutrire, reciprocamente, timore e diffidenza.

La vittoria conseguita sul campo contro gli "All Blacks" divenne emblema del riavvicinamento e stimolo per intraprendere un concreto e fattivo processo di integrazione.

Ovviamente, anche a prescindere da eventi sportivi connotati, per ragioni storiche, politiche e sociali, da una contingente valenza simbolica, in alcune occasioni anche, almeno in parte, con tratti caratteristici negativi (come, ad esempio, le Olimpiadi di Berlino del 1936, organizzate con l'intento di perseguire l'obiettivo di una grande celebrazione del regime nazista e di esaltazione delle qualità della razza ariana), nel quotidiano, lo sport assurge comunque a "palestra di vita", insegnando i valori della lealtà, della probità, della solidarietà e dell'inclusione sociale e culturale.

Finalità da perseguire nel quadro di un ordinamento giuridico statale (anche alla luce del patrimonio assiologico maturato in seno alla comunità internazionale) chiamato ad assumere la responsabilità di promuovere politiche e misure normative di valorizzazione dello sport, quale strumento di integrazione, mezzo indispensabile di coesione, anche ben al di là dei singoli (spesso angusti) confini territoriali nazionali, rivolte nel senso di implementare gli sforzi in vista della salvaguardia e promozione della dignità della persona, con speciale attenzione riservata in favore di individui affetti da disabilità, ovvero minori d'età.

In quest'ultima direzione, è stata salutata con favore la recente l. n. 12/2016, avente "*valenza di disposizione di diritto pubblico sportivo*" (Dinelli, 2016, 257), concernente disposizioni finalizzate a favorire l'integrazione sociale dei minori stranieri residenti in Italia mediante l'ammissione nelle società sportive appartenenti alle federazioni nazionali, alle discipline associate o agli enti di promozione sportiva.

"*La legge 20 gennaio 2016, n. 12 si propone quale svolta, al contempo innovativa e correttiva, dell'assetto regolamentare federale sul tesseramento degli atleti stranieri che, secondo il comune convincimento, fatto proprio anche dallo stesso legislatore, salvo il caso di due o tre Federazioni, poneva stringenti limitazioni, ovvero addirittura assoluti impedimenti, al tesseramento in assenza della cittadinanza italiana*" (Santoro, 2016, 230).

Di conseguenza, "*la l. n. 12/2016 ha il merito di aver indotto gli enti sportivi a rendere comunque più omogenea la regolamentazione del tesseramento per le diverse discipline sportive, riducendo ove possibile la diversità di trattamento tra atleti italiani e atleti stranieri e favorendo in particolare la più ampia partecipazione dei minori stranieri, che stabilmente vivono nel nostro Paese, allo sport*". (De Fusco, 2019, 48 s.).

La normativa sullo *ius soli* sportivo sembra essere destinata, in verità, "*ad aprire nuove prospettive specialmente a favore di minori che hanno la cittadinanza di Stati esterni all'Unione europea. Al contrario, i minori che sono citta-*

dini dell'Unione, in virtù del possesso della cittadinanza di uno degli Stati membri della stessa, godono di un regime d'equiparazione agli italiani, allorché si trovavano a esercitare attraverso lo sport un'attività lavorativa, in virtù dei principi affermati per la prima volta dalla celebre sentenza Bosman" (Vari, 2016, 218).

È stato osservato, però, che siffatta recente novella legislativa, in realtà, nulla abbia "*a che vedere né con la cittadinanza sportiva, né con lo ius soli sportivo*" (Bastianon, 2016, 262).

Ciò, perché, "*nonostante l'affascinante nome con cui è nota nel dibattito pubblico, e cioè la normativa sullo ius soli sportivo, essa non interferisce con la problematica dell'attribuzione della cittadinanza sulla base «della nascita nel territorio dello Stato, all'infuori di ogni considerazione della cittadinanza dei genitori», appunto lo ius soli propriamente detto*" (Vari, 2016, 215).

Le critiche concernenti la "portata storica" delle novità introdotte dalla normativa in discussione, espressione di potestà legislativa esclusiva dello Stato (De Fusco, 2019, 21; Vari, 2016, 217), postulano, peraltro, ulteriori perplessità che, in verità, si estendono anche in ordine alla latitudine soggettiva di applicazione della disciplina in esame, testualmente riconducibile ai minori "*che risultano regolarmente residenti nel territorio italiano almeno dal compimento del decimo anno di età*".

Difatti, il riferimento al requisito della "regolare residenza" implica l'insorgenza di alcuni dubbi ermeneutici (De Fusco, 2019, 46 ss.; Liotta, 2016, 246), atteso che la norma sembrerebbe presupporre la regolare iscrizione all'anagrafe di un comune italiano di un figlio di stranieri in possesso di regolare permesso di soggiorno.

Pertanto, "*a differenza di altri diritti, quali quelli all'istruzione o alla salute, il mancato possesso di un permesso di soggiorno e la conseguente impossibilità di tesseramento comportano l'esclusione dall'accesso al diritto allo sport dei non cittadini. Essendo il diritto allo sport riconducibile, secondo quanto argomentato in precedenza, alla categoria dei diritti fondamentali costituzionalmente garantiti, è possibile affermare che l'insufficienza piuttosto che l'assenza di tutela di tale diritto per lo straniero irregolare determini un assoluto mancato riconoscimento a chi ne è indubbiamente titolare*" (De Fusco, 2019, 34).

Così intesa, la norma sembrerebbe escludere dai benefici colà contemplati "*sia i minori stranieri, anche nati e cresciuti sempre in Italia, ma figli di genitori privi di un regolare permesso di soggiorno, sia i minori stranieri non accompagnati ed oggetto di tutela o affidamento. D'altra parte, se si volesse estendere anche a questi ultimi i benefici della legge n. 12/2016, resterebbe da risolvere la questione se per minori non accompagnati oggetto di tutela o affidamento devono considerarsi soltanto quei minori rispetto ai quali è stato adottato un provvedimento di tutela o affidamento ai sensi della legge n. 184/1983, oppure anche i minori oggetto di tutela o affidamento di fatto*" (Bastianon, 2016, 271).

Esistono, difatti, «*diverse tipologie di minori stranieri, che possono in generale essere ricondotte alla categoria delle "seconde generazioni dell'immigrazione" considerata nella sua accezione più estesa, che ricomprende: i minori nati in Italia da genitori stranieri, i minori ricongiunti, i minori non accompagnati, i minori rifugiati, i minori arrivati per adozione internazionale, i figli di coppie miste*» (De Fusco, 2019, 1) che, in verità, potrebbero, *prima facie*, non essere ritenute destinatarie della normativa in discussione.

In concreto, se la possibilità di conseguire un regolare tesseramento sportivo secondo le procedure previste per i cittadini italiani minori d'età assurge a strumento di integrazione sociale, il requisito della regolare residenza determina la produzione, in verità, di un effetto di marginalizzazione dei minori il cui *status* richiede politiche di inclusione particolarmente incisive data la condizione di "debolezza sociale" da loro (involontariamente ed inconsapevolmente) rivestita.

Per ovviare a siffatta evenienza, è stato ritenuto di poter interpretare il requisito della regolare residenza in maniera elastica, non tributando valore dirimente all'elemento dell'iscrizione anagrafica nel registro della popolazione residente, "*dovendo essere consentito al minore di dimostrare comunque, attraverso altri idonei elementi, la legittimità della sua presenza sul territorio dello Stato a partire dal compimento del decimo anno di età*" (Dinelli, 2016, 259).

Per contro, un'esegesi (ulteriormente) estensiva del dettato normativo, consistente nel ritenere che il minore straniero regolarmente residente in Italia possa essere "*qualsiasi minore straniero presente in Italia, posto che il minore straniero non può mai essere espulso dal nostro paese e gode, in quanto minore, di un permesso di soggiorno per minore età*" (Bastianon, 2016, 271 s.) – soluzione ermeneutica invero ritenuta l'unica conforme alle vincolanti prescrizioni dettate dall'art. 31 della Convenzione sui Diritti del fanciullo, approvata dall'Assemblea Generale delle Nazioni Unite il 20 novembre 1989 e resa esecutiva in Italia con la legge 27 maggio 1991, n. 176, tale per cui "*ciascun minore presente sul territorio italiano è comunque soggetto al regime di cui alla legge n. 12/2016, a prescindere dalla legalità del soggiorno in Italia dei suoi genitori*" (Vari, 2016, 220) – oltre che forzare in misura eccessiva l'ermeneusi del dato letterale, potrebbe comportare il rischio "*che la norma in questione finisca per incentivare fenomeni di immigrazione clandestina e/o irregolare di giovani atleti*" (Bastianon, 2016, 272).

La norma, peraltro, si riferisce a minori regolarmente residenti almeno dal compimento del decimo anno di età senza prevedere un periodo minimo di residenza, né richiedere espressamente la continuità della residenza.

"*Ha, dunque, diritto al tesseramento il minore che risiedeva regolarmente in Italia al compimento del decimo anno di età, ma che poi si è trasferito all'estero per fare successivamente ritorno in Italia?*" (Dinelli, 2016, 257).

Sotto altro profilo, sono state sollevate perplessità in merito al requisito dell'età cui correlare i benefici riconosciuti dalla l. n. 12/2016.

In particolare, è stato osservato che l'intendimento del legislatore di subordinare la possibilità di applicare le procedure previste per il tesseramento nei confronti dei cittadini italiani infradiciottenni, in favore dei minori stranieri, al possesso del requisito della presenza in Italia "almeno dal compimento del decimo anno di età", sembrerebbe essere dettato dallo scopo di "*bloccare un potenziale mercato di giovani talenti, che siano strapiantati dalla loro realtà familiare e sociale per essere attratti dal miraggio di una carriera sportiva*" (Vari, 2016, 225) ed impedire la proliferazione – ad esempio con riguardo al gioco del calcio, ambito in riferimento al quale è maggiormente, tristemente diffuso – del "*fenomeno del c.d. trafficking internazionale di calciatori di minore età, in quanto succede talvolta che tali minori, una volta compiuta la maggiore età, qualora non riescano ad inserirsi nella carriera calcistica professionistica, vengano abbandonati dalle società, ritrovandosi privi di possibilità alternative di inserimento sociale, per la mancanza di un'adeguata formazione scolastica o professionale parallela a quella calcistica*" (Dinelli, 2016, 255).

Per vero, la latitudine assiologica ed applicativa della l. n. 12/2016 va concepita, in questa direzione, *cum grano salis*, ritenendo che essa "*detti una disciplina minima, suscettibile però di ulteriore ampliamento: in sostanza, la legge sullo ius soli sportivo sembrerebbe imporre l'equiparazione della posizione del minore straniero a quello italiano sempre nel caso di minori entrati in Italia prima del compimento del decimo anno; per quelli entrati dopo, però, si può, anzi, rectius, si deve consentire il tesseramento nel momento in cui non vengono in gioco esigenze di protezione della gioventù* – come, ad esempio, nel caso di – *un minore straniero che giunge in Italia dopo aver compiuto dieci anni, perché immigrano i suoi genitori o per richiedere asilo*" (Vari, 2016, 226).

"*Un'altra notazione critica che può muoversi alla legge in commento concerne il riferimento, nella intitolazione della stessa legge, al tesseramento di minori stranieri esclusivamente presso società affiliate a Federazioni sportive, Discipline sportive associate ovvero Enti di promozione sportiva sportiva, intendendosi implicitamente come tali quelli facenti parte del cosiddetto sistema sportivo istituzionalizzato, al cui vertice, come è noto, è posto il CONI. La legge n. 12/2016 sembrerebbe quindi, almeno apparentemente, sulla base del dato meramente letterale, escludere dal suo ambito di applicazione le ipotesi di tesseramento presso enti affiliati a Federazioni non riconosciute dal CONI, ov-*

vero, presso enti che, ancorché inseriti nel sistema CONI, rivestano la natura giuridica di associazioni sportive" (Santoro, 2016, 237).

Invero, «*rinvenendosi nel fine dell'integrazione sociale la ratio della legge, si può ritenere che la portata applicativa della stessa debba essere estesa anche a questi altri soggetti, in ordine ai primi giacché le attività sportive non possono essere ricondotte unicamente a quelle collocate e regolamentate all'interno del predetto sistema, essendo la loro qualificazione indipendente rispetto al formale riconoscimento da parte del C.O.N.I., e potendo, altresì, variare nel tempo, e in merito ai secondi poiché per l'esercizio in forma associata dell'attività sportiva viene in maggior misura scelta la formula dell'associazione sportiva dilettantistica (A.S.D.) con finalità sportive senza scopo di lucro, tipicamente affiliata ad un Ente di promozione sportiva e riferimento prevalente nel mondo sportivo dilettantistico, mentre "la forma societaria è prescritta dalla legge soltanto per l'esercizio in forma associata delle attività sportive professionistiche, le quali sono riferite oggi soltanto a cinque federazioni (calcio, basket, boxe, ciclismo e golf) e una disciplina sportiva associata (tiro dinamico sportivo) e, all'interno di queste, soltanto ad alcuni limitati settori*"» (De Fusco, 2019, 44 s.).

Orbene, pur a fronte delle superiori criticità, sembra che la l. n. 12/2016, ancorché certamente perfettibile, abbia inaugurato un percorso di rafforzamento delle politiche di inclusione sociale (in seno al mondo dello sport) dei minori d'età mediante la valorizzazione del requisito della residenza, in luogo della cittadinanza, sulla falsariga dell'approccio già in passato adottato da parte di alcune federazioni sportive.

"*Infatti, la prevalenza dell'elemento sostanziale della residenza in Italia su quello formale della cittadinanza italiana è suffragata dall'esame di alcune normative endofederali nelle quali la regolamentazione del tesseramento degli atleti stranieri ha riguardo alle modalità in concreto di esercizio dell'attività sportiva. Così, ad esempio, nella Federazione italiana rugby la principale distinzione degli atleti è nelle due categorie dei "giocatori di formazione italiana" e dei "giocatori di formazione non italiana". Ad entrambe le categorie possono appartenere atleti di cittadinanza italiana ovvero straniera*" (Santoro, 2016, 233).

Peraltro, in siffatte ipotesi, va assunta in considerazione l'opportunità di impedire che si verifichino effetti paradossali di "discriminazione alla rovescia", laddove possa essere in gioco il rifiuto del tesseramento da parte di una federazione sportiva nazionale di un giocatore sì cittadino italiano, ma privo di "formazione italiana".

In dette occasioni, "*l'atleta italiano formatosi tecnicamente all'estero è discriminato, senza alcuna plausibile giustificazione, rispetto all'atleta straniero formatosi tecnicamente in vivai nazionali … In questo modo, il cittadino italiano, solo perché costretto – ad esempio per motivi familiari – a vivere fuori dall'Italia (e, conseguentemente a formarsi tecnicamente all'estero) vede diminuire le sue possibilità di accesso all'attività sportiva professionistica, rispetto a chi, invece, ha vissuto e si è formato in Italia*" (Consiglio di Stato, sez. VI, 17/06/2014, n. 3037).

Vengono in gioco, secondo un giudizio di valore assunto sulla base del diritto costituzionale e del diritto eurounitario, il diritto alla vita familiare ed i collegati diritti di circolazione e di soggiorno, talchè, per poter svolgere senza «limiti» l'attività sportiva professionistica, l'atleta, sì cittadino italiano, ma formatosi tecnicamente all'estero, sarebbe costretto a lasciare il territorio nazionale essendogli impedito di avere "pieno" e incondizionato accesso all'attività sportiva professionistica in Italia (Consiglio di Stato, sez. VI, 17/06/2014, n. 3037 – Dinelli, 2016, 255 ss.).

Nel quadro, poi, più in generale, di efficaci politiche di inclusione sociale, con riguardo all'esercizio della pratica sportiva, spicca l'incidenza della normativa di settore, propria delle singole federazioni sportive, rispetto all'effettività del "diritto allo sport" in capo ai minori stranieri, ancorché (non) regolarmente residenti in Italia.

In base alla normativa generale di alcune federazioni sportive (es. F.I.N.), difatti, in alcune manifestazioni o competizioni, anche a livello regionale o nazionale, non era ammessa, in passato, la partecipazione di atleti stranieri per passaporto o rappresentanza sportiva (Santoro, 2016, 234 s.), ovvero, pur essendo consentita la partecipazione (numericamente contingentata), la premiazione per i migliori piazzamenti era prevista con riguardo ai primi tre atleti di nazionalità italiana, con assegnazione del titolo al primo tra questi, cui si aggiungeva la premiazione dell'atleta straniero con una medaglia supplementare relativa al piazzamento realmente conseguito (Bastianon, 2016, 273 ss.).

La disciplina relativa alle modalità di partecipazione alle competizioni sportive, quindi, risultava essere, in alcuni casi, espressione di trattamento disparitario, irragionevole e per nulla in linea con la *ratio legis* della l. n. 12/2016 (De Fusco, 2019, 43 ss.).

Ciò, in quanto, la pratica sportiva, intesa nella sua più genuina essenza, radica la propria ragion d'essere nella partecipazione alle competizioni, nell'orgoglio dei risultati ottenuti, nei premi, anche simbolici, che ne attestano il valore sportivo (Spadafora, 2012, 79).

Diversamente, già prima dell'approvazione della nominata l. n. 12/2016, altre federazioni sportive (es. F.I.R.) avevano orientato la propria politica normativa nel senso di ammettere che il minore straniero stabilmente residente in Italia non solo non incontrasse alcun limite per quanto riguarda il tesseramento, ma fosse, altresì, equiparato al minore italiano ai fini regolamentari, vale a dire per tutto quanto concerne l'effettivo esercizio dell'attività sportiva e, quindi, la partecipazione alle competizioni (Bastianon, 2016, 275).

Da ciò, è dato intendere, ne deriva(va)no, in realtà, modelli di disciplina "*non uniformi e tali da delineare un sistema eterogeneo e frammentato*" (Zambrano, Matera, Sbarbaro, 10; De Fusco, 2019, 48).

Pertanto, "*non si comprende il senso di un intervento legislativo che, da un lato, equipara cittadini e stranieri per quanto riguarda le procedure di tesseramento mentre, dall'altro lato, non interviene sulle numerose disposizioni che ancora oggi continuano a discriminare tra cittadini e stranieri per quanto riguarda la partecipazione alle competizioni sportive*" (Bastianon, 2016, 276).

Detta aporia, in verità, non sembra possa essere ragionevolmente ricondotta all'esigenza di salvaguardare il principio di autonomia dell'ordinamento sportivo; difatti, oltre che per ragioni di intrinseca coerenza di una regolamentazione che dovrebbe abbracciare, compiutamente, tutti i diversi profili (dal tesseramento alle modalità di partecipazione alle singole competizioni sportive), risultano essere coinvolti, nella fattispecie in discussione, interessi e valori fondamentali capaci di investire sia posizioni di libertà dei singoli, ancor più delicate perché riferibili in capo ai minori d'età, spesso in condizioni di svantaggio sociale, sia l'interesse pubblico generale coincidente con la conformazione dell'ordinamento ai valori dell'inclusione e del multiculturalismo.

Di conseguenza, nessuna miopia legislativa può essere ritenuta consentita, né alcun interesse settoriale dell'ordinamento sportivo (relativo, ad esempio, alla tutela dei "vivai nazionali" – Dinelli, 2016, 254) può assurgere a giustificazione di una normativa lacunosa che, in sostanza, sotto questo aspetto, tradisce la stessa idea di sport quale strumento di integrazione sociale, educativa e culturale.

Ciò, anche alla luce dell'orientamento maturato con riguardo, in generale, alla rilevanza del fenomeno sportivo per l'ordimento giuridico dello Stato, atteso che "*la possibilità, o meno, di essere ammessi a svolgere attività agonistica disputando le gare ed i campionati organizzati dalle Federazioni sportive facenti capo al CONI – il quale, a sua volta, è inserito, quale articolazione monopolistica nazionale, all'interno del Comitato Olimpico Internazionale – non è situazione che possa dirsi irrilevante per l'ordinamento giuridico generale e, come tale, non meritevole di tutela da parte di questo*"; difatti, "*è attraverso siffatta possibilità che trovano attuazione sia fondamentali diritti di libertà – fra tutti, sia quello di svolgimento della propria personalità, sia quello di associazione – che non meno significativi diritti connessi ai rapporti patrimoniali – ove si tenga conto della rilevanza economica che ha assunto il fenomeno sportivo, spesso praticato a livello professionistico ed organizzato su base imprenditoriale – tutti oggetto di considerazione anche a livello costituzionale*" (Corte Costituzionale, 11/02/2011, n. 49 – Sul punto v. Vari, 2016, 223 ss.).

Del resto, è già stato rilevato, l'art. 31 della Convenzione sui Diritti del fanciullo, approvata dall'Assemblea Generale delle Nazioni Unite il 20 novembre 1989 e resa esecutiva in Italia con la legge 27 maggio 1991, n. 176, testualmente prevede, al par. 1, che "*gli Stati parti riconoscono al fanciullo il diritto al riposo e al tempo libero, a dedicarsi al gioco e ad attività ricreative proprie della sua età e a partecipare liberamente alla vita culturale ed artistica*" e, al par. 2, che gli stessi "*rispettano e favoriscono il diritto del fanciullo di partecipare pienamente alla vita culturale e artistica e incoraggiano l'organizzazione, in condizioni di uguaglianza, di mezzi appropriati di divertimento e di attività ricreative*".

"*Queste ultime previsioni rappresentano degli obblighi internazionali ai quali, ai sensi dell'art. 117, comma 1, Cost., la legislazione ordinaria deve uniformarsi, pena la sua illegittimità*" (Vari, 2016, 220).

In quest'ottica e, per vero, in controtendenza rispetto alle lacune prima menzionate, si colloca l'art. 1, comma 2, l. n. 12/2016 che ritiene valido il tesseramento, dopo il compimento del diciottesimo anno di età, fino al completamento delle procedure per l'acquisizione della cittadinanza italiana da parte dei soggetti che, ricorrendo i presupposti di cui alla legge 5 febbraio 1992, n. 91, abbiano presentato tale richiesta; per tale via, si introduce "*una sorta di tesseramento sportivo sine die condizionato all'adozione del provvedimento, sia poi esso positivo o negativo, dell'autorità statale competente... sulla dichiarata ratio della legge consistente nel favorire l'integrazione sociale; integrazione sociale che, così opinando, appare più efficace e duratura*" (Liotta, 2016, 249).

Nella direzione del rafforzamento delle politiche di inclusione sociale, poi, nella legge di Bilancio 2018, l. n. 205/2017, all'art. 1, comma 369, è stato previsto che "*al fine di consentire il pieno ed effettivo esercizio del diritto alla pratica sportiva [..] i minori cittadini di Paesi terzi, anche non in regola con le norme relative all'ingresso e al soggiorno, laddove siano iscritti da almeno un anno a una qualsiasi classe dell'ordinamento scolastico italiano, possono essere tesserati presso società o associazioni affiliate alle federazioni sportive nazionali, alle discipline sportive associate o agli enti di promozione sportiva, anche paralimpici, senza alcun aggravio rispetto a quanto previsto per i cittadini italiani*".

Nello stesso senso si innestano, inoltre, le iniziative promosse allo scopo di consolidare un modello di società inclusiva anche con riguardo alla pratica sportiva; esemplificativo, in merito, si dimostra il Progetto denominato "Diffusione, pratica ed implementazione di attività sportive a favore di minori stranieri ospiti del sistema di accoglienza nazionale" – finanziato a valere sull'obiettivo "Integrazione e migrazione legale" del Programma Nazionale del Fondo Asilo, Migrazione e Integrazione (FAMI) 2014-2020 – volto al fine di rendere operativo l'intendimento di consentire ai minori stranieri di poter praticare, a titolo gratuito, attività sportive, durante la loro permanenza nel sistema di accoglienza nazionale, presso le società ed associazioni sportive operanti presso le aree geografiche interessate, insieme ai coetanei italiani e sotto la guida di tecnici qualificati formati dal CONI.

Del resto, è già stato rilevato, la pratica sportiva costituisce una straordinaria occasione per lo sviluppo della personalità del minore e per una piena integrazione dello stesso all'interno della società, come sottolineato anche nell'"*Accordo di programma per la realizzazione di attività volte a favorire l'inclusione e l'integrazione sociale dei migranti di prima e seconda generazione attraverso lo sport e a contrastare le forme di discriminazione e intolleranza*", sottoscritto da Ministero delle Politiche sociali e CONI nel 2014 e rinnovato nel corso degli anni successivi (De Fusco, 2019, 20 s.; Vari, 2016, 221; Santoro, 2016, 229 s.).

Ciò induce, in definitiva, a rinvenire nella pratica sportiva il mezzo ideale per promuovere, in seno alle giovani generazioni e, per il loro tramite, nella società in genere, un modello di relazioni personali improntato sui valori della lealtà, dello spirito di squadra, della solidarietà, della tolleranza e dell'accettazione di tradizioni culturali diversificate, contro ogni possibile forma di odiosa discriminazione.

2. *Sport e discriminazione razziale: note introduttive*

L'importanza strategica delle summenzionate politiche di integrazione ed inclusione sociale assume, com'è facile intendere, un significato culturale ed educativo di portata certamente ben più ampia rispetto al perseguimento dei singoli obiettivi prefissati.

Il triste fenomeno delle discriminazioni razziali – o per motivi di origine territoriale – nel mondo dello sport (Bastianon, 2014, 1 ss.) (unitamente a molteplici episodi di marcata disparità di genere – Bastianon, 2015, 179 ss. – nonché dovuti ad atavici retaggi culturali dettati da settari convincimenti religiosi – Bastianon, 2017, 11 ss.), come, del resto, in seno alla società (sovente, poco) civile, costituisce, purtroppo, un tema da attenzionare con serietà e rigore, anche in chiave eurounitaria (cfr. Tackling racism and discrimination in sport Guide of Promising Practices, Initiatives and Activities, 2013; Racism, ethnic discrimination and exclusion of migrants and minorities in sport: The situation in the European Union, 2012; Racism, ethnic discrimination and exclusion of migrants and minorities in sport: The situation in the European Union – Summary Report 2010; Racism, ethnic discrimination and social exclusion in sport, 2010); è in gioco, difatti, il complesso dei valori che connotano un ordinamento democratico all'interno del quale dovrebbe essere riconosciuta e valorizzata la primazia della dignità della persona al di là di ogni potenziale deriva razzista e/o xenofoba protesa nella direzione di argomentare "*l'esistenza di razze umane che differiscono per attributi genetici in qualche modo determinanti la funzione nella società, l'essere inferiori o superiori, destinate al comando o alla sottomissione*" (Piazza, 1995, 686).

Ciò che induce a parlare di "razzismo supremazionista" (Panizzo, 2010, 2354 s.).

Peraltro, anche superando l'impostazione discriminatoria incentrata su di una (presunta) diversità biologica tra razze, onde postulare l'affermazione di ideali di inclusione e condivisione, appare indispensabile oltrepassare un modello concettuale che ravvisa nella "contaminazione tra culture differenti" un attentato all'identità (appunto culturale) di un popolo (Galuppi, 2019, 1395 ss.).

In dette circostanze, un atteggiamento di totale (e, per vero, incomprensibile) chiusura dell'ordinamento, supportato magari da istanze marcatamente nazionaliste, o anche a sfondo razzista e/o xenofobo, lungi dal salvaguardare la pace sociale, la sicurezza e l'ordinato e quieto vivere tra i consociati, per tale via (asseritamente) tutelati da "presenze moleste", può implicare il rischio, in concreto, nel medio/lungo periodo, di provocare un fenomeno di "sfaldamento sociale", paventando "*il sorgere di «enclavi, ghetti e tribù in lotta tra loro», in un generale contesto caratterizzato dall'intolleranza verso il diverso, e dunque dall'esclusione di taluni gruppi minoritari*" (Gentile, 2009, 427 ss.).

Ovviamente, in una società (pur se) multietnica, non è concepibile la scomposizione dell'ordinamento in altrettanti statuti individuali quante sono le etnie che la formano, non essendo compatibile con l'unicità del tessuto sociale – e, quindi, con l'unicità dell'ordinamento giuridico – l'ipotesi della convivenza, in un unico contesto civile, di culture tra loro configgenti (Corte di Cassazione, sez. VI, 28/03/2012, n. 12089).

La soluzione – costituzionalmente orientata, civilmente e giuridicamente praticabile – è quella opposta, che armonizza i comportamenti individuali rispondenti alla varietà delle culture in base al principio unificatore della centralità della persona umana, quale denominatore minimo comune per l'instaurazione di una società civile (Corte di Cassazione, sez. VI, 28/03/2012, n. 12089).

In un siffatto contesto valoriale, vanno consolidate politiche strutturate di prevenzione (di carattere educativo e culturale, innanzitutto), unitamente a strumenti di natura repressiva e sanzionatoria posti a presidio di beni giuridici irrinunciabili all'interno di una comunità politica e sociale progredita.

Ciò, ovviamente, alla luce dei più evoluti orientamenti maturati in seno alla comunità internazionale, con un occhio di riguardo riservato al diritto eurounitario che «*ha costituito il motore dello sviluppo di quello che si può definire "il nuovo diritto antidiscriminatorio"*» (Tega, 2008, 1 ss.) ed in chiave comparata, al fine di acquisire consapevolezza circa le misure, adottate in seno ad altri ordinamenti ispirati ai principi propri del costituzionalismo moderno, di contrasto alle condotte, consistenti in comportamenti materiali, espressioni verbali o simboliche, sorrette da intenti discriminatori, capaci di esporre a pregiudizio la dignità umana (Tega, 2009, 1 ss.).

Si considerino, ad esempio, le previsioni contemplate all'interno dell'originario art. 3 l. n. 654/1975 e della successiva l. n. 205/1993, finalizzate ad ampliare la portata (assiologica ed applicativa) degli strumenti (giuridici) diretti a fronteggiare gli episodi di razzismo e discriminazione razziale concretizzantesi in tutte le possibili, molteplici ed odiose forme di manifestazione (Panizzo, 2010, 2356 ss.).

Invero, il pericolo da contrastare si insidia, essenzialmente, nell'idea secondo la quale "*il diritto alla differenza, legittimato da alcuni risultati dell'antropologia culturale di tipo strutturalista, si è progressivamente trasformato in teorizzazioni fondate sui postulati della irreducibilità, della incommensurabilità, della incomunicabilità, dell'assoluta separazione delle culture, delle tradizioni, dei costumi locali. Alla luce di questo principio di frammentazione radicale, l'idea che certi individui o gruppi non sono «assimilabili» viene progressivamente strumentalizzata (invocando paradossalmente il rispetto dell'altro) in forme di eterofobie e xenofobie mascherate e palesi*" (Piazza, 1995, 689 s.).

Così, discriminare significa porre in essere un comportamento che, direttamente o indirettamente, comporti una distinzione, esclusione, restrizione o preferenza basata sulla razza, il colore, l'ascendenza, allo scopo di distruggere o compromettere il riconoscimento, il godimento o l'esercizio, in condizioni di parità, dei diritti dell'uomo e delle libertà fondamentali in campo politico, economico, sociale e culturale e in ogni altro settore della vita pubblica (Convenzione di New York del 7 marzo 1966 – art. 1 – Pavich, Bonomi, 2014, 5 ss.).

Dette coordinate assiologiche trovano riscontro, in seno all'ordinamento sportivo, all'interno delle norme (al contempo, di azione e di relazione) che regolamentano, sotto il profilo disciplinare, la responsabilità dei soggetti (persone fisiche e/o giuridiche) operanti nell'ambito dell'organizzazione sportiva nazionale.

Ai sensi dell'art. 29, comma 1, del vigente Codice di Giustizia sportiva della F.I.G.C., si stabilisce, ad esempio, che "*costituisce comportamento discriminatorio ogni condotta che, direttamente o indirettamente, comporta offesa, denigrazione o insulto per motivi di razza, colore, religione, lingua, sesso, nazionalità, origine anche etnica, condizione personale o sociale ovvero confi-*

gura propaganda ideologica vietata dalla legge o comunque inneggiante a comportamenti discriminatori".

Trattasi, in via esemplificativa, dei c.d. "cori razzisti", ovvero dell'esposizione di striscioni contenenti epiteti razzali o simboli ideologicamente caratterizzanti l'appartenenza della tifoseria a frange estremiste, comportamenti che, nel complesso, denotano l'intendimento di propagandare e/o istigare all'odio razziale.

Ad essi, poi, sovente, si associano condotte violente, mosse da sentimenti di odio, rifiuto, repulsa, dovute a motivi legati all'appartenenza razziale, piuttosto che ad orientamenti religiosi, sessuali, ovvero a convincimenti politici e sociali.

Siffatti tristi episodi vengono avversati mediante il ricorso ad una politica di rigore che riconduce, *inter alia*, in capo alle società sportive, la responsabilità "*per l'introduzione o l'esibizione negli impianti sportivi da parte dei propri sostenitori di disegni, scritte, simboli, emblemi o simili, recanti espressioni di discriminazione. Esse sono responsabili per cori, grida e ogni altra manifestazione che siano, per dimensione e percezione reale del fenomeno, espressione di discriminazione*" (art. 29, comma 4, codice della giustizia sportiva F.I.G.C.), in ossequio ad un modello concettuale di responsabilità (disciplinare) che, nel tempo, da un sistema concepito in termini responsabilità c.d. oggettiva pura, è stato orientato verso un differente archetipo, incentrato sulla progressiva "responsabilizzazione" delle società sportive, volto, più che ad irrogare sanzioni in conseguenza del mero illecito perpetrato da soggetti terzi (oltre che da soggetti operanti all'interno dell'assetto organizzativo societario), a incentivare l'adozione di modelli di prevenzione o, comunque, a valorizzare alcune esimenti e/o circostanze attenuanti.

2.1. *Cori razzisti, manifestazioni violente delle tifoserie e responsabilità (para-oggettiva) delle società sportive: limiti e criticità, assiologiche ed applicative, della normativa (endo)federale della F.I.G.C.*

In seno all'ordinamento giuridico statale, per lungo tempo, i criteri di imputazione soggettiva della responsabilità (civile e penale) sono stati ricondotti, in massima parte, eccettuate la preterintenzione ed alcune previsioni codicistiche dettate in tema di responsabilità aquiliana, al dolo ed alla colpa; il primo, espressione di coscienza e volontà, rappresentazione e volizione della condotta pregiudizievole (in materia penale, ad esempio, integrante il fatto tipico di reato); la seconda, coincidente con le nozione di imprudenza, imperizia e negligenza, ovvero espressione della violazione di norme a contenuto precauzionale e/o prudenziale.

La colpevolezza è stata costantemente apprezzata alla stregua di fattore costituivo della responsabilità "*correlato alla funzione general-preventiva e quindi analogamente necessario ogni qual volta la sanzione, al di là della sua formale appartenenza all'una piuttosto che all'altra branca dell'ordinamento, si ponga quale punizione, con finalità preventivo-retributiva*" (Benazzo, 2005, 296).

Ferma restando l'ineludibile necessità di strutturare le norme incriminatrici in ossequio al principio di personalità della responsabilità penale, concepita, come noto, alla stregua di verifica della sussistenza di un "fatto proprio colpevole" al fine di poter ascrivere le conseguenze pregiudizievoli di una condotta in capo all'agente (Corte Costituzionale, 30/03/1988, n. 364), in tema di responsabilità civile, diversamente, l'evoluzione tecnologica, dei costumi, della società in genere, ha orientato, in una fase successiva, l'attenzione degli interpreti verso un modello di responsabilità più complesso.

In esso, nella costruzione degli elementi costitutivi della responsabilità, a partire dalla condotta colpevole dell'agente si giunge ad attribuire un nuovo peso specifico al "fatto obiettivo della lesione" (Rodotà, 1964, 107), divenendo la volontà "*soltanto uno dei possibili criteri di imputazione del danno, ma non più l'unico, essendo accostata ad altri indici, come il rapporto di preposizione, il diritto reale, la disponibilità del bene-mezzo dell'evento dannoso, o l'esercizio dell'attività pericolosa*" (Azzarri, 2008, 1078 s.), affiancando, così, ad un modello di responsabilità strutturato sull'accertamento, *inter alia*, della sussistenza dei tradizionali criteri di imputazione soggettiva, un insieme di ipotesi al ricorrere delle quali postulare una responsabilità di tipo c.d. oggettivo, "*conseguenza dell'organizzazione della società moderna, in cui, specie nell'ambito delle attività imprenditoriali e delle c.d. attività rischiose, si preferisce utilizzare criteri di imputabilità della responsabilità che non richiedano analisi complesse, ma che rendano conoscibile a priori il soggetto che deve essere tenuto al risarcimento*" (Sanino, 2002, 445).

Se, all'interno dell'ordinamento giuridico statale, declinare la responsabilità "in senso oggettivo" costituisce, essenzialmente, "un'eccezione che conferma la regola" (dell'imputazione soggettiva a titolo di dolo o colpa), giustificata dall'esigenza di bilanciare contrapposti interessi, spesso coincidenti con valori fondamentali della persona, diversamente, in seno all'ordinamento sportivo, molteplici risultano essere le fattispecie cui ricondurre forme di responsabilità di tal fatta (Calciano, 2010, 1 ss.; Serio, 2009, 773 ss.; Sferrazza, 2008, 2154 ss.; Castronovo, 2008, 552 ss.; Forti, 2007, 13 ss.; Frau, 2006, 2026 ss.; Frau, 2006, 1028 ss.; Lepore, 2006, 88 ss.; Dellacasa, 2003, 535 ss.; Coccia, 1997, 605 ss.; Vidiri, 1994, 202 ss.; De Marzo, 1992, 268 ss.; Alpa, 1984, 471 ss.; Dini, 1971, 426 ss.; Stipo, 1961, 42 ss.), espressione del più generale principio "*cuius commoda eius et incommoda*" (Manzella, 1980, 153 ss.), che ricorrono, in particolare, laddove sussista un legame tra il soggetto agente e la società sportiva, concretizzandosi, per tale via, "*quel particolare fenomeno, definito di antropomorfizzazione, del tutto peculiare dell'ordinamento sportivo, e che trae la sua giustificazione dal fatto che nella attività sportiva…soggetti fondamentali sono, più che i singoli atleti, proprio i sodalizi per i quali gli atleti prestano la loro attività*" (Manfredi, 1987, 55).

Il loro fondamento "*è da rinvenirsi nell'autonomia dell'ordinamento sportivo rispetto a quello statale e nella tutela della lealtà sportiva*" (Carmina, 2015, 1692).

Sul punto, è stato osservato che "*non può non rilevarsi che il più caratteristico e qualificante momento espressivo dell'autonomia regolamentare di una formazione sociale che aspiri ad avvalersi della propria prerogativa di organizzarsi come un'istituzione è rappresentato dalla individuazione, in ragione dei fini suoi propri, dei valori e dei disvalori rispettivamente da tutelare e da reprimere e dalla strumentale identificazione dei mezzi per promuovere gli uni e condannare gli altri. Tale libertà ordinamentale si risolve sia nella costituzione, in positivo ed in negativo, del telaio delle condotte meritevoli di riconoscimento che nel quomodo, ossia nei mezzi attraverso i quali, premialmente o punitivamente, inverare tale scelta pregiudiziale*" (Serio, 2009, 775).

Ciò, anche in considerazione del fatto che "*poter prescindere dall'accertamento della sussistenza del c.d. elemento soggettivo doloso o colposo è inevitabile per ordinamenti che, come quello sportivo, non dispongono di sufficienti risorse, strutture, personale, non conoscono procedimenti cautelari e che tuttavia non possono permettersi di lasciare determinati eventi privi di conseguenze sanzionatorie*" (Sanino, 2002, 446 s.).

Invero, esemplificativo di siffatte coordinate assiologiche si dimostra il vigente Codice di giustizia sportiva della F.I.G.C. che prevede numerose ipotesi di responsabilità diretta, oggettiva, presunta, delle società al ricorrere di varie fattispecie, alcune delle quali riconducibili a condotte ascrivibili a soggetti legati, a vario titolo, all'assetto organizzativo e/o operativo societario, altre imputabili ad illeciti (anche di natura penale) perpetrati da terzi (es. tifoserie violente che cagionino danni materiali, lesioni personali o che attentino all'ordine ed alla sicurezza pubblica, anche per il tramite di atteggiamenti verbali e/o simbolici di natura discriminatoria, razziale e/o xenofoba).

In merito, si osserva, è emerso l'orientamento ermeneutico rivolto nel senso di ascrivere le ipotesi di responsabilità "puramente" oggettiva rilevabili in seno all'ordinamento sportivo entro il paradigma dell'art. 2049 c.c. con riguardo a condotte immediatamente riferibili in capo a soggetti operanti all'interno dell'assetto organizzativo delle società sportive.

Diversamente, circa gli atti violenti perpetrati da parte delle tifoserie, più corretto sembrerebbe inquadrare il modello di responsabilità che ne deriverebbe in capo alle società sportive in seno alle coordinate applicative dell'art. 2050 c.c. consistenti in "*una presunzione di colpa che comporta l'inversione dell'onere della prova a carico del danneggiante che si libererà da ogni addebito fornendo la prova di aver tenuto una condotta diligente, avendo posto in essere tutte le misure idonee ad evitare il danno*" (Carmina, 2015, 1693 ss.).

Invero, pur se, in termini logici, il suddetto parallelismo induce a ritenere raggiunto un modello di disciplina equilibrato, non sembra che, alla luce delle previsioni contemplate in seno al codice della giustizia sportiva F.I.G.C., esso si dimostri pienamente confacente al dato letterale.

Da un lato, infatti, sorgono perplessità circa la latitudine applicativa dell'art. 2049, che presupporrebbe un rapporto di dipendenza, stante l'applicabilità della responsabilità disciplinare oggettiva "*sia a soggetti che sono legati all'ente da un vincolo contrattuale che prevede l'autonomia negoziale sia a individui del tutto estranei a legami contrattuali che comportano lo svolgimento di funzioni a vantaggio dell'ente*", mentre, dall'altro lato, "*l'art. 2050 c.c. prevede una presunzione di responsabilità iuris tantum, che consente la prova liberatoria dell'adozione di tutte le misure idonee ad evitare il danno, mentre gli artt. 12 e 14 del Codice di giustizia sportiva – ratione temporis* applicabile – *escludono che l'efficace attuazione, prima del fatto, di modelli di organizzazione e di gestione dell'ente idonei a prevenire comportamenti della specie di quelli verificatisi possa di per sé rilevare quale esimente della responsabilità*" (Carmina, 2015, 1694 s.).

Alla luce di ciò, è stata da più parti perorata la necessità di provvedere ad un'urgente rivisitazione delle norme dettate in materia di responsabilità "para-oggettiva" (Bona, Castelnuovo, Monateri, 2002, 60), sempre più concepite alla stregua di "*scogliera sulla rotta dei club che, nei casi più gravi – per es. a seguito di sanzione costituita da una penalizzazione – vedono naufragare il loro primato in classifica o la semplice possibilità di lottare per i propri obiettivi*" (Canducci, 2012, 87).

Dette richieste si sono tradotte, di recente, in una iniziativa concreta assunta dalla Federazione Italiana Gioco Calcio che ha provveduto ad approvare, nel corso della riunione del 01 ottobre 2019, le "Linee guida" di cui all'art. 7, comma 5, dello Statuto Federale, finalizzate a permettere alle società di adottare un modello di organizzazione, gestione e controllo utile ad impedire di subire le conseguenze pregiudizievoli derivanti da condotte illecite (tali anche solo alla luce dell'ordinamento sportivo) perpetrate da parte di soggetti inquadrati all'interno del proprio assetto organizzativo societario e/o comunque alla società legati da rapporti contrattuali di varia natura e consistenza.

Le Linee guida in discussione sono destinate a tutte le società che partecipano a campionati nazionali indipendentemente dalle loro dimensioni, dalla struttura giuridica e di governance, dal livello di complessità del sistema di compliance, dal fatturato, dal numero di dipendenti o dalle competizioni sportive alle quali sono iscritte.

Sulla base di quanto indicato in seno alle Linee guida, le singole Leghe, peraltro, potranno adottare – nel rispetto delle peculiarità organizzative delle società appartenenti alle diverse categorie – disciplinari dedicati a definire i requisiti comuni dei "Modelli di prevenzione", anche per una o più aree specifiche, volti a prevenire il compimento da parte delle società di atti contrari ai principi di lealtà, correttezza e probità previsti dall'ordinamento sportivo e che costituiscono "sistemi di vigilanza e controllo" valutabili – dal giudice federale – ai fini dell'applicazione della scriminante o attenuante della responsabilità ai sensi dell'art. 7 CGS.

Orbene, le linee guida in discussione si sviluppano attorno a dieci punti chiave dal cui complessivo tenore è possibile ricavare la finalità di "responsabilizzare" le società sportive senza, però, addebitare in capo alle stesse le conseguenze pregiudizievoli di condotte illecite da terzi perpetrate in assenza di un loro "comportamento colpevole", consistente, in sintesi, nel non aver provveduto ad adottare ogni misura precauzionale utile a prevenire eventi dannosi nei limiti della buona fede e diligenza professionale ad esse ascrivibili.

In prima battuta, spicca la necessità di provvedere – e costantemente aggiornare – alla mappatura ed alla valutazione dei rischi onde individuare e monitorare i pericoli connaturati all'operatività delle società e modellare su di essi la definizione di una appropriata strategia di gestione dei pericoli riscontrati.

In particolare, la valutazione del rischio dovrà essere condotta almeno secondo le seguenti modalità:

a) identificazione degli obblighi normativi imposti alla società dall'ordinamento nazionale e dall'ordinamento sportivo e correlazione di tali obblighi alle rispettive attività svolte dalla società al fine di identificare le situazioni in cui potrebbero verificarsi non conformità;

b) valutazione dei rischi di non conformità, in considerazione della probabilità che le non conformità possano verificarsi e della gravità delle loro conseguenze in termini di perdite economiche, danni reputazionali e responsabilità ai sensi dell'ordinamento nazionale o sportivo;

c) confronto del livello di rischio di non conformità riscontrato durante le fasi di identificazione e valutazione dei rischi con il livello di rischio di non conformità che ciascuna società è disposta ad accettare;

d) sulla base di tale confronto, mappatura delle attività a rischio per le quali devono essere definite e attuate idonee misure di mitigazione del rischio di non conformità.

Ai fini dell'attività di valutazione dei rischi, dovranno essere tenuti in considerazione i seguenti fattori, interni ed esterni:

1) la dimensione della società e il suo livello agonistico;
2) i soggetti giuridici su cui la società esercita il (o partecipa al) controllo e le attività da essi svolte;
3) i soggetti giuridici che esercitano il controllo sulla società;
4) le terze parti pubbliche o private con cui la società intrattiene rapporti e relazioni nello svolgimento del proprio business (es. partner commerciali, intermediari, associazioni di tifosi, pubblici ufficiali ecc.) e la natura e l'entità delle interazioni con tali terze parti;
5) gli stakeholders della società;
6) gli obblighi e gli adempimenti di legge, normativi, contrattuali e professionali applicabili.

L'attuazione di una strategia di gestione dei rischi e di un programma di prevenzione passa, poi, attraverso il fattivo impegno dei soggetti preposti all'esercizio dei poteri di amministrazione, direzione, vigilanza e controllo delle società sportive in vista della neutralizzazione di comportamenti contrari ai principi etici di lealtà, correttezza e probità.

In questa direzione, l'adozione di un Codice Etico testimonia l'impegno dell'organo direttivo e dei soggetti apicali delle società verso la prevenzione e il contrasto di comportamenti contrari ai principi etici di lealtà, correttezza e probità da parte dei soggetti interni o esterni alla società.

In aggiunta al Codice Etico, le società devono dotarsi di un sistema procedurale proporzionato ai rischi di comportamenti ad esso contrari e rilevanti in ordine alle ipotesi di responsabilità, di cui al Codice di Giustizia Sportiva, di cui la singola società è chiamata a rispondere e alla dimensione e livello agonistico della stessa.

Il sistema procedurale deve essere strutturato e organizzato in modo da assicurare:

1. adeguatezza: le procedure devono essere coerenti con l'attività svolta dalla società e con la struttura organizzativa della stessa;
2. segregazione dei ruoli: lo svolgimento delle attività, per quanto attiene alle sole società di calcio professionistico, deve ispirarsi al principio della segregazione delle funzioni. La segregazione dei ruoli deve essere assicurata dall'intervento di più soggetti all'interno di un medesimo processo e può essere attuata tramite l'utilizzo di sistemi informatici che permettano soltanto a specifiche persone, identificate e autorizzate, di effettuare determinate operazioni. Ove la segregazione dei ruoli non possa essere pienamente garantita, devono essere previsti controlli compensativi;

3. attribuzione e revoca di poteri: i poteri autorizzativi e di firma devono essere specificamente definiti e conosciuti all'interno della società, nonché risultare coerenti con le responsabilità assegnate;

4. trasparenza e tracciabilità dei processi: ogni attività svolta, verificabile e documentata, deve essere coerente con gli indirizzi dettati dalla società in tema di trasparenza. Deve inoltre essere assicurata la corretta conservazione – per il mezzo di supporti informatici e/o cartacei – delle informazioni e dei documenti rilevanti.

Peraltro, dette finalità possono essere perseguite solo mediante la predisposizione di un adeguato e proporzionato sistema di controlli interni volto ad impedire a soggetti interni e terze parti di integrare condotte contrarie ai principi di lealtà, correttezza e probità rilevanti ai fini della responsabilità che possano influire sulla reputazione commerciale, etica e sportiva della società e comportare l'irrogazione di sanzioni a carico della stessa.

Veicolare correttamente i contenuti del Codice etico, unitamente alle procedure introdotte per lo svolgimento dei controlli interni, mediante apposite campagne di informazione e percorsi di formazione organizzati in favore dei dipendenti, assume un significato dirimente nella direzione di acquisire piena consapevolezza in merito alle condotte espressione di violazione dei principi di lealtà e probità (non solo) sportiva.

Per consentire il concreto funzionamento dei modelli di prevenzione in discussione non può prescindersi, poi, dalla predisposizione di un sistema interno di segnalazione onde consentire ai propri amministratori, dirigenti, dipendenti, collaboratori, atleti – e anche ai soggetti esterni che collaborano con la società – di evidenziare comportamenti contrari ai principi etici di lealtà, correttezza e probità e di violazioni del Codice Etico e dei Modelli di prevenzione.

Onde garantire effettività ai modelli di prevenzione adottati, indispensabile si dimostra, inoltre, l'istituzione di un apposito Organismo di Garanzia, dotato di autonomi poteri di iniziativa e di controllo, cui è affidato il compito di vigilare sul funzionamento e sull'osservanza delle prescrizioni precauzionali colà contenute e di curarne l'aggiornamento.

Va da sé, naturalmente, che ciascuna società sportiva dovrà provvedere a corredare le prescrizioni contemplate in seno ai modelli di prevenzione mediante un adeguato apparato sanzionatorio di natura disciplinare, modulato in ragione della gravità delle violazioni accertate secondo una logica di proporzionalità.

Ovviamente, l'esercizio del potere disciplinare deve sempre conformarsi al principio del contraddittorio, assicurando il coinvolgimento del soggetto interessato attraverso la formulazione della contestazione dell'addebito e la possibilità di addurre giustificazioni a propria difesa.

Per contro, è possibile prevedere meccanismi premiali riservati a coloro che cooperino in buona fede in vista dell'efficace attuazione del modello di prevenzione, anche mediante l'invio di segnalazioni di violazioni.

Orbene, il modello di disciplina sino a questo momento brevemente descritto costituisce, di certo, un significativo passo in avanti compiuto nella direzione di "svincolare" la responsabilità delle società (anche solo ai fini disciplinari sportivi) da antichi retaggi incentrati sull'asserita esigenza di salvaguardare, ad ogni costo, la regolarità del risultato sportivo, anche al di là dei tradizionali canoni di responsabilità frutto di condotte realmente colpevoli.

Alle società viene richiesto oggi, pertanto, di assumere ogni utile iniziativa di tipo precauzionale, conforme, in verità, alla diligenza professionale di settore e, per tale via, si introducono virtuosi processi di sensibilizzazione volti all'affermazione dei principii di lealtà, correttezza e probità propri dell'ordinamento sportivo.

Pur registrando, quindi, una netta inversione di tendenza rispetto al passato in tema di responsabilità delle società sportive per condotte ascrivibili a soggetti operanti in seno all'organizzazione societaria, attualmente, però, non può dirsi lo stesso circa il tema della responsabilità dei sodalizi sportivi in merito a condotte violente perpetrate da parte delle tifoserie, ovvero riconducibili a comportamenti, pur se non fisicamente violenti, espressione della "aggressione" a beni ritenuti fondamentali, quali, ad esempio, la dignità della persona, specie a fronte di atteggiamenti (verbali, simbolici) sorretti da intento discriminatorio, razzista e/o xenofobo.

Invero, le previsioni contemplate in seno all'art. 29 del vigente codice di giustizia sportiva della F.I.G.C. (approvato dalla Giunta Nazionale del C.O.N.I., ai sensi dell'art. 7, comma 5, lett. l) dello Statuto C.O.N.I., con deliberazione n. 258 dell'11 giugno 2019), ad esempio, pur richiamando alcuni elementi coincidenti con le prescrizioni contemplate in seno alle linee guida del 2019, adottate *ex* art. 7 del medesimo codice in riferimento ai fatti illeciti addebitabili in capo a soggetti operanti all'interno dell'assetto organizzativo societario, non sembra possano assurgere al medesimo livello di precisione ed accuratezza.

Difatti, onde postulare il ricorrere di un'esimente, a norma del citato art. 29 CGS, è necessario che sussistano almeno tre delle seguenti circostanze:

a) la società ha adottato ed efficacemente attuato, prima del fatto, modelli di organizzazione e di gestione idonei a prevenire comportamenti della specie di quelli verificatisi, avendo impiegato risorse finanziarie ed umane adeguate allo scopo;

b) la società ha concretamente cooperato con le Forze dell'ordine e le altre Autorità competenti per l'adozione di misure atte a prevenire i fatti violenti o discriminatori, ponendo in essere gli atti di prevenzione e vigilanza concordati e prescritti dalle norme di settore;

c) la società ha concretamente cooperato con le Forze dell'ordine e le altre Autorità competenti per identificare i propri sostenitori responsabili delle violazioni, anche mediante l'utilizzo, a spese della società medesima, di tecnologie di video-sorveglianza;

d) al momento del fatto, la società ha immediatamente agito per rimuovere disegni, scritte, simboli, emblemi o simili, o per far cessare i cori e le altre manifestazioni di violenza o di discriminazione;

e) altri sostenitori hanno chiaramente manifestato nel corso della gara stessa, con condotte espressive di correttezza sportiva, la propria dissociazione da tali comportamenti.

Pur se, espressamente, si assiste al richiamo a modelli di organizzazione e di gestione del rischio finalizzati a prevenire comportamenti illeciti perpetrati dalle tifoserie, è del tutto evidente che essi non siano strutturati nei medesimi termini previsti con riguardo ai modelli di prevenzione adottati sulla base delle linee guida contemplate *ex* art. 7 (con riguardo alle ipotesi di responsabilità delle società indicate *ex* art. 6 codice di giustizia sportiva F.I.G.C.), a meno di non voler estenderne, in via ermeneutica, la latitudine assiologica ed applicativa.

In secondo luogo, permangono alcuni profili dubitativi concernenti il ricondurre in capo ad eventi del tutto indipendenti dalla volontà della società l'eventuale esenzione da responsabilità, come, ad esempio, il riferimento effettuato al comportamento assunto da una parte dei tifosi (diversi dai facinorosi e/o teppisti) che manifestino fattivamente il proprio determinato intendimento di dissociarsi dai fatti di reato ascrivibili ad altra parte della tifoseria.

Tutto ciò induce a ritenere non ancora definitivamente superate, ancorché significativamente attenuate, le obiezioni insorte nel tempo circa l'istituto della c.d. responsabilità oggettiva applicato con riguardo alla posizione rivestita dalle società sportive in conseguenza del fatto illecito di terzi.

In merito, si osserva, le regole poste a fondamento della ascrizione di responsabilità in capo alle società di club (organizzatori dell'evento sportivo) perseguono l'obiettivo di garantire il mantenimento dell'ordine prima, durante e dopo lo svolgimento dell'evento.

Seppur inquadrate, secondo un dato orientamento, nell'ambito della c.d. "responsabilità di tipo presunto", piuttosto che entro le coordinate tipiche della "responsabilità oggettiva", ovvero a mezza via tra responsabilità indiretta e responsabilità oggettiva (Sferrazza, 2008, 2158 ss.), le condotte discriminatorie perpetrate dalla tifoseria (art. 28 Codice di giustizia sportiva), le condotte violente dei sostenitori dei clubs commesse in occasione della gara, sia all'interno del proprio impianto sportivo, sia nelle aree esterne immediatamente adiacenti, quando siano direttamente collegate ad altri comportamenti posti in essere all'interno dell'impianto sportivo, da uno o più dei supporters, se dal fatto derivi un pericolo per l'incolumità pubblica o un danno grave all'incolumità fisica di una o più persone (art. 26 Codice di giustizia sportiva) (Carmina, 2015, 1692 s.), costituiscono espressione di gravi problematiche per l'ordine pubblico, la pubblica e privata incolumità ed attentano, peraltro, ai valori più intimi e profondi radicati in seno al mondo dello sport.

Pertanto, il fondamento della responsabilità da ascrivere in capo alle società sportive in siffatte ipotesi è da rinvenire "*nell'esigenza di indurre le società a prendere le precauzioni idonee a prevenire condotte pericolose o dannose dei propri tifosi*" (Basile, 2007, 181).

Del resto, "*la società sportiva si avvale del sostegno (anche economico) dei propri sostenitori e, dunque, è tenuta a rispondere, sul piano disciplinare, delle conseguenze dei loro comportamenti, appalesandosi come equa la ricerca di un punto di equilibrio tra particolari effetti utili e particolari effetti pregiudizievoli*" (Sferrazza, 2008, 2166 ss.; Manzella, 1980, 153 ss.).

Dette finalità, per quanto apprezzabili, ingenerano, però, perplessità in merito alla correttezza assiologica e metodologica di una siffatta impostazione; ciò in quanto, ricondurre in capo ai clubs sportivi, anche se solo in termini di conseguenze sanzionatorie di natura pecuniaria, ovvero disciplinare e *lato sensu* risarcitorie, la responsabilità per condotte imputabili in capo a soggetti terzi, espressione di turbamento per la libera e pacifica convivenza tra i consociati, striderebbe con l'indiscutibile competenza dello Stato in materia di gestione dell'ordine pubblico (Sferrazza, 2008, 2166; Buoncristiano, 1989, 4 ss.; Morzenti Pellegrini, 2007, 49 ss.; Pagliara, 1989, 158 ss.; Tortora, 1998, 106 ss.).

Di conseguenza, ci si domanda come sia possibile "*condividere l'irrogazione di sanzioni laddove i club siano stati inconsapevoli e/o addirittura danneggiati dalle condotte illecite poste in essere dal proprio tesserato*" (Canducci, 2012, 87 ss.), ovvero dai propri supporters.

Perciò, "*i riflessi patrimoniali sulle società, causati dalle sanzioni inflitte in applicazione dell'istituto della responsabilità oggettiva, consiglierebbero una revisione della disciplina, sostituendo, ad esempio, le ipotesi contemplate con forme di responsabilità presunta*" (Forti, 2007, 18 ss.).

Le maggiori criticità, poi, sembrano emergere con riguardo ad un sistema di prevenzione dei comportamenti illeciti perpetrati da parte dei tifosi che implica un addebito particolarmente gravoso nei confronti delle società sportive, in verità sovente prive di effettivi strumenti di controllo.

Non convince, in primo luogo, la risalente ricostruzione a tenore della quale la responsabilità oggettiva non sia intesa "*a reprimere nessuna culpa in vigilando ma a punire indirettamente, attraverso la punizione della squadra del cuore, i sostenitori intemperanti*" (CAF, 27 gennaio 1972).

"*Il concetto è ribadito anche da autorevole dottrina che rileva come la natura della responsabilità qui in esame non sia di ordine punitivo, ma sia governata dal giusto equilibrio dei valori che determinano il risultato sportivo, sottolineando, altresì, come la sanzione disciplinare non sia rivolta a colpire il sodalizio, bensì a mutare oggettivamente una situazione di fatto verificatasi contro e nonostante le regole dettate dall'ordinamento sportivo*" (Sferrazza, 2008, 2165 ss.).

Dette osservazioni, per vero, non appaiono sufficienti a superare l'obiezione correlata alla necessità di imputare conseguenze pregiudizievoli ad una condotta illecita esclusivamente nella misura in cui possa essere accertata non solo una "posizione di garanzia" ma anche la titolarità e la disponibilità di adeguati strumenti di prevenzione e gestione del rischio.

Diversamente, in assenza di un ragionevole bilanciamento tra contrapposti interessi, parimenti rilevanti, sembrerebbe indiscriminatamente prevalere la "*necessità di conseguire con immediatezza i fini che lo sport si prefigge, ossia il conseguimento del risultato sportivo, attraverso la regolarità della gara*" (Sferrazza, 2008, 2166 s.).

"*Infatti, non vi è alcuna lecita possibilità per gli enti sportivi di controllare i loro tifosi visto che da una parte non dispongono di strumenti coercitivi adeguati per poter far fronte alle loro intemperanze e dall'altra rispondono dell'attività illecita di questi perpetrata anche in un impianto sportivo appartenente ad altro sodalizio, nel quale di certo non possono esercitare nessun controllo. Pertanto i sodalizi sportivi più che essere assoggettati a una responsabilità oggettiva sono sottoposti a un addebito per fatto altrui, slegato da ogni riferibilità al loro operato*" (Carmina, 2015, 1702 s.).

Le società sportive, di conseguenza, sono chiamate a stipulare "*uno scellerato patto con il diavolo*", ovvero "*rabbonire i propri tifosi per evitare di incorrere in sanzioni disciplinari, per cui i sodalizi sportivi risultano sottoposti a un costante ricatto da parte del tifo organizzato*" (Carmina, 2015, 1703).

In seno ad un siffatto quadro ricostruttivo, la responsabilità oggettiva diverrebbe, comunque, il "male minore", "*misura preventiva, con finalità dissuasiva, tendente, per quanto possibile, a porre un argine agli illeciti ed alle violenze di dirigenti, tesserati o sostenitori*" (Sferrazza, 2008, 2166 s.).

Di conseguenza, se "*a seguito di comportamenti riprovevoli e dannosi degli spettatori, la giustizia sportiva adotta il criterio della responsabilità indiretta, addebitandone le conseguenze alle società, che si trovano quindi a dover rispondere di fatti illeciti altrui, non si può onestamente sostenere di trovarsi di fronte ad un istituto giuridico abnorme, sebbene all'applicazione di principi largamente recepiti anche dalla giustizia ordinaria*" (Manzella, 1980, 163).

Si giunge, per tale via, però, ad un effetto paradossale, espressione di irragionevolezza del sistema; difatti, "*l'ordinamento sportivo da un lato costringe implicitamente gli enti a concludere accordi occulti con i propri supporter per evitare l'irrogazione di sanzioni disciplinari a proprio carico, poiché i sodalizi sportivi non dispongono di altri strumenti efficaci di controllo di questi, dall'altro sanziona l'ente nel caso in cui queste pattuizioni dovessero appalesarsi*" (Carmina, 2015, 1703).

Se ciò può risultare tristemente veritiero, al contempo, però, si ritiene che debbano essere evidenziati alcuni profili sufficienti quantomeno ad attenuare siffatta drastica ricostruzione sia dei rapporti tra società e tifoserie, sia dei presupposti a tenore dei quali i clubs siano effettivamente chiamati a rispondere dei pregiudizi occorsi in occasione dello svolgimento di una competizione sportiva (in verità, non solamente) a causa del comportamento illecito di terzi.

In particolare, è stato osservato, posto che "*ai fini della responsabilità, ciò che conta è la potestà di controllo e direzione dell'evento*" (Galligani, Piscini, 2007, 115), la società sportiva organizzatrice dell'evento "*che ospita l'incontro è tenuta ad adottare tutte le precauzioni ed a predisporre quelle misure idonee (rectius: necessarie) per garantire la sicurezza degli sportivi partecipanti alla gara e degli spettatori: con la conseguenza che la stessa sarà chiamata a rispondere dei danni, sia sotto l'aspetto civile, che in relazione a quello sportivo, anche qualora possa dimostrare di aver rispettato le disposizioni regolamentari sportive, essendo comunque necessaria l'osservanza delle prescrizioni dell'ordinamento generale, come anche quella delle comuni norme di prudenza e diligenza*" (Sferrazza, 2008, 2162 ss.).

Invero, la necessità di apprestare misure di prevenzione e contenimento del rischio accurate e rigorose in occasione dello svolgimento di competizioni sportive (con un particolare occhio di riguardo riservato agli eventi calcistici) costituisce un'esigenza apprezzata da lungo tempo, atteso che gli impianti sportivi – ed, in special modo, gli stadi di calcio – "*sono capaci di ospitare migliaia di persone che manifestano, spesso incompostamente, la loro passione agonistica e tra le quali non mancano individui turbolenti e scalmanati*" (Tribunale di Milano, 18/07/1963).

L'organizzazione e la gestione di una manifestazione sportiva, quindi, implicano specifici doveri di protezione nei riguardi (ma non solo) degli spettatori, ovviamente entro le mura dell'impianto e nei limiti dei tradizionali canoni di diligenza, perizia e prudenza.

In quest'ottica, non può certo essere addebitata in capo alla società sportiva la responsabilità (sia civile, sia disciplinare), per fatti illeciti – verificatisi sì in occasione dell'evento sportivo, ma in luoghi non soggetti alla sfera di dominio o controllo dell'organizzatore dell'evento – espressione di condotte integranti specifiche ipotesi di reato ed idonee ad attentare, *inter alia*, alla pubblica incolumità.

Così, pur essendo pacifico che l'obbligo di garantire il godimento dello spettacolo assunto dall'ente organizzatore della partita di calcio con la vendita del biglietto includa certamente il dovere di adottare tutte le misure idonee ad assicurare l'incolumità degli spettatori, anche in relazione alle fasi dell'ingresso e dell'uscita dall'impianto, non può essere ascritta alla società sportiva la responsabilità per le lesioni subite al di fuori della struttura in seguito all'aggressione perpetrata da parte dei tifosi avversari e/o in conseguenza del lancio di oggetti contundenti (Tribunale di Milano, 21/03/1988), atteso che "*esaurito lo spettacolo, gli spettatori che abbiano lasciato il luogo in cui esso si è svolto, non possono vantare alcuna pretesa in ordine ad un contratto esaurito in ogni prestazione da entrambi i contraenti*" (Corte d'Appello di Milano, 30/03/1990).

Diversamente opinando, si estenderebbe oltremodo la sfera di responsabilità delle società sportive, ingenerando, per tale via, un'indiscriminata possibilità di conseguire il risarcimento del danno per pregiudizi derivanti da condotte illecite di terzi al di là della stessa effettiva capacità di poter accertare non solo la colpevolezza, ma anche la sussistenza di un vero e proprio, significativo nesso eziologico tra i danni subiti e l'organizzazione dell'evento sportivo, rilevante, invero, solamente alla stregua di mera eventuale occasione di produzione dell'evento pregiudizievole.

Difatti, anche in siffatte ipotesi, "*tra la condotta e l'evento dannoso deve essere rinvenibile un nesso di causalità materiale ben individuato e, inoltre, l'agente deve avere volontariamente tenuto una condotta che di per sé costituisce illecito, in ossequio al noto principio qui in re illicita versatur tenetur etiam pro casu*" (T.A.R. Sicilia Catania, sez. IV, 19/04/2007, n. 679).

Di conseguenza, pur accedendo alla tesi secondo la quale l'organizzazione dell'evento sportivo sia "attività pericolosa", sia consentito dissentire dall'allarmante, quanto incerto, orientamento «*che facendosi portatore di una malcelata esigenza, quella di assicurare tutela all'interesse fondamentale all'integrità fisica delle persone, assicurando un meccanismo che comunque consenta il ristoro dei danni, non appare* – appunto – *per nulla condivisibile, sol che si tenga presente che "chiedere a una società sportiva di evitare i disordini equivale a imporre una prestazione non alla portata di una pur elevatissima diligenza". Del resto, si tratta di avvenimenti che normalmente esulano del tutto dalla sfera di controllo dell'ente sportivo*» (Sferrazza, 2008, 2164 ss.).

Per vero, la prevenzione e la repressione di fenomeni di violenza connessi a competizioni sportive (in special modo, calcistiche), non può essere certamente imputata, in via esclusiva, in capo alle società organizzatrici dell'evento, bensì, come già rilevato, costituisce ineludibile attributo e competenza dello Stato.

Ciò, peraltro, in chiave eurounitaria, ambito entro il quale, già da lungo tempo, è emersa la necessità di provvedere alla predisposizione di efficaci strumenti di prevenzione e contrasto a consimili episodi.

Razzismo, xenofobia ed altre forme di intolleranza, unitamente a violenze e disordini provocati da frange estremiste delle tifoserie, costituiscono, difatti, delicate problematiche di respiro sovranazionale, destinatarie di incisive politiche di contrasto innanzitutto in ambito europeo (cfr. la Comunicazione intitolata "Sviluppare la dimensione europea dello sport" del 2011).

Così, in primo luogo, gli Stati membri del Consiglio d'Europa e gli altri Stati parte nella Convenzione culturale europea sono addivenuti alla firma, a Strasburgo, il 19 agosto del 1985, della "*Convenzione Europea sulla violenza e i disordini degli spettatori durante le manifestazioni sportive, segnatamente nelle partite di calcio*".

Ad essa, sono succeduti, nel tempo, numerosi documenti finalizzati a rafforzare le occasioni di cooperazione internazionale in base a politiche di precauzione e repressione sempre più stringenti ed idonee a fronteggiare i pericoli in discussione.

Tra essi, si annoverano:

a) Raccomandazione (96/C 131/01) del Consiglio del 22 aprile 1996 sugli orientamenti per prevenire e limitare i disordini in occasione delle partite di calcio in cui si suggerisce agli Stati membri di adottare un formulario unico per le relazioni dei servizi di informazione della polizia su gruppi di fomentatori di disordini noti o sospetti e che vi sia scambio di informazioni sulle tecniche per prevenire i disordini in occasioni di manifestazioni sportive di qualunque genere;

b) Risoluzione (97/C 193/01) del Consiglio del 9 giugno 1997 sulla prevenzione e repressione di atti di teppismo in occasione delle partite di calcio;

c) Decisione (2002/348/GAI) del Consiglio del 25 aprile 2002, concernente la sicurezza in occasione di partite di calcio internazionali, che istituisce punti nazionali d'informazione sul calcio per lo scambio delle informazioni e l'agevolazione della cooperazione internazionale tra forze di polizia;

d) Risoluzione (2003/C 282/01) del Consiglio del 17 novembre 2003 per l'adozione negli Stati membri del divieto di accesso agli impianti dove si svolgono partite di calcio di rilevanza nazionale e internazionale;

e) Risoluzione (2006/C 322/01) del Consiglio del 4 dicembre 2006, concernente un manuale aggiornato di raccomandazioni per la cooperazione internazionale tra forze di polizia e misure per prevenire e combattere la violenza e i disordini in occasione delle partite di calcio di dimensione internazionale alle quali è interessato almeno uno Stato membro.

Permanendo, però, numerose preoccupazioni legate al dilagare di manifestazioni di violenza in occasione di eventi sportivi, onde, peraltro, rendere adeguati all'evoluzione dei tempi gli strumenti di prevenzione, controllo e contrasto, si è addivenuti, poi, più di recente, all'approvazione della "*Convenzione del Consiglio d'Europa concernente un approccio integrato in materia di sicurezza e di servizi in occasione di incontri calcistici e di altre manifestazioni sportive*", presentata a Saint-Denis il 03/07/2016 durante lo svolgimento dei Campionati europei di calcio e sottoscritta dall'Italia il 2 settembre 2016, ratificata in data 18/11/2020 ed entrata in vigore il 01/01/2021.

Obiettivo dichiarato è quello di istituire una cooperazione istituzionale tra tutte le parti interessate, pubbliche e private, coinvolte nell'organizzazione di eventi calcistici e di altre manifestazioni sportive mediante un rafforzamento delle procedure di collaborazione con i partner, in particolare tra le forze di polizia dei vari Paesi.

In Italia opera l'Osservatorio Nazionale per le Manifestazioni Sportive, istituito presso il Ministero dell'Interno con la Legge 17 ottobre 2005, n. 210, che costituisce organo di consulenza tecnico amministrativa del nominato dicastero, deputato allo svolgimento di attività di analisi (monitoraggio e studio del fenomeno della violenza e delle carenze strutturali degli impianti sportivi), di proposta (proposte normative, elaborazione di direttive, promozione di iniziative sinergicamente coordinate con gli altri soggetti interessati) e di documentazione (rapporti annuali sull'andamento del fenomeno), in uno a funzioni di coordinamento delle iniziative da attuare in occasione di incontri ritenuti particolarmente a rischio.

In questa direzione, si innestano le previsioni normative introdotte con il d.l. 22 agosto 2014, n. 119, convertito, con modificazioni, in l. 17 ottobre 2014, n. 146, ovvero, già in precedenza, con il d.l. 8 febbraio 2007, n. 8, convertito, con modificazioni, in l. 4 aprile 2007, n. 41 e con la legge 13 dicembre 1989, n. 401, a tenore delle quali, in sintesi, vengono previste misure di contenimento del rischio e sanzioni per condotte illecite sussumibili in:

– "divieto di trasferta", ovvero la chiusura del settore ospiti degli impianti sportivi in cui si svolgono gli incontri di calcio potenzialmente in grado di turbare l'ordine pubblico, a cui si aggiunge il divieto di vendita di titoli di accesso nei confronti dei residenti nella provincia delle squadre ospiti interessate;

– "assenza di pubblico" (c.d. "porte chiuse") per gli stadi che non rispettano le norme di sicurezza previste dal c.d. pacchetto Pisanu (ossia, tagliandi nominativi; sistemi di videosorveglianza; varchi di ingresso agli stadi dotati di preselettori di incanalamento, nonché di tornelli, ecc.), con estensione dell'obbligo di adozione delle misure strutturali ed organizzative agli impianti di capienza superiore alle 7.500 unità;

– divieto di vendita in blocco di biglietti per i tifosi in trasferta, ovvero di vendita alla stessa persona fisica o giuridica di "titoli di accesso in numero superiore a quattro";

– controllo del documento di identità per ogni intestatario di ciascun titolo di accesso, sia all'atto dell'acquisto del tagliando, sia al momento dell'ingresso allo stadio;

– divieto alle società organizzatrici di competizioni riguardanti il gioco del calcio di corrispondere contributi, sovvenzioni, facilitazioni di qualsiasi genere ad associazioni di tifosi, comunque denominate, così come a soggetti destinatari di provvedimenti di restrizione di accesso allo stadio e condannati per reati commessi in occasione od a causa di manifestazioni sportive;

– divieto di introduzione ed esposizione negli impianti sportivi di striscioni e cartelli incitanti alla violenza o recanti ingiurie o minacce;

– pene inasprite per coloro che lanciano razzi e petardi ed utilizzano bastoni od altri oggetti contundenti in occasione di partite di calcio;

– differimento a 48 ore della possibilità di arresto in flagranza di reato per chi delinque in occasione di manifestazioni sportive ed introduzione del reato di lesioni personali gravi o gravissime a un pubblico ufficiale in servizio di ordine pubblico in occasione di manifestazioni sportive (Sferrazza, 2008, nota 63).

Ancor più stringenti, poi, si dimostrano i provvedimenti normativi adottati al fine di "neutralizzare" i soggetti facinorosi impedendo loro, nello specifico, di accedere ai luoghi ove si svolgono le competizioni sportive.

SEZIONE II

VIOLENZA NEGLI STADI, DISORDINE SOCIALE E MISURE (ATIPICHE) DI PREVENZIONE

SOMMARIO: 1. Il valore della sicurezza pubblica tra esigenze di prevenzione e tutela delle libertà fondamentali: notazioni introduttive. – 2. Misure di prevenzione, pericolosità sociale e Costituzione repubblicana. – 3. La strategia della prevenzione della violenza nel corso delle manifestazioni sportive: il d.a.s.p.o. – 4. Sport, promozione dei valori di cittadinanza attiva e misure (culturali ed educative) di prevenzione delle manifestazioni di violenza perpetrate in occasione di competizioni sportive: notazioni conclusive.

1. *Il valore della sicurezza pubblica tra esigenze di prevenzione e tutela delle libertà fondamentali: notazioni introduttive*

La tutela di beni giuridici fondamentali, posti a presidio delle condizioni di libera e pacifica convivenza tra i consociati, colloca gli ordinamenti ispirati ai principi di fondo del costituzionalismo moderno di fronte alla necessità di predisporre strumenti di prevenzione e/o repressione che, garantendo un accettabile livello di sicurezza, non pregiudichino, in modo irrimediabile, il nocciolo duro dei valori consacrati all'interno delle Costituzioni democratiche ed espressione, in ultima analisi, di un assetto politico/costituzionale proteso nel senso della salvaguardia e della promozione dei diritti inviolabili dell'individuo, tra i quali rientra, certamente ed in primo luogo, il diritto di ciascuno di vivere libero dalla paura (Viganò, 2007, 3967 ss.).

Così, al regime democratico e legalitario, consacrato nella Costituzione del 1948 e basato sull'appartenenza della sovranità al popolo (art. 1), sull'eguaglianza dei cittadini (art. 3) e sull'impero della legge (artt. 54, 76-79, 97-98, 101, ecc.), è connaturale un sistema giuridico in cui l'ordine pubblico diviene un bene inerente al vigente assetto politico/costituzionale ed il mantenimento di esso – nel senso della preservazione delle strutture giuridiche della convivenza sociale, instaurate mediante le leggi, da ogni attentato diretto a modificarle o a renderle inoperanti mediante l'uso o la minaccia illegale della forza – assurge, logicamente, a finalità immanente del sistema costituzionale (Corte Costituzionale, 08/03/1962, n. 19).

La sicurezza, pur se intimamente connessa con interessi umani rilevantissimi, non rappresenta, però, l'unico valore sovraordinato sull'altare del quale immolare (ogni e) qualsiasi diritto fondamentale.

Essa costituisce un auspicabile obiettivo il cui perseguimento passa attraverso un contemperamento tra interessi che tenga conto, in ultima istanza, della "inesigibilità" della cessione di una frazione della libertà che si traduca, in sintesi, nel disconoscimento delle sue più intime fondamenta assiologiche, atteso che "*si tratta – comunque – di valori strutturali, connaturati al sistema quale base ideologica di esso e interconnessi, in quanto la democrazia si caratterizza per incentrarsi su uno Stato di diritto che rispetta i diritti dell'uomo*" (Pillitu, 2003, 57 ss.).

In tal senso, è stato osservato, "*l'equilibrio e il compromesso sono il prezzo imposto alla democrazia. Solo una democrazia forte, sicura e stabile può permettersi di rispettare e di proteggere i diritti umani, e solo una democrazia costruita sulle fondamenta dei diritti umani può esistere in tutta sicurezza*" (Barak, 2002, 3393).

Nell'ambito di un assetto valoriale così sintetizzato, si staglia sullo sfondo l'esigenza di apprezzare la compatibilità costituzionale di strumenti di prevenzione che, pur perseguendo l'obiettivo di garantire condizioni di libera e pacifica convivenza tra i consociati, possono assumere connotazioni *lato sensu* illiberali e, in ultima istanza, confliggenti con il "nocciolo duro" delle libertà fondamentali dell'individuo.

Compito dell'interprete è, in questa direzione, comprenderne la natura giuridica, individuare i beni giuridici protetti, valutare l'effettiva idoneità e proporzionalità degli strumenti di prevenzione e repressione a tal fine impiegati e, in definitiva, rilevare la "tenuta" del sistema democratico rispetto a potenziali derive autoritarie.

Esemplificative, in questa direzione, si dimostrano le criticità correlate a misure "atipiche" di prevenzione introdotte allo scopo di arginare manifestazioni di violenza indiscriminata in occasione di competizioni sportive, in uno con modelli di "tutela amministrativa" dell'ordine pubblico, della sicurezza (urbana) e del decoro sociale (come, in ipotesi, l'introduzione di c.d. "zone rosse"), concepite nell'ottica di "placare" l'allarme sociale e la (sempre più) diffusa e generalizzata percezione di un acuito "senso di insicurezza" tra i cittadini.

In tal contesto, non può essere sottaciuto che l'effettivo mantenimento delle condizioni di libera e pacifica convivenza tra i consociati superi la ristretta visione ancorata alla mera, momentanea e contingente, assenza di turbamenti nello svolgimento della vita quotidiana solo allorquando ad esse si accompagni una radicata consapevolezza dei valori di fondo che permeano una società (che ama e suole definirsi) civile.

Di conseguenza, nel ricercare misure di efficace prevenzione di fenomeni criminali e/o di condotte comunque atte a porre in pericolo l'ordine pubblico e la sicurezza dei cittadini, va evitato di incorrere nel rischio di disconoscere i principi nei quali si sintetizza la più intima essenza di uno Stato democratico, pena la sua (anche solo ideale) dissoluzione, condizione di assoluta negazione di quelle stesse libertà che, per tale via, si è inteso (asseritamente) difendere.

2. *Misure di prevenzione, pericolosità sociale e Costituzione repubblicana*

All'interno di un ordinamento democratico, a fronte di potenziali minacce per l'ordine e la sicurezza pubblica derivanti da azioni violente perpetrate da singoli o gruppi organizzati, la garanzia di immanenza delle condizioni di libera e pacifica convivenza tra i consociati passa attraverso non solo l'applicazione di strumenti di natura repressiva (connotati dalle funzioni di retribuzione e di prevenzione generale, oltre che speciale), bensì si lega all'introduzione di misure caratterizzate da una valenza eminentemente specialpreventiva, preordinate ad impedire (*rectius*: prevenire) la commissione di condotte criminose con riguardo, *in primis*, all'accertamento della pericolosità sociale dell'individuo.

Nell'ambito del diritto penale c.d. "a doppio binario", spiccano, difatti, accanto alla pena, quale sanzione comminata in conseguenza dell'integrazione colpevole e *contra ius* di un fatto tipico di reato, anche le misure di sicurezza; mentre la prima categoria costituisce conseguenza di un giudizio di riprovazione per la violazione del precetto penale, la seconda si incentra su di un apprezzamento concernente la pericolosità soggettiva – e non anche solo la responsabilità – in uno con la presunzione di una probabilità di futura recidiva.

Entrambe le misure, però, condividono il presupposto della commissione di una fattispecie criminosa da cui non possono prescindere; di conseguenza, ancorché preordinate a finalità eminentemente di prevenzione, le misure di sicurezza postulano l'integrazione di un fatto preveduto dalla legge come reato.

Diversamente accade con riguardo alle misure di prevenzione in riferimento alle quali la soglia di anticipazione della tutela (*lato sensu*) penale prescinde dalla integrazione di un precedente reato, rilevando alla stregua di misure *ante* o *praeter delictum*.

Esse perseguono lo scopo di "neutralizzare" l'eventuale perfezionamento di reati da parte di soggetti ritenuti (alla stregua di specifici indici sintomatici) pericolosi e, quindi, potenzialmente capaci di porre in pericolo beni giuridici fondamentali, quali la sicurezza e l'ordine pubblico.

Danno luogo alla compressione, anche significativa, di facoltà, diritti o libertà, strumentalmente preordinata alla tutela anticipata della sicurezza pubblica, in nome di un (in alcuni casi, insidioso) principio supremo di salvaguardia dell'interesse pubblico generale sintetizzabile nel brocardo, di matrice giusnaturalistica, "*salus rei publicae suprema lex esto*" (Balbi, 2017, 505 s.).

Le norme che ne governano l'impiego identificano categorie di potenziali nemici della comunità, fonte di possibile attentato alla sicurezza collettiva e, per tale ragione, destinatari di misure limitative (*rectius*: contenitive) dei diritti di libertà (Martini, 2017, 536 s.).

Storicamente incentrate sul "mero sospetto", relativo a condotte idonee a compromettere la pace sociale e, pertanto, affidate all'autorità amministrativa nella qualità di titolare della potestà di polizia, nel tempo esse hanno assunto una (parziale) diversa connotazione onde renderle compatibili con un assetto politico/costituzionale improntato sui principi propri del costituzionalismo moderno.

In realtà, non sono mai sopite le perplessità concernenti siffatti strumenti di salvaguardia dell'ordine e della sicurezza pubblica rispetto ai valori scolpiti in seno alla Carta del 1948.

In merito, si sono confrontate diverse opzioni ricostruttive di volta in volta protese nella direzione di valorizzare ora interessi pubblici fondamentali, ora i diritti inviolabili del cittadino non suscettivi di compressione (*rectius*: compromissione) in nome di un generale (e generico) diritto alla sicurezza.

Per vero, in base ad una prima disamina, prevenire il reato dovrebbe costituire compito ineludibile dello Stato sovrano, di modo che alle finalità di prevenzione dovrebbe essere riconosciuto l'attributo della "doverosità costituzionale" (Nuvolone, 1975, 15).

Diversamente, secondo un approccio volto a tributare maggiore rilevanza ad un'interpretazione sistematica del combinato disposto degli artt. 13, 25 e 27 cost., non sarebbe possibile postulare, a Costituzione invariata, l'ammissibilità delle misure di prevenzione, atteso che il modello disegnato dalla Carta del 1948 si incentrerebbe, con riferimento alla potestà punitiva dello Stato, sulla sussistenza di una condotta qualificabile alla stregua di reato o quasi-reato, requisito non richiesto concettualmente ai fini dell'applicazione delle misure di prevenzione (Elia, 1964, 938 ss.).

Da qui, la delegittimazione totale del sistema della prevenzione *praeter delictum* che maschererebbe mere pene del sospetto (Pelissero, 2017, 439).

Al fine di ricercare il corretto bilanciamento tra la salvaguardia di esigenze di prevenzione di fenomeni criminosi, in uno con il rispetto dei diritti inviolabili della persona, specie a fronte di possibili arbitrii da parte degli organi repressivi di polizia, allo scopo di superare eventuali censure di incostituzionalità, l'attenzione della giurisprudenza è stata focalizzata sul giudizio prognostico reso in tema di pericolosità sociale dell'individuo, da rinvenire sull'oggettiva valutazione di indici sintomatici della condotta e del tenore di vita, accertati in modo da escludere apprezzamenti meramente soggettivi ed incontrollabili sia dall'autorità proponente, sia in sede giudiziaria (Corte di Cassazione, 12/03/2019, n. 20239).

Sotto il profilo della determinatezza, non è affatto rilevante che la descrizione normativa abbia ad oggetto una condotta singola ovvero una pluralità di condotte, posto che apprezzabile può essere sempre e soltanto il comportamento o contegno di un soggetto nei confronti del mondo esterno, come si esprime attraverso le sue azioni od omissioni.

Trattasi di manifestazioni esteriori di insofferenza o di ribellione ai precetti normativi posti a presidio delle regole di convivenza civile, potenziale fonte di allarme sociale e di violenza, individuale e/o collettiva, capaci di ingenerare una turbativa della pace sociale.

Così, allo scopo di tutelare valori fondanti il vivere civile, può essere ontologicamente ammessa la logica della prevenzione, ritenuta inevitabile per impedire la compromissione della ordinata convivenza della comunità (Martini, 2017, 539 s.) e suscettiva di tradursi, pur nell'ambito di un quadro eterogeneo, nell'applicazione di misure contraddistinte da un carattere intimamente desocializzante (Balbi, 2017, 506 s.)

Decisivo è che, per le misure di prevenzione, la descrizione legislativa, la fattispecie legale, permetta di individuare la o le condotte dal cui accertamento nel caso concreto possa fondatamente dedursi un giudizio prognostico, per ciò stesso rivolto all'avvenire e dal quale inferire la ragionevole previsione (del pericolo) che specifici reati di "turbativa sociale" potrebbero venire consumati ad opera di determinati soggetti nei cui confronti si procede all'adozione della misura di prevenzione (Corte Costituzionale, 16/12/1980, n. 177).

La strategia di prevenzione sconta, in tal contesto, le difficoltà legate ad una "oggettivizzazione" del concetto di pericolosità sociale, nell'ottica di assicurare l'origine democratica delle scelte compiute da parte del legislatore, in uno con la necessità di scongiurare derive arbitrarie dell'applicazione delle norme di prevenzione e del correlato, eventuale sindacato giudiziario, nell'ambito di politiche di sicurezza – bene adespota, che non ha padroni perché attributo di tutti i membri di una comunità proprio in quanto facenti parte di una collettività politica e sociale organizzata (Martini, 2017, 537) – sì animate da nobili intenti, ma esposte, in ogni caso, al rischio di cedere a "pressioni sociali" a scapito dell'effettività dei diritti fondamentali di libertà (Mazzacuva, 2018, 1018 ss.).

In riferimento ai diversi ambiti di applicazione, muta, peraltro, la consistenza e il grado di pervasività delle misure di prevenzione, modellate, di volta in volta, sull'esigenza di "sterilizzare" le molteplici modalità di attentato all'ordine ed alla sicurezza pubblica, spesso con riguardo a fenomeni che implicano un coinvolgimento di una moltitudine di individui la cui numerosità, già di per sé, implica una particolare attenzione nel disinnescare potenziali forme di ribellione sociale, legate, peraltro, in alcune occasioni, non a rivendicazioni d'ordine politico, economico e/o sociale, bensì frutto di mera, esacerbata frustrazione personale.

Esemplificativi si dimostrano, in questa direzione, gli strumenti concepiti dal legislatore per prevenire e neutralizzare condotte violente perpetrate in occasione di manifestazioni sportive, eventi che, ormai con una certa frequenza, vengono interessati da fenomeni criminosi che pregiudicano non solo la pace sociale, ma implicano anche la mortificazione degli ideali su cui si fonda la pratica sportiva (lealtà, correttezza, sano agonismo, rispetto dell'avversario) e che dovrebbero fungere da modello per improntare relazioni sociali basate, innanzitutto, sul pluralismo e sul valore della tolleranza.

3. *La strategia della prevenzione della violenza nel corso delle manifestazioni sportive: il d.a.s.p.o.*

In ossequio al principio personalista che anima la Costituzione repubblicana, la formazione e lo sviluppo delle qualità intellettive, morali e civili dell'individuo rappresentano, nelle diverse modalità in cui si svolge il percorso di maturazione di ciascun essere umano, un processo rilevante per l'ordinamento giuridico e, di certo, meritevole di tutela; esso gode di piena copertura costituzionale ed assurge a finalità di un assetto politico/costituzionale di matrice democratica improntato sulla cura e promozione delle libertà inviolabili.

Lo svolgimento della personalità dell'individuo implica, peraltro, l'esigenza, socialmente rilevante, di valorizzare gli interessi fondamentali della persona alla luce della partecipazione a formazioni sociali ove l'essere umano possa implementare e rafforzare i tratti caratteristici della propria individualità, sviluppando il senso di appartenenza ad una comunità avvinta dal medesimo *idem sentire*.

Nell'ambito dei diversi settori della vita, assume, in questa direzione, valore esemplificativo il fenomeno sportivo, connotato da una specifica funzione sociale ed educativa, occasione sì di svago, ma anche di crescita e rafforzamento della personalità dell'individuo (Pensabene Lionti, 2012, 422 ss.).

Lo sport diviene, in tal senso, "palestra di vita" ove ciascuno possa maturare, in ragione dell'instaurazione di rapporti sociali, consapevolezza di sé e dell'altro, in una prospettiva di rispetto della diversità ed in ossequio ai valori del pluralismo e della tolleranza.

Mortificano siffatti obiettivi ideali, però, i tristi episodi di violenza, fisica e/o verbale, spesso espressione di odiosi comportamenti sorretti da intenti e sentimenti discriminatori, che contraddistinguono, purtroppo di frequente, lo svolgimento delle manifestazioni sportive e, in particolare, il mondo del calcio, "*vissuto in modo tale da essere non più soltanto stupidogeno, ma anche criminogeno*" (Mantovani, 2008, 1484).

Per porvi rimedio, innanzitutto, si ricorre ad iniziative *lato sensu* culturali, ovvero di natura educativa, quali, ad esempio, le occasioni di incontro tra giovani appartenenti ai club sportivi contrapposti, invitati a seguire insieme la competizione sportiva dopo aver direttamente partecipato ad eventi collaterali (c.d. *match mates*), ovvero la definizione di zone dedicate solo alle famiglie all'interno dei luoghi ove si svolge l'evento sportivo, ovvero, ancora, trasferte organizzate e dedicate esclusivamente a gruppi familiari (c.d. *family travels*).

Esse, però, difettano di efficacia di fronte ad episodi di cieca ed incontrollata violenza che necessitano di misure (di prevenzione e repressione) maggiormente incisive.

Così, al fine di neutralizzare potenziali fonti di pericolo per la libera e pacifica convivenza tra i consociati, correlate a condotte criminose perpetrate in occasione di eventi sportivi, fenomeno certamente rilevante (ed affrontato con varietà di soluzioni) all'interno di numerosi ordinamenti nazionali (Curi, 2007, 2264 ss.), il legislatore, nel tempo, ha affiancato ai tradizionali strumenti di carattere repressivo (Lo Monte, 2008, 1517 ss.) un modello di prevenzione che correla limitazioni alla libertà (di circolazione ed, eventualmente, anche personale) dell'individuo socialmente pericoloso proprio in concomitanza con lo svolgersi di competizioni sportive, con evidente (peraltro, pienamente legittima) funzione desocializzante (Bocchini, 2019, 1 ss.).

Sistema di prevenzione strutturato, nel complesso, in ragione della giurisdizionalizzazione del relativo procedimento, in modo da consentire di superare possibili eccezioni di incostituzionalità (Migliucci, 2017, 486) e ricercare, diversamente, il giusto equilibrio tra la salvaguarda della pace sociale ed il rispetto degli "*habeas corpus proceedings*" posti a presidio della garanzia di effettività dei diritti fondamentali della persona avverso provvedimenti *lato sensu* limitativi delle libertà.

Nell'ambito di un siffatto quadro d'insieme, spicca il divieto di accedere alle manifestazioni sportive (c.d. daspo), che costituisce una misura di prevenzione o di polizia (che, peraltro, può assumere anche la connotazione di misura di sicurezza, ricorrendone i presupposti previsti dalla legge – Curi, 2007, 2267 ss.) il quale può essere riferito proprio a condotte che comportano od agevolano situazioni di allarme o di pericolo in occasione di manifestazioni sportive (cfr.: T.A.R. Campania Salerno, sez. I, 27/04/2018, n. 680; T.A.R. Abruzzo Pescara, sez. I, 28/06/2017, n. 212; T.A.R. Salerno, sez. II, 9 gennaio 2017, n. 41; T.A.R. Toscana, sez. II, 08/11/2016, n. 1598; T.A.R. Umbria, 10/05/2016, n. 397; T.A.R. Calabria Reggio Calabria, 25/02/2016, n. 243; T.A.R. Veneto, sez. III, 21/05/2015, n. 560).

Detto strumento si connota per una elevata discrezionalità, in considerazione delle finalità di pubblica sicurezza cui è diretto, in vista della tutela dell'ordine pubblico, non soltanto in caso di accertata lesione, ma anche in via preventiva ed in caso di pericolo, pur se soltanto potenziale, ascrivibile a semplici condotte che possano comportare o agevolare situazioni di allarme, con esiti imprevedibili (T.A.R. Calabria Reggio Calabria, sez. I, 26/09/2016, n. 947).

Il provvedimento può dunque essere disposto nei confronti di chi, sulla base di elementi oggettivi, risulti aver tenuto una condotta finalizzata alla partecipazione attiva a episodi tali da porre in pericolo la sicurezza pubblica in occasione o a causa delle manifestazioni sportive, a prescindere da finalità di repressione penale, bensì, appunto, in un'ottica di prevenzione di situazioni di "allarme" che pongano a repentaglio le condizioni di libera e pacifica convivenza tra i consociati (T.A.R. Veneto, sez. III, 21/05/2015, n. 560; T.A.R. Lombardia Milano, sez. III, 09/01/2015, n. 19; T.A.R. Lombardia Milano, sez. I, 25/11/2013, n. 2610; T.A.R. Veneto, sez. III, 10/10/2011, n. 1532).

Può trattarsi, ovviamente, di comportamenti che attentino all'integrità psicofisica dell'individuo, ovvero che arrechino pregiudizio ai beni materiali, od anche capaci di ingenerare l'incitamento e la suggestione criminosa nelle masse mediante, ad esempio, l'esposizione di scritte o striscioni in grado di turbare il tranquillo svolgimento delle manifestazioni sportive per il loro contenuto direttamente istigatorio alla violenza (Corte di Cassazione, sez. III, 24/04/2018, n. 47139 – Strazza, 2015, 191 s.).

In ipotesi di coinvolgimento di una moltitudine di individui, poi, non si richiede che venga accertato uno specifico atto di violenza da parte di ciascun soggetto appartenente al gruppo, in quanto le condotte sanzionate sono possibili proprio in quanto collettive e, come tali, risultano minacciose per l'ordine pubblico (T.A.R. Campania Salerno, sez. I, 27/04/2018, n. 680; T.A.R. Umbria, 10/05/2016, n. 397).

In questo caso, si ritiene che un comportamento di gruppo non escluda "*la possibilità di sanzionare col d.a.s.p.o. (una somma di) responsabilità individuali omogenee*", qualora queste siano supportate da elementi diretti o presuntivi che consentano di affermare "*la inequivoca e consapevole partecipazione dei singoli al comportamento di gruppo medesimo*" (T.A.R. Lombardia Brescia, sez. I, 18/09/2017, n. 1127; Consiglio di Stato, sez. III, 14/01/2016, n. 92; Consiglio di Stato, sez. III, 10/12/2014, n. 6075).

Siffatta evenienza, in un'ottica costituzionalmente orientata, postula, cioè, necessariamente, una valutazione della fattispecie in termini concorsuali, richiedendo, pertanto, l'individuazione di un contributo minimo, morale o materiale, da parte del singolo partecipante al gruppo (Corte di Cassazione, sez. III, 24/05/2018, n. 46981).

In considerazione delle finalità di natura preventiva perseguite dalla misura in discussione, poi, va ricondotta in capo all'Amministrazione un'ampia potestà di apprezzamento discrezionale circa la natura intrinsecamente violenta o pericolosa delle azioni perpetrate, in uno con il riscontro di una situazione di potenziale allarme sociale ingenerato (T.A.R. Sicilia Catania, sez. IV, 09/02/2018, n. 324; T.A.R. Veneto, sez. III, 31/03/2014, n. 436), da cui consegue che è sufficiente che il soggetto non dia affidamento di tenere una condotta scevra dalla partecipazione ad ulteriori episodi di violenza, senza che si rendano necessarie indagini circostanziate sulla sua pericolosità, essendo il provvedimento fondato precipuamente sulla pericolosità specifica dimostrata in occasione di una determinata manifestazione sportiva (T.A.R. Abruzzo Pescara, sez. I, 28/06/2017, n. 212; T.A.R. Pescara, 25/01/2016, n. 12).

La ravvisata natura dei provvedimenti di "daspo" quali misure di prevenzione o di polizia impone, però, che la relativa adozione debba essere puntualmente motivata con riferimento a comportamenti concreti ed attuali del destinatario, dai quali possano desumersi talune delle ipotesi previste dalla legge come indice di pericolosità per la sicurezza e la moralità pubblica (T.A.R. Calabria Reggio Calabria, sez. I, 26/09/2016, n. 947; T.A.R. Sicilia, Catania, sez. IV, 13/07/2015, n. 1938; T.A.R. Toscana, sez. II, 06/06/2013, n. 955), espressione, ad esempio, di sentimenti di odio e di vendetta o, comunque, di incitamento alla violenza durante una manifestazione sportiva (T.A.R. Lazio, sez. I, 07/05/2012, n. 4091; T.A.R. Toscana, sez. II, 25/11/2015, n. 1601 – In dottrina, v., *ex multis*: M. Pelissero, 2017, 445 s.; G. Cappello, 2009, p 2387 ss.).

Nondimeno, l'anticipazione della soglia di "sanzionabilità" – ancorché mediante il ricorso non ad una pena, bensì ad un provvedimento di prevenzione di polizia – del comportamento tenuto in occasione di una manifestazione sportiva non può spingersi fino a colpire condotte meramente ipotetiche, ovvero non assistite da alcun elemento concreto o comunque univocamente atte ad ingenerare un pericolo per la sicurezza (T.A.R. Puglia, Lecce, sez. I, 17/02/2016, n. 325).

Peraltro, in quanto misura di prevenzione, essa è comminabile a prescindere dall'esistenza di una formale denuncia all'Autorità Giudiziaria, dal titolo di reato per il quale si procede o dall'esito del giudizio penale, essendo la stessa basata esclusivamente su di un apprezzamento concernente la pericolosità che può avere a fondamento anche una semplice attività indiziaria costituita da circostanze di portata generale e di significato tendenziale, o su contesti significativi nel loro complesso (T.A.R. Abruzzo Pescara, sez. I, 28/06/2017, n. 212; T.A.R. Veneto sez. III, 11/11/2015, n. 1193).

Trattandosi di misura restrittiva della libertà (di circolazione e/o personale) deve ritenersi precluso, però, il ricorso all'analogia, risultando la norma di stretta interpretazione, perché il presupposto fattuale ai fini dell'adozione dei provvedimenti di divieto deve essere strettamente correlato alle condotte che si intendono prevenire. L'interpretazione rigorosa – e dunque maggiormente aderente al significato letterale della norma – è, infatti, doverosa, avuto riguardo al quadro costituzionale in cui si inserisce il provvedimento restrittivo in esame, i cui effetti si traducono, appunto, in una limitazione della libertà del soggetto destinatario della misura (Corte di Cassazione, sez. III, 11/07/2017, n. 50928; Corte di Cassazione, sez. III, 13/12/2017, n. 18924; Corte di Cassazione, sez. III, 10/05/2017, n. 50921; T.A.R. Piemonte, sez. II, 07/05/2007, n. 2051).

Così, non sembra possibile aderire alla tesi in base alla quale il bene giuridico tutelato dalla norma sia quello della sicurezza in occasione di una qualsivoglia manifestazione semplicemente collegata all'attività sportiva e, dunque, di natura meramente "parasportiva"; *a fortiori*, nel caso in cui la condotta posta a fondamento della misura restrittiva sia stata posta in essere in occasione di manifestazioni che nulla a che vedere hanno con lo sport (Corte di Cassazione, sez. III, 11/07/2017, n. 50928).

È pure vero, però, che, secondo una diversa opzione ricostruttiva, sembra che il legislatore, con la doppia locuzione "in occasione" o "a causa" di una manifestazione sportiva, abbia voluto ricomprendere nelle condotte rilevanti ai fini dell'applicazione del provvedimento di divieto di accesso anche comportamenti realizzati non contestualmente alla manifestazione sportiva, ma per i quali l'evento sportivo rappresenta l'occasione per tenere condotte violente o comunque tali da porre in pericolo la sicurezza pubblica (T.A.R. Piemonte Torino, sez. I, 09/01/2017, n. 27; Consiglio di Stato, sez. III, 08/11/2011, n. 5888; Consiglio di Stato, sez. III, 08/11/2011 n. 5887).

In tal senso, devesi rilevare che i comportamenti criminosi perpetrati da singoli, ovvero da parte di frange oltranziste di gruppi di "tifosi organizzati", spesso, in realtà, nulla condividono con la fede sportiva, bensì, sotto motivazioni apparentemente legate all'ideologia sportiva professata, celano personalità fanatiche, disaffettive, primitive, quando non anche paranoidi ed oligofreniche (Mantovani, 2008, 1488 ss.), espressione di profondo degrado, culturale ed umano, di delinquenza cieca ed a tratti animalesca (Curi, 2007, 2259 s.).

Di conseguenza, cresce l'allarme sociale ingenerato da episodi di violenza consimili, poiché emerge preponderante il distacco tra una apparente motivazione della condotta criminosa rispetto alla "indecifrabilità" del reale movente scatenante l'odio, gratuito e fine a sé stesso.

Da qui, l'esponenziale incremento del bisogno di sicurezza che indirizza le politiche pubbliche nella direzione della formazione di uno Stato di prevenzione, ponendo in crisi, in caso di "esasperazione" della "logica del sospetto" per tale via introdotto, alcuni tratti caratteristici dello Stato di diritto in nome di un'accentuata anticipazione della tutela (sempre più) di natura preventiva (Donini, 2008, 3560 ss.).

Laddove ciò si verifichi, si pongono all'attenzione dell'interprete consistenti perplessità in merito alla legittimità, in punto di rispetto dei diritti di libertà dell'individuo all'interno di una società (che ama e suole definirsi) civile, delle (nuove ed atipiche) misure di carattere preventivo (oltre che repressivo, innanzitutto di matrice penale) (Flora, 2008, 62 ss.) potenzialmente (e contingentemente) concepite al fine di inasprire la reazione dell'ordinamento in ordine a condotte contraddistinte da una particolare pericolosità sociale e capaci di attentare alle condizioni di libera e pacifica convivenza tra i consociati (De Maglie, Seminara, 2007; Kostoris, Orlandi, 2007; Palazzo, 2006, 666 ss.).

In tali termini si discetta in merito, ad esempio, all'ammissibilità di misure di prevenzione, a carattere amministrativo, introdotte nella prospettiva della salvaguardia di una particolare declinazione del concetto di sicurezza (urbana), intesa alla stregua di bene pubblico che afferisce alla vivibilità e al decoro delle città, in vista dell'affermazione di più elevati livelli di coesione sociale e convivenza civile (Simonati, 2019, 31 ss.).

Del pari, laddove, per incontrovertibili ragioni di sicurezza, in talune zone del territorio comunale vengano (temporaneamente) dettate particolari modalità di esercizio del complesso, articolato contenuto della libertà di circolazione (c.d. zone rosse).

In verità, in consimili occasioni, un punto di equilibrio va ricercato nell'idea secondo la quale le libertà individuali, nello Stato sociale, debbano essere coniugate all'unisono con l'interesse della collettività e subiscano delle compressioni in talune modalità di esercizio, per renderle compatibili con le libertà pari ordinate di altri (Consiglio di Stato, sez. VI, 16/01/2006, n. 85).

L'obiettivo di massima dilatazione dell'effettività dei diritti inalienabili dell'individuo, cioè, deve essere conseguito attraverso lo sviluppo delle potenzialità insite nelle norme costituzionali che tutelano i medesimi diritti e nel necessario bilanciamento con altre libertà fondamentali, costituzionalmente garantite, suscettibili di essere incise dall'espansione di una singola tutela (Corte Costituzionale, 04/12/2009, n. 317).

La protezione dei diritti inviolabili, in uno con la salvaguardia di condizioni di libera e pacifica convivenza tra i consociati, deve, dunque, essere sistemica e non frazionata in una serie di norme non coordinate (ed in potenziale conflitto tra loro) e la realizzazione di un equilibrato modello di guarentigie non può che essere demandata, in un ordinamento ispirato al principio di legalità (costituzionale), per gli ambiti di rispettiva competenza, al legislatore, entro i consueti limiti di ragionevolezza, al giudice comune e al giudice delle leggi (Bartoli, 2018, 1540 ss.).

Ciò, in quanto, pur se il contemperamento tra interessi e valori "*non è mai neutrale, tecnicamente asettico, sconta presupposizioni inespresse che lo condizionano e in qualche misura ne prefigurano l'esito*" (Colaianni, 2009, 595), esso "*può essere ricostruito come un'attività che, pur contenendo dei margini valutativi, non si traduce necessariamente in sfrenato soggettivismo, ed anzi è controllabile razionalmente*" (Pino, 2003, 580).

4. *Sport, promozione dei valori di cittadinanza attiva e misure (culturali ed educative) di prevenzione delle manifestazioni di violenza perpetrate in occasione di competizioni sportive: notazioni conclusive*

Il bisogno di sicurezza, avvertito individualmente e collettivamente, assume la consistenza di bene inscindibilmente legato alla vita, alla incolumità fisica, al benessere dell'uomo e alla qualità della sua esistenza, nonché alla dignità della persona.

Esso si traduce, oltre che in interesse pubblico generale, nel diritto a un'esistenza protetta, indispensabile al godimento degli altri diritti di cui è titolare l'individuo in condizioni appunto di sicurezza (Frosini, 2009, 6).

Parlare di un diritto fondamentale alla sicurezza dei cittadini, però, potrebbe celare il pericolo di "*mascherare con le sembianze del diritto ciò che rappresenta la nuda forza che i diritti fondamentali cercano di contenere. Soprattutto se tale diritto viene concepito come una sorta di presupposto fondamentale di tutti gli altri diritti, per cui non possono esserci diritti senza sicurezza. In questa prospettiva, la sicurezza diviene un concetto nella sostanza onnivoro, destinato a fagocitare lo spazio occupato dagli altri diritti*" (Bartoli, 2012, 797 ss.).

L'impiego strategico della paura, il bisogno "drogato" di sicurezza (Donini, 2008, 3565 ss.), il senso di impotenza avvertito a fronte di eclatanti episodi criminosi, risvegliano nei consociati l'esigenza di ristabilimento dell'ordine costituito e spingono nella direzione di inaugurare o sviluppare politiche dirette "*a ridurre specificatamente i livelli di paura, anziché il numero dei reati*" (Curi, 2007, 2259).

Il prezzo da pagare sull'altare di un efficiente sistema di prevenzione e repressione di atti violenti, capaci di attentare alle condizioni di libera e pacifica convivenza tra i consociati, però, non può spingersi sino a disattendere lo spirito che anima i diritti fondamentali della persona, ingenerando, per tale via, una "*recessione dei diritti di fronte alla prioritaria esigenza di sicurezza*" (Ioppolo, 2009, 22), soprattutto in considerazione del fatto che l'eccezionalità che accompagna misure originariamente straordinarie ben può tramutarsi, nel medio-lungo periodo, in normalità all'interno di una società che, facilmente, può assuefarsi ad una progressiva cessione di frazioni, sempre più consistenti, della propria libertà in nome di una non meglio precisata fonte di pericolo, utilizzabile, a piacimento, strumentalmente, per giustificare inaccettabili restrizioni dei diritti inviolabili dell'individuo.

Nell'ambito di un ordinamento di ispirazione marcatamente democratica, la reale attitudine dei diritti fondamentali dell'uomo, così come consacrati all'interno di disposizioni formali, a conformare la condotta dei consociati (e dello Stato-Comunità nel suo complesso) si misura attraverso il grado di effettività del precetto all'interno del quale vengono enunciati i diritti di libertà.

È proprio attraverso l'esercizio individuale dei diritti fondamentali che "*si realizza un processo di libertà che costituisce un elemento essenziale della democrazia*" (Haberle, 2005, 51).

Ci si domanda, però, se libertà ed eguaglianza possano essere "*correttamente declinate quando domina l'insicurezza ed il timore per la propria vita*" (Baldassarre, 2002, XI).

Anche in siffatte occasioni, però, il rispetto dei diritti fondamentali – che, "*come tutti i beni della vita, come tutti i valori, non basta averli conquistati una volta per sempre, ma occorre difenderli e custodirli quotidianamente rendendosene degni, avendo l'animo abbastanza forte per affrontare la lotta il giorno in cui fossero in pericolo*" (Jemolo, 2008, 63) – passa attraverso una costatante opera di promozione e cura mediante la valorizzazione della cultura della legalità e della responsabilità (Pinelli, 2010, 1 ss.), precondizione indefettibile al fine di poter garantire, con metodo democratico, il progresso civile e sociale della Nazione, perfino a fronte di episodi capaci di esporre a serio pericolo la convivenza civile.

Nel quadro di un assetto politico-costituzionale incentrato sui principi propri del costituzionalismo moderno, ordinariamente, l'onere di provvedere alla predisposizione di criteri assiologici in applicazione dei quali giungere alla corretta commisurazione dei diversi valori in gioco, in ossequio, naturalmente, alle norme cardine, di rango superprimario, su cui si regge l'intero ordinamento, compete alla legge (anche, se necessario, di rango costituzionale) che "*non è chiamata a delimitare dall'esterno un'area di libertà altrimenti tendenzialmente illimitata, presidiando quest'ultima con congegni ed istituti di protezione, ma a «conformare» il delicato equilibrio fra il valore espresso dal diritto e quei soli valori che sono, nel sistema costituzionale, altrettanto primari, da poter essere configurati come limiti «immanenti» al diritto medesimo*" (Ridola, 1997, 8).

Così, anche di fronte all'estrema "vaghezza ed eterogeneità" dei (possibili) fattori di pericolo di attentato alla pace sociale ed alla sicurezza, individuale e collettiva, onde non smarrire il senso più profondo dei principi di democrazia radicati all'interno della Costituzione, si dimostra comunque indispensabile frapporre una salda cornice assiologica di fondo, suscettiva di poter essere sintetizzata nell'*idem sentire de re publica*, entro cui ciascun individuo si riconosce ed in vista della cui salvaguardia avverte e promuove l'insopprimibile esigenza di difendere il nocciolo duro dei diritti di libertà sui quali si regge la più intima essenza di un ordinamento liberale.

Orbene, le politiche di prevenzione e repressione dei comportamenti criminosi integrati in occasione di manifestazioni sportive fino ad ora promosse ed attuate sono state sì indirizzate nel senso di frapporre una barriera ad odiosi e, per vero, spesso incomprensibili, atteggiamenti "stupidogeni" di violenza, espressione di rancore, avversione, disprezzo, sopraffazione ed animosità – che, ovviamente, nulla hanno a che vedere con i valori più profondi del fenomeno sportivo, per tale via, in realtà, traditi e mortificati – ma, ancor oggi, non hanno condotto ad una loro definitiva "marginalizzazione".

La strada maestra da percorrere si traduce, in verità, in un processo di rafforzamento non (tanto e) solo degli strumenti di natura sanzionatoria, bensì nell'implementazione di percorsi di crescita e maturazione della coscienza civile dei cittadini, fin dalla loro più tenera età.

Lo sport diviene, in questa direzione, mezzo di promozione dei valori di cittadinanza attiva e modello cui conformare le relazioni sociali improntate sui principi di tolleranza, lealtà, probità, correttezza e fair play.

Nello sport si intravede, pertanto, un'occasione di rinascita della società civile fin troppo tristemente abituata a smarrire i principii propri di una comunità progredita in nome della (irrefrenabile) ricerca di occasioni di "protagonismo individuale".

Diversamente, va conferito risalto alla figura dell'atleta che incarna, con la propria condotta, la migliore immagine dei più profondi e radicati valori olimpici.

Pur a fronte dell'ineliminabile (perché coessenziale alla natura della pratica sportiva) tratto caratteristico dell'agonismo, enfatizzato, ovviamente, in campo professionistico, spicca l'esigenza di apprezzare la competizione alla stregua di opportunità di dimostrazione delle proprie capacità, frutto di abnegazione e sacrificio, al cospetto di avversari e non di nemici.

All'esito del confronto, nello sport, così come nella vita, va, quindi, costantemente promosso il "terzo tempo", affinché la pratica sportiva costituisca, sempre più, motivo di coesione, giammai di divisione e/o lacerazione delle relazioni umane.

BIBLIOGRAFIA

AA.VV., *Fenomeno sportivo e ordinamento giuridico*, Napoli, 2009.

AGNELLI A., *L'idea di nazione all'inizio e nei momenti di crisi del secolo XX*, in *Nazione e nazionalità in Italia*, in Spadolini G. (a cura di), Roma, 1994, 15 ss.

AGOSTINIS B., VIGNA M., *Il nuovo codice di giustizia sportiva: una vera rivoluzione per lo sport italiano*, in *www.giustiziasportiva.it*, 2014, 2, 75 ss.

AGRIFOGLIO G., *Autonomia ordinamentale e pluralismo giuridico: il divieto ne bis in idem, tra engel criteria e principio di proporzionalità*, in *Europa e Diritto Privato*, 2019, 2, 455 ss.

AGRIFOGLIO G., *Pugilato e sport da combattimento. Divieto di disporre del proprio corpo o libertà di scegliere il proprio modo di vivere?*, in *Europa e Diritto Privato*, 2018, 2, 753 ss.

ALBANESI A., *Come nasce il diritto sportivo*, in *Raccolta Rivista di diritto sportivo*, 1940-1949, 1 ss.

ALBEGGIANI F., *Sport (dir. pen.)*, in *Enc. dir.*, vol. XLIII, Milano, 1990, 538 ss.

ALPA G., *La responsabilità civile in generale e nell'attività sportiva*, in *Rivista di diritto sportivo*, 1984, 471 ss.

ALVISI C. (a cura di), *Il diritto sportivo nel contesto nazionale ed europeo*, Milano, 2006.

ALVISI C., *Autonomia privata e autodisciplina sportiva. Il CONI e la regolamentazione dello sport*, Milano, 2000.

ANASTASI A., *Annotazioni sul caso Bosman*, in *Rivista di diritto sportivo*, 1996, 458 ss.

ANTONIOLI M., *Sui rapporti tra giurisdizione amministrativa e ordinamento sportivo*, *Dir. Proc. Amm.*, 2005, 1026 ss.

ARRIGONi C., *Lo sport per disabili: storie, discipline, personaggi*, Milano, 2008.

AULETTA F., *Il tramonto dell'arbitrato nel nuovo orizzonte della giustizia sportiva*, in *Riv. arbitrato*, 2014, 641 ss.

AVERARDI A., *Autonomia privata ed esercizio di funzioni pubbliche. Sul problema della qualificazione delle federazioni sportive come organismi di diritto pubblico*, in *Rivista di Diritto Sportivo*, 2018, II, 503 ss.

AVERARDI A., *Tra stato e società: le federazioni sportive nel perimetro mobile delle amministrazioni pubbliche*, in *Rivista di Diritto Sportivo*, 2016, I, 39 ss.

AZZARRI F., *Responsabilità presunta, responsabilità oggettiva e danno non patrimoniale*, in *Resp. civ. e prev.*, 2008, 05, 1078 ss.

BACCO F., *Attività sportive e rischio consentito: il caso delle competizioni automobilistiche*, in *Giur. merito*, 2007, 7-8, 2000 ss.

BACOSI G., *Ordinamento sportivo e giurisdizione. G.a. e G.o. prima della legge 280 del 2003*, in *www.giustizia-amministrativa.it*.

BALBI G., *Le tipologie sanzionatorie: la prevenzione personale e le misure di prevenzione personali*, in *Riv. It. Dir. e Proc. pen.*, 2017, 505 ss.
BALDASSARRE A., *Globalizzazione contro democrazia*, Bari, 2002.
BAL FILORAMO L., *Disabilità e sport: contributi multidisciplinari*, Torino, 2007.
BARAK A., *Democrazia, terrorismo e Corti di giustizia*, in *Giur. cost.*, 2002, 3385 ss.
BAROZZI REGGIANI G., *La Corte Costituzionale ridisegna i confini tra giustizia statale e giustizia sportiva*, in *Dir. economia*, 2, 2011, 369 ss.
BAROZZI REGGIANI G., *Antitrust e ordinamento sportivo: un rapporto difficile*, in *Dir. economia*, 1, 2011, 159 ss.
BARTOLI R., *Offensività e ragionevolezza nel sindacato di costituzionalità sulle scelte di criminalizzazione*, in *Riv. It. Dir. e Proc. Pen.*, 2018, 3, 1540 ss.
BARTOLI R., *"Chiaro e oscuro" dei diritti umani alla luce del processo di giurisdizionalizzazione del diritto*, in *Riv. it. dir. e proc. pen.*, 2012, 03, 794 ss.
BASILE M., *"Immedesimazione organica" e dintorni (la responsabilità disciplinare delle società sportive per atti illeciti di terzi)*, in Trimarchi M. (a cura di), *Rappresentanza e responsabilità negli enti collettivi*, Milano, 2007, 169 ss.
BASILICO A., *La riforma della giustizia sportiva*, in *Riv. dir. amm.*, 2014, VI, 647 ss.
BASILICO A., *L'autonomia dell'ordinamento sportivo e il diritto di agire in giudizio: una tutela dimezzata?*, in *Giorn. dir. amm.*, 2011, 733 ss.
BASTIANON S., *L'incerta natura delle federazioni sportive nazionali: associazioni di diritto privato o organismi di diritto pubblico? alla Corte di giustizia l'ardua sentenza*, in *Rivista di Diritto ed Economia dello Sport*, 1, 2019, 147 ss.
BASTIANON S., *Da Cassis de Dijon a Meca Medina: la specificità dello sport tra divieti e deroghe nel diritto dell'Unione europea*, in *Dir. Un. Eur.*, 2017, 417 ss.
BASTIANON S., *La vittoria dello sport sui fanatismi religiosi*, in *Rivista di Diritto Sportivo*, 2017, II, 11 ss.
BASTIANON S., *Prime riflessioni sulla legge 20 gennaio 2016, n. 12 e dintorni: tesseramento, vincolo e cittadinanza sportiva (con uno sguardo particolare al nuoto)*, in *Rivista di Diritto Sportivo*, 2016, II, 261 ss.
BASTIANON S., *Le federazioni e il mercato dell'organizzazione degli eventi sportivi: uno sguardo al passato per cercare di capire il presente (... ed immaginare il futuro)*, in *Rivista di Diritto Sportivo*, 2016, I, 64 ss.
BASTIANON S., *La sentenza Bosman vent'anni dopo*, Torino, 2015.
BASTIANON S. (a cura di), *L'Europa e lo sport. Profili giuridici, economici e sociali*, Torino, 2015.
BASTIANON S., *Calcio professionistico e discriminazioni fondate sulle tendenze sessuali*, in *Rivista di Diritto Sportivo*, 2015, 179 ss.
BASTIANON S., *La (paradossale) vicenda della (abrogata) discriminazione (per origine) territoriale in ambito calcistico. Much ado about nothing?*, in *Rivista di Diritto Sportivo*, versione online, 2014, 1 ss.
BASTIANON S., *Sport, antitrust ed equilibrio competitivo nel diritto dell'Unione europea*, in *Dir. Un. Eur.*, 2012, 485 ss.
BASTIANON S., *La funzione sociale dello sport e il dialogo interculturale nel sistema comunitario*, in *Riv. it. dir. pubbl. comunit.*, 2009, 02, 391 ss.

BASTIANON S., *La libera circolazione degli atleti nella giurisprudenza comunitaria post-Bosman: i casi Deliège e Lehtonen*, in *Rivista di diritto sportivo*, 2001, 459 ss.
BASTIANON S., *Dal calcio alla pallamano: la giurisprudenza Bosman nella pronuncia di un Giudice nazionale*, in *Rivista di diritto sportivo*, 1997, 864 ss.
BASTIANON S., *Sport e diritto comunitari: la sfida continua. I casi Deliége e Lehtonen*, in *Rivista di diritto sportivo*, 1996, 662 ss.
BASTIANON S., *Bosman, il calcio e il diritto comunitario*, in *Foro It.*, 1996, 3 ss.
BASTIANON S., *La libera circolazione dei calciatori e il diritto della concorrenza alla luce della sentenza Bosman*, in *Rivista di diritto sportivo*, 1996, 508 ss.
BELFIORE C., *La giustizia sportiva tra autonomia e diritto pubblico*, in *Giur. merito*, 2005, 2449 ss.
BELLAGAMBA F., *Fondamento e limiti di punibilità della violenza sportiva*, in *Dir. pen. proc.*, 2000, 995 ss.
BELVISI F., *I diritti fondamentali nella società multiculturale*, in *Dir e Soc.*, 1/2012, 1 ss.
BENAZZO P., *Le 'pene civili' nel diritto privato d'impresa*, Milano, 2005.
BENDONI M., *L'"elusione" del giudizio di tipicità in materia di lesioni sportive*, in *Cass. pen.*, 2011, 12, 4327 ss.
BENVENUTO E., *L'attività sportiva in relazione ai diritti della personalità*, in *http://www.comparazionedirittocivile.it/prova/files/benevento_sportiva.pdf*, 2017, 1 ss.,
BERTINI B., *La responsabilità sportiva*, Milano, 2002.
BIN R., *Quando la Corte prende la motivazione "sportivamente" (nota alla sent. 424/2004)*, in *www.forumcostituzonale.it*, 2005, 1 ss.
BLANDO F., *Il coraggio della concretezza nella decisione n. 49/2011 della Corte costituzionale*, in *Rivista di Diritto Sportivo*, 2012, 2, 173 ss.
BLANDO F., *Finale di partita. La corte costituzionale "salva" l'autonomia dell'ordinamento sportivo italiano*, in *Rivista di Diritto Sportivo*, 2012, 1 (speciale), 1 ss.
BLANDO F., *Il ruolo e le competenze delle Regioni nello sport*, in *Rivista di Diritto ed economia dello sport*, 2009, Vol. V, Fasc. 1, 29 ss.
BOCCHINI F., *Rilevanza costituzionale del divieto di accesso alle manifestazioni sportive*, in *http://www.nomos-leattualitaneldiritto.it*, 3/2019, 1 ss.
BONA M., CASTELNUOVO A., MONATERI P.G., *La responsabilità civile nello sport*, Milano, 2002.
BONAFINE A., *La giurisdizione statale e quella sportiva: il sistema di riparto alla luce della sentenza del Consiglio di Stato n. 3958/2014*, in *Rivista di Diritto Sportivo*, 2015, I, 164 ss.
BONASI BENUCCI E., *Il rischio sportivo*, in *Rivista di Diritto Sportivo*, 1955, 422 ss.
BONINI F., *Le istituzioni sportive italiane: storia e politica*, Torino, 2006.
BONOMI A., *L'ordinamento sportivo e la Costituzione*, in *Quaderni cost.*, 2005, 363 ss.
BOTTARI C., *L'ordinamento sportivo alla prova del TAR: la difficile "autonomia" dell'ordinamento sportivo*, in *Diritto dello Sport*, 3/2007, 397 ss.
BUONCRISTIANO M., *La responsabilità oggettiva delle società sportive: problemi, limiti, prospettive*, in *Giur. it.*, 1989, 4 ss.
BUONFINO A., *Amministrazione giustiziale e processo amministrativo. Il caso del Collegio di Garanzia dello Sport*, in *Rivista di Diritto Sportivo*, 2018, I, 4 ss.

BUONFINO A., *Profili risarcitori nel procedimento disciplinare sportivo e giurisdizione esclusiva del giudice amministrativo*, in *Rivista di Diritto Sportivo*, 2016, I, 56 ss.

BUONFINO A., *Competizione sportiva e sviluppo sostenibile nel sistema della Carta Olimpica: riflessioni a margine dei giochi di Rio*, in *Rivista di Diritto Sportivo*, versione online, 4.7.2016, 1 ss.

BUONGIORNO G., *Giustizia comune e giustizia sportiva*, in *Rivista di Diritto Sportivo*,1964, 23 ss.

BUONOCORE M., MASTROMATTEI D., TOSARELLO M., *Disabilità e sport. Dall'integrazione all'inclusione*, Roma, 2011.

BUSNELLI F.D., PONZANELLI G., *Rischio sportivo e responsabilità civile*, in *Resp. civ. e prev.*, 1984, 283 ss.

CAIANIELLO C., *L'attività sportiva nel diritto penale*, in *Rivista di Diritto Sportivo*, 1975, 273 ss.

CALCIANO, *Diritto dello sport. Il sistema delle responsabilità nell'analisi giurisprudenziale*, Milano, 2010.

CANDUCCI A., *La responsabilità oggettiva nella giustizia sportiva: un architrave su pilastri d'argilla*, in *Rivista di Diritto ed economia dello sport*, 2012, 8, 87 ss.

CANELLA M., GIUNTINI S. (a cura di), *Sport e fascismo*, Milano, 2009.

CANTAMESSA L., RICCIO G.M., SCIANCALEPORE G. (a cura di), *Lineamenti di diritto sportivo*, Milano, 2008.

CAPOTOSTI P.A., *Rapporti tra ordinamento giuridico generale e impresa sportiva*, in Aa.Vv., *Fenomeno sportivo e ordinamento giuridico*, Atti del 3° Convegno Nazionale della SISDC, Napoli, 2009, 697 ss.

CAPPELLO G., *Divieto di accesso alle manifestazioni sportive ed eccesso di potere: un'ipotesi critica*, in *Foro amm. TAR*, 2009, 2387 ss.

CAPRIOLI R., *Il significato dell'autonomia nel sistema delle fonti del diritto sportivo nazionale*, in *Nuova giur. civ.*, 2007, II, 286 ss.

CAPRIOLI R., *Le federazioni sportive nazionali tra diritto pubblico e diritto privato*, in *Dir. e giur.*, 1989, 1 ss.

CARDARELLI F., *Ordinamento sportivo e potestà normativa regionale concorrente*, in *Foro amm. TAR*, 2006, 11, 3707 ss.

CARENCI A., *Nota alla sentenza Consiglio di Stato, Sez. V^, n. 1173 del 15.03.2017*, in *Rivista di Diritto Sportivo*, versione online, 2017, 1 ss.

CARINGELLA F., *Affidamento e autotutela: la strana coppia*, in *Riv. it. dir. pubbl. comunit.*, 2008, 02, 425 ss.

CARINGELLA F., *Corso di diritto amministrativo,* Tomo II, Milano, 2005.

CARIOLA A., I *rapporti tra giurisdizione sportiva e statale: è possibile un ritorno al privato?*, in *Foro amm. CDS*, 2010, 10, 2257 ss.

CARLASSARE L., *Legalità (Principio di)*, in *Encicl. Giur. Treccani,* XX Vol., Roma, 1990, 1 ss.

CARMINA R., *L'obbligo degli enti sportivi dilettantistici di tutelare la salute degli sportivi e i correlativi profili di responsabilità*, in *Resp. civ. e prev.*, 2015, 01, 332 ss.

CARMINA R., *La responsabilità disciplinare oggettiva dei sodalizi sportivi*, in *Resp. civ. e prev.*, 2015, 05, 1692 ss.

CARMINA R., *I sodalizi sportivi dilettantistici. Profili costituzionali e posizioni giuridiche tutelate*, in *www.federalismi.it*, n. 21/2014, 1 ss.
CARROZZA P., *Nazione*, in *Dig. Disc. Pubbl.*, vol. X, Utet, Torino 1995, 152 ss.
CARUSO L.M., *Potere di autotutela, principio di affidamento e discrezionalità della pubblica amministrazione*, in *Giur. Merito*, 2010, 05, 1408 ss.
CASALENA P.G., *Riserva di legge,* in Patti S. (a cura di), *Il Diritto – Enciclopedia Giuridica, Vol. XIII*, Milano, 2007, 605 ss.
CASETTA L., *Manuale di diritto amministrativo*, terza ed., Milano, 2001.
CASINI L., *Il Tribunale arbitrale dello sport*, in *Riv. trim. dir. pubbl.*, 2012, 625 ss.
CASINI L., *Il diritto globale dello sport*, Milano, 2010.
CASSANO G., CATRICALÀ A. (a cura di), *Diritto dello sport*, Rimini, 2019.
CASSESE S., *Il diritto amministrativo globale: una introduzione*, in *Riv. trim. dir. pubbl.*, 2005, 331 ss.
CASSESE S., *La crisi dello Stato*, Roma/Bari, 2002.
CASSESE S., *L'arena pubblica. Nuovi paradigmi per lo Stato*, in *Riv. trim. dir. pubbl.*, 2001, 601 ss.
CASSESE S., *Sulla natura giuridica delle federazioni sportive e sull'applicazione ad esse della disciplina del parastato*, in *Rivista di Diritto Sportivo*, 1979, 117 ss.
CASTRONOVO C., *Pluralità degli ordinamenti, autonomia sportiva e responsabilità civile*, in *Europa e dir. priv.*, 2008, III, 545 ss.
CAVALLO PERIN R., GAGLIARDI B, *La disciplina giuridica dei grandi eventi e le olimpiadi invernali "Torino 2006"*, in *Dir. amm.*, 2012, 1-2, 189 ss.
CENDON P., *Le attività realizzatrici della persona*, in *Resp. civ. e prev.*, 2011, 12, 2412 ss.
CERULLI IRELLI V., *Amministrazione pubblica e diritto privato*, Torino, 2011.
CESARINI SFORZA W., *Il diritto dei privati*, Milano, 1963.
CESARINI SFORZA W., *La teoria degli ordinamenti giuridici e il diritto sportivo*, in *Foro. it.*, 1933, I, 1381 ss.
CHERUBINI M.C., *Tutela della salute e c.d. atti di disposizione del corpo*, in Busnelli F.D., Breccia U. (a cura di), *Tutela della salute e diritto privato*, Milano, 1978, 86 ss.
CHIRULLI P., Autonomia pubblica e diritto privato nell'amministrazione (dalla specialità del soggetto alla rilevanza della funzione), Padova, 2005.
CIARROCCHI A., *I diritti del calciatore professionista: uno sguardo oltre la sentenza Bosman*, in *Rivista giuridica del lavoro e della previdenza sociale*, 2002, 371 ss.
CIMELLARO L., *Controversie in materia disciplinare tra giustizia sportiva e giurisdizione statale*, in *Danno e resp.*, 2009, 608 ss.
CIRIACO P., *Discrezionalità tecnica e sindacato del giudice amministrativo*, in *Giur. Merito*, 2010, 03, 823 ss.
CIRILLO G.P., *Il sistema della giustizia sportiva in Italia*, in *Federalismi.it*, n. 17/2019, 1 ss.
CLARICH M., *La sentenza Bosman: verso il tramonto degli ordinamenti giuridici sportivi?*, in *Rivista di diritto sportivo*, 1996, 393 ss.
CLARIZIA A., *La natura giuridica delle federazioni sportive anche alla luce della legge del 23 marzo 1981, n. 91*, in *Rivista di Diritto Sportivo*, 1983, n. spec., 208 ss.
CLEMENTE DI SAN LUCA G., *Dei limiti all'autonomia dell'ordinamento sportivo. Riflessioni intorno a calcio e diritto*, in *Dir. Pubb.*, 2007, 33 ss.

COCCIA M., *Diritto dello sport*, Milano, 2008.
COCCIA M., *Fenomenologia della controversia sportiva e dei suoi modi di risoluzione*, in *Rivista di Diritto Sportivo*, 1997, 605 ss.
COCCIA M., *La sentenza Bosman, summum ius, summa iniuria*, in *Rivista di diritto sportivo*, 1996, 650 ss.
COCCIA M., DE SILVESTRI A., FORLENZA O., FUMAGALLI L., MUSMARRA L., SELLI L., *Diritto dello sport*, Firenze, 2004.
COCCIA M., NIZZO C., *Il dopo-Bosman e il modello sportivo europeo*, in *Rivista di diritto sportivo*, 1998, 335 ss.
COEN L., ZORINO E., *Ristrutturazione e gestione di un impianto sportivo: un caso di valorizzazione «atipica»*, in *Rivista Giuridica dell'Edilizia*, 2016, 01-02, 43 ss.
COLAGRANDE R., *Disposizioni urgenti in materia di giustizia sportiva*, in *Nuove leggi civ. comm.*, 2004, 705 ss.
COLAIANNI N., *Diritto di satira e libertà di religione*, in *Riv. It. Dir. e Proc. Pen.*, 2009, 2, 594 ss.
COLANTUONI L., *Diritto sportivo*, Torino, 2009.
COLUCCI M. (a cura di), *Lo Sport e il diritto. Profili istituzionali e regolamentazione giuridica,* Napoli, 2004.
CONTE A.G., *Ordinamento giuridico*, in *N.mo Dig. It.*, Torino, 1965, 52 ss.
CORAPI D., *Libera circolazione e libera concorrenza nell'Unione Europea: il caso del calcio*, in *Rivista diritto sportivo*, 2001, 7 ss.
CORSALE M., *Pluralismo giuridico*, in *Enc. dir.*, Milano, 1983, XXXIII, 1005 ss.
CORSARO A., *L'autonomia dell'ordinamento sportivo e i casi di rilevanza per l'ordinamento giuridico dello Stato*, in *Foro amm. CDS*, 2007, 11, 3234 ss.
CRISAFULLI V., *Lezioni di diritto costituzionale*, Padova, 1970.
CRISAFULLI V., PALADIN L., *Commentario breve alla Costituzione*, Padova, 1990.
CURI F., *La fretta che l'onestade ad ogni atto dismaga*, in *Cass. pen.*, 2007, 05, 2259 ss.
D'ANCONA S., *Interesse pubblico, discrezionalità amministrativa e istanza di parte nell'annullamento d'ufficio: riflessioni sui recenti sviluppi dottrinari e giurisprudenziali fra diritto interno e diritto comunitario*, in *Riv. it. dir. pubbl. comunit.*, 2009, 3-4, 537 ss.
D'AURIA G., *Discrezionalità tecnica, sindacato giudiziario e responsabilità amministrativa dei pubblici funzionari*, in *Lav. nelle p.a.*, 2007, 05, 829 ss.
DAY R. J. F., *Multiculturalism and the History of Canadian Diversity*, Toronto, 2002.
DE CAROLIS D., Il CONI e le Federazioni nel quadro normativo nazionale, in *http://www.lexitalia.it/articoli/decarolis_coni.htm*.
DE CRISTOFARO M., *Al crepuscolo la pretesa di "immunità" giurisdizionale delle federazioni sportive?*, in *Rivista di Diritto Sportivo*, 1996, 833 ss.
DE FRANCESCO G., *La violenza sportiva ed i suoi limiti scriminanti*, in *Riv. it. dir. proc. pen.*, 1983, 588 ss.
DE FUSCO A., *La partita dell'integrazione delle seconde generazioni dell'immigrazione: l'effettività del diritto allo sport per i minori di origine straniera dalla legge n. 12/2016 ad oggi*, in *www.federalismi.it*, 4/2019, 1 ss.
DE LEONARDIS F., *Soggettività privata e azione amministrativa. Cura dell'interesse generale e autonomia privata nei nuovi modelli di amministrazione*, Padova, 2000.

DEL GIUDICE I., *La giustizia sportiva tra pretese autonomistiche e tutela dei diritti*, in *Foro amm. T.A.R.*, 2008, 2643 ss.
DE LISE P., *Lo stato della giustizia sportiva in Italia*, in *Rivista di Diritto Sportivo*, versione online, 23.11.2016, 1 ss.
DELLACASA M., *Attività sportiva e criteri di selezione della condotta illecita tra colpevolezza ed antigiuridicità*, in *Danno resp.*, 2003, 535 ss.
DELSIGNORE M., *Sanzioni sportive: considerazioni sulla giurisdizione da parte di un giudice privo della competenza funzionale*, in *Dir. proc. amm.*, 2008, 1115 ss.
DE MAGLIE C., SEMINARA S. (a cura di), *Terrorismo internazionale e diritto penale*, Padova, 2007.
DE MARZO G., *Ordinamento statale e ordinamento sportivo tra spinte autonomistiche e valori costituzionali*, in *Corr. giur.*, 2003, 1265 ss.
DE MARZO G., *Responsabilità civile dell'organizzazione di competizioni sportive nei confronti degli spettatori: clausola generale di responsabilità ex art. 2050 c.c.*, in *Rivista di Diritto Sportivo*, 1992, 268 ss.
DE MARZO G., *Accettazione del rischio e responsabilità civile*, in *Rivista di Diritto Sportivo*, 1992, 1 ss.
DE PAOLIS S., *Cartellino rosso per il giudice amministrativo. Il sistema di giustizia sportiva alla luce della l. 280 del 2003, Foro amm. T.A.R.*, 2005, 2874 ss.
DE SILVESTRI A., *La Corte Costituzionale "azzoppa" il diritto d'azione dei tesserati e delle affiliate*, in *www.giustiziasportiva.it*, 2011, 1, 1 ss.
DE SILVESTRI A., *Calciatori svincolati portatori di parametro, tipicità degli atti di tesseramento ed effetti nel tempo della sentenza "Bosman"*, in *Rivista di diritto sportivo*, 1996, 800 ss.
DE SILVESTRI A., *Le qualificazioni giuridiche dello sport e nello sport*, in *Rivista di Diritto Sportivo*, 1992, 283 ss.
DE SILVESTRI A., *La giustizia sportiva nell'ordinamento federale*, in *Rivista di Diritto Sportivo*, 1981, 20 ss.
DI LEGGE A., *Nella legge di conversione del cura Italia la proroga anche dei decreti sport*, in *Rivista di Diritto Sportivo*, versione online, 2020, 1 ss.
DI MARTINO A., *Il territorio dallo stato-nazione alla globalizzazione: sfide e prospettive dello Stato costituzionale aperto*, Milano, 2010.
DINACCI E., *Violenza sportiva e liceità penale: un mito da superare*, in *Giur. merito*, 1984, 1210 ss.
DI NELLA L., *Commento all'art. 1*, in Blandini A., Del Vecchio P., Lepore A., Maiello U. (a cura di), *Codice di giustizia sportiva annotato con la dottrina e la giurisprudenza*, Napoli, 2016, 11 ss.
DI NELLA L., *Il fenomeno sportivo nell'ordinamento giuridico*, Napoli, 1999.
DI NELLA L., *Il fenomeno sportivo nell'unitarietà e sistematicità dell'ordinamento giuridico*, in *Rivista di Diritto Sportivo*, 1999, 27 ss.
DI NELLA L., *La teoria della pluralità degli ordinamenti e il fenomeno sportivo: analisi critica dei profili teorici e delle applicazioni al fenomeno sportivo*, in *Rivista di Diritto Sportivo*, 1998, 5 ss.
DINELLI F., *Tesseramento sportivo e acquisto della cittadinanza italiana*, in *Rivista di Diritto Sportivo*, 2016, II, 254 ss.

DINI P., *L'organizzatore e le competizioni: limiti della responsabilità*, in *Rivista di Diritto Sportivo*, 1971, 416 ss.

DI PIETROPAOLO L., *Note in tema di scriminante dell'esercizio dell'attività sportiva*, in *Cass. pen.*, 2001, II, 508 ss.

DI TODARO A.A., *La tutela effettiva degli interessi tra giurisdizione sportiva e statale: la strana "fuga" della Corte dal piano sostanziale a quello per equivalente*, in *Giur. cost.*, 2011, 1, 697 ss.

DONINI M., *Sicurezza e diritto penale*, in *Cass. pen.*, 2008, 3558 ss.

D'ONOFRIO P., *Il rapporto tra ordinamento statale ed ordinamento sportivo nell'attuale contesto costituzionale*, in *www.federalismi.it*, 12/2019, 1 ss.

D'ONOFRIO P., *Sport e giustizia*, Santarcangelo di Romagna, 2005.

ELIA L., *Le misure di prevenzione tra l'art. 13 e l'art. 25 della Costituzione*, in *Giur. cost.*, 1964, 938 ss.

FACCI G., *Ordinamento sportivo e regole d'invalidità del contratto*, in *Riv. trim. dir. proc. civ.*, 2013, 01, 237 ss.

FACCI G., *Il risarcimento del danno come punto di bilanciamento tra il controverso principio dell'autonomia dell'ordinamento sportivo e l'art. 24 Cost.*, in *Resp. Civ. prev.*, 2011, 417 ss.

FACCI G., *La responsabilità del partecipante ad una competizione sportiva*, in *Resp. Civ. prev.*, 2005, 4-5, 1038 ss.

FANTINI S., *L'esperienza del Giudice amministrativo nelle controversie sportive*, in *Rivista di Diritto Sportivo*, n. 1/2008, 19 ss.

FEDELI V., *Brevi note sulla violenza nello sport e negli impianti sportivi*, in *Rivista di Diritto Sportivo*, 1975, 404 ss.

FERA Y., STEWART P., DE SILVA VITOLO A.V., *Sports disputes and COVID-19: a comparative analysis between Italy and England*, 2020, in *Rivista telematica di diritto sportivo*, in *www.rivista dirittosportivo.com*, 1 ss.

FERMEGLIA M., *La tutela dell'ambiente e la lotta al cambiamento climatico nell'organizzazione dei grandi eventi sportivi*, in *Rivista di Diritto Sportivo*, 2018, I, 116 ss.

FERRARA L., *Le controversie nello sport tra situazioni giuridiche soggettive e principi del diritto processuale*, in Lombardi R., Rizziello S., Scoca F.G., Spasiano M.R. (a cura di), *Ordinamento sportivo e calcio professionistico: tra diritto ed economia*, Milano, 2009, 77 ss.

FERRARA L., *Giustizia sportiva*, in *Enc. dir., Annali III,* Milano, 2009, 491 ss.

FERRARA L., *Il contenzioso sportivo tra situazioni giuridiche soggettive e principi del diritto processuale*, in *Foro amm.-C.d.S.*, 2009, 1591 ss.

FERRARA L., *Sport e diritto: ovvero degli incerti confini tra Stato e società (a proposito di due contributi di Goisis e di Manfredi)*, in *Diritto dello Sport*, 2008, 617 ss.

FERRARA L., *L'ordinamento sportivo: meno e più della libertà privata*, in *Dir. pubbl.*, 2007, 1 ss.

FERRARA L., *L'ordinamento sportivo e l'ordinamento statale si imparruccano di fronte alla Camera di conciliazione e arbitrato per lo sport*, in *Foro Amm. C.d.S.*, 2005, 1233 ss.

FERRARA L., *Federazione italiana pallavolo e palleggi di giurisdizione: l'autonomia dell'ordinamento sportivo fa da spettatore?*, in *Foro Amm. CdS*, 2004, 95 ss.

FERRARESE M.R., *Diritto sconfinato. Inventiva giuridica e spazi nel mondo globale*, Roma-Bari, 2006;

FIDANZIA S., SANGIULO G., *La rinnovata autonomia della giustizia sportiva all'indomani del nuovo codice. Un commento all'articolo 4 del codice di giustizia sportiva*, in *Rivista di Diritto Sportivo*, 2015, I, 73 ss.

FISICHELLA D., *Alla ricerca della sovranità*, Roma, 2008.

FLORA G., *Profili penali del terrorismo internazionale: tra delirio di onnipotenza e sindrome di autocastrazione*, in *Riv. it. dir. e proc. pen.*, 2008, 01, 62 ss.

FOIS S., *Legalità (Principio di)*, in *Enc. Dir.*, XXIII Vol., Milano, 1973, 659 ss.

FORTI V., *Riflessioni in tema di diritto disciplinare sportivo e responsabilità oggettiva*, in *Rivista di Diritto ed economia dello sport*, 2007, 13 ss.

FRACCHIA F., *Sport*, in *Dig. disc. Pubbl.*, vol. XIV, Torino, 1999, 467 ss.

FRANCHINI C., *Gli effetti delle decisioni dei giudici sportivi*, Torino, 2004.

FRASCAROLI R., *Sport (diritto pubblico e privato)*, in *Enc. dir.*, LXIII, Milano, 1990, 513 ss.

FRATTAROLO V., *L'ordinamento sportivo nella giurisprudenza*, Milano, 2005.

FRAU R., *Responsabilità civile sportiva nel «calcio a sette» e collegamento funzionale all'azione di gioco*, in *Resp. Civ. e Prev.*, 2014, 04, 1335 ss.

FRAU R., *La responsabilità civile sportiva nel calcio: collegamento funzionale all'azione di gioco, tipologia di gara e qualità dei partecipanti*, in *Resp. Civ. e Prev.*, 2011, 11, 2253 ss.

FRAU R., *La responsabilità civile per lesioni volontarie nella pallacanestro*, in *Resp. Civ. e Prev.*, 2011, 06, 1306 ss.

FRAU R., *la responsabilità civile nel gioco del calcio torna davanti al giudice di merito*, in *Resp. Civ. e Prev.*, 2011, 05, 1141 ss.

FRAU R., *La responsabilità civile sportiva nella giurisprudenza. Il gioco del calcio*, in *Resp. civ. e prev.*, 2006, 2026 ss.

FRAU R., *La responsabilità civile sportiva nella giurisprudenza. Profili generali*, in *Resp. civ. e prev.*, 2006, 1026 ss.

FROSINI T.E., *La giustizia sportiva italiana e comparata*, in *www.federalismi.it*, 15/2017, 1 ss.

FROSINI T.E., *I diritti dichiarati sul serio*, in *www.jus.unitn.it/cardozo/Review/2009/Frosini.pdf*, 2009, 1 ss.

FURNO C., *Note critiche in tema di giochi, scommesse e arbitraggi sportivi*, in *Riv. Trime. Dir. e Proc. Civ.*, 1952, 619 ss.

FUSCO R., *I limiti dell'autotutela decisoria in materia edilizia: il difficile equilibrio tra il contrasto all'abusivismo e la tutela dell'affidamento dei privati*, in *Riv. Giur. Edil.*, 2020, 1, 15 ss.

GALLIGANI S., PISCINI A., *Riflessioni per un quadro generale della responsabilità civile nell'organizzazione di un evento sportivo*, in *Rivista di Diritto ed economia dello sport*, 2007, 113 ss.

GALUPPI G., *Criminalità multietnica e sistema penale debole*, in *Dir. Fam. e pers.*, 2019, 3, 1387 ss.

GAMBINO A.M., *Giustizia sportiva e crisi della fattispecie*, in *Rivista di Diritto Sportivo*, 2018, I, 11 ss.

GAMBINO A.M., SANDULLI P., MORGESE M., *La giustizia sportiva ed il covid 19. Prima lettura sui provvedimenti relativi ai campionati*, in *Rivista di Diritto Sportivo*, versione online, 2020, 1 ss.

GAROFOLI R., FERRARI G., *Manuale di diritto amministrativo*, Roma, 2010.

GARUTI F., *il danno esistenziale, tra valori costituzionali e tifosi delusi*, in *Riv. it. medicina legale*, 2007, 02, 307 ss.

GENTILE A., *Violenza sessuale in matrimonio retto da diritto straniero: il prudente approccio della Cassazione ai c.d. "reati culturali"*, in *Riv. it. dir. e proc. pen.*, 2009, 01, 427 ss.

GHIGNONE F., *Brevi note in materia di giustizia sportiva*, in *Riv. trim. dir. proc. civ.*, 2006, 694 ss.

GHIRLANDA S., *Sport per tutti ... spazio ai disabili*, Pisa, 2003.

GIANNINI M.S., *Scritti, Volume nono. 1991-1996*, Milano, 2006.

GIANNINI M.S., *Ancora sugli ordinamenti giuridici sportivi*, in *Studi in onore di Feliciano Benvenuti*, Modena, 1996, II, 856 ss.

GIANNINI M.S., *Ancora sugli ordinamenti giuridici sportivi*, in *Riv. trim. dir. pubbl.*, 1996, 671 ss.

GIANNINI M.S., *Gli elementi degli ordinamenti giuridici*, in *Riv. trim. dir. pubbl.*, 1958, 219 ss.

GIANNINI M.S., *Sulla pluralità degli ordinamenti giuridici*, in *Atti del XIV Congresso Internazionale di Sociologia (Roma, 30 agosto – 3 settembre 1950)*, Roma, 1951, 455 ss.

GIANNINI M.S., *Prime osservazioni sugli ordinamenti giuridici sportivi*, in *Rivista di Diritto Sportivo*, 1949, 1 ss.

GOISIS F., *La giustizia sportiva tra funzione amministrativa ed arbitrato*, Milano, 2007.

GOISIS F., *La natura del vincolo di giustizia sportiva nella più recente giurisprudenza della Corte di Cassazione: alcune considerazioni critiche*, in *Dir. proc. amm.*, 2007, 261 ss.

GOLA M., *Sport e regioni nel Titolo V della Costituzione*, in Vaccà C., *Giustizia sportiva e arbitrato*, Milano, 2006, 48 ss.

GRANIERI M., *Una lettura alternativa circa l'argomento della specificità dell'attività sportiva alla luce delle norme di concorrenza in Europa*, in *Rivista di Diritto Sportivo*, 2018, I, 29 ss.

GRANIERI M., *Le forme della giustizia sportiva*, in Vaccà C., *Giustizia sportiva e arbitrato*, Milano, 2006, 69 ss.

GRECO G., *Giustizia sportiva e tutela giurisdizionale sulle sanzioni disciplinari, alla luce del principio di proporzionalità*, in *www.federalismi.it*, 10/2018, 1 ss.

GRECO G., *Il valore sociale dello sport: un nuovo limite alla c.d. specificità?*, in *Giorn. dir. amm.*, 2014, 815 ss.

GREPPI E., VELLANO M. (a cura di), *Diritto internazionale dello sport*, Torino, 2005.

GROSSI P., *Sui rapporti tra ordinamento statale e ordinamento sportivo*, in *Dir. amm.*, 2012, 1-2, 3 ss.

GROSSO E., *Straniero (status costituzionale dello)*, in *Dig. Disc. Pubbl.*, vol. XV, Torino 1999, 156 ss.

GUALAZZINI U., *Premesse storiche al diritto sportivo*, in *Rivista di diritto sportivo*, 1965, 339 ss.

GUARINO G., *Lo sport quale 'formazione sociale' di carattere internazionale*, in *Scritti in onore di Aldo Piras*, Milano, 1996, 347 ss.

GUASTAFERRO B., *Ordinamento sportivo (Art. 117.3 Cost.)*, in Bifulco R., Celotto A. (a cura di), *Le materie dell'art. 117 nella giurisprudenza costituzionale dopo il 2001*, Napoli, 2015, 313 ss.

HABERLE P., *Le libertà fondamentali nello Stato costituzionale*, Roma, 2005.

HABERMAS J., TAYLOR C., *Multiculturalismo: lotte per il riconoscimento*, Milano, 2005.

HUNTINGTON S. P., *Ordine politico e cambiamento sociale*, Soveria Mannelli, 2012.

IACOVELLI C., *Il risarcimento del danno da provvedimento federale sportivo illegittimo*, in *Rivista di Diritto Sportivo*, versione online, 1 ss.

IANNOTTA L., *Merito, discrezionalità e risultato nelle decisioni amministrative (l'arte di amministrare)*, in *Dir. proc. amm.*, 2005, 01, 1 ss.

IOPPOLO A., *La repressione del terrorismo internazionale nella recente giurisprudenza italiana e comunitaria*, Torino, 2009.

IZZO C.G., MERONE A., TORTORA M., *Il diritto dello sport*, Torino, 2007.

JEMOLO C.A., *Che cos'è la Costituzione*, Roma, 2008.

JEU B., *Le sport, la mort, la violence*, Paris, 1976.

KOSTORIS R., ORLANDI R. (a cura di), *Contrasto al terrorismo interno e internazionale*, Torino, 2007.

LA BELLE T.J., WARD C.R., *Ethnic Studies and Multiculturalism*, New York, 1996.

LANDINI S., *Pluralismo giuridico e ordinamento sportivo: un binomio in crisi?*, in *Rass. dir. econ. Sport*, 2006, 415 ss.

LANDONI E., *CONI e federazioni sportive nel dibattito politico-parlamentare del secondo dopoguerra*, in *Rivista di Diritto Sportivo*, 2017, I, 203 ss.

LANEVE G., *Istruzione, identità culturale e costituzione: le potenzialità di una relazione profonda, in una prospettiva interna ed europea*, in *www.federalismi.it*, n. 24/12, 1 ss.

LEPORE A., *Danno di immagine della pubblica amministrazione. Il "caso Calciopoli" all'esame della Corte dei conti, nota a Corte dei conti, Sez. giuris. Lazio, 16 ottobre 2012, n. 993*, in *Rass. dir. econ. sport*, 2014, 2-3, 385 ss.

LEPORE A., *L'illecito nell'attività sportiva: una nuova prospettiva*, in *Rass. dir. econ. sport*, 2006, 88 ss.

LIOTTA G., *Il tesseramento nei rapporti tra ordinamento sportivo e ordinamento statale*, in *Rivista di Diritto Sportivo*, 2016, II, 243 ss.

LIOTTA G., *Sport (diritto dello)*, in Martuccelli S., Pescatore V. (a cura di), *Diritto civile, Dizionari del diritto privato*, Milano, 2011, 1658 ss.

LIOTTA G., *Attività sportive e responsabilità dell'organizzatore*, Napoli, 2005.

LIOTTA G., *La responsabilità civile dell'organizzatore sportivo: ordinamento statale e regole tecniche internazionali*, in *Europa e dir. priv.*, 1999, 1137 ss.

LIOTTA G., SANTORO L, *Lezioni di diritto sportivo*, 3° ed., Milano, 2016.

LIPARI N., *Il diritto quale crocevia fra le culture*, in *Riv. Trim. Dir. e Proc. Civ.*, 2015, 01, 1 ss.

LO MONTE E., *Tutela dell'ordine pubblico e manifestazioni sportive*, in *Cass. pen.*, 2008, 1517 ss.

LO MONTE E., *Considerazioni sulla recente normativa in tema di violenza negli stadi: un «calcio» ai teppisti e due ai principi dello Stato sociale di diritto*, in *Cass. pen.*, 2005, 1663 ss.

LOTT B., *Multiculturalism and Diversity: A Social Psychological Perspective*, Wiley-Blackwell, Singapore, 2010.

LUBRANO E., *Il diritto allo sport come diritto fondamentale in prospettiva anche costituzionale*, in *Dirittifondamentali.it*, 2020, 2, 234 ss.

LUBRANo E., *L'art. 218 del decreto legge 19 maggio 2020, n. 34 (disposizioni eccezionali relative alla conclusione dei campionati sportivi): l'esigenza di prevedere tempi più ristretti, in sede di conversione in legge, al fine di garantire la conclusione dei giudizi in tempo utile per l'avvio dei campionati 2020-2021*, 2020, in *http://rivistadirittosportivo.coni.it/images/rivistadirittosportivo/dottrina/Lubrano_E._-_L_art._218_D.L_._n._34-2020_contenuti_e_criticita.pdf*, 1 ss.

LUBRANO E., *La giurisdizione meramente risarcitoria del giudice amministrativo in materia disciplinare sportiva: la Corte costituzionale (n. 160/2019) "spreca" un'occasione per la riaffermazione dell'effettività e della pienezza della tutela e della giurisdizione*, in *www.federalismi.it*, 23/2019, 1 ss.

LUBRANO E., *La Corte costituzionale n. 49/2011: nascita della giurisdizione meramente risarcitoria o fine della giurisdizione amministrativa in materia disciplinare sportiva?*, in *Dir. econ. sport*, 2011, 63 ss.

LUBRANO E., *I rapporti tra ordinamento sportivo ed ordinamento statale nella loro attuale configurazione*, in Cantamessa L. (a cura di), *Lineamenti di diritto sportivo*, Milano, 2008, 12 ss.

LUBRANO E., *La "pregiudiziale sportiva" e il ruolo della Camera di Conciliazione del CONI: un sistema da riformare?*, in *Rivista di Diritto Sportivo*, 2007, 41 ss.

LUBRANO E., *Ordinamento sportivo e giustizia statale*, in M. Colucci (a cura di), *Lo Sport e il diritto. Profili istituzionali e regolamentazione giuridica*, Napoli, 2004, 209 ss.

LUBRANO E., *La giurisdizione amministrativa in materia sportiva dopo la l. 17 ottobre 2003, n. 280*, in Moro P., De Silvestri A., Crocetti Bernardi E., Lubrano E., *La giustizia sportiva: analisi critica della l. 280/2003*, Trento, 2004, 170 ss.

LUBRANO E., MUSUMARRA L., *Diritto dello sport*, Roma, 2017.

LUISO F.P., *Il Tribunale arbitrale dello sport. Il punto di vista del processualista*, in *Riv. arbitrato*, 2010, 3 ss.

LUISO F.P., *Natura giuridica delle federazioni sportive nazionali e questione di giurisdizione*, in *Giur. civ.*, 1980, 2545 ss.

LUISO F.P., *La giustizia sportiva*, Milano, 1975.

MACRÌ M., *I limiti all'esercizio dell'attività sportiva in allenamento in caso di sport a violenza necessaria o eventuale*, in *Resp. civ. e prev.*, 2001, 01, 133 ss.

MALTONI A., *Il conferimento di potestà pubbliche ai privati*, Torino, 2005.

MANCINI M., *Attività sportive "ufficiali", intervento pubblico e sussidiarietà*, Padova, 2012.

MANDELL R.D., *Storia culturale dello Sport*, Bari, 1989.

MANFREDI A., *Considerazioni in tema di responsabilità oggettiva e sua compatibilità con l'ordinamento giuridico generale*, in *Rivista di diritto sportivo*, 1987, 55 ss.

MANFREDI G., *Ordinamento statale e ordinamento sportivo. Tra pluralismo giuridico e diritto globale*, in *Dir. amm.*, 2012, 03, 299 ss.
MANFREDI G., *Gruppi associativi e tutela endoassociativa*, in *Giur. cost.*, 2011, 688 ss.
MANFREDI G., *Pluralità degli ordinamenti e tutela giurisdizionale – I rapporti tra giustizia statale e giustizia sportiva*, Torino, 2007.
MANFREDI G., *Osservazioni sui rapporti fra ordinamento statale e ordinamento sportivo*, in *Foro amm.*, T.A.R., 2006, 2971 ss.
MANGANARO F., *Le amministrazioni pubbliche in forma privatistica: fondazioni, associazioni e organizzazioni civiche*, in *Dir. amm.*, 2014, 01-02, 45 ss.
MANTOVANI F., *Il calcio: sport criminogeno*, in *Riv. it. dir. e proc. pen.*, 2008, 1484 ss.
MANZELLA A., *Per una «costituzione sportiva» multilivello*, in *Quad. cost.*, 2008, 2, 416 ss.
MANZELLA A., *L'Europa e lo sport: un difficile dialogo dopo Bosman*, in *Rivista di diritto sportivo*, 1996, 409 ss.
MANZELLA A., *La giustizia sportiva nel pluralismo delle autonomie sportive*, in *Rivista di Diritto Sportivo*, 1993, 1 ss.
MANZELLA B., *La responsabilità oggettiva*, in *Rivista di Diritto Sportivo*, 1980, 153 ss.
MARANI TORO A., *Sport*, in *Nss. D.I.*, vol. XVIII, Torino, 1971, 42 ss.
MARANI TORO A., *Lineamenti del sistema dei giuochi sportivi e degli ordinamenti sportivi*, in *Rivista di Diritto Sportivo*, 1969, 15 ss.
MARANI TORO I., MARANI TORO A., *Gli ordinamenti sportivi*, Milano, 1977.
MARCHETTI B. (a cura di), *Pubblico e privato oltre i confini dell'amministrazione tradizionale*, Padova, 2013.
MARCHETTI B., *Lo sport*, in Cassese S. (a cura di), *Trattato di diritto amministrativo, Diritto amministrativo speciale, Milano*, Milano, 2003, 2° ediz., 925 ss.
MARRA G., *La cassazione precisa i limiti scriminanti dell'attività sportiva*, in *Cass. pen.*, 2010, 03, 938 ss.
MARTINES T., *Diritto costituzionale* (a cura di Silvestri G.), Milano, 1998.
MARTINI A., *Il mito della pericolosità. Alla ricerca di un senso compiuto del sistema delle prevenzione personale*, in *Riv. It. Dir. e Proc. Pen.*, 2017, 02, 536 ss.
MARZANO F., *L'attività sportiva: tra illecito disciplinare ed attività penalmente rilevante*, in *Cass. pen.*, 2007, 10, 3988 ss.
MARZANO L., *La giurisdizione sulle sanzioni disciplinari sportive: il contrasto fra TAR e Consiglio di Stato approda in Corte Costituzionale*, in *Giur. Merito*, 2010, 2567 ss.
MARZANO L., *Tecniche di rilevazione sulla questione di giurisdizione nelle controversie sportive: neutralità degli effetti medianti e indiretti del provvedimento sanzionatorio*, 2009, in *www.giustizia-amministrativa.it.*
MASSERA A., *Sport e ordinamenti giuridici: tensioni e tendenze nel diritto vivente in una prospettiva multilaterale*, in *Dir. pubbl.*, 2008, 113 ss.
MASSERA A., *Lo sport e il principio della parità delle armi, tra politiche antidoping e diritto della concorrenza*, in *Riv. It. Dir. Pubbl. Comunit.*, 2007, 175 ss.
MAZZACUVA F., *La prevenzione sostenibile*, in *Cass. pen.*, 2018, 3, 1017 ss.
MAZZEI G., *Carattere privatistico e transnazionale dell'ordinamento giuridico sportivo*, in *www.federalismi.it*, 10/17, 1 ss.

MAZZEI G., *Problematiche giuridiche e ruolo sociale dello sport: introduzione e confronto tra il modello europeo e il modello statunitense*, in Mazzei G., Espartero Casado J. (a cura di), *Problematiche giuridiche e ruolo sociale dello sport*, Napoli, 2014, 11 ss.

MERONE A., *Nomina dei giudici sportivi e federali. Terzietà, autonomia ed indipendenza*, in *Rivista di Diritto Sportivo*, 2015, I, 102 ss.

MERONE A., *(Ancora su) autonomia e indipendenza dei giudici sportivi*, in *Rivista di Diritto Sportivo*, versione online, 2015, 1 ss.

MERONE A., *La giustizia sportiva nell'aspetto giurisdizionale*, in *Giur. Merito*, 2006, 1, 24 ss.

MIGLIUCCI B., *Il sistema delle misure di prevenzione tra esigenze di garanzia e diritto penale del nemico*, in *Riv. It. Dir. e Proc. pen.*, 2017, 485 ss.

MODUGNO F., *Giustizia e sport: problemi generali*, in *Rivista di Diritto Sportivo*, 1993, 327 ss.

MODUGNO F., *Legge – Ordinamento giuridico – Pluralità degli ordinamenti. Saggi di teoria generale del diritto*, Milano, 1985.

MODUGNO F., *Pluralità degli ordinamenti giuridici*, in *Enc. dir.*, vol. XXXIV, Milano, 1985, 1 ss.

MOLINARI, P.V., *Misure antiviolenza nello sport: continuano e si estendono le confusioni ed i contrasti*, in *Cass. pen.*, 2005, 01, 168 ss.

MOLINARI, P.V., *Misure antiviolenza nello sport: questioni di competenza territoriale del questore*, in *Cass. pen.*, 2004, 10, 3397 ss.

MONGIARDO F., *Le Federazioni sportive sono organi del C.O.N.I.*, in *Rivista di Diritto Sportivo*, 1955, 237 ss.

MORBIDELLI G., *Gli enti dell'ordinamento sportivo*, in Cerulli Irelli V., G. Morbidelli G., *Ente pubblico ed enti pubblici*, Torino, 1994, 171 ss.

MORBIDELLI G., *Gli enti dell'ordinamento sportivo*, in *Dir. amm.*, 1993, 305 ss.

MORENO MOLINA J.A., *Le disorganizzazionetinte nozioni comunitarie di pubblica amministrazione*, in *Riv. it. dir. pubbl. comp.*, 1998, 561 ss.

MORO P., *Controversia tecnica ed equo processo*, in *Giustiziasportiva.it*, 2014, 2, 1 ss.

MORO P., *Vincolo sportivo e rimedi giudiziali*, in *Giustiziasportiva.it*, n. 3, 2009, 1 ss.

MORO P., *Critica del vincolo di Giustizia Sportiva*, in *Giustiziasportiva.it*, n. 1, 2005, 1 ss.

MORO P., DE SILVESTRI A., CROCETTI BERNARDI E., LUBRANO E., *La giustizia sportiva: analisi critica della l. 280/2003*, Trento, 2004.

MORO P., *All'origine della controversia sportiva. Il fondamento agonistico del diritto dello sport*, in Colucci M. (a cura di), *Lo Sport e il diritto. Profili istituzionali e regolamentazione giuridica*, Napoli, 2004, 199 ss.

MORZENTI PELLEGRINI R., *L'evoluzione dei rapporti tra fenomeno sportivo e ordinamento statale*, Milano, 2007.

NAPOLITANO C., *Autotutela amministrativa: riflessioni su una figura ancipite*, in *Foro amm. CDS*, 2012, 11, 2946 ss.

NAPOLITANO G., *Contro lo spettro del neo-pubblicismo: sul carattere privatistico delle leghe sportive e delle procedure di commercializzazione dei diritti audiovisivi*, in *Rivista di diritto sportivo*, 2016, I, 100 ss.

NAPOLITANO G., *Sport*, in *Dizionario di diritto pubblico* (diretto da S. Cassese), Milano, 2006, 5678 ss.

NAPOLITANO G., *Pubblico e privato nel diritto amministrativo*, Milano, 2003.

NAPOLITANO G., *La riforma del Coni e delle federazioni sportive*, in *Giorn. dir. amm.*, 2000, 113 ss.

NAPOLITANO G., *La nuova disciplina dell'organizzazione sportiva italiana: prime considerazioni sul d. lgs. 23 luglio 1999 n. 242, di «riordino» del Coni*, in *Rivista di diritto sportivo*, 1999, 626 ss.

NUVOLONE P., *Misure di prevenzione e misure di sicurezza*, in *Enc. Dir.*, vol. XXVI, Milano, 1976, 634 ss.

NUVOLONE P., *Relazione introduttiva*, in AA.VV., *Le Misure di prevenzione (Atti del convegno di Alghero)*, Milano, 1975.

ONIDA V., *Le Costituzioni. I principi fondamentali della Costituzione italiana*, in Amato G., Barbera A., *Manuale di diritto pubblico*, Bologna, I, 1997, 103 ss.

ORLANDI M., *Ostacoli alla libera circolazione dei calciatori e numero massimo di «stranieri comunitari» in una squadra: osservazioni in margine alla sentenza Bosman*, in *Giust. civ.*, 1996, 619 ss.

ORNAGHI L., *Stato*, in *Dig. Disc. Pubbl.*, vol. XV, Torino, 1999, 37 ss.

PAGLIARA F., *Ordinamento giuridico sportivo e responsabilità oggettiva*, in *Rivista di Diritto Sportivo*, 1989, 158 ss.

PALADIN L., *Diritto costituzionale*, Padova, 1988.

PALAZZO F., *Contrasto al terrorismo, diritto penale del nemico e principi fondamentali*, in *Quest. Giust.*, 2006, 666 ss.

PALMIERI A., *Annotazioni a sentenza Cons. di Stato, sez. VI, 25 novembre 2008, n. 5782*, in *Foro it.*, 2009, 195 ss.

PALOMBI E., *I limiti di liceità dell'attività sportiva violenta*, in *Rivista di Diritto Sportivo*, 1985, 194 ss.

PALUMBO P., *Per una storia del diritto sportivo*, in *Rivista di Diritto Sportivo*, 1965, 214 ss.

PANIZZO F., *Quando la propaganda politica diviene propaganda razzista*, in *Cass. pen.*, 2010, 06, 2353 ss.

PAOLANTONIO N., *Ordinamento statale e ordinamento sportivo: spunti problematici*, in *Foro Amm. T.A.R.*, 2007, 03, 1152 ss.

PAOLANTONIO N., *Ancora su sport e giustizia*, in *Foro amm.-C.d.S.*, 2007, 3537 ss.

PAREKH B.C., *Rethinking Multiculturalism: Cultural Diversity and Political Theory*, Cambridge, 2000;

PARISI A.G., *Sport, minori e responsabilità genitoriale*, in *http://www.comparazione dirittocivile.it/prova/files/Parisi_Sport_def.pdf*, 2016, 1 ss.

PARISI A.G., *Sport, diritti e responsabilità: un confronto con l'esperienza francese*, in *http://www.comparazionedirittocivile.it/prova/files/parisi_sport.pdf*, 2010, 1 ss.

PASTENA A., *Sport and competition law in the European Union*, in *Annuario dir. comparato*, 2015, 577 ss.

PASTORI G., *Il pluralismo sociale dalla Costituzione repubblicana ad oggi: l'attuazione del pluralismo sociale nel trentennio repubblicano*, in AA.VV., *Il pluralismo sociale nello Stato democratico*, Milano, 1980, 93 ss.

PAVANI F., *Le federazioni sportive*, in *Giur. it*, 2010, 1474 ss.

PAVICH G., BONOMI A., *Reati in tema di discriminazione: il punto sull'evoluzione normativa recente, sui principi e valori in gioco, sulle prospettive legislative e sulla possibilità di interpretare in senso conforme a costituzione la normativa vigente*, in *www.penalecontemporaneo.it*, 2014, 1 ss.

PAVONI F., *La Corte costituzionale esclude il giudizio di annullamento sulle sanzioni disciplinari sportive*, in *Resp. Civ. prev.*, 2011, 2003 ss.

PELISSERO M., *La "fattispecie di pericolosità". I presupposti di applicazione delle misure e le tipologie soggettive i destinatari della prevenzione praeter delictum: la pericolosità da prevenire e la pericolosità da punire*, in *Riv. It. Dir. e Proc. pen.*, 2017, 439 ss.

PENSABENE LIONTI T, *Il diritto allo sport: tra esigenza socialmente rilevante e interesse fondamentale della persona*, in *Dir. amm.*, 2012, 03, 415 ss.

PEPE G., *Brevi considerazioni sulla natura giuridica delle Federazioni sportive nazionali*, 2017, in *www.forumcostituzionale.it*, 1 ss.

PEREZ R., *Disciplina statale e disciplina sportiva nell'ordinamento dello sport*, in *Scritti in onore di Massimo Severo Giannini*, Milano, 1988, 508 ss.

PERLINGIERI P., *Profili evolutivi del diritto dello sport*, Napoli, 2001.

PHILLIPS A., *Multiculturalism without Culture*, Princeton, 2007.

PIACENTINI P.M., *Sport*, in Guarino G. (a cura di), *Dizionario amministrativo*, Milano, Giuffrè, 1983, 2° ediz., 1425 ss.

PIAZZA A., *Come definire il razzismo?*, in *Cass. pen.*, 1995, 03, 686 ss.

PIAZZA I., *Ordinamento sportivo e tutela degli associati: limiti e prospettive del nuovo equilibrio individuato dalla Corte costituzionale*, in *Giur. it.*, 2012, 187 ss.

PIAZZA M., *Il sistema sportivo italiano e la pluralità degli ordinamenti giuridici*, in *Giur. cost.*, 2013, 06, 5123 ss.

PICOZZA E., *I rapporti generali tra ordinamenti*, in Franchini C. (a cura di), *Gli effetti delle decisioni dei giudici sportivi*, Torino, 2004, 3 ss.

PILLITU P., *Le sanzioni dell'Unione e della Comunità europea nei confronti dello Zimbabwe e di esponenti del suo governo per gravi violazioni dei diritti umani e dei principi democratici*, in *Riv. dir. internaz.*, 2003, 01, 55 ss.

PINELLI C., *Libertà e responsabilità*, in *www.rivistaaic.it*, 2010, 1 ss.

PINO G., *Teoria e pratica del bilanciamento tra libertà di manifestazione del pensiero e tutela dell'identità personale*, in *Danno e resp.*, 2003, 6, 580 ss.

PIOGGIA A., *La competenza amministrativa. L'organizzazione fra specialità pubblicistica e diritto privato*, Torino, 2001.

PIROZZI L., *L'ordinamento sportivo*, in Guzzetta G., Marini F.S., Morana D. (a cura di), *Le materie di competenza regionale*, Napoli, 2015, 347 ss.

PIZZORUSSO A., *Delle persone fisiche*, in Scialoja A., Branca G. (a cura di), *Commentario del Codice Civile*, Bologna-Roma, 1988, 1 ss.

PORZIA V. *Gli impianti sportivi pubblici*, in *Rivista di Diritto Sportivo*, 2017, I, 99 ss.

PROTO M., *Su autonomia e indipendenza dei 'nuovi' organi di giustizia*, in *Rivista di Diritto Sportivo*, 2015, I, 97 ss.

QUARANTA A., *Sulla natura giuridica delle federazioni sportive nazionali*, in *Rivista di Diritto Sportivo*, 1986, 172 ss.

QUARANTA A., *Rapporti tra ordinamento sportivo e ordinamento giuridico*, in *Rivista di Diritto Sportivo*, 1979, 29 ss.
RAGONESI V., *Le federazioni di enti pubblici*, in *Riv. trim. dir. pubbl.*, 1976, 267 ss.
RAMPIONI R., *Delitto sportivo*, in *Enc. giur.*, X, Roma, 1988, 1 ss.
RESTA F., *Neoschiavismo e dignità della persona*, in *Giur. merito*, 2008, 06, 1673 ss.
RIDOLA P., *Diritti di libertà e costituzionalismo*, Torino, 1997.
ROMANI F., MORETTI U., *Il diritto nel pallone: spunti per un'analisi economica della sentenza "Bosman"*, in *Rivista di diritto sportivo*, 1996, 436 ss.
ROMANO S., *Lo Stato moderno e la sua crisi*, Milano, 1969.
ROMANO S., *L'ordinamento giuridico*, Firenze, 1951.
ROMANO TASSONE A., *Pluralità degli ordinamenti giuridici e tutela giurisdizionale*, in Lombardi R., Rizzello S., Scoca F.G., Spasiano M.R. (a cura di), *Ordinamento sportivo e calcio professionistico: tra diritto ed economia*, Milano, 2009, p. 73 ss.
RONCO M., *sub art. 590*, in Ronco M., Ardizzone S. (a cura di), *Codice penale ipertestuale*, Milano, 2003, 2084 ss.
ROSATI DI MONTEPRANDONE M., *Istituzioni di diritto sportivo*, Perugia, 1999.
ROSSI E., *Le formazioni sociali nella Costituzione italiana*, Padova, 1989.
ROSSI G., *Il gioco delle regole*, Milano, 2006.
ROSSI G., *Enti pubblici associativi*, Napoli, 1979.
RUSSO C., *Lesioni sportive, tra illecito sportivo e responsabilità*, in *Foro it.*, 2000, II, 321 ss.
RUOTOLO M., *Giustizia sportiva e Costituzione*, in *Rivista di Diritto Sportivo*, 1998, 403 ss.
SACCO F., *Il consenso del beneficiario dell'amministrazione di sostegno e il conflitto tra dignità e libertà*, in *Giur. cost.*, 2007, 03, 2280 ss.
SALARDI S., *Lo sport come diritto umano nell'era del post-umano*, Torino, 2019.
SANDULLI P., *In tema di impugnazione e pregiudiziale sportiva*, in *Rivista di Diritto Sportivo*, versione online, 2020, 1 ss.
SANDULLI P., *La ripartenza dello sport*, in *Rivista di Diritto Sportivo*, versione online, 2020, 1 ss.
SANDULLI P., *Note a prima lettura del disegno di legge n. 1603/2019, in tema di riordino dell'ordinamento sportivo*, in *Rivista di diritto ed economia dello sport*, 1/2019, 47 ss.
SANDULLI P., *Costituzione e sport*, in *Rivista di diritto sportivo*, versione online, 2018, 1 ss.
SANDULLI P., *Ancora qualche riflessione sull'autonomia della giustizia sportiva e sul vincolo di giustizia*, in *Rivista di diritto ed economia dello sport*, 2017, II, 23 ss.
SANDULLI P., *Osservazioni sui limiti della giustizia sportiva rispetto alla giurisdizione statale*, in *Rivista di diritto ed economia dello sport*, 2017, I, 120 ss.
SANDULLI P., *In tema di risarcimento del danno derivante da una ingiusta sanzione sportiva: tra vecchie questioni e nuovi profili di costituzionalità*, in *Rivista di diritto ed economia dello sport*, 2017, III, 103 ss.
SANDULLI P., *L 'arbitrato nel sistema di giustizia sportiva*, in *Sull'arbitrato, Studi offerti a Gianni Verde*, Napoli, 2010, 753 ss.;
SANDULLI P., *Etica, giudizio e sport*, in *Rivista di Diritto Sportivo*, 2/2008, 179 ss.

SANDULLI P., *Giustizia sportiva e giurisdizione statale*, in *Rivista di Diritto Sportivo*, 3/2008, 429 ss.
SANDULLI P., *I limiti della giurisdizione sportiva*, in *Foro amm. TAR*, 2008, 7-8, 2088 ss.
SANINO M., *Un ulteriore contributo in merito ai profili di giurisdizione in materia di giustizia sportiva*, in *Rivista di Diritto Sportivo*, 2018, I, 225 ss.
SANINO M., *Il lento cammino verso la piena autonomia dell'ordinamento sportivo*, in AA. VV., *Diritto amministrativo e società civile*, Bologna, 2018, 173 ss.
SANINO M., *Giustizia sportiva*, Padova, 2016.
SANINO M., *Sport*, in *Enc. giur.*, vol. XXXII, Roma, 2006, 1 ss.
SANINO M., *Diritto sportivo*, Padova, 2002.
SANINO M., *L'arbitrato sportivo in Italia: problematiche*, in *Rivista di Diritto Sportivo*, 1993, 352 ss.
SANINO M., LA FACE A., *Lo sport nella legge di bilancio 2019*, in *Rivista di diritto sportivo*, 1/2019, 57 ss.
SANINO M., VERDE F., *Il diritto sportivo*, Padova, 2015.
SANTAGADA G., *Le sanzioni disciplinari sportive: se non sono annullabili non sono "atti amministrativi", ma "fatti storici" non arbitrabili e la domanda risarcitoria si propone davanti al giudice ordinario*, in *Giust. civ.*, 2012, 11-12, 2519 ss.
SANTORO L., *La legge 20 gennaio 2016, n. 12: un'occasione perduta*, in *Rivista di Diritto Sportivo*, 2016, II, 228 ss.
SANTORO L., *Danno all'immagine della P.A. da violazione della lealtà sportiva nella vicenda Calciopoli*, in *https://www.personaedanno.it/articolo/danno-allimmagine-della-pa-da-violazione-della-lealta-sportiva-nella-vicenda-calciopolii-corte-dei-conti-9932012--laura-santoro*, 21/10/2012.
SANTORO L., *Sport estremi e responsabilità*, Milano, 2008.
SASSO G. (a cura di), *Antologia degli scritti politici di Emanuele Kant*, Bologna, 1961.
SCIALOJA A., *Responsabilità sportiva*, in *Dig. disc. priv.*, sez. civ., XVII, Torino, 1988, 410 ss.
SCOTTO I., *Il C.O.N.I. e le federazioni sportive*, in *Rivista di Diritto Sportivo*, 1954, 346 ss.
SERIO M., *Il processo disciplinare sportivo: rapporti tra ordinamento sportivo e ordinamento statale*, in *Europa dir. priv.*, 2009, 773 ss.
SERRA M.F., *Autonomia differenziata e 'ordinamento sportivo'*, in *www.federalismi.it*, 24/2020, 05/08/2020, 330 ss.
SERRA M.F., *Lex sportiva e lex mercatoria: un confronto*, in *http://www.nomos-leattualitaneldiritto.it*, 2/2020, 1 ss.
SERRA M.F., *L'autonomia sportiva ai tempi dell'emergenza sanitaria da Covid19*, in *http://www.nomos-leattualitaneldiritto.it*, 1/2020, 1 ss.
SERRA M.F., *Piero Alberto Capotosti. Un'incursione nel diritto sportivo*, in *http://www.nomos-leattualitaneldiritto.it*, 1/2017, 1 ss.
SFERRAZZA M., *La funzione sociale dello sport tra specificità e principi comunitari*, in *Rivista di Diritto ed Economia dello Sport*, 2018, 14, 167 ss.
SFERRAZZA M., *Le prescrizioni DASPO previste per il caso di recidiva si applicano a prescindere dalla partecipazione a 'condotte di gruppo'*, in *Rivista di Diritto ed Economia dello Sport*, 2016, 12, 115 ss.

SFERRAZZA M., *La responsabilità oggettiva delle società di calcio*, in *Resp. civ. e prev.*, 2008, 10, 2154 ss.
SICA S., *Lesioni cagionate in attività sportive e sistema di responsabilità*, in *Corr. giur.*, 2000, 737 ss.
SILVESTRI G., *Costituzionalismo e crisi dello stato-nazione. Le garanzie possibili nello spazio globalizzato*, in *Riv. Trim. Dir. Pubbl.*, 2013, 04, 905 ss.
SIMONATI A., *Rigenerazione urbana, politiche di sicurezza e governo del territorio: quale ruolo per la cittadinanza?*, in *Riv. giur. edilizia*, 2019, 1, 31 ss.
SMITH A. D., *Le origini culturali delle nazioni*, Bologna, 2010.
SPADAFORA M.T., *Diritto del lavoro sportivo*, 2a ed., Torino, 2012.
SPADARO I., *Il difficile equilibrio tra autonomia dei gruppi sportivi e garanzia dei singoli tesserati alla luce della più recente giurisprudenza costituzionale*, in *www.federalismi.it*, 12/2020, 236 ss.
SPASIANO M.R., *Sport professionistico, giustizia sportiva e riserva del giudice statale*, in *Studi in onore di Leopoldo Mazzarolli*, Padova, 2007, IV, 427 ss.
SPASIANO M., *Sport professionistico, giustizia sportiva e sindacato del giudice ordinario*, in *Giust. amm.*, 2006, 978 ss.
STEINBERG S.R., *Diversity and Multiculturalism: A Reader*, Peter Lang, New York, 2009.
STERPA A., *La partita tra Stato e Regioni nell'«ordinamento sportivo»*, in *Rivista di Diritto Sportivo*, 2/2017, 258 ss.
STIPO S., *La responsabilità civile nell'esercizio dello sport*, in *Rivista di Diritto Sportivo*, 1961, 15 ss.
STRAZZA G., *l'obbligo di comunicazione di avvio del procedimento in caso di d.a.spo.*, in *Rivista di Diritto Sportivo*, 2015, 190 ss.
STRAZZA G., *Il «caso Atalanta» e il divieto di trasferta*, in *https://www.coni.it/it/rivista-di-diritto-sportivo-dottr/dottrina/9554-a-1bis-giordana-strazza-il-caso-atalanta-e-il-divieto-di-trasferta.html.*
TAILMOUN M.A., VALERI M., TESFAYE I., *Campioni d'Italia? Le seconde generazioni e lo sport*, Roma, 2014.
TAMBURRINO E., *I ricorsi amministrativi ordinari*, in Cirillo P. (a cura di), *Il nuovo diritto processuale amministrativo*, Padova, 2014, 1400 ss.
TEGA D., *I reati commessi per finalità di discriminazione o di odio fondati sull'orientamento sessuale o sull'identità di genere*, in *www.forumcostituzionale.it*, 2009, 1 ss.
TEGA D., *Discriminazione e diritto antidiscriminatorio: considerazioni istituzionali (a partire dal diritto costituzionale italiano)*, in *www.forumcostituzionale.it*, 2008, 1 ss.
TELCHINI L., *Il caso Bosman: diritto comunitario e attivita` calcistica*, in *Dir. com. scambi int.*, 1996, 323 ss.
TIGANO V., *Tutela della dignità umana e illecita produzione di embrioni per fini di ricerca*, in *Riv. it. dir. e proc. pen.*, 2010, 04, 1749 ss.
TIZZANO A., DE VITA M., *Qualche considerazione sul caso Bosman*, in *Rivista di diritto sportivo*, 1996, 416 ss.
TOGNON J., *Le regole del gioco e il gioco delle regole: la giustizia sportiva dopo la sentenza della Corte costituzionale n. 49/2011*, in *www.giustiziasportiva.it*, 2013, 2, 82 ss.

TOGNON J., STELITANO A., *Sport, Unione Europea e diritti umani. Il fenomeno sportivo e le sue funzioni nelle normative comunitarie e internazionali*, Padova, 2011;

TORTORA M., *Responsabilità oggettiva nell'ordinamento sportivo*, in *Giurisprudenza Sistematica di diritto civile e commerciale*, Torino, 1998, 101 ss.

TOSATO E., *Persona, società intermedie e Stato*, Milano, 1989.

TRIVELLATO L., *Spunti di riflessione su Coni, ordinamento sportivo e rapporti tra ordinamento sportivo e ordinamento a fini generali*, in *Dir. soc.*, 2000, 61 ss.

TRIVELLATO L., *Considerazioni sulla natura giuridica delle federazioni sportive*, in *Dir. soc.*, 1991, 141 ss.

VADALÀ V., *La tutela delle disabilità*, Milano, 2009.

VALERINI F., *Quale Giudice per gli sportivi? (a margine del D.L. n. 220/2003)*, in *Riv. dir. proc.*, 4/2004, 1203 ss.

VALERINI F., *Nessun ricorso al giudice per le controversie di natura tecnico-sportiva: non riguardano posizioni soggettive rilevanti per lo stato*, in *www.coni.it/images/rivistadirittosportivo/dottrina/VALERINI-OSSERVAZIONI_A_CdS_N._3983-2014.pdf.*

VALORI G., *Il diritto nello sport*, Torino, 2016.

VANZETTI A., *Fumo o ginnastica?*, in *Riv. dir. ind.*, 2013, 03, 137 ss.

VARI F., *Profili costituzionali del c.d. ius soli sportivo: il tesseramento dei minori stranieri tra disciplina legislativa e drittwirkung dei diritti fondamentali* in *Rivista di diritto sportivo*, 2/2016, 215 ss.

VELLANO M., *Il CIO e il governo transnazionale dello sport*, in *Rivista di diritto sportivo*, 2/2017, 243 ss.

VIDIRI G., *Autonomia dell'ordinamento sportivo: natura privata delle federazioni e riparto della giurisdizione*, in *Giust. civ.*, 2011, 7-8, 1759 ss.

VIDIRI G., *Autonomia dell'ordinamento sportivo, vincolo di giustizia ed azionabilità dei diritti in via giudiziaria*, in *Corr., giur.*, 2007, 1115 ss.

VIDIRI G., *Le controversie sportive e il riparto della giurisdizione*, in *Giust. Civ.* 2005, 1625 ss.

VIDIRI G., *Organizzazione dell'attività agonistica, autonomia dell'ordinamento sportivo e d.l. n. 220 del 2003*, in *Giust. civ.*, 2003, 11, 509 ss.

VIDIRI G., *Le federazioni sportive nazionali tra vecchia e nuova disciplina*, in *Foro it.*, 2000, I, 1479 ss.

VIDIRI G., *Il "Caso Bosman" e la circolazione dei calciatori professionisti nell'ambito della Comunità europea)*, in *Foro It.*, 1996, 13 ss.

VIDIRI G., *Natura giuridica e potere regolamentare delle federazioni sportive nazionali*, in *Foro it.*, 1994, I, 136 ss.

VIDIRI G., *Il caso Catania: i difficili rapporti tra ordinamento statale e ordinamento sportivo*, in *Foro it.*, 1994, 511 ss.

VIDIRI G., *La responsabilità civile nell'esercizio delle attività sportive*, in *Giust. civ.*, 1994, 202 ss.

VIDIRI G., *Illecito penale e lesioni cagionate in competizioni sportive*, in *Rivista di diritto sportivo*, 1992, II, 327 ss.

VIGANÒ FRANCESCO F., *Terrorismo di matrice islamico-fondamentalistica e art. 270-bis c.p. nella recente esperienza giurisprudenziale*, in *Cass. pen.*, 2007, 10, 3953 ss.

VIOLA F., *Identità e comunità: il senso morale della politica*, Milano, 1999.

VIRGA P., *Diritto amministrativo. Atti e ricorsi*, Milano, 2001.

VOLPE F., *Discrezionalità tecnica e presupposti dell'atto amministrativo*, in *Dir. amm.*, 2008, 04, 791 ss.

ZAMBRANO V., MATERA P., SBARBARO F.M., *Sport e integrazione*, in *www.fratellidisport.it*, 1 ss.

ZAULI B., *Essenza del diritto sportivo*, in *Rivista di Diritto Sportivo*, 1962, 229 ss.

ZERBONI F., *L'arbitrato nelle controversie in materia sportiva*, Atti del convegno Issa, 5 maggio 2010, in *Quaderni dell'arbitrato*, Roma, 2011, 143 ss.

ZUCCONI GALLI FONSECA E., *Quel che resta dell'arbitrato sportivo (dopo il nuovo codice della giustizia sportiva 2014)*, in *Rivista di Diritto Sportivo*, 2015, 1, 51 ss.

Finito di stampare nel mese di marzo 2021
nella Rotolito S.p.A. – Via Sondrio, 3
20096 Pioltello (MI)